루쉰과 동아시아 근대

* 이 저서는 2013년 정부(교육과학기술부)의 재원으로 한국연구재단의
지원을 받아 수행된 연구임 (NRF-2013S 1A 6A 4018525)

아시아총서 26

루쉰과 동아시아 근대

서광덕 지음

산지니

책을 펴내며

2018년 한반도를 둘러싼 지형은 대단히 복잡하다. 미국과 중국의 힘겨루기가 본격화되고 있고, 해당 국가들 내부에서는 권위와 위계를 강조하는 보수적 흐름이 강화되고 있는 한편, 근대이후 동아시아의 맹주를 자임했던 일본은 군국주의로 회귀하는 흐름 속에서 일본 국민들을 설득하고 있는 중이다. 이 가운데 남북한은 핵미사일로 대두되는 전쟁국면에서 정상들의 역사적인 판문점 만남이 이루어지는 등 평화를 조성하는 분위기를 형성해가고 있다.

이처럼 동아시아 지역의 대립과 갈등 그로 인해 파생된 여러 현안들이 복잡하게 얽혀 있는 가운데 동아시아인들은 어떻게 자신의 삶을 영위해가야 하는가 하는 문제는 정치나 외교적 해법에 의해서만이 아니라, 20세기 이후 동아시아에서 배태된 근대성 또는 문명사적 문제로 접근해서 풀어야 하는 과제다. 다시 말해 '사상'의 문제인 셈이다. 이 책은 소위 동아시아 근대에 대한 분석을 통해 새로운 문명론적 비전을 추구하고자 했던 약 20년 전 한국을 비롯한 동아시아론자들의 문제의식을 계승하고, 이를 루쉰이라는 중국 근대 문학가의 사유를 통해서 규명하고자 했다.

사실 루쉰에 대한 연구는 중국은 말할 것도 없고 일본과 한국에서 꽤 오랫동안 많은 연구자들에 의해 전개되었다. 루쉰을 국민작가로 추앙했던 중국에서는 현재 이로 인한 피로감으로 열의가 다소 하락한 것 같은 반면, 한국에서는 오히려 더 대중화되고 있다는 느낌을 받는다. 아무튼 21세기에도 루쉰은 여전히 우리 옆에 있다. 그것은 언젠가 자신의 글이 사라져서 흔적으로만 남길 바랐던 루쉰의 희망이 아직 실현되지 않았음을 나타낸다. 즉 지금도 여전히 20세기 인물 루쉰이 부딪혔던 문제가 고스란히 남아 있음을 말한다.

이 책은 본격적인 루쉰 연구서도 아니고, 루쉰의 문장을 성실히 분석한 책도 아니다. 그저 동아시아에서 왜 루쉰이 이토록 사라지지 않고 있는지, 그리고 동아시아 지식인들은 왜 그토록 루쉰과 그의 글을 읽었는지를 살펴봄으로써 루쉰의 현재적 의미를 탐문하려고 했다. 또 자신이 살았던 시대와 격투하면서 썼던 루쉰의 글에서 그가 일생 부여잡았던 문제가 무엇인지를 '동아시아 근대'라는 측면에서 보고자 했다. 이것이 이 책의 1부와 2부를 구성하고 있다.

끝으로 이 책에 담긴 많은 동아시아의 루쉰 연구자들의 노고에 감사하며, 또 2017년 2학기 연세대 중문과 대학원 수업에서 초고를 읽어준 학생들과 책을 안 읽는 풍토에서 좋은 책을 내려고 노력하는 산지니 출판사 식구들에게 감사의 마음을 전한다.

2018년 4월

서광덕

차례

여는 글

1.1 한국발 동아시아론

지난 세기 80년대는 세계사적으로 하나의 전기(轉機)가 이루어진 시기였다고 하겠다. 냉전의 종결과 함께 글로벌리즘이 보다 본격적으로 지구상에서 추진되었기 때문이다. 탈냉전과 글로벌리즘의 확대는 냉전체제에서 꼼짝달싹하지 못하고 있던 한국을 비롯한 동아시아 지역에 큰 충격을 주었다. 특히 냉전의 희생양으로서 분단 상태에 있던 한국의 경우, 지식인들은 그동안 내부적으로 민족국가의 수립과 민주화의 실현 등 소위 근대화의 문제에 집중하던 데서 외부에서의 이러한 변화를 목도하고 그것의 조정 또는 새로운 문제(agenda) 설정을 요구받게 되었다. 이에 대한 첫 번째 대응이 바로 창비 그룹의 동아시아론 제기라고 할 것이다.

이들의 동아시아론은 냉전체제의 해체와 현실 사회주의권의 몰락에도 불구하고 동아시아에는 여전히 세계유일의 분단국가로서의 한반도 남북 통일이라는 과제가 놓여 있고, 또 이 과제 주위로 미, 일, 러, 중 강대국의 이해가 착종되고 있어 탈냉전 이후에도 세계사적 긴장이 이곳에 집중되고 있다는 판단에서 비롯되었다. 이를 1970년대 이후 한국의 진보적 지식계의 한 축을 담당해온 창비 그룹의 비판적 담론의 관점에서 이해한다면, 1990년대를 맞이하여 백낙청에 의해 정식화된 민족문학론과 분단체제론에 활기를 불어넣은 것이라고 볼 수 있다. 이 말은 곧 한반도 민중이 고통을 받는 원인이 결국 식민지와 냉전의 유산이 극복되지 않은 데 있고, 그런 점에서 식민지 유산의 청산과 한반도 평화정착 및 통일국가의 형성은 지상의 과제임을 주지할 때, 동아시아론은 이 과제의 실현을 위해 변화된 국제환경에 따라 새롭게 조정한 담론이라고 하겠다. 민족문학론과 분단체제론은 한국 근대화의 이중 과제론 즉 근대의 추구와 극복으로 재정식화되어 1990년대에 들어와서 한반도를 둘러싼 세계사적 지형의 변화에 따라 동아시아론으로 현상한 것인데, 최원식의 「탈냉전시대와 동아시아적 시각의 모색」(1993)을 필두로 현재까지 20여 년간 한국 진보진영의 주요한 담론으로서 기능해오고 있다. 최원식은 이 글에서 다음과 같이 지적했다.

> "동아시아는 특수한 지역사가 아니라 세계사의 향방에 관건으로 작용할 가능성을 풍부하게 내포한 세계사적 지역이다. 그 관건의 중심에 중일과 미러가 착종한 한반도가 자리하고 있다. 따라서 한반도에 작동하고 있는 분단체제를 푸는 작업은 풍부한 문명사적 자산을 공유해왔음에도 파행으로 점철되었던 동아시아가 새로운 연대 속에서 거듭나는 계기로 되며, 미소 냉전체제 이후의 새로운 시대를 여는 종요로운 단서를 제공할 것이다. 그리고 그것은 서구적 근대의 진정한 대안을 모색하는 작업과 간절히 맞물린 사업이기도 하다." [1)]

위의 인용에서 분단 극복이라는 한반도의 과제가 세계사적 문제로 상승함을 알 수 있다. 그동안 추구되었던 민족문학론의 핵심적 문제의식을 보전하면서도 이를 발전적으로 넘어서려는 노력을

---

1) 최원식, 「탈냉전시대와 동아시아적 시각의 모색」(『제국이후의 동아시아』, 창비, 2011)

경주하면서 궁극적으로는 서구적 근대에 대한 대안적 가능성을 찾는 시도를 동아시아라는 지역을 중심으로 행하려고 하는 의지를 엿볼 수 있다. 탈냉전에 직면하여 한반도를 둘러싼 세계사적 지형의 변화에 따라 한민족의 통일이란 역사적 과제를 푸는 방법론으로서 동아시아가 소환되고, 통일을 위한 시도는 결국 대안적 근대성에 대한 추구로 귀착된다는 의미로서, 분단 극복은 단순히 남북한 국민들의 문제가 아니라 바로 서구적 근대 극복이라는 세계사적 과제이기도 하다는 판단이 깔려 있다.

요약하면 한국에서 동아시아가 소환된 이유는 냉전의 산물인 남북의 분단이 완전히 종결되지 않은 곳이 바로 한반도를 비롯한 동아시아이기 때문이며, 나아가 동아시아 내에서 포스트콜로니얼로 대변되는 식민과 후식민의 문제 역시 내포되어 있는 곳이 동아시아이기 때문이며, 동시에 동아시아 각국의 내셔널리즘(국민국가)의 문제가 중국과 일본 그리고 미국과 러시아 등의 과거 및 현재와 함께 뒤얽혀 있는 곳이 바로 동아시아이기 때문이며, 궁극적으로는 동아시아 근대 나아가 서구 근대의 문제가 집약된 곳이 한반도를 비롯한 동아시아이기 때문이다. 그런 점에서 한국의 비판적 지식인들에 의해 제기된 동아시아론은 원래 일국의 사상과제에서 비롯된 것이지만 이 사상과제는 단지 한국만의 과제가 아니라 동아시아, 나아가 세계사적 과제이기도 한 것이다. 이렇게 한국발 동아시아론은 동아시아 지역의 지식인들의 인식을 환기시키면서 현재에 이르고 있다고 할 것이다.[2)]

---

2) 동아시아를 둘러싼 여러 논의들이 있었지만, 이와 관련해서 여기서 다시 정리할 필요는 없을 듯하다. 다만 이 책의 전체적인 문제의식이 동아시아라는 지역 단위를 상정하지만 또 그것을 단순히 지역 개념으로 한정하지 않는다는 점을 부기해 둔다.

20세기 말 동아시아 관련 담론이 처음 한국 지식계에서 제기된 이후, 지리적으로 동아시아 지역에 속하는 국가 즉 중국, 일본 그리고 타이완 등지의 일부 지식인들이 이에 호응하여 '동아시아'를 공통된 사상적 과제이자 실천적 문제로 인식하고 상호 토론을 다양하게 전개해왔다. 이런 과정을 통해 '동아시아를 말하는 것'의 정당성에 대해서는 공감대가 형성되었지만, 어떻게 동아시아의 문제를 논의할 것인가 하는 것에 대해서는 많은 토론이 필요했다. 이리하여 이천 년대 중반에는 일본 출판사(즉 사쿠힌샤)의 기획에 의해 '동아시아'를 절대적인 전제로서 논의할 것을 거부하고 동아시아 각 지역의 사람들이 함께 동아시아를 둘러싼 토론에 참가할 수 있는 공통점을 어떻게 찾을 것인가, 라는 문제의식 하에 한 차례 토론회를 전개했는데, 그것을 이름하여 "포스트 동아시아"라는 용어로 표현하였다. '동아시아'라는 개념이 지녀왔던 고착된 상을 탈피하고 '동아시아'라는 사상과제를 새롭게 해명하기 위한 토론회였던 셈이다.[3)]

'동아시아를 말하는 것'의 당위성은 대체로 확보되는 듯했지만, 이러한 한국발 동아시아론에 무비판적으로 동조하는 동아시아의 지식인은 그다지 많지 않았다. 여기에는 동아시아를 한중일이라는 세 국가 중심으로 보려는 시각에 대한 거부감, 또 이 세 국가 간에도 동아시아를 인식해온 역사적 경험의 차이가 존재했기 때문이다. 게다가 한국의 경우 미국 주도하의 동아시아 질서에 익숙했고 그래서 이 질서에서 배제된 다른 지역에 대한 관심을 기울이지 못한 점도 선뜻 한국의 동아시아 논의에 동의하지 못한 이유였다. 그래서 종래의 동아시아로는 설명하지 못하는 지점들이 존재하고, 이에 인

---

3) 孫歌+白永瑞+陳光興 編,『ポスト〈東アジア〉』, 作品社, 2006

식론적 차원에서 동아시아가 독립적인 담론 단위가 될 수 있는지 되물어야 한다는 문제가 제기되었던 것이다. 그런 점에서 '포스트 동아시아'이다.

동아시아론에 비판적인 국내 논자들이 지적한 것처럼, 문제는 한국발 동아시아론이 여전히 민족주의적이며 네이션 중심적일 수밖에 없다는 인상을 준다는 데서 기인한다. 김명인은 이에 대해 동아시아론은 한반도 문제의 해결이라는 내셔널한 과제의 연장선상에서 기획된 것이기 때문에 자민족의 이익이 우선시될 수밖에 없으며 비록 동아시아 민중 혹은 시민 간의 연대를 주요한 과제로 내세우긴 하지만 그것은 네이션의 이해관계라는 한계를 넘을 수 없는 것이라고 지적했다. 그리고 동아시아론은 진정한 해방의 서사가 아닐뿐더러 하나의 대안 담론으로서도 여전히 부족한데, 그것은 엄밀히 말하면 민족주의 담론의 확장판이자 세계체제론의 축소판일 수밖에 없기 때문이라고 지적했다.[4] 실제 동아시아 지역의 다른 학인들 역시 한국발 동아시아론의 이러한 한계를 인식했다. 그 대표적인 논자가 바로 중국의 쑨거인데, 그 역시 한국에서 제기된 동아시아론이 지닌 자국 중심성에 대해 우려한 바가 있다.[5]

이렇게 본다면, 동아시아를 강조하는 것만큼 그것을 발화하는 이의 중심화 또는 위계화에 대한 의구심 역시 높아진다. 따라서 동아시아를 말하는 것의 곤란함은 바로 동아시아를 말함에도 불구하고 여전히 동아시아 지역에서는 각기 자국의 사상과제가 보다 중요하게 인식되고 그래서 진정한 의미의 동아시아 지역의 연대 또한

4) 김명인, 「민족문학론과 동아시아론의 비판적 검토-해방의 서사를 기다리며」, 『민족문학사연구』 50호, 2012

5) 쑨거, 「아시아를 말하는 것의 딜레마」, 『사상이 살아가는 법-다문화 공생의 동아시아를 위하여』, 돌베개, 2013

기대하기 어렵게 만드는 결과를 낳는다는 데 있다. 그렇기 때문에 일국적 과제가 단순히 그 일국에만 해당하는 문제가 아님을 인지하고 동아시아 지역 내외의 상호적인 관계 속에서 풀어가야 한다는 인식을 하는 지식인들이 많이 나와야 한다는 것이다.[6)]

특히 중국 지식인의 경우 지역적인 면에서 동아시아가 크게 다가오지 않을 뿐 아니라, '中西'라는 표현에서 드러나듯이 東을 中으로 해석하는 인식이 강하기 때문에 현재의 중국의 과제는 미국을 대표로 하는 서구와의 대결의식에 압도되어 있다고 해도 과언이 아니다. 게다가 개혁개방 이후 서구의 이론과 학술을 다양하게 수용하는 일이 일반적인 현상이 된 중국지식인 사회에서는 서구 문명과의 대결의식과 함께 서구의 최신 이론을 무비판적으로 수용하는 경향 역시 강하게 나타나고 있다. 이런 현실에서 중국 지식인들 사이에서는 동아시아를 말하는 것이 자신의 사상과제를 해결하는 데 필수적이라는 인식이 형성되어야만 동아시아는 담론을 넘어 실천적 과제로 부각될 것이다.

아울러 일본의 경우도 마찬가지다. 다만 일본은 과거사로 인해 경계해야 할 점이 많은데, 이미 아시아를 그들의 사상과제로 삼고 또 실제로 '대동아공영권'이라는 형태의 정치문화적 공동체를 형성하고자 시도한 바가 있었다. 현재 일본의 아베정권은 부상하는 중국과의 대결의식을 강화하면서 아시아의 맹주로서 재차 자리매김하고자 안간힘을 쓰고 있고, 그 과정에서 다시 군국주의로 회귀하려는 움직임마저 보이고 있다. 바로 이러한 위기감으로 인해 일본 지식인들은 자신의 선배들이 기초를 세운 아시아론의 공과를 구분

6) 이와 같은 문제의식은 2000년대에 진행된 '일중지식공동체'의 활동에서도 공유된 바 있다.

하고 이를 바탕으로 일본 사회의 건강성을 위해 적극적으로 노력해야 할 때이다. 일본에서 동아시아론은 국내 정세와의 길항 속에서 제기되어야 하며 아울러 동아시아 지식인들과의 연대를 위해 일본의 비판적 지식인들의 노력이 절실히 요구된다.[7] 물론 이와 관련된 일본 지식인들의 노력이 없었던 것은 아니었다. 몇 년 전에 작고한 중국사상 연구자 미조구치 유조(溝口雄三)를 비롯한 동아시아 연구자들이 『아시아에서 생각한다(アジアから考える)』를 비롯해 많은 아시아 관련 연구 성과를 내놓았다. 이에 일본 지식인들은 (동)아시아와 관련해서는 종주국임을 자임할 만하다. 하지만 이것이 단지 학술 연구(아시아학)에 그친다면 진정한 의미의 동아시아론이라고 말할 수 없을 것이다.

1.2 중국 지식인들의 동아시아 논의

한국의 학인들은 한반도의 민족적 과제 실현과 동아시아의 새로운 질서 수립이란 두 가지 현실적 문제에 직면하여 동아시아론을 제기했고, 지금은 "이중적 주변의 시각"이란 태도에서 동아시아론을 재조정하고 있다. 일본은 논외로 하고 중국의 경우 종래 동아시아는 미국 중심의 지역구도 하에 사용된 개념으로 인식하는 경향이 강했다. 게다가 근대 중국의 문제를 동아시아적 차원에서 접근해본 적이 거의 없는 중국으로서 한국의 동아시아론은 그 자체로 생소하기도 했다. 게다가 이중적 주변의 시각이라니. 그런데 21세기 들어 동아시아 지역 내 지식인들 간의 교류가 활발해지고 또 무엇보

7) 孫歌+白永瑞+陳光興 編, 앞의 책. 이 기획이 비(非)일본인 지식인들에 의해 일본 출판사에서 제기된 것은 바로 동아시아에 부는 반일의 정서를 일본 지식인만이 아니라 일본 국민들이 심각하게 고민해줄 것을 의도했기 때문이라고 본다.

다 중국이 대외개방을 통해 세계화를 진행하는 단계에서 적극적으로 구미 외에 이웃한 동아시아 지역의 국가들 간의 관계도 풀어가야 한다는 인식이 중국 지식인들 사이에서 확대됨에 따라 동아시아(론)에 대한 관심을 적극적으로 표명하는 이가 등장하기 시작했다. 즉 중국의 문제 역시 국가 단위를 넘어 지역과 세계적 차원에서 접근하지 않으면 안 된다는 인식이 형성되기 시작한 것이다. 대표적인 논자로는 쑨거(孫歌)와 왕후이(汪暉) 그리고 타이완의 천광싱(陳光興) 등을 들 수 있다. 특히 앞 두 논자의 동아시아 주장은 루쉰 연구와 관련성이 깊어 간단히 소개한다.

먼저 쑨거에게 아시아는 다분히 그의 일본사상사 특히 다케우치 요시미(竹內好)에 대한 연구와 관련이 있다. 쑨거는 다케우치 요시미에 대해 관심을 갖고 글을 쓰면서 다케우치가 쓴 '일본의 아시아주의' 관련 원고들을 숙독하고 이를 통해 아시아의 문제를 고민하게 되었다. 쑨거가 일본사상사 연구를 통해 발견한 것은 바로 서구의 근대성 명제가 어떻게 동아시아 지역에서 토착화되는가 하는 문제였다. 동아시아의 근대성 문제는, 기본적으로 본토/외래, 공동체/국제화라는 서사구도의 외부에 존재하며 그 외부가 바로 우리 자신의 근대성이 힘겹게 성장해온 공간이라는 점, 그리고 이런 공간은 서구의 이론틀이나 재래의 심정적 경향으로 단순하게 수렴될 수 있는 것이 아니라고 지적한다. '아시아는 무엇을 의미하는가' 하는 문제는 쑨거에게 이처럼 사상(화)의 문제로, 다시 말해 사유 공간으로서의 아시아로 다가왔다.

쑨거는 이후 개진한 일련의 작업에서 단순히 서구에서 발원된 시각에 의존하여 동아시아의 아시아 관념을 고찰하려 하지 않았다. 서구에서 제기된 아시아 문제에 대한 답변에서부터 아시아 내부에서 제기된 아시아 문제에 대한 답변에 이르기까지, 이 모든 것은 서구 내부의 아시아 담론의 변화와 동서양 사이의 역학관계에서 자유롭지 못하다. 바로 이 과정에서 동아시아인들이 마땅히 해야 할 일이 무엇인지에 대한 요청이 축적되었고 그것은 아시아가 서구를 그리는 과정에서 역사적으로 형성된, 사상 면에서의 아시아 각 나라 간의 역학관계에 대한 정리를 포함한다. 이런 시각에서 쑨거는 일본의 아시아주의에 대한 검토가 대단히 중요하다고 판단했고, 이를 수행했다.

쑨거는 아시아 문제를 종래의 동양과 서양이라는 이분법적 대립으로 논의해서는 안 되며 아시아 지역 내부의 문제라는 점을 더 부각시켜야 한다고 주장한다. 그런 점에서 동아시아의 역사적 맥락에서 본 아시아문제를 본격적으로 제기한다. 일본의 근현대사상사를 끌고 온 이유도 여기에 있는데, 하필 이 문제에 천착한 것은 아시아 담론이 동아시아 각국의 사상사에서 차지하는 위상이 고르지 못한 때문이다. 이른바 아시아 문제는 문화대국의 주변부 즉 주변국가에 해당하는 곳을 대상으로 제기되었고, 중심으로 자처하는 중앙의 대국에서는 오랫동안 문젯거리로 부각된 적이 거의 없었다. 여기서 중앙은 당연히 중국을 지칭하는 것이다. 그런데 쑨거는 바로 이 기본적인 사실 때문에 서구의 지식인들과 다른 각도에서 아시아 문제를 사유하는 것이야말로 동서양의 지식인들이 공유할 만한 문제를 제기하는 것이라고 간주한다. 아시아 문제를 사유함으로써 우리가 우리 자신의 역사의 복잡한 과정에 들어서게 되고, 결과적으로 아시아 문제에 대한 사유는 우리들에게 '아시아란 무엇인가'라는 질문에서 나아가 '아시아에 대한 토론이 결국 어떤 문제를 촉발하는가'를 사고하도록 만든다. 결국 지금 가장 필요한 것은 '아시아는 무엇을 의미하는가'라는 질문을 끊임없이 던지는 일이라고 강조한다.

한편 왕후이는 한국학자와의 대담에서 동아시아 문제가 중요한 과제임을 인정한다. 그는 동아시아가 세계적 차원에서 세계자본주의의 두 번째 중심지역이지만, 한편으로는 냉전의 그림자가 남아 있고 패권의 지배력도 여전히 존재하며, 동아시아 각국 사이의 역사를 둘러싼 문제도 해결되지 않았고, 나아가 한반도와 타이완해협의 위기는 식민주의와 냉전, 현대 세계 패권구도와 내적 연관을 갖고 있다고 진단한다. 또 동아시아 민족-국가 사이에는 전통적으로 문화 · 정치 · 경제 · 사회적으로 상호의존성과 보완성을 지니고 있으며, 최근 들어 다른 지역보다 밀접한 왕래가 이루어지고 있는 상황에서, 냉전의 그림자에서 어떻게 벗어나고 패권적 지배에 어떻게 저항하며, 역사의 짐을 벗어버리고 긴밀하고도 유기적인 관계를 어떻게 형성할 것인가 하는 것이 동아시아인의 공동의 사명이라고 강조한다.

하지만 왕후이는 이런 동아시아인 공동의 사명에도 불구하고 중국 근대사에서 지역협력(중국과 소련 사이, 아울러 50년대 반둥회의를 필두로 한 중국의 제3세계와의 연대)의 과정과 중국 내부적 차원(연해지역과 서북부와 동부지역의 지역 간 격차)에서 '아시아'라는 용어를 주로 사용하면서 (동)아시아를 둘러싼 개념의 차별성을 드러내고 있다. 왕후이가 '동아시아'보다 '아시아' 개념을 주로 사용하는 이유는 중국의 지정학적 위상, 즉 지역이 광활하고 다민족으로 구성되어 있고, 문화가 다양한 사회이며, 특히 중국의 서부는 중앙아시아에 속해 있고 서아시아와 연결되어 있으며, 문화와 종교 등이 서아시아 중앙아시아 남아시아와 긴밀히 연관되어 있기 때문이다.

왕후이가 아시아를 거론하는 목적은 바로 미국을 중심으로 재편된 새로운 권력 네트워크의 집중 및 확산 과정과 관련해서, 아시아 각국이 각자의 정치경제적 이익을 축적하기 위해 미국이 주축

이 된 권력 네트워크에 편입한 것과, 1997년 금융위기 이후 아시아 지역에서 협력의 발걸음이 강화된 두 가지 측면에서 새로운 아시아를 상상하기 위해서다. 특히 아시아 지역의 통합 과정은 지역 혹은 아시아의 이름으로 제시된 민족과 국가의 이익을 넘어서는 요구이고, 다른 한편으로는 민족국가를 더욱 크고 자기보호 기능을 가진 공동체로 편입시키는 과정이며, 또 한편으로 지역의 자주성을 통해 전 지구적 패권에 대항하려는 의지를 담고 있으며, 그 자체가 '신제국'의 주도 아래 놓인 전 지구적인 시장 관계의 산물이라고 지적한다.

하지만 왕후이는 이와 같은 최근의 아시아를 둘러싼 논의가 아주 새로운 현상은 아니며, 이미 근대 민족주의의 조류 속에서 역사적으로 아주 상반된 두 가지 아시아 담론 즉 일본의 '대륙정책'을 기축으로 발전된 식민주의적 아시아 구상과, 민족해방과 사회주의 운동이 중심이 된 아시아 사회혁명이 대두했었다고 말한다. 왕후이는 신자유주의 세계화에 따른 '신제국'의 재건과 각 지역이 통합되는 과정에서 아시아를 새롭게 상상하기 위해 과거의 아시아 논의에 대한 역사적 분석을 행하고, 그 결과 자신의 표현대로 아시아의 자주성을 증명하기보다 아시아라는 개념의 애매성과 모순성을 증명했다. 「아시아에 대한 상상의 정치학」(『아시아는 세계다』, 글항아리, 2011)에서 몇 가지 예를 들어 설명한다. 이 가운데 하나로 아시아 개념은 줄곧 근대의 문제 혹은 자본주의의 문제와 밀접하게 연관되면서 제기되었다는 점을 강조한다. 아시아 논의는 민족-국가와 자본주의 등의 문제를 둘러싸고 전개되었기 때문에 아시아 사회의 풍부한 역사적 관계, 제도적 형식, 습속과 관습, 문화적 구성은 모두 '근대성' 서사 속에서 엮였다. 이 '근대성' 서사와 연결되지 않는 가치 · 제도 · 예의는 주변적인 부분으로 간주되어 억압되었다. 이런 의미에서 유럽중심주의에 도전하는 역사를 서술하는 동시에 억압된 역사적 유산을 다시 발굴하는 작업은 유럽적 '세계역사'를 다시 사고하는 중요한 고리를 구성한다는 것이다.

결국 왕후이의 '새로운 아시아에 대해 상상하기'는 정치경제적으로 신자유주의 체제하에서 새롭게 등장하는 신제국 질서에 대한 대항이라는 맥락에서(그런 점에서 20세기의 '혁명'적 전통을 환기하고) 또 민족-국가라는 근대성 서사에 의해 왜곡된 아시아 내부의 상호 불신과 오해를 극복한다는 측면(조공네트워크 등 새로운 아시아의 관계 설정)에서 제기되었다. 왕후이는 아시아 문제를 아시아의 문제이자 '세계역사'의 문제라고 정의한다. 이를 규명하기 위해 왕후이는 탈근대론을 비롯한 서구의 다양한 사상가들을 수용하고 있으며, 나아가 아시아 근대의 자산을 발굴하고자 노력하고 있다.

동아시아와 관련한 두 중국논자의 입장은 그간 서구적 시각에서 아시아를 보았던 관점에서 벗어나 아시아가 서구를 그리는 과정에서 역사적으로 형성된 사상적 자원들을 복원하고 동시에 이러한 과정에서 지속적으로 아시아가 무엇을 의미하는지를 묻는 것이 필요하다는 것이다. 또 신자유주의 체제하에서 새롭게 등장하는 신제국 질서에 저항한다는 현실적인 목표하에 그간 민족-국가라는 근대성 서사에 의해 왜곡된 아시아상을 극복하고 새로운 아시아를 상상하는 일이 긴요하다는 데 있다. 동아시아와 관련된 두 논자의 주장은 과거 동아시아 지역에서 형성된 사상 자원들을 검토하고 이를 바탕으로 지속적으로 아시아에 대한 질문을 던지면서 궁극적으로 서구 중심의 근대성 서사를 극복하는 방안을 모색하고 새로운 아시아를 상상하는 일이라고 정리할 수 있겠다.

1.3 동아시아론의 인식론적 의의

그렇다면 자연스럽게 동아시아를 말하는 것, 나아가 어떻게 동아시아의 문제를 논할 것이며, 이 지역의 사람들이 함께 동아시아를 둘러싼 토론에 참가할 수 있는 공통점을 어떻게 찾을 것인가라는 핵심적인 질문에 대해서 성찰할 차례다. 이것은 한국 동아시아론의 관점에서 말한다면 한반도의 분단 극복이 민족적 과제이지만 지역적으로는 동아시아의 과제이기도 하며 그래서 궁극적으로는 세계사적 과제라는 한국 지식인들의 인식을 다른 지역의 동아시아인들과 공유하는 문제, 즉 분단 극복을 동아시아의 평화와 안정을 위한 중요한 과제로서 공통적으로 인식하도록 하는 것이 어떻게 가능할까 하는 문제이다. 근대 서구 중심의 세계사가 낳은 문제가 착종되어 있는 결절점인 한반도의 분단을 극복하는 문제가 동아시아의 다른 지역들, 예를 들어 오키나와, 타이완, 홍콩, 북한 등의 주변부 지역이 안고 있는 문제와 연동하여 동아시아 공통의 문제로서 인식하는 일이 동아시아에서 어떻게 이루어질 수 있는가 하는 것이 한국발 동아시아론이 안은 숙제다.

이를 위해서 우선 동아시아를 둘러싼 인식론적 틀을 새롭게 정비하는 일이 필요하다. 냉전과 식민지로 인해 왜곡된 동아시아인들의 인식을 바로잡는 일이 우선이다. 동아시아를 한중일이라는 국민국가의 연합이라는 종래의 관점에서 탈피하여 열린 공간으로 바라볼 필요가 있다. 서구에 의해 근대화가 진행된 동아시아는 종래의 중화질서에서 국민국가(제국)로의 전환을 진행하는 과정에서 전쟁과 식민지 지배의 경험을 함께 지니게 되었고, 이와 함께 미국이라는 초국적 제국의 동아시아 정책에 포섭되어 근대화의 과정에서 빚어진 문제를 스스로 해결할 수 없었다. 이제 탈냉전의 시대에 진입하여 동아시아 근대가 낳은 문제들을 동아시아 지역의 주체들이 함께 토론하고 해결해나가는 지혜를 갖기 위한 인식의 전환이 요구된다. 그런 점에서 동아시아의 과거를 되돌아보고 왜곡된 시각을 벗겨내기 위한 노력이 절실하다. 이것은 중국과 타이완 그리고 중국 내의 변방, 남한과 북한, 일본과 오키나와 등의 민족 및 영토 갈등이 현재화되고 있고, 또 국가 간 국민들의 상호 배타적인 민족감정이 가시화되고 있는 상황에서 동아시아 근대가 형성되어온 과거의 왜곡된 인식을 극복하는 길과 일치한다. 둘째, 동아시아 근대가 형성된 과정에 대한 면밀한 탐사가 필요하다. 동아시아 근대를 전부 부정적인 것으로 치부할 수는 없다. 동아시아 각국에는 그 나름의 사상과제가 놓여 있었고, 이것은 지금도 여전하다. 그리고 이러한 사상과제를 해결하려는 시도 또한 각 지역에 남아 있었고, 그것은 동아시아 근대의 사상자원으로 활용할 만하다. 이는 각 지역의 사상적 자원인 동시에 동아시아 공동의 자원이기도 하다. 왜냐하면 이 자원들은 모두 근대에 대한 성찰과 함께 근대를 극복하려는 계기에서 모색된 것이기 때문이다. 이러한 자원을 어떻게 공동의 유산으로 만들고, 또 이를 바탕으로 새로운 문명적 비전을 만들어낼 것인가 하는 차원에서 동아시아는 말해진다. 이와 연관해서 셋째, 동아시아에 내재화된 미국을 어떻게 상대화할 것인가 하는 점에서 동아시아를 사유해야 한다. 미국은 세계의 지배질서를 형성하는 중심축이기 때문에 단지 동아시아 지역에서만 내재화된 존재는 아니다. 유럽을 비롯하여 남미와 아프리카도 마찬가지다. 이 말은 동아시아만을 사유하는 것이 미국을 중심으로 한 세계질서에 균열을 내는 지점으로 상정할 수 없다는 의미다. 하지만 동아시아는 미국의 이익이 집결된 곳인 동시에 가장 강력한 적이 모여 있는 지역이다. 아울러 근대성의 문제가 착종된 곳이면서 이를 해결할 대안을 모색할 수 있는 가능성을 공동으로 찾을 수 있는 전통을 공유하고 있다는 점에서 동아시아의 의미는 작지 않다. 그런 점에서 동아시아를 사유해야 한다. 물론 동아시아 내에는 비균질적이며 불평등한 관계가 존재하고 있다. 즉 대국과 소국주의 문제도 남아 있다. 이러한 동아시아 내부의 문제를 푸는 일 역시 동아시아론이 짊어져야 할 과제다. 이를 위해서 동아시아 지역의 역사를 공동으로 검토하고 동아시아 역사를 상대화하며 각 지역의 사상과제를 공유하고 나아가 공동의 문제로 격상시키는 가운데 동아시아 지역 내 인민들의 상호인식을 적대적이고 배타적인 데서 우호적이고 친화적인 형태로 전환시켜나가야 한다. 이를 위한 구체적인 작업을 학술적으로 어떻게 실천할 것인가. 이 책은 이러한 문제에 대한 하나의 길찾기에 해당한다.

1.4 루쉰과 동아시아론

동아시아를 말할 때 가장 먼저 떠오르는 것은 동아시아 지역의 공통점 또는 동질성이라는 상상이다. 그래야만 동아시아를 말하는 것의 정당성이 확보되기 때문이다. 그래서 그동안 동아시아를 말할 때 자연스럽게 '유교' 등의 문화적 유산을 말했고, '한자'라는 공통의 문자를 거론했으며, 미국을 비롯한 '서구라는 적'을 상정했다. 이 과정에서 동아시아 지역 내의 불균등성에 대해서는 눈감았다. 한국에서 동아시아론이 제창되었을 때 일본 지식인들은 조금 놀랐다. 아시아를 말하는 것이 일종의 금기였던 것이 첫 번째 이유이고, 또 일본의 역사적 경험에서 볼 때 아시아를 말하는 것은 하나의 대외적인 팽창을 암시하는 것으로 인지되었기 때문이다. 그래서 한국이 동아시아를 주장할 때 국력의 성장과 팽창 또는 동아시아의 중심국가라고 자임하는 것이 아닌가 하는 의구심을 가졌던 것이다. 한편 중국 지식인의 경우는 근대사에서 쑨원(孫文)과 리다자오(李大釗) 등을 제외하면 아시아와 관련해서 언급을 한 이가 보이지 않는다. 그것은 중국이 바로 아시아라는 인식이 암묵적으로 전제되었거나, 같은 의미로 동아시아를 굳이 사유할 필요성이 없었던 탓이다. 그런데 최근 동아시아와 관련한 논의에서 한국은 말할 것도 없고, 일부지만 중국 지식인들도 이에 대한 반응을 드러내고 있는 것은 중국이 개혁개방을 거쳐 세계의 대국으로 부상한 과정과 무관하지 않다. 왜냐하면 이제 중국은 아시아의 일원이자 세계의 중심국가로서 북한을 비롯한 아시아의 문제를 자국의 문제로 인식하고 있기 때문이다. 즉 일국 안의 내정(內政)이 아니라 미국처럼 지역의 맹주 역할을 자임하기 시작했다는 의미다. 물론 이러한 인식에는 군국주의의 부활로 볼 수 있는 일본의 일련의 조치들을 아시아의 패권을 둘러싼 다툼으로 인식한 중국 정치지도부의 시각과 맞물린 측면이 있는 것도 사실이다. 물론 중국 지식인들의 동아시아 관련 논의가 이러한 정치적 배경과 정확히 부합하는 것은 아니다. 하지만 중국 지식인들이 아시아를 사유하는 데는 현재 중국이 놓여 있는 국제적 상황 그리고 지역불균형 발전과 빈부격차, 민주적 가치에 대한 요구 등 국내 문제와의 연관성 역시 무시할 수는 없을 듯하다.[8)] 그런데 근대 중국의 역사에서 늘 그래왔듯이, 중국에서 발생하는 다양한 논란들은 결국 서구 근대라는 시각으로 해명할 수 없는 특수한 측면이 많았고, 이론가들은 중국적 또는 중국 고유라는 용어로 문제에 접근하면서 서구 근대의 대항마로서 중국을 상정하곤 했던 것도 사실이다. 그런 점에서 최근 중국의 변화를 설명하고 그에 따라

8) 이 문제는 『아시아는 세계다』(글항아리, 2011) 에서 전개된 왕후이의 문제의식에서 확인할 수 있다.

발생한 문제에 대한 대안을 제시하는 것 역시 서구 근대와는 다른 관점과 시각을 필요로 했고, 그것은 결국 반(反)서구, 탈근대의 훌륭한 이론적 소재로서 등극했다.[9] 몇몇 지식인에게 국한된 것이지만, 일본 연구자 가운데에서도 동아시아론에서 중국론으로 전환하는 경우를 보이는 것은 바로 현대 중국의 이러한 변화에 대한 관심 그리고 이론적 해명에 대한 욕망과 결부되었다고 본다. 이것은 미조구치 유조(溝口雄三)가 다케우치 요시미(竹內好)의 말을 패러디하여 '방법으로서의 중국'이란 표현을 사용한 것의 현대판으로 볼 수 있으며 '아시아가 세계다'라는 왕후이(汪暉)의 저서에 담긴 현대 중국의 문제에 대한 해석판과 연결된다. 그렇다면 이제 문제는 '아시아'로서 제기되지만, 중심에 중국이 위치하는 형태로 전환되었음을 확인할 수 있다. 아시아라는 인식을 가져보지 못한 중국이 이제 아시아 문제의 핵심에 위치하는 형국인 셈이다. 일본 지식인들이 아시아를 얘기하면서도 여전히 중국에 대한 연구에 더 집중하는 것도 이런 맥락에서 이해할 수 있다. 이것은 전체 동아시아 연구를 진행하고 있는 미국 등지의 외부에서의 연구 분량과도 정확히 비례하는 대목이기도 하다. 이런 상황에서 한국발 동아시아 시각을 제시하고 한국의 사상과제가 결국 동아시아 지역의 가장 중요한 문제임을 부각시키며 이를 해명하는 데 동아시아 지식인들 공동의 노력이 경주되어야 한다고 주장하고 협력을 이루어내기 위해서는 어떤 자세와 방법론이 필요할 것인가. 이것이 바로 한풀 동력이 꺾인 듯한 한국발 동아시아론이 이제 심도 있게 고민해야 할 문제이다.

이에 대해 이 책에서 제시하고자 하는 대안은 바로 루쉰과 관련

---

9) 몇 년간 국내외에 소개된 중국의 경제적 부상과 관련된 해설서는 대체로 이런 관점에 입각해 있다.

된 연구다. 루쉰을 소환하는 일이 과연 동아시아론을 의미 있게 하는 대안이 될 수 있을지, 반대로 동아시아적 시각에서 루쉰을 연구하는 것이 루쉰 연구에 일조할 수 있을지, 이것이 바로 이 책에서 우선적으로 서술하고자 하는 내용이다. 루쉰의 사상과 문학을 바로 동아시아론과 등치시킬 수는 없다. 그렇게 하기 위해서는 몇 가지 단계를 거쳐야만 한다. 우선 동아시아를 말하는 것이 서구에 의해 촉발되었고 동아시아 각 지역에서 진행된 근대(성)에 대한 질문을 담고 있다는 점을 지적해야 할 것이다. 20세기 중반 이후 서구 철학자들에 의해 탈근대론이 제출된 지도 오래되었고, 거슬러 올라가 서구인들에 의한 서구 근대에 대한 반성(서구의 탈근대론)이 시작된 기점을 1차 세계대전으로 본다면 약 100여 년의 시간이 흘렀다. 그렇다면 루쉰이 생존했던 시기 또한 근대를 추구하면서도 근대를 반성하고 넘어서려는 노력이 경주되었던 시대이자, 그러한 사상적 움직임이 진행된 곳으로서의 동아시아의 근대라고 할 수 있다. 따라서 동아시아 근대의 사상자원으로서 루쉰의 행적을 해명하는 일은 곧 동아시아를 말하는 것의 의미 있는 작업이 될 수 있을 것이다. 아울러 루쉰은 한 시대를 풍미한 중국 작가였지만, 그가 죽은 뒤 동아시아를 비롯해 전 세계적으로 유명한 작가가 되었기 때문에 그를 수용하고 해석해온 역사 역시 동아시아 사상자원의 일부가 되었다.

구미의 중국계 학자 리어우판(李歐梵)이 말한 '사상화된 작가'라는 표현, 일본의 중국학자 다케우치 요시미가 루쉰을 '일의적인 문학가'로 규정한 것, 중국학자 쳰리췬(錢理群)이 루쉰을 '사상가로서의 루쉰'이라고 명명한 일, 1940년대 혁명가 · 사상가 · 문학가의 삼위일체로서 루쉰을 규정한 마오쩌둥(毛澤東)의 언급, 1980년대 한국 민주화운동의 사상적 지주였던 리영희가 루쉰의 저항정신을 높이 평가하고 존경하는 인물로 꼽은 일 등은 루쉰이 일반적인 의미의 작가가 아니라 동아시아적 함의를 가진 사상가라는 의미를 담고 있다고 볼 수 있을 것이다. 여기서 동아시아적 함의를 가졌다는 말은 '전통적'이라는 의미이고, 서구 근대작가와는 다른 감각 또는 전통의 세계를 이어받고 있음을 강조하는 것이다. 위에서 거론한 사람들은 모두 루쉰을 자신의 사유(사상)의 근간으로 삼았던 이들이고, 그들 역시 자신만의 사유와 실천을 통해 동아시아 근대(성)을 드러낸 인물들이다. 그런 점에서 본서에서는 이들의 루쉰 해석을 분석함으로써 동아시아 근대성에 대해서 탐문하고 나아가 루쉰을 동아시아 근대의 사상자원으로서 다시금 자리매김하고자 한다. 이것은 어떻게 동아시아를 말할 것인가에 대한 하나의 방법이며, 이를 통해 루쉰 연구가 중국에서조차 중요하게 다루어지지 않고 있는 작금의 현실에서 그 의미를 다시 찾아볼 수 있을 것이다.

둘째, 중국의 현재적 사상과제, 예를 들어 중국혁명을 동아시아론과의 연관 속에서 규명한 논문의 문제의식[10]에 비춰본 한국의 경우, 80년대 민주화의 유산을 동아시아적 시각에서 조망할 필요가 있다. 일본의 경우는 대동아공영권에 대한 분석과 일미안보조약반대투쟁을 동아시아적 관점에서 검토해볼 수 있다. 이렇게 보면, 한중일의 사상과제가 단순히 일국만의 과제가 아님을 알 수 있다. 시대와 나라는 다르지만, 각국의 이와 같은 근대 경험은 결국 각국의 시대적 과제와 연동하고 있을 뿐만 아니라, 궁극적으로는 이 모두가 국적과 관계없이 바로 자신의 문제이기도 하다. 점점 퇴색되어 가는 한국 민주화의 경험은 중국과 타이완 그리고 일본에서 여전히 소중하고, 시민혁명을 경험한 구미에서도 반추할 만한 자산이다. 중국혁명 역시 말할 것 없으며, 부정적인 측면이 강하지만 근대

10) 허자오티엔(賀照田), 「중국혁명과 동아시아 담론」, 『아세아연구』 52권 1호, 2009

초극론을 중심으로 한 대동아공영권의 이념 역시 요령 있게 갈래를 지어 소중한 사상자원으로 정리해야 한다.

루쉰 역시 동아시아 근대성을 분석하는 데 중요한 고리이다. 루쉰이 한국에 본격적으로 연구되었던 시점이 1980년대 후반 즉 민주화운동 시기였던 데서 그러하다는 점을 알 수 있다. 일본의 경우는 이미 전중(戰中)과 전후(戰後) 중요한 사유의 대상으로서 수용되었으며, 중국의 경우는 자국 혁명의 소중한 인물상으로 떠받들어지고, 또 정권에 의해 우상으로 숭배되었던 반면의 교사로서 검토할 필요가 있다. 다시 말해 중국에서 루쉰에 대한 평가는 반정부(민간)와 내셔널리즘의 사이에서 길항하고 있다. 이처럼 루쉰은 한국의 근대화에서뿐만 아니라 중국과 일본에서도 유의미한 존재다. 이러한 의미에서 본 연구는 루쉰이 사후에 동아시아의 많은 지식인들에 의해 거론되고 분석되어온 과정을 탐문하여 그가 동아시아에서 소비되고 재생산되어온 과정에 대한 연구를 진행한 뒤, 이를 바탕으로 루쉰의 텍스트를 대상으로 기존의 연구를 비판적으로 검토하여 동아시아 근대성의 해명을 시도하고자 한다.

1.5 20세기 동아시아와 루쉰 - 사상화된 루쉰

중국의 대표적인 동아시아 논자들의 입장을 루쉰 연구로 끌고 들어오는 것은 이들이 루쉰 연구와 긴밀히 연관되어 있기도 하지만, 무엇보다 이들이 루쉰을 통해 동아시아 근대성에 대한 문제를 고민하고 있기 때문이다. 사실 루쉰은 생전에도 동아시아 지역의 지식인들 사이에서 널리 수용되어 읽혔던 작가였고, 1936년 죽은 뒤에도 동아시아 각 지역의 시대적 상황에 따라 다양하게 수용되고 평가되고 읽혀왔다. 이른바 중국에서는 사회주의 혁명과 관련해서,

일본에서는 제국주의 일본의 근대에 대한 비판과 연결해서, 한국에서는 식민지 시기의 지식인 교류와 해방 후의 민주화운동과 관련해서, 타이완에서는 전전 · 전후 중화민족의 상징및 타이완 문학에 대한 현재적 영향 등과 관련해서다. 이것은 전후 구미(특히 미국)에서 루쉰에 대한 독해가 비교적 활발하지 않은 것과 비교하여 루쉰이 근대 동아시아에서 가장 문제적인 작가이자 사상가라는, 다시 말해 동아시아 지역에 최적화된 인물이라는 해석을 가능케 한다. 동아시아 각 지역의 시대적 상황이 다르지만 루쉰을 그들의 근대성 문제를 해명하기 위한 사유의 대상으로 활용해왔다는 점은, 미국 등지에서 일본의 근대작가에 비해 루쉰이 상대적으로 주목받지 못한 것과 대조적이다. 이것은 역으로 동아시아의 근대성을 해명하는 데 서구적 시각이 아닌 동아시아만의 시각을 필요로 하거나 또 그것을 형성하는 데 있어 루쉰이 역사적으로 가장 적절한 인물이라는 것을 보여주는 대목이라고 해석할 수 있다.

그렇다고 해서 구미의 루쉰 연구가 부재했다고 말하려는 것은 아니다. 동아시아 지역과 비교해서 루쉰의 작품 번역이 적은 것은 사실이지만, 미국 등지에서 루쉰 연구는 왕성하게 이루어졌다. 예를 들어 샤즈칭(夏志淸), T. A. Hsia(夏濟安), Leo Ou-fan Lee(李歐梵) 등의 중국계 미국학자들과 체코의 프루섹 등의 연구가 있었다. 그러나 앞의 두 샤(夏) 씨 형제의 연구는 1950, 60년대 미국의 반공적 입장이 강력하게 투영되어 정치적인 측면에서 루쉰을 평가하였으며, 전후세대의 루쉰 연구는 리어우판이 1981년 캘리포니아주에서 개최한 루쉰국제학회의 보고집(Lu Xun and his legacy, Berkeley : Unversity of California Press, 1985)을 책으로 간행한 것 외에 몇 권의 연구서가 나온 것이 대표적이다. 특히 리어우판의 『철방 속의 외침(Voices from the Iron House)』은 앞의 두 샤 씨와 프루섹의 연구를 계승 · 발전시킨 본격적인 루쉰 연구서로 평가받는다. 최근에 이르기까지 구미에서의 루쉰 연구는 중국문학 관련 국제학회에서 루쉰 관련 연구가 발표되거나 단독으로 국제루쉰학술대회가 개최되어 그 성과가 단행본으로 출판되고 있다.

하지만 미국의 중국현대문학 연구자 존 코와리스가 "전체적으로 중국문학은 미국의 일반 독자에게 수용되지 못했다. (…) 그러나 사실 정치적인 이유가 아니라 문화적인 데 그 이유가 있었다. 미국인들(특히 출판업자)에게 중국문학은 유럽, 남미, 러시아와 달리 '비서양적'인 것으로 비치고 기본적으로 이해하기 어려운 것, 즉 자신들의 유대=그리스도교적 역사와 그리스 로마적 전통과는 무관한 것으로 간주되었다. 미국인 특유의 문학과 예술의 교훈주의에 대한 혐오가 그것에 박차를 가했다. 그래서 출판업자는 많은 자금을 들여서 예를 들어 루쉰의 작품을 출판하고자 하지 않았다. 팔리지 않을 것으로 생각했던 것이다. 한편 일본문학은 문학 이외의 다양한 면에서 은혜를 입었다"[11]라고 지적한 것처럼, 이것이 루쉰을 비롯한 중국문학에 대한 구미인들의 일반적인 정서였다. 여기서 말한 교훈주의는 바로 계몽을 가리키는 것이고, 이것은 프레데릭 제임슨이 지적한 '정치적 무의식'과 상통하는 지적일 듯하다. 즉 서구의 입장에서 정식화된 중국문학(더 나아가 동아시아 문학)이 지닌 특수성을 가리키는 표현이라고 하겠다.

미국의 루쉰 연구는 이와 같이 동아시아 지역의 특수성을 잘 대변하는 근대 작가라는 평가에 국한되어 있다. 즉 루쉰은 서구의 주류적인 문학관에 비추어 수용되어왔다. 그런데 구미의 이러한 루쉰 평가와 달리 리어우판은 앞의 『철방 속의 외침』이라는 책에서 '사

11) 藤井省三, 『魯迅事典』, 三省堂, 2002

상화된 작가'라는 규정을 내렸다. 이 '사상화된'이란 표현에서 서구 근대문학이라는 보편에 비친 전도된 거울 이미지를 도출해낸다면, 동아시아 근대문학에 대해 적극적인 의미를 부여한 것으로 볼 수 있다. 루쉰은 적어도 동아시아 내에서는 근대작가 그 이상으로 받아들여지고 있다는 의미에서 그렇다. 이 책에서 동아시아와 루쉰을 연결시켜 논하려는 것 또한 곧 보편(서구)과 특수(비서구, 아시아)라는 종래의 시각에서 탈피하자는 취지에서 출발한다. 여기서 동아시아는 앞서 지적했듯이 단순한 지역을 가리키는 용어가 아니며, 사유를 위한 단위 특히 근대를 사고하는 단위로서의 의미를 지닌다. 그런 점에서 한국을 비롯한 동아시아론과 맥이 닿아 있고, '방법으로서의 아시아', '사상과제로서의 아시아'라는 주장과도 연동한다. 즉 동아시아는 세계사적 근대를 다시 사유하는 방법으로서의 개념이며, 동시에 루쉰은 이를 위한 유효한 하나의 사상자원으로서 호출된다. 이런 의미에서의 루쉰 연구는 최근 중국의 부상을 두고 대내외적 해석에서 문제시하고 있는, 즉 중국을 대상으로 한 근대에 대한 재해석이란 움직임과 연동하고 있다. 그것은 뒤에서 거론할 왕후이의 최근 루쉰과 관련된 독해(강연)에서 잘 드러난다.

그런데 루쉰을 매개로 한 동아시아 근대성에 대한 해석 작업은 이미 20세기에 시작되었다고 할 수 있다. 그것의 계보를 정리해보면—여기서 이 계보는 어떤 면에서 루쉰연구사와 겹칠 수도 있다—다음과 같다.

동아시아 지역에서 루쉰과 그의 작품에 대한 소개는 루쉰이 생존하던 시기에 이미 시작되었다. 그런데 중국을 제외하고 루쉰을 동아시아 근대사상사의 차원에서 주목한 것은 일본이었다. 게다가 연구사를 통해서 이미 밝혀진 사실이지만, 가장 먼저 『루쉰문집』이 정리되어 나온 곳 역시 일본이었다. 그만큼 루쉰에 대한 관심과 연구에 있어서 일본의 선구성을 무시할 수 없다. 식민지 조선과 타이완에서 루쉰이 수용되는 과정에서 일본의 루쉰 관련 번역과 연구가 1930년대 이후에 본격화되었던 점에서도 그러하다. 물론 루쉰을 자국 또는 자신이 속한 사회에 대한 비판적 사유를 벼리는 요소로서 간주하게 된 것은 동아시아 각국에서 정도의 차이는 있지만 일찍부터 시도되었다. 그것이 루쉰 연구사에 나타나기도 하는데, 조선에서는 루쉰을 식민지적 상황이란 민족적 과제 앞에서 이를 극복하는데 필요한 인격을 갖춘 인물로서, 민족주의자 또는 계몽주의자로서의 면모를 부각시켰으며, 타이완에서는 전전(戰前)의 위대한 이웃나라 작가라는 루쉰상(像)에서 전후(戰後) 중국이 복귀한 뒤에는 중국민족정신과 중국 · 타이완 통합 및 근대화 · 민주화의 상징으로서 변모했다. 이처럼 자국의 독립과 근대화를 동시에 추동한 타이완이나 조선과 달리 중국에서는 사회주의 혁명을 위한 인민의 사표로서 루쉰을 내세운 마오쩌둥에 의해 높이 평가되고, 사회주의 중국이 수립된 이후에는 신격화되기에 이르렀다. 이것은 전후(戰後) 타이완과 한국에서 루쉰을 반공의 입장에서 멀리하게 만든 요인이 되기도 했다. 그런데 일본의 경우는 자국의 근대화에 대한 반성이라는 입장에서 루쉰을 사상사적 맥락에서 평가했고, 그 시기는 루쉰이 살았던 1930년대부터 시작되었다. 이를 주도한 인물은 이미 널리 알려진 다케우치 요시미(竹內好)다.

다케우치 요시미가 1940년대 초 전장인 중국에 파병되면서 유언처럼 썼던 『루쉰』(1944)이란 텍스트는 제국주의 일본이 국가주의에서 대동아공영권을 주장하며 동아시아에 기반한 세계주의로 전환하던(즉 초근대) 시기에 형성된 이념적 문제에 대한 다케우치 요시미의 대답이라고도 할 수 있다. 당시 구미의 국가가 아닌 현대 중국을 연구한다는 것은 결국 근대 일본에서 제기되었던 아시아에 대한 논의에서 벗어날 수 없는 운명이었던 셈이다. 당시 중국을 포함해 아시아를 말한다는 것은 결국 서구에 의해 주도된 세계사적 근대에 대한 반성과 비판일 수밖에 없었고, 그것은 결국 아시아(중국)를 통해서 근대를 재고하고 나아가서는 이념적인 형태의 초(탈)근대에 대한 사유를 낳게 했다. 다케우치 요시미가 『루쉰』이란 텍스트를 발표하고 난 뒤 행한 강연이 「일본의 근대와 중국의 근대」(1948)라는 글이었던 것은 그런 점에서 자연스럽다. 1940년대 일본에서 진행된 '근대의 초극' 논의에 대한 다케우치 요시미의 대응이 바로 중국을 경유한 근대에 대한 사유였던 것이다. 여기서 루쉰은 다케우치에게 가장 중요한 사유의 자원이었다. 그런 점에서 루쉰은 단순한 작가가 아니었다. 루쉰에게 문학이 단순한 글쓰기 이상이었던 것처럼 중국문학연구자인 다케우치 요시미에게 루쉰은 문학가이지만 일반적인 의미의 문학가가 아니었던 것이다. 루쉰을 '일의적인 문학가'로 규정한 다케우치 요시미는 루쉰에게서 동아시아 근대의 원형을 보았던 것이다. 그는 루쉰을 통해 "문학을 응고되지 않는 채로 사상과 정치와 예술을 토해내는 장"[12]으로 해석했던 것이다. 이를 사상사의 맥락으로 옮기면 아시아는 '저항하는 아시아'가 되었던 것이다.

그런데 루쉰에 대한 다케우치 요시미의 이러한 선구적인 연구 및 평가와 거의 동시기에 대륙의 마오쩌둥 역시 루쉰에 대한 평가를 시도했다는 점이 의미심장하다. 「신민주주의론」(1940)에서 루쉰을 삼위일체(혁명가, 사상가, 문학가)로 치켜세운 것이 그것이다. 사회주의 혁명을 추구하는 집단의 리더에 의해 제기된 것이니만큼 그 평가의 정치성을 배제할 수 없지만, 루쉰을 사회주의 혁명과 연결

12) 윤여일, 『사상의 원점 - 동아시아에서 동아시아를 생각하다』, 창비, 2014

시켜 그의 사상과 품성에 대해 높은 평가를 내린 것은 사회주의 혁명이 단순히 이념적인 모델에 의해 달성할 수 있는 것이 아님을 직시한 마오쩌둥의 혁명에 대한 원리성과 유연성을 느끼게 하는 대목이라고 할 수 있다. 다시 말해 중국에서 사회주의 혁명을 완수하기 위한 방법론을 고민하던 마오쩌둥에게 혁명은 단순히 이론과 전술로만 이루어지지 않는다는 점, 특히 당시 사회주의 혁명을 시도하고 있던 중국은 처음부터 다른 지역의 사회주의 혁명과는 상황이 다르다는 점을 인지하고 있던 데서 루쉰에게 눈길이 끌렸던 것이라고 할 수 있다. 물론 마오쩌둥과 루쉰의 연결 과정에는 취추바이(瞿秋白)와 펑쉐펑(馮雪峰)이 있었음을 지적하지 않을 수 없다. 이들의 루쉰 평가와 자신의 견해를 바탕으로 마오쩌둥은 루쉰을 통해 정치적 효과 즉 사회적 통합을 달성한다는 목표를 상정했고, 동시에 루쉰의 비판정신(저항하는 아시아), 집요함(근거지론, 참호전), 그리고 중국의 근대라는 문제 역시 사고했던 것이다. 중화인민공화국 성립 후 1957년 반우파(反右派) 투쟁 시기 문예계 인사들과의 회합에서 루쉰이 지금 살아 있다면 어떻게 지내고 있을까라는 물음에 감옥에서 여전히 글을 쓰고 있거나 전체를 알고도 소리내지 않았을 것이라고 대답했다는 마오쩌둥의 일화는 루쉰에 대한 평가를 역설적으로 드러내는 대목이다.

루쉰에 대한 연구는 동아시아 지역에서 대단히 많이 이루어졌지만, 다케우치 요시미와 마오쩌둥의 이러한 평가가 중요한 것은 후대에 끼친 영향력만이 아니라 서구의 근대와 대면하여 동아시아 근대성의 문제를 사유했다는 점 때문이다. 다케우치가 아시아(중국)를 대상으로 일본의 근대를 반성하면서 서구의 근대와 씨름했다면, 마오쩌둥은 중국의 사회주의 혁명이라는 반(초)근대의 과제를 중국의 현실에서 실천해갔다는 측면에서 루쉰에 대한 이 둘의 평가는 단순한 연구작업과 차별성을 갖는다. 이 둘의 시각과 평가는 냉전시대를 거치고 1980년대에 이르러 동아시아에서 루쉰 연구의 붐으로 이어진다. 먼저 중국에서는 마오쩌둥 등에 의해 신격화된 루쉰에 대한 새로운 접근을 시도하여 루쉰의 인간적인 고뇌에 주목한 연구가 전개되었다. 왕푸런(王富仁)을 필두로 첸리췬(錢理群), 왕후이 등이 그러한 연구 성과를 내놓았는데, 문혁 이후 집단 또는 다수의 통일된 행동을 강조했던 윤리가 무너지고 개인 또는 소수의 이익과 안전을 추구하는 움직임이 대두되었던 1980년대의 시대적 분위기와 관계가 깊은 연구라고 할 수 있다. 물론 이후 개혁개방정책으로 인해 중국사회의 자본주의화가 확대되면서 개인의 강조는 개인 이익의 추구로 전환되어 근대 윤리적 의미에서의 개인에 대한 추구는 중단되고, 이로 인해 루쉰 역시 중국인들에게 식상한(정부에 의해 추앙된 면과 시대에 뒤떨어진 면) 인물이 되고 만다. 1980년대 루쉰에 대한 연구 시각의 변화는 냉전체제의 붕괴라는 세계사적 흐름과도 무관하지 않다. 중국이 대외개방정책을 실시한 것 역시 이러한 냉전구도에서 벗어나면서 가능한 일이었고, 그 결과 중국의 폐쇄성을 극복하는 계기들이 여러 분야에서 마련되면서 중국현대문학 가운데 특히 루쉰에 대한 평가 역시 변모하게 되었다. 여기에 많은 기여를 했던 것이 일본의 루쉰 연구라고 할 수 있다. 다케우치 요시미의 『루쉰』과 이토 도라마루(伊藤虎丸), 마루야마 노보루(丸山昇) 등 일본의 루쉰 연구자들의 저서가 번역되어 소개되었고, 이것은 종래의 일국사적 루쉰 연구의 틀을 넘어서는 계기를 마련해주었던 것이다. 이러한 일련의 연구들은 중국의 루쉰이 아니라 동아시아, 더 나아가서는 세계 속의 루쉰이란 인식 전환의 계기를 제공했다. 한편 일본에서의 루쉰 연구는 오랫동안 다케우치 요시미와 마루야마 노보루로 대표되는 선구적인 루쉰 연구를 계승하면서 좀 더 다양한 연구의 시각을 보여주기 시작했다. 특히 여기서 거론하지 않을 수 없는 이는 미조구치 유조(溝口雄三)인데, 그는 전문적인 루쉰 연구자는 아니지만 다케우치의 아시아(중국)론을 여전히 서구 일원적 시각에서 벗어나지 못한 것이라고 비판하면서 대신 동아시아 각국의 독자적인 근대의 성립이란 관점에서 중국의 근대를 전근대의 토양 속에서 재해석하는 노력을 경주하여 최근 중국의 학인들에게 많은 이론적 영향을 주었다. 한국에서의 루쉰 연구는 이때부터 본격적으로 전개되기 시작했고, 이보다 조금 앞선 시기에 리영희 등에 의해 저널리즘 쪽에서 루쉰에 대한 언급이 시작되었다. 이 또한 냉전체제가 허물어지는 틈 속에서 루쉰을 필두로 현대 중국에 관심을 갖고, 냉전적 시각에서 벗어나 세계와 대면하려는 시도의 일환이었다고 할 수 있다. 타이완에서는 80년대 이후 계엄이 해제되면서 반공작가로 치부되었던 루쉰에 대한 연구가 조금씩 해빙을 맞기 시작하고, 이로써 일본 점령기 시절의 루쉰 연구를 계승하는 새로운 연구가 시도되었다.

1980년대를 기점으로 루쉰이 동아시아의 루쉰으로 분명하게 자리매김되기 시작했던 것은 활발해진 국제학술교류를 통해서도 확인할 수 있다. 이미 한국에서도 많은 루쉰 연구 성과를 배출했지만, 루쉰은 국내 독자들에게 대중적으로도 가장 많이 알려진 중국 현대작가가 되었다.

1.6 루쉰이라는 미래

루쉰은 생전에 추종자도 많았지만 반대로 비판했던 이들도 많았다. 그래서 그의 글쓰기(특히 잡문)는 바로 반대하는 이들과 싸운 투쟁의 산물이라고 할 수 있다. 1936년 루쉰이 죽은 뒤 그에 대한 평가 역시 생전과 다름없이 지지와 반대라는 두 가지 대립적인 태도로 나뉘었다. 게다가 루쉰을 둘러싼 이러한 평가는 중국을 넘어 동아시아 지역으로까지 확장되었고, 또 시대의 변화에 따라 그 평가의 내용 역시 달라졌다. 중국에 국한시켜 본다면, 그 평가는 크게 두 번의 변곡점이 있었다고 할 수 있다. 그것은 크게 문혁(발발과 종결) 그리고 1990년대라고 할 수 있겠는데, 전자는 1980년대 '루쉰으로 돌아가자'라는 구호에서 알 수 있듯이 마오쩌둥에 의해 신격화된 루쉰을 인간 루쉰으로 돌려놓자는 주장이었다. 반면에 1990년대가 루쉰 평가의 중요한 변곡점인 이유는 바로 루쉰에 대한 무관심이라고 할 수 있다. 2000년대에 들어와서는 학생용 교과서에 루쉰의 문장을 삭제하자는 주장까지 등장한 데서 그 무관심은 문혁시기의 루쉰 독존에 비하면 격세지감을 갖게 한다.

그렇다면 21세기 동아시아에서 루쉰은 어떻게 읽히고 있는가. 20세기의 루쉰 연구와 비교해서 보면 동력이 다소 떨어졌다고 대답할 수밖에 없겠다. 그럼에도 불구하고 루쉰 연구의 동력이 완전히 사라진 것은 아닌 듯하다. 대륙을 비롯하여 동아시아 지역에서 여전히 루쉰을 독해하는 일의 중요성을 주장하는 학자들이 있기 때문이다.[13] 여기서 다시 '루쉰의 미래성'이라는 다케우치 요시미의 유언을 상기해볼 필요가 있다. 동아시아에서 가장 먼저 루쉰을 사상사적 맥락에서 사고하기 시작한 다케우치 요시미는 동아시아의 근대를 묻는 차원에서 중국(루쉰)을 연구하기 시작했는데, 이러한 시도는 일생 변하지 않았다. 이 점은 이후 세기말 중국의 루쉰 연구자

13) 2013년 중국에서 루쉰 연구가 성황을 이루었는데, 이에 대해서는 崔雲偉 · 劉增人, 「2013年魯迅思想研究熱點透視」(『山東師範大學學報』, 2014년 제59권, 제3기) 참조. 한편 일본에서는 丸川哲史, 『魯迅と毛澤東 中國革命とモダニティ』(以文社, 2010), 『魯迅出門』(インスクリプト, 2014) 등의 책이 출판되었다.

들에 의해 계승되었다. 이 과정에서 일정하게 역할을 한 이는 앞에서 말했던 미조구치 유조(溝口雄三)와 쑨거였다. 이들은 루쉰 연구자는 아니지만, 동아시아의 근대(중국의 근대)라는 문제를 사상사의 차원에서 본격적으로 제기하면서 동아시아 각국의 근대를 독립적인 근대의 추구라는 차원에서 탐문하고 이를 동아시아의 근대성 규명을 위한 사상적 자원으로 삼았다. 이는 동아시아와 근대라는 문제를 결부시키면서 서구 중심의 근대화 방식(모델)에 대한 문제를 제기하고, 동아시아만의 근대가 전개되었다는 관점을 전면화했다.

루쉰에 대한 무관심이 일반적인 정서가 되어 있는 중국에서 여전히 루쉰의 의미를 사고하고 있는 왕후이는 이러한 무관심의 원인이 루쉰을 시대에 뒤처진 낙후된 인물로 간주하는 데 있는 것이 아니라 오히려 아직도 루쉰이 두렵고 또 그의 강한 역량을 느끼기 때문이라고 설명한다.[14] 이러한 왕후이의 설명은 역설적으로 다시 루쉰에 대한 관심과 해석을 촉구하는 것이다. 1930년대 첸싱춘(錢杏邨)의 표현을 인용하여, '죽어버린 루쉰'이 세기말에 재현되었다가 다시 '살아 있는 루쉰'으로 회귀해야 한다고 주장하는 것은 결국 중국의 사회적 변화에 대응해야 한다는 인문학자들의 책임의식에 기인한다고 할 수 있다. 루쉰을 둘러싼 최근 중국 학술계의 반응에서 느낄 수 있는 것은 결국 개혁개방 이후 자본주의 현대화로 달려가는 중국 사회의 변화에 루쉰이 시사하는 의미가 적지 않음을 인식하고 있다는 점이다. 다시 말해 이전의 민족주의자 또는 계몽주의자 루쉰이 아니라, 또 80년대의 루쉰의 개인주의적 면모가 아니라 왕후이의 주장대로 '반현대성적 현대성'이란 해석에 가장 부합하는 사상자원으로서의 루쉰이라는 점일 터이다.

---

14) 「阿Q時代的'死去'與'活來'」, 『語文建設』, 2011년 4월

중국에서 동아시아와 관련한 논의를 전개하고 있는 왕후이는 자신의 아시아론과 근대중국사상사의 문제를 정리한 뒤 최근에 다시 루쉰과 관련한 연구를 내놓았다. 왕후이의 최근 루쉰에 대한 연구는 결국 중국의 변화에 대한 대응으로서 그간 진행된 연구의 연장선상에서 이루어지고 있는데, 그가 루쉰으로 박사논문을 발표한 이후 사상사연구로 전환하고 아울러 (동)아시아에 대한 관심까지 확대한 뒤 다시 루쉰에 대해 언급하고 있기 때문이다. 즉 사상사 연구의 최종 종착지는 아닐 테지만 궁극적으로 루쉰에 대한 재독을 통해 동아시아적 근대사상의 표현법을 찾아내려는 시도로 보인다.

왕후이가 발표한 최근의 루쉰론은 「파악성론(破惡聲論)」을 해석한 「소리의 선악(聲之善惡)」, 「아Q생명 속의 6가지 순간(阿Q生命中的六個瞬間)」 그리고 「루쉰문학의 탄생-『외침』 자서 읽기(魯迅文學的誕生-讀「『吶喊』自序」)」 등이다. 이것은 오랫동안 루쉰 연구를 지속해온 첸리췬(錢理群)의 그것과 함께 최근의 루쉰론으로서 주목할 만하다. 첸리췬과 왕후이는 현재까지도 루쉰 연구를 중국근대지성사(사상사)의 맥락에서 진행하고 있다는 점에서 동아시아적 시각에서 루쉰을 연구해야 한다고 주장하는 이 책의 주제와 관련이 적지 않은데, 왕후이는 그의 '반현대성적 현대성'이란 명제에 가장 적합한 인물로서 루쉰을 재탐색하고 있다. 반면에 첸리췬은 정치적인 맥락에서 과대포장되고 왜곡된 루쉰의 인간적 면모를 되살리고, 이를 통해 민간사상의 기저에 잠류하고 있던 루쉰 정신을 복원하고자 한다. 이는 그의 지식인으로서의 개인적인 체험과 결부되어 강한 울림을 던지고 있다. 첸리췬의 『심령의 탐심』(1988)으로 시작되는 루쉰론은 사회주의 중국에서 살아가면서 경험했던 자신의 고뇌를 반영한 글이다. 베이징대로 복귀하여 중국현대문학을 강의하면서 본격적으로 시작된 루쉰 강의는 사회주의의 폐쇄성과 급진성에 의해 경직화된 중국사회를 비판하는 동력이자 개인적인 사상자원으로서의 루쉰을 드러내고 있다. 그의 마오쩌둥 비판과 동시에 반우파투쟁을 위시한 억압된 비주류사상(민간사상)을 복원하는 작업 역시 루쉰에 대한 해석을 경유하면서 전개되고 있다. 첸리췬의 이러한 작업은 결국 중국사회의 후진성을 극복하고 집단적 마비성을 해결하는 계몽의 문제에 천착하게 만든다. 베이징대를 은퇴한 뒤 루쉰의 표현대로 '국민 속으로'라는 구호를 외치며 정규적인 제도권이 아닌 곳에서 루신 정신을 계승하고 선전하는 시도를 10여 년 이상 지속하고 있는 것 역시 이러한 '국민성 개조' 즉 계몽의 중요성을 인지한 까닭이고, 여기에 지식인의 기본적인 임무가 있다고 본 때문이다.

더 이상 루쉰이 읽히지 않는 중국의 현실 앞에서 계몽은 철 지난 소리에 지나지 않을지 모르지만, 개혁개방 이후 중국사회가 안고 있는 많은 문제의 근원을 바로 개인의 자각(立人)에 기초한 새로운 사회로의 변신이 이루어지지 못한 데서 찾고 있는 첸리췬에게 계몽은 여전히 중국사회에서 의미가 적지 않다고 파악된다. 첸리췬은 그런 면에서 중국의 비판적인 지식인이며, 그가 루쉰에게서 계승하고자 하는 것 역시 루쉰정신이라는 사회비판성일 것이다. 그것은 마오쩌둥 등의 관방에 의해 왜곡된 루쉰의 원형을 돌려놓는 일이자, 중국현대사상사를 루쉰정신을 통해 정립하는 일이다. 그런 점에서 루쉰이 일생토록 해왔던 사회비판적 글쓰기를 자신의 무기로 삼으며 중국 사회의 건전성을 향해 경주하고 있다고 할 것이다.

한편 첸리췬과 또 다른 입장에서 루쉰에 대한 연구를 진행하고 있는 왕후이 역시 계몽의 문제에 주목한다. 루쉰을 통해 그가 사유하는 계몽은 주체성과 결부된다. 이를 설명하기 위해 그가 든 루쉰의 문장은 「파악성론」이다. 가짜 선비들의 의사(疑似) 계몽에 맞서 루쉰은 새로운 계몽 관념을 제기했다고 왕후이는 파악한다. 그것은 바로 새로운 주체의 발견과 정립이다. 루쉰은 외부의 이념들을 수용하여 중국을 변화시키려고 했던 당시 중국의 많은 지식인들의 계몽적 주장에서 내부의 주체를 세우는 일에 고민이 없다는 맹점을 보았고, 그 주장의 허위성을 간파했다. 왕후이는 그것을 고인(古人)의 기록과 농민(農民)의 질박한 기개(氣槪)에서 발견하여 새로운 역사주체를 수립하게 하는 것이 바로 자아개발, 자아발현의 '다른 현대성' 계몽관념이라고 파악한다.

왕후이의 이러한 다른 현대성에 대한 탐구는 『현대중국사상의 흥기』(2004)라는 저서의 주제의식과 상통하며, 이러한 현대성을 추구하는 주체의 확립이란 문제는 결국 허무주의자 루쉰이 아닌 절망에 반항하는 루쉰의 모습을 상상케 한다. 중국사회를 개조하려는 꿈, 그 꿈의 실현에 대한 절망, 그 절망에 대한 반항을 루쉰의 근간으로 삼고 그것을 사상의 기초로 파악한 왕후이는 다케우치 요시미와의 대화에서 다케우치 요시미가 루쉰 사유의 기초로 삼은 허무에 대해 올바른 믿음(正信)이란 개념을 적극적으로 해석하고 이것으로 루쉰이 허무주의에 대한 견실한 신앙기초를 수립했다고 파악한다. 이러한 해석은 결국 루쉰을 반현대적 현대인물로 설정하는 기반이 되는데, 그 이유는 일체를 거부하는 허무주의를 초극하고 동시에 이러한 과정에서 새로운 것을 낳은 것이기 때문이다. 루쉰은 그러한 사유를 보여주고 있고, 이것은 그의 문학창작의 탄생과 혁명의 방향이었다고 파악한다.

왕후이의 이러한 루쉰 해석은 결국 그의 사상사연구와 상통하면서 아울러 루쉰을 통해 중국의 근대성 나아가 동아시아 근대성에 대한 해명을 시도한 것으로 읽을 수 있다. 이것은 동아시아 근대사상이 존재할 수 있는 근원을 묻는 작업이기도 한데, 이에 대한 우리의 대응은 무엇인지 자문하지 않을 수 없다.

2011년 루쉰 탄생 130주년을 맞이하여 전격적으로 국제루쉰연구회가 성립되었고, 이후 정기적으로 국제학술대회를 개최하고 있으며, 2013년 4월에는 하버드대학에서 '루쉰과 동아'라는 주제로 국제컨퍼런스가 열리기도 했다. 이러한 현상에서 알 수 있는 것처럼 중국 내에서 그리고 동아시아에서 루쉰은 20세기와 같이 열렬하게 읽히고 있지는 않지만, 오히려 연구적 상황은 비단 동아시아 지역에만 국한되지 않고 국제화되고 있음을 알 수 있다. 이 모두가 중국의 국제적 위상이 높아진 결과임을 부인할 수 없겠다.

이러한 현상에 대한 평가는 차치하더라도 동아시아를 비롯하여 세계적으로 루쉰이 여전히 미래의 인문학을 연구하는 학인들에게 유의미함을 밝히는 일은 21세기 루쉰 연구자들에게 주어진 숙제가 되었다. 동아시아의 근대를 묻는다는 질문에 루쉰을 경유하지 않으면 안 된다는 명제는 시의적절한 것이라고 생각하고, 이것은 이미 중국의 학인들에 의해 시작되었다. 물론 이러한 과정을 여는 데 과거 일본 학인들의 연구가 도화선이 되었고, 이를 계승한 중국의 학인들이 중국의 현실을 바탕으로 더욱 힘을 내는 형국이다.

이렇게 보면 한국의 루쉰 연구자들이 현재 작업하고 있는 『루쉰전집』 번역은 다케우치 요시미가 후대를 위해 죽을 때까지 손에서 놓지 않은 루쉰 번역과 같은 성격의 일이 되어야 할 것이다. 이 책은 동아시아 내에서 '사상의 번역'을 진행하는 일로서 특히 근대의 문제가 착종된 한국에서 루쉰을 독해하는 일이 어떻게 전개되어야 할 것인지에 대한 필자 나름의 작은 정리다.

1부 '루쉰'이란 사상: 동아시아 근대사상의 계보학

서구 중심의 세계체제가 형성된 이후 지역명으로 불리던 (동)아시아가 단순히 지역을 가리키는 이름을 넘어 그 지역에 속하는 사람들이 자신들을 대표하는 명칭으로, 더 나아가 그 지역이 지닌 공통성을 찾고 그것을 바탕으로 서구에 대항하는 개념으로 확장된 것은 19세기 말 이후라고 할 수 있다. 특히 일본에서는 탈아(脫亞)와 흥아(興亞)라는 표현에서 알 수 있듯이, 메이지유신 이후 국가주의를 전개하는 과정에서 아시아를 사고하기 시작했으며, 20세기 제국주의 전쟁에 가담하면서 아시아주의라는 하나의 제국주의적 이데올로기로까지 확장시켰다. 한편 중국에서도 역시 쑨원의 '대아시아주의'라는 표현에서 알 수 있듯이, 근대 이전 중화질서를 바탕으로 아시아주의를 표방한 적이 있다. 조선에서도 아시아라는 표현을 대신하여 동양이라는 명칭이 사용되었으며, 이것은 현재까지도 유지되고 있다. 그런데 서양화한 일본의 식민지 지배와 침략전쟁으로 인해 (동)아시아라는 이름에는 부정적인 이미지가 덧씌워지면서 전후 일본에서 아시아를 말하는 것은 일종의 금기사항이 되었고, 이와 함께 일본 이외의 지역에서 아시아를 말하는 것 역시 자유롭지 못했다.

그러던 중 냉전시대를 거쳐 1980년대 후반부터 한국에서 동아시아론을 제창하여 동아시아 지역에서 호응을 얻기 시작했는데, 이것은 탈냉전에 의한 변화된 세계체제(지역주의, 지역연합)에 기인한 바 크다. 동아시아를 지역 단위로서 사유하기 시작하자, 향후 세계 체제 속에서 동아시아의 미래를 구상하기 위해서는 과거의 동아시아에 대한 정리가 우선적으로 필요했다. 이에 학인들 사이에서 다양한 동아시아 담론이 제기되었고, 공동으로 동아시아 지역 내에 역사적으로 존재했던 차별과 대립의식을 극복하는 일과 동시에 서구 중심의 세계인식을 극복하는 일이 가장 긴요한 사안으로 대두되었다. 이를 위해 이 지역의 학인들은 과거 동아시아 관련 논의를 재검토하고 역사적으로 동아시아 지역 지식인들 간의 교류를 점검하며 나아가 대립과 차별의 근원을 파악하는 노력을 경주하는 동시에 이러한 과정에서 일국적 사고를 뛰어넘는 연구와 훈련을 병행하고 있다. 하지만 지역에 따라 동아시아와 관련하여 지식인들의 관심과 논의는 그다지 전향적으로 이루어지지는 않고 있다. 그렇게 되는 이유는 역시 자국 즉 일국적 문제가 각 지역의 비판적 지식인들에게 가장 크게 다가오기 때문이다. 곧 보다 많은 동아시아 지식인들의 인식 전환은 동아시아적 시각을 갖는 것이 그 국가 및 사회의 문제를 해명하는 데 중요하다는 인식이 전제되어야 하고 나아가 동아시아를 사고하는 것이 전체적인 면에서 일국의 문제와 연관되어 있다는 식견을 갖게 되어야 가능한 일이다. 더 나아가 동아시아를 묻는 것이 결국 세계에 대한 질문이기도 하다는 사실이 부각되어야 한다.

이와 같은 근대 이후 동아시아를 둘러싼 정리 속에서 우리는 '동아시아'라는 용어에 담긴 세 가지 층위를 확인할 수 있다. 하나는 동아시아 지역 내에 남아 있는 상흔이다. 또 하나는 국민국가의 형성을 위해 경주하던 시기에도 존재했던 연대의 경험이다. 마지막 하나는 앞의 두 가지를 역사화해서 서구 중심의 세계사를 상대화하는 일이다. 이 세 가지 층위에 존재하는 문제를 푸는 열쇠는 결국 동아시아 지역민들의 비판적인 식견과 이를 바탕으로 한 연대로의 이행이다. 여기에 동아시아 지식인들이 먼저 선구적이고 실천적인 모습을 보여주어야 한다. 이 말은 바로 지금 동아시아 지역 지식인들 간의 교류가 한층 더 확대되어, 궁극적으로는 어떤 형태가 되어야할지는 모르겠지만 동아시아 공동체라는 구상이 실현될 정도가 되어야 한다는 것이다. 그런 의미에서도 동아시아는 지속적으로 소환되고, 이를 바탕으로 더 미래지향적으로 나갈 필요가 있다.

동아시아를 둘러싼 위의 세 가지 층위와 관련하여 일본의 중국문학 연구자 마루카와 데쓰시의 지적이 시사하는 바가 적지 않은데, 그는 근대 동아시아의 지식인들 사이에 존재했던 '고민하는 힘'을 후대 사람들이 어떻게 계승할 것인지, 나아가 동아시아 100여 년의 경험(즉 역사)을 어떻게 사상화할 것인지, 이것이 바로 동아시아인들의 과제라고 지적했다. 특히 사상화의 문제와 관련해서 근대 서구의 헤겔이 그리스 로마 문명과 그리스도를 기반으로 유럽 자신의 역사를 구축했던 경우에 빗대어 동아시아 100여 년의 역사를 사상화할 가능성을 묻고 있다. 그 가능성이 유교나 불교 및 왕조사의 기초라는 과거의 유산을 통해서 시도될 수 있을 거라고 생각하기에는 그동안의 단절이 너무 심했고, 또 서구의 이론을 정치하게 적용하여 동아시아의 땅에 토착화하는 것 역시 한계가 있었던 점을 딛고 어떻게 가능할지를 탐문하는 것이 바로 동아시아인들의 숙제라는 것이다.[1)]

근대 동아시아 역사를 사상화하는 작업은 구체적으로는 각국의 자국학의 성립 그리고 동아시아 각국에서 동아시아 지역에 속

1) 丸川哲史,『日中100年史-二つの近代を問い直す』, 光文社, 2006, 11-21쪽

하는 국가에 대한 학문, 즉 외국학의 역사와 상황을 검토하는 일이 전제되어야 한다. 이것을 한국에 대입해볼 경우, 한국학의 성립 그리고 중국학이나 일본학의 역사와 상황을 각각 구체적으로 점검하고 상호 대비해보는 일이 필요하다는 말이다. 중국이나 일본의 경우 또한 마찬가지이며, 타이완이나 홍콩 그리고 오키나와도 그렇게 되어야 한다. 이 책의 1부에서 서술하고자 하는 내용은 바로 이러한 시각에서 루쉰이 동아시아 지식인들에 의해 어떻게 전유되었는지를 검토하여, 동아시아 지역에서 사상의 연대가 전개되는 과정을 살피고 나아가서는 동아시아 근대사상사의 형성이 가능할 수 있는지를 모색하는 것이다.

1장 동아시아에서의 루쉰 번역

동아시아 지역에 속하는 국가 즉 한국, 중국, 일본, 타이완, 홍콩 등에서 루쉰이 어떻게 수용되었는지에 대해서는 각국 중국학의 하위분야로서 루쉰학(연구)의 상황, 다른 말로 하면 연구사를 검토하면 될 것이다. 중국의 경우는 외국학이 아닌 자국학의 한 분야로서 루쉰이 연구되었을 것이고, 이것은 다른 국가의 루쉰 연구와는 성격을 달리할 수 있겠다. 국민국가의 형성에 있어 제도화와 이념화의 측면에서 루쉰이 평가되어온 측면을 논외로 하더라도, 중국인 루쉰이라는 사실에서 중국의 문제가 바로 그의 사유와 행동의 근거가 되게 한 것은 자명한 사실이다. 하지만 루쉰이 동아시아의 여러 나라 나아가 서구에까지 번역 소개되었던 것을 동아시아적 관점에서 어떻게 볼 것인가 하는 것은 논의의 대상이 된다고 할 수 있다. 동아시아 내 각국이 서로에게 외국학의 대상이 되는 상황이 근대 이후에 형성되고, 이로 인해 동아시아 내에서 동아시아만의 공통된 사상적 과제가 제기될 수 있다는 점에서 그렇다. 이것은 다른 말로 동아시아인에 의한 사유(구미인의 사유가 아닌)가 동아시아 내에서 소통되는 것으로, 구미의 문물을 수용하는 데 경주를 해왔던 동아시아에서 근대지(近代知)가 창조되는 과정이 형성되면서 그 연장선상에 루쉰이 놓여진다는 것이다. 비단 루쉰만이 동아시아에서 수용되었던 것은 아니다. 동아시아 지식인들 간의 교류는 19세기 말 이후 본격적으로 전개되었고, 루쉰 역시 그러한 소개와 번역의 역할을 담당했었다. 특히 일본이 제국주의로 달려가기 전에 짧지만 아시아 연대의 분위기가 조성되어 실제로 동아시아 지식인들 사이에서 호응을 얻기도 했다. 이것이 일본에서 말하는 '아시아주의'의 원형이었던 것은 말할 것도 없다.

이 장에서는 동아시아 각국에서 외국학의 한 분야로서 루쉰 수용사 또는 연구사를 기술하려는 것이 아니라, 루쉰이 특히 자국의 역사적 문제와 고투하는 지식인들에게 어떻게 수용되었고, 그것을 통해 각국에서는 어떤 비판적 사상이 형성되었는가에 초점을 맞추어 살펴보려고 한다. 또 중국을 비롯해 일본 그리고 한국의 경우는 말할 것도 없고 타이완, 홍콩 등지의 루쉰 수용사 그리고 루쉰과 그의 작품이 생전에 동아시아에 도입된 상황 등에 대해서 정리해보겠다.

1.1 전전(戰前)의 루쉰 수용

근대시기 동아시아 지역에서 번역이라고 말할 경우, 대체로 구미의 문화를 동아시아 각 지역의 언어로 바꾸어 소개하는 것을 일컬었다. 다시 말해 번역이란 행위는 결국 이문화를 자문화로 수용하는 과정에서 일어나는 현상으로, 특히 동아시아 근대시기에 번역은 서구를 대상으로 한 것이었다. 따라서 근대초기 동아시아 역내에서 각 국가(지역) 간의 번역은 이루어지지 않았고, 또 더군다나 이 사이에는 근대적인 의미에서 '번역'이라는 관념도 성립하지 않았다.

서구 근대문물의 수용과정에서 일본의 역할이 대단했던 것에 대해서는 이미 많은 연구들이 밝혀놓고 있는 바인데, 중국과 조선 및 타이완 지식인들이 일본을 경유하여 서구 문물을 수용한 일 역시 이러한 일본의 선진적인 전례에 기인했다는 점은 부정할 수 없다.[1] 이러한 과정에서 근대 서구의 다양한 개념들 역시 일본 지식인들의 한자 번역어로 만들어지고 이것이 동아시아 역내에 유통되었다. 물론 동아시아 지역에서 일본보다 앞서 일찍부터 서구의 문물을 수용하기 시작한 청(淸)을 경유하여 조선과 일본으로 전해지면서 중국에서 만든 근대적 조어(造語, 곧 한자로 만든)와 이중어사전 등이 포함된 것 역시 잘 알려져 있다.

동아시아에서 근대적 개념은 중국과 일본의 지식인들을 중심으로 하여 서구에서 동아시아로의 번역과정에서 이루어졌고, 이것이 동아시아 근대성을 형성하는 데 단초가 되었다고 할 수 있다. 그런 점에서 19세기 후반에서 20세기 초기에 이르는 근대어 및 개념어의 탄생과 성장과정 그리고 동아시아 역내에서 전개된 수용과 전파의 역사는 자세히 검토할 필요가 있다. 그리고 이 과정에는 각 지역마다 그 나름의 조어를 만드는 노력이 경주되었다. 이것 역시 다양하고 면밀하게 살펴야 한다. 일본에서 근대지의 성립과 전파에 대한 연구가 이루어진 것은 이런 점에서 주목할 만하다.

동아시아 내 각 지역의 전통적 학문의 토대 위에서 서구 근대 문물의 수용이 이루어지고 여기서 근대지가 성립되는 과정은 두 가지 방향으로 전개되었다. 하나는 국민국가의 성립이란 국학적 관점에서이고, 다른 하나는 동아시아라는 지역학(여기서 지역학이란 최근의 학문적 경향을 가리키는 것이 아니라 동아시아의 공통된 학문으로서의 의미다)적 관점이다. 역사적으로는 전자를 중심으로 발달해갔지만, 외국학의 성립과 함께 후자 역시 발전했다. 물론 여기서 외국학은 구미 지역(국가)의 학문이 대부분을 점했지만 말이다. 그럼에도 불

---

1) 이것과 관련해서는 山室信一, 『思想課題としてのアジア-基軸 · 連鎖 · 投企』, 岩波書店, 2001

구하고 외국학으로서의 일본학, 중국학, 조선학이 동아시아 각국에서 성립했고, 이것이 근대 이후 상호 관련성을 갖고 교류되었던 것 역시 부정할 수 없다.

외국학으로서 중국학, 일본학, 조선학, 타이완학 등이 동아시아 각국에서 어떻게 성립되었는지를 자세히 검토하는 것만으로도 동아시아 지역 내 국가 간의 상호 이해가 어떻게 형성되어왔는지를 알 수 있는 연구과제가 될 것이다. 예를 들어, 한국에서 형성된 중국학의 역사, 또 일본에서 형성된 중국학의 역사와 조선학의 역사, 한편 중국에서 개진된 일본학과 조선학 연구 등은 연구 주체에 따라 다양하게 진행되었을 것이고, 그 연구의 대상 역시 각국의 시대적 상황에 따라 변화해갔을 터이다. 다시 말해 제국주의 시대 일본의 중국학과 조선학 및 타이완학은 제국주의 일본의 정책에 의해 그 성격이 규정되었을 것임을 상상할 수 있다. 한편 일본을 비롯한 동아시아 지역에 대한 최근 중국의 관심은 굴기하는 중국의 대외전략이란 측면에서 학적으로 표명된 것임도 짐작할 수 있다. 한국의 경우 중국학은 새롭게 경제적 파트너로 등장한 중국의 정치와 경제에 대한 관심이 더 중요해진 관계로 그 연구 분야 역시 미국식의 지역학에 치중하는 경향이 강한 반면, 인문학연구자는 중국연구가 결국 한국사회를 돌아보는 거울로서 기능했던 1980년대의 비판적 중국학의 전통을 여전히 계승하려는 의도를 갖고 중국학의 시각 조정을 시도하고 있다. 이처럼 동아시아 지역 내 국가 간의 상호 이해와 연구는 국학과 외국학이란 두 성격이 다른 학문에 의해 전개되어왔고, 현재는 국가 간의 교류가 빈번해진 관계로 각국 간의 연구적 관점에 대한 확인과 비판도 충분히 가능해졌다.

따라서 대안적 근대로서의 동아시아 근대성에 대한 탐문 역시 동아시아 역내의 이러한 학적 구도와 성과를 검토하는 일에서 출발하는 것도 하나의 방법일 수 있다. 아울러 근대 동아시아의 사상적 자원을 발굴하는 일 역시 이러한 동아시아적 시각에서 국학과 외국학을 포함한 학적 근대지의 형성 과정을 검토하는 데서도 그 가능성을 엿볼 수 있다. 그렇기 때문에 오늘날에는 동아시아 전체를 시야에 넣고 각 국가에 대한 이해를 깊이 하는 위에서 동아시아 근대에대해 연구하는 학인들이 많이 나와야 할 시점이다.

이상의 관점에서 동아시아에서의 루쉰학 성립을 검토해보자. 보다 세밀한 점검이 필요한 문제지만, 적어도 동아시아에서 근대 서구의 사상가나 문학가가 아니라, 동아시아의 지식인으로서 동아시아 역내에서 사상사의 차원에서 많이 거론되고 또 그 자체가 사상의 자원이 되는 근대적 인물은 루쉰이 유일하지 않은가라고 생각한다. 여기서 전전(戰前)이라고 하는 것은 1945년을 경계로 한다. 즉 루쉰이란 필명으로 글쓰기를 진행하고 그것을 매체를 통해 발표한 이후 작가라는 이름으로 활동을 전개하다 1936년에 생을 마감했지만, 그 이후에도 지속적으로 루쉰이 동아시아에서 거론되었던 맥락을 1945년을 기점으로 나누어보려는 것이다.

1.1.1 중국에서의 루쉰의 대중화

본명 저우수런(周樹人)이 루쉰(여러 가지 필명 가운데 하나)이란 이름으로 미디어(매체) 상에 처음 등장한 것은 「광인일기」를 발표한 『신청년』에서이다. 물론 그 이전에도 저우수런이란 이름은 일본 유학시절에 『역외소설집』 등의 번역자로서 일본 언론에 거론된 적이 있지만, 그것은 문학가 또는 작가로서 알려진 것이 아니었다. 오사 신문화운동에서 중심적인 역할을 한 『신청년』에 새로운 형식의 소설을 발표함으로써 루쉰은 비로소 이름을 알리게 된다. 당시 『신청년』의 주요 독자층은 1만 3천 명쯤 되는 베이징의 학생들이었다. 이들 가운데 만 명이 넘는 지방출신의 학생들이 있었다. 이들과 이 잡지에 기고를 하던 베이징 대학의 소장 교수들은 당시 회관(會館)이라 불리는 성(省)과 현(縣) 단위로 만들어진 동향인들을 위한 숙소겸 회합소에서 거주하고 있었다. 이처럼 베이징의 지식인 계층 사이에 형성된 대가족과 동향인 친구 및 동료에 의한 공동체를 '사합원(四合院) 공동체'라고 부를 수 있는데, 당시 『신청년』이란 잡지 역시 이런 사합원 공동체에 의해 만들어지고 유통되었다. 실제 독자 수는 발행 부수(최전성기 기준 1만 6천 부)의 수 배 또는 십수 배에 달했던 것으로 추정된다. 또한 독자의 수준도 공동체 내부에서 대화를 통해 상당히 균일화되었다고 할 수 있다.[2)]

루쉰 역시 당시 자신의 고향 저장성(浙江省) 사오싱(紹興)인들의 숙소인 소흥회관에 살고 있었다. 신해혁명 이후 침묵하고 있던 루쉰이 진보적 성격이 강한 신생 잡지에 글을 투고하게 된 배경에는 바로 이러한 '사합원적 지식인 공동체'가 존재했던 것이다. 그런데 일본의 중국현대문학 연구자 후지 쇼조는 이 사합원 공동체가 대외적으로 확대되는 계기가 바로 오사운동이라고 한다. 오사운동은 일본제국주의의 무리한 요구에 굴복하는 북양정부에 대한 반대였지만, 이 운동이 전국적으로 확대되어 중국 각지에서 데모나 집회, 노동자에 의한 스트라이크, 일본제품 불매운동 등의 배외적인 행동으로 발전하고, 그 결과 시민, 학생 그리고 노동자에 의한 민족주의적 반제국주의적 애국운동으로 전개되었다. 다시 말해 베이징의 사합원 공동체에서 중국의 변화를 문화적인 측면에서 모색하던 지식인 청년학생들의 움직임이 오사운동이란 역사적 사건을 경과하면

2) 藤井省三, 『魯迅「故鄕」の読書史 近代中国の文学空間』, 創文社, 1997

서 중국 전체의 문화운동으로 확대되었던 것이다. 오사운동을 통해 수면에 가라앉아 있던 정치적인 체제변혁과 함께 중국인 자신의 정신적인 자기변혁이라는 일종의 문화혁명이 동시에 추구되었다. 즉 이 시기에 사람들의 생활을 정확히 표현하는 현대 중국어가 보급되기 시작하고, 또 독서시장의 성립과 함께 문학 활동이 일거에 활기를 띠기 시작했다.

루쉰이 근대 중국에서 존재감을 드러내기 시작한 것 역시 이러한 시기였다. 하지만 우리가 쉽게 생각하기 쉬운, 즉 곧바로 루쉰이 전국적인 소설가로 알려졌다는 의미는 아니다. 구문화 진영은 루쉰의 「광인일기」를 비롯한 소설 몇 편을 이해하기 어려웠을 뿐만 아니라, 신문화 진영 역시 근대적인 형태의 평론을 발표할 수 있는 능력을 갖추지 못했다. 다시 말해 루쉰이 창작을 시작하던 시기는 바로 중국현대문학사의 시각에서 보자면, 현대문학이란 제도가 처음 시작되어 가던 시대였던 것이다. 이러한 제도화에 대해서 후지 쇼조는 다음과 같이 설명한다. 하나는 국민국가 수립의 문화적 측면에서의 제도화, 즉 학교 교육 및 교과서의 제정과 관련해서 루쉰의 작품이 소개된 점이고, 또 하나는 제한적이지만 루쉰의 소설과 잡문이 문화혁명이란 당시의 시대적 분위기에서 주목을 받기 시작함과 동시에 주위의 문학 애호가들에 의해 근대적인 의미에서 평론의 대상이 되기 시작했다는 점이다. 마지막은 대중적인 출판시장의 형성이라는 점이다.

보충 설명하자면, 먼저 대중적인 출판시장의 형성과 관련해서는 『신청년』 이후 『소설월보(小說月報)』[3] 등의 문예지가 등장하여

3) 중국 최대의 출판사였던 상무인서관(商務印書館)이 1910년 7월에 창간한 것이다. 처음에 상하이의 상인층이 애독하던 원앙호접파(鴛鴦胡蝶派)의 아성이었는데 지식계층의 베이징 집중이 수반되고, 독서경향이 원앙호접파에서 오사신문학

창작과 에세이 및 평론 등을 수록하고, 또 이와 같은 문예지에 실렸던 글들이 1920-30년대에는 신문의 부간(副刊)에도 발표되기 시작했다. 베이징의 『신보(晨報)』, 『경보(京報)』의 부간 그리고 상하이 『민국일보(民國日報)』, 『사사신보(時事新報)』의 부간인 『각오(覺悟)』, 『학등(學燈)』은 당시 중국의 4대 부간으로 꼽힌다. 한편 이런 잡지와 신문을 간행하던 출판사는 이미 청말 이래 각지에서 증가했다. 예를 들어 『소설월보』를 발간했던 상무인서관은 1897년에 상하이에서 설립되었는데, 1903년에는 창장(長江) 중류에 위치한 중국내륙부의 교통 요지인 한커우(漢口)에 지점을 처음 개설하였다. 이후 23년까지 성도(省都)급을 중심으로 총 32개의 지점망을 건설하였다고 한다. 유통과 관련해서는 출판사과 서점을 연결하는 철도 도로의 정비, 우편 제도 도입, 베이징 대학 졸업생의 귀향, 근린 대도시로의 이동에 따른 전파도 빠트릴 수 없다. 루쉰의 작품이 널리 전파될 수 있었던 것은 이러한 미디어 사회의 출현에 의해 가능해졌던 것이다.

아울러 국민국가 건설을 위해 갖추어야 할 다양한 제도, 그 가운데 근대적인 학교제도의 수립에 의해서도 루쉰의 작품이 전파되었다. 중국에서 국어과가 생긴 것은 1903년 청조정부가 「주정학당장정(奏定學堂章程)」을 반포하고 고등소학과 중학에 '중국문학'을 설치하고 고문을 익히게 한 데서 출발한다. 이때의 학과목표는 "관화(官話)를 익히게 하고, 전국의 언어를 통일하여 백성의 마음을 이로써 단결하게 되기를 희망한다"라고 공통어 보급이 추구되었지만,

---

으로 또 상하이문단에서 베이징문화계로 변화하는 가운데 출판사도 이 문예지를 유지하기 위해 변화를 모색했다. 곧 1921년 1월에 '인생을 위한 문학'을 제창하고 직업작가의 권리보장을 요구하는 베이징의 '문학연구회'를 흡수하기 시작했다. 결국 같은 해 1월호부터 이 단체의 선옌빙(沈雁冰, 곧 茅盾)을 새로운 편집장으로 세웠으며, 이후 문학연구회의 기관지가 되었다.

실제로는 구어문 교육은 실행되지 않았다. 한편 신해혁명 후 신정부의 교육부는 1912년에 「중학교령시행규칙」을 공포하고 '국문(國文)'이란 학과명을 채용했으며, 1920년에는 전국에 발령하여 초등학교의 '국문'을 '국어(國語)'로 고치고 고등소학에서는 '국어'와 '국문'을 섞어서 교육하도록 했다. 국어과의 개설은 북경음 보급을 목표로 한 개혁으로, 문어문을 대신하여 구어문이 채용되었다. 1922년에는 대총통 리위안훙(黎元洪)의 명의로 미국을 모방한 「학교계통개혁령(學校系統改革令)」, 이른바 '임술학제(壬戌學制)'라고 불리는 교육제도개혁령이 공포되어 초급소학 4년, 고급소학 2년, 초급 · 고급중학 각 3년, 대학 4~6년이 수업 연한으로 정해졌다. 계속해서 1923년에는 교육부가 「신학제과정표준강요(新學制課程標準綱要)」를 공포하고 중학국문과의 목표를 학생의 자유로운 사고와 발표 능력 양성에 두었다. 또 소학교 국어교육의 구어문화에 대응하여 초급중학의 국문과에서도 구어문과 문어문과의 비율을 일반적으로 1학년은 7대 3, 2학년은 5대 5, 3학년은 3대 7로 하고, 전체적으로 문어문을 반으로 줄였다. 이에 그 공백을 메울 수 있는 구어문 교재가 필요했고 그 역할을 바로 오사신문학의 작품군이 맡았던 것이다. 「광인일기」 발표 이래 불과 몇 년밖에 되지 않은 오사신문학은 당연히 그 분량이 많지 않아서, 국문교과서에 특정 작품군이 중복으로 채택되었고 여기에 루쉰의 작품이 실렸다. 예를 들어 1923년 7월에 발행된 친퉁페이(秦同培)가 선한 『중학국어문독본(中學國語文讀本)』 전 4책에 「고향」, 「풍파」, 「약」, 「공을기」 4편의 단편소설과 「우리는 지금 어떻게 아버지가 되는가」를 비롯한 산문 5편이 실렸다고 한다. 그리고 이러한 국어교과서의 인쇄부수는 분명하지 않지만, 1923년의 중등학교 재적생이 18만 2천8백 4명으로 추산되니 그 부수를 대

략 짐작할 수 있겠다.[4]

이처럼 루쉰은 국민국가 건설과정에서의 제도화 그리고 대중적인 출판시장의 성장과 함께 그 지명도를 확대해갔다. 한편 루쉰의 작품에 대한 비평 및 연구 역시 1920년대 이후 탄생하기 시작했다. 공개적인 기록상으로 루쉰의 작품에 대한 최초의 평론은 1913년에 나왔다. 그것은 루쉰이 문언으로 쓴 최초의 소설 「회구(懷舊)」에 대한 평론인데, 이것은 작품이 발표된 『소설월보』(제4권 제1호)의 책임편집자였던 윈톄차오(惲鐵憔)가 평점(評點)하고 소설 뒤편에 「초목부지(焦木附誌)」를 덧붙여서 이 작품의 문필과 작법을 칭찬한 것이었다. 하지만 엄격히 말해 이것은 근대적인 문학비평의 성격을 갖추지 못했다. 백화체 소설 「광인일기」가 발표된 뒤 이듬해에 푸쓰녠(傅斯年)은 『신조』 제1권 제2호에 "문장만 가지고 논한다면 탕쓰(唐俟, 루쉰의 필명)군이 쓴 「광인일기」는 사실적인 필법을 운용하여 기탁적인 취지에 도달하였으니, 분명히 근대 중국에서 가장 훌륭한 소설이라 하겠다"라고 평했다. 아직 직업적인 문학가나 비평가가 존재하지 않았던 오사시기를 지나 본격적으로 이러한 의식을 갖고 창작과 평론에 임했던 이들이 출현하여 이후 루쉰에 대한 본격적인 평론이 시작되고 연구의 역사가 전개되었다. 대체로 중화인민공화국 수립 이전까지 중국의 루쉰 연구사는 선옌빙(곧 茅盾)과 청팡우(成仿吾)의 평론을 중심으로 한 시기(1910-1920년대 말), 취추바이(瞿秋白)와 펑쉐펑(馮雪峰) 그리고 리창즈(李長之)의 평론을 중심으로 한 시기(1920년대 말-1930년대 말), 마오쩌둥의 평론을 중심으로 한 시기(1930년대 말-1940년대 말)로 나눌 수 있다.

왕푸런(王富仁)의 서술에 따르면, 첫 번째 시기에는 선옌빙을 비

4) 藤井省三, 『魯迅事典』, 三省堂, 2002, 252-255쪽

롯해 소위 사회인생파의 루쉰 작품에 대한 평론 외에 1920년대 루쉰과 논쟁을 펼쳤던 천시잉(陳西瀅) 그리고 당시 낭만주의 경향이 강했던 젊은 청년 평론가 청팡우(「외침의 평론」) 등의 루쉰 평가가 있었는데, 이 둘의 평론은 루쉰과의 개인적인 관계를 떠나서 개인의 도덕을 찬양하거나 부정하는 등의 전통적인 방식을 고수하고 있는 점에서 작품이나 사상의 내함과 외연을 밝히는 근대적인 평론(연구)과 동떨어진 것이었다. 이에 반해 선옌빙은 1921년 『소설월보』(제12권 제8기)에 실린 「사오유월의 창작을 평함(評四五六月的創作)」이라는 글에서 루쉰의 「풍파(風波)」와 「고향(故鄕)」에 대해 평하면서 루쉰 소설이 중국의 농민과 농촌 생활을 표현한 점에 주목하고, 이 작품에 드러난 사람과 사람 사이의 몰이해와 거리감은 중국의 전통적인 계급관념에 있음을 지적하였다. 그는 계속적으로 『아Q정전』에 대해 논하고, 『외침』이 발간된 후에는 「외침을 읽고(讀吶喊)」란 글을 써서 루쉰의 작품에 대한 구체적인 분석을 가했는데, 루쉰 소설의 구조적 형식 및 그것이 중국현대소설에 끼친 영향에 대해 처음으로 평가했다. 선옌빙 외에도 당시 루쉰의 동생 저우쭤런(周作人) 또한 1922년 3월에 「아Q정전」이라는 글을 발표하여 그 의미를 철학적이고 비교문학적인 측면에서 전문적으로 평론하였다. 아울러 장딩황(張定璜)은 1925년 『현대평론』(제1권 제7, 8기)에 「루쉰선생」이란 글을 발표했는데, 이는 후대의 연구자들에 의해 루쉰 소설에 대한 당시에 나온 가장 비중있는 논문이라고 평가받고 있다. 이 글의 특징은 루쉰의 사상적인 개성과 정서적인 체득이라는 두 가지 점에서 루쉰 소설의 창작 풍격을 논하고 있다는 데 있다. 하지만 이 시기의 루쉰 연구는 주로 루쉰의 전기 소설 특히 『외침』에 대한 연구에 머물러 있었고, 또 연구자들이 루쉰과 동일한 역사적 시기에 처해 있었으며 동시에 루쉰 또한 자신의 자아를 충분히 발전시키지

못했기 때문에 루쉰과 거리를 유지하는 역사적이고 총체적인 파악은 불가능했다.[5)]

한편 두 번째 시기를 대표하는 루쉰 평가와 연구는 마르크스주의를 신봉했던 좌파 이론가들에게 돌려진다. 이 가운데 펑쉐펑은 1928년 5월 '혁명문학논쟁'이 격렬해지던 때에 「혁명과 지식계급」이란 글을 써서 루쉰을 중국 지식인의 대표이자 오사 반봉건 목표를 추구했던 사상적인 혁명가로 위치지었다. 취추바이와 마오쩌둥의 평가에 비하면 부족한 점도 있지만, 당시 창조사와 태양사의 젊은 평론가들이 자신의 관점만을 옳다고 여기는 교조주의적 시각에서 루쉰을 시대에 뒤떨어진 인물로 간주했던 것과는 다른 차원에서 루쉰의 독자적 가치를 인정한 좌파의 평론으로 선구적인 면이 있었다. 한편 좌익작가연맹(좌련)이 성립된 이후에도 여전히 루쉰과 마르크스주의 이론가들 사이에 일련의 사상적 모순은 남아 있었고, 이에 내부에서 루쉰과 그의 작품을 어떻게 평가할 것인가 하는 문제는 줄곧 해결되지 않은 채로 존재하고 있었다. 취추바이의 「『루쉰잡감선집』서언」은 이러한 상황하에서 쓰여진, 루쉰 연구에 있어서 기념비적인 글이다. 펑쉐펑처럼 중국현대사의 발전 과정 위에서 루쉰을 평가했으며, 첫 번째 시기의 소설 중심의 평론과는 달리 루쉰의 잡문을 높이 평가했다는 점이 특징이다. 또 루쉰의 전기(前期) 사상의 변천과정(즉 개성주의에서 집체주의로, 진화론에서 계급론으로)에 천착하고 나아가 루쉰 사상의 기본적인 성격(청성한 현실주의, 강고한 투쟁정신, 反자유주의, 反허위의 정신)을 총결해내었다.

물론 이 시기에 비단 좌파 이론가들의 루쉰 비평만 나온 것은

---

5) 왕부인 지음, 김현정 역, 『중국의 노신연구』, 세종출판사, 1997, 29-35쪽

아니었다. 리창즈의 「루쉰비판」(1936)은 당시 좌파들의 사상가라는 시각에서 루쉰을 평가하려고 하지 않았다. 그는 사상가보다는 문학가와 전사로서의 지위를 부각시키려고 했다. 그는 이 글에서 "루쉰은 사상적인 측면에서 볼 때 사상가로서 불충분하다. 그는 사상적으로 단지 전사, 즉 구제도와 구문명을 맹렬히 공격한 전사일 뿐이다. 그러나 그는 문예의 측면에서는 아무런 문제없는 시인이다." 라고 적었다. 리창즈는 루쉰의 인생 체득과 예술적 분석을 중점적으로 다룸으로써 좌파들의 루쉰 평가가 주로 마르크스주의 이론과 중국공산당의 혁명적 실천이라는 기준에서 이루어지면서 생긴 공백을 메꾸었다. 이런 점에서 중국의 루쉰 연구사에서 그 입지를 점할 수 있었으며, 아울러 완벽한 체계를 갖춘 최초의 루쉰 창작론이 되었다. 그런데 여기서 세 번째 시기의 마오쩌둥의 루쉰 평가와 관련된 것이기도 하여 잠깐 현대중국에서 정의한 '사상가'라는 규정에 대해서 정리해둘 필요가 있겠다.

이와 관련하여 왕푸런은 중국에서 사상가는 어떤 것인지에 대해 설명한다. 그에 따르면 전통적으로 중국에서는 성인은 존재했지만, 사상가는 없었다고 한다. 중국의 성인이 사람들을 위해 가장 이상적인 표준을 세우고 보통 사람들이 감히 흉내낼 수 없는 고귀한 특징을 지닌 전체 민중의 스승이자 모범을 가리킨다면, 서양의 근대 사상가는 이성적 언어로써 표현되고 또 내부적으로 논리적 통일성을 지닌 사상적 이론과 학설을 창립해낸 사람을 가리킨다. 이러한 규정을 루쉰에게 적용한다면, 근대적인 의미의 사상가도 아니고, 또 전통적인 중국의 성인도 아니다. 그럼에도 불구하고 1930년대부터 루쉰에 대한 평가에서 사상가라는 규정이 등장한 것은 어떤 의미인가. 그것은 바로 한 민족과 이러한 민족에서 전 인류에 이르는 사상과 정신의 발전을 실제적으로 촉진시키고, 자아와 우주와 인생에 관한 사람들의 인식을 풍부하게 한 사람이라는 점에서 사상가의 의미를 찾는다. 특히 당시 현대중국이란 특수한 환경하에서 중국의 고대사상가들이나 서구의 사상가들과 다른 루쉰만의 독자적인 사상적 정신적 추구와 독자적인 가치관념체계, 독자적인 사유방식과 조작방식을 형성하였다는 점에서 루쉰의 사유는 사상가로서 자리매김할 수 있다는 것이다.[6)]

이러한 사상가에 대한 규정은 세 번째 시기에 해당하는, 옌안(延安)을 근거지로 한 중국소비에트의 마오쩌둥으로 이어진다. 마오쩌둥에 의한 루쉰 평가는 잘 알려진 것처럼, 루쉰을 사상가, 문학가, 혁명가로 규정한 삼위일체론에서 나아가 현대적 성인의 반열로 올려놓았다. 이러한 평가 역시 어떤 노예적 근성과 타협적 기질을 갖지 않은 루쉰의 정신을 높이 산 것이다. 아울러 마오쩌둥의 이러한 평가에서 주목할 것은 마르크스주의를 전면에 내세우고 있지 않다는 점이다. 그것은 마오쩌둥이 당시 생각하고 있던 중국사회주의 혁명의 방향과도 연결된다. 비록 마오쩌둥이 일반적으로 루쉰과 그의 작품을 평가했던 작가나 비평가들처럼 루쉰의 작품 자체에서 직접적으로 평론한 것이 아니라 실천적인 정치혁명가의 입장에서 나온, 어떤 점에서는 정치적인 필요성에 의한 평가라는 측면도 무시할 없지만, 그럼에도 불구하고 중국이 앞으로 나아가야 할 방향에서 루쉰의 정신(사상)을 주목했다는 점은 중국현대사상사의 한 자리를 차지할 마오쩌둥이 루쉰을 정확히 파악했다는 데서 그 의미가 있다고 하겠다.[7)]

6) 왕부인, 앞의 책

7) 이와 관련해서는 뒤에서 다시 논한다.

1.1.2 동아시아에서의 루쉰 번역

1920년대 중국에서 루쉰의 작품에 대한 언급이 시작되었다면, 루쉰과 그의 작품이 국외에서 거론되기 시작한 것도 이와 비슷한 시기였다. 외국문학가로서 루쉰은 일본에서는 대단히 대중적인 작가다. 어떤 점에서는 국민문학으로서 대우받고 있다고도 할 수 있는데, 처음 일본 매체에 루쉰이 등장한 것은 앞에서도 잠깐 언급했듯이, 메이지 중기의 대표적인 언론인 미야케 세쓰레이(三宅雪嶺, 1860-1945)가 주필이었던 반월간 『일본과 일본인(日本及日本人)』(1909년 5월 1일) 「문예잡사(文藝雜事)」란의 "혼고(本鄉)에 거주하는 저우(周)모 씨라는 아직 25, 6세에 불과한 지나인 형제는 성실하게 영국과 독일 두 나라의 유럽작품을 읽고 『역외소설집(域外小說集)』이라는 30전 정도의 책을 도쿄에서 출판하고…"라는 기사가 실린 것이다. 1920년대에는 아오키 마사루(青木正兒)가 「후스(胡適)를 중심으로 소용돌이치는 문학혁명」이라는 논문에서 "소설에서 루쉰은 미래의 작가다, 그 「광인일기」는 한 피해망상증의 경포(驚怖)적인 환각을 묘사해서 지금까지 지나소설가가 도달하지 못한 경지에 발을 들여놓았다"라고 소개했다. 이것은 루쉰이란 필명이 일본에 소개된 최초의 기록이다. 게다가 아오키 마사루는 문학혁명이 중국의 지(知)의 제도에 준 거대한 충격을 충분히 인지한 위에서 루쉰을 소개하였다. 아울러 루쉰의 작품이 가장 먼저 일본어로 번역 소개된 것은 그의 동생 저우쭤런이 당시 베이징의 일본어 주간지 『북경주보(北京週報)』(1922년 6월 4일, 제19호)에 발표한 「쿵이지(孔乙己)」였다. 『북경주보』는 그 뒤에도 루쉰 자신이 번역한 「토끼와 고양이」를 게재하고, 루쉰의 인터뷰기사를 신는 등 적극적으로 루쉰을 소개했다. 이 배경에는 루쉰과 저우쭤런의 일본유학 경험이 개입되고, 또 저우쭤런과 막내 동생인 저우젠런(周建人)의 부인이 모두 일본인이었다는 가정사가 놓여 있었는데, 이런 경위로 당시 루쉰의 집에는 『요미우리신문(讀賣新聞)』과 『신조(新潮)』 등의 일본 신문과 잡지가 정기적으로 배달되었다고 하며, 또 오사운동 당시 베이징에는 『북경주보』의 기자 마루야마 곤메이(丸山昏迷, 본명은 丸山幸一郎) 등 약 1,500여 명의 일본인이 살고 있었고, 이 일본인 커뮤니티가 중일 양국의 문화교류에서 역할을 하고 있었다.

이런 배경하에서 『북경주보』의 기고자이자 루쉰과의 교류도 있었던 선교사이자 사회사업가인 시미즈 야스조(清水安二, 1891-1988)는 1922년 11월에 「저우 씨 세 사람(周三人)」이라는 에세이를 『요미우리신문』에 연재해서 일본 국내에 루쉰을 소개했다. 그는 이후 여기에 다른 에세이를 덧붙여 1924년 『지나당대신인물(支那當代新人物)』, 『지나신인과 여명운동(支那新人と黎明運動)』(大阪屋號商店)이라는 두 권의 저서를 출판했다. 이처럼 일본에서는 다이쇼(大正) 후반기에 이미 아오키 마사루와 시미즈 야스조라는 루쉰의 소개자가 등장했지만, 일본의 루쉰 연구자 마루야마 마사오(丸山昇)가 지적한 것처럼 "아오키는 중국문학 전문가, 시미즈는 중국에 체류하던 전도사, 교육자이며, 역시 이때까지는 중국에 무언가 특별한 관계를 가진 사람들 이외에는 루쉰의 이름은 알려지지 않았던" 것이다.

1927년이 되면 루쉰이 번역한 적이 있던 일본의 작가 무샤노코지 사네아쓰(武者小路實篤)가 주재하던 잡지 『대조화(大調和)』 10월호에 루쉰의 단편 「고향」이 번역 연재되었다. 번역자는 미상이지만, 이것이 일본에서 처음 번역된 루쉰의 작품이다. 한편 이 시기에 일본의 프롤레타리아문학 운동 진영에서 중국의 좌익작가를 주목하기 시작하고, 이에 루쉰의 이름도 가끔 언급되었지만 그 이해는 낮고 부정확했다. 그러던 중에 당시 일본의 2대 통신사 가운데 하나였던 신문연합사의 광둥특파원 야마가미 마사요시(山上正義)가 문예지 『신조』 28년 3월호에 에세이 「루쉰을 말한다(魯迅を語る)」를 발표했다. 이것은 광둥(廣東) 시절의 루쉰상을 선명하게 묘사했는데, 마루야마 노보루(丸山昇)는 루쉰론으로서도 손색이 없다고 평가했다. 28년 이후에는 루쉰의 번역도 증가하기 시작해, 1932년에 사토 하루오(佐藤春夫)가 『중앙공론(中央公論)』 6월호에 번역해서 실은 「고향」과 「원작자에 관한 소기」, 7월호에 게재한 「고독자」, 그리고 마쓰다 와타루(增田涉)의 「루쉰전(魯迅傳)」이 『개조(改造)』 4월호에 실렸다. 또 이 해에는 이노우에 고바이(井上紅梅)가 번역한 『루쉰전집』(전 1권으로 소설집 『외침』과 『방황』을 모두 번역)도 나왔다. 1935년에는 사토 하루오와 마쓰다 와타루가 번역한 『루쉰선집』이 이와나미문고(岩波文庫)에 포함되었다. 36년에 루쉰이 서거하자 그다음 해에 가이조샤에서 『대루쉰전집(大魯迅全集)』 전 7권이 출판되어 일본 독서계에서 루쉰은 잊을 수 없는 이름이 되었다.

이와 함께 1934년에 다케우치 요시미, 다케다 다이쥰(武田泰淳), 오카자키 도시오(岡崎俊夫) 등 주로 도쿄대학 지나문학과의 학생과 졸업생을 중심으로 '중국문학연구회'가 발족하여, 1935년부터 43년까지 월간 『중국문학』을 도합 92호까지 발행했는데, 이들은 루쉰 외에도 궈모뤄(郭沫若), 위다푸(郁達夫), 마오둔(茅盾), 라오서(老舍), 바진(巴金), 선충원(沈從文) 등 근대중국문학의 대표적인 작가를 소개하고 번역했다. 특히 다케우치 요시미는 루쉰에 많은 관심을 갖고 1943년 이 단체가 해산한 뒤에 『루쉰』이라는 유명한 평론을 발표했다. 한편 근대 일본에서는 이미 중국어를 배우는 교재에 루쉰의 작품이 수록되고 있었다. 마루야마 마사오는 "아카데미 속에서 루쉰의 『외침』을 최초로 중국어 연습을 위한 텍스트로 사용한 것은 1930년대 초기 당시 교토대학 조교수였던 구라이시 다케시로(倉石

武四郎)"라고 말했지만, 사실 이런 종류의 교재를 발행했던 대표적인 곳은 도쿄외국어대학이었다. 즉 전문적인 중국문학 연구 및 강의와 연습에 선구적이었던 도쿄외국어학교 지나어부(현 동경외국어대학 중국어과)의 교관 OB에 의한 도쿄외어 그룹이 1920년대 전반에 루쉰을 비롯한 오사신문학을 중국어 클래스의 중급교과서에 채용하고, 1929년에는 가미야 고헤이(神谷衡平)가 편한 『현대중화국어문독본(現代中華國語文讀本)』 상 · 하편 및 미야코시 겐타로(宮越健太郎) 편 『지나현대단편소설집(支那現代短篇小說集)』이 간행되어 각각 「연」, 「오리와 토끼」, 「마을 연극」 및 「고향」을 수록하였다.

한편 식민지 조선에서도 루쉰은 일찍부터 소개되기 시작했는데, 조선의 미디어에 루쉰을 처음 소개한 이는 중국신문학 소개자 양백화(梁白華, 1889-1944)로, 그는 일본의 아오키 마사루가 1920년 9~11월에 연재한 「후스를 중심으로 소용돌이치는 문학혁명」을 같은 해 『개벽』에 4회에 걸쳐 번역 소개했다. 일본의 식민지 지배를 받고 있던 조선 지식인이, 반(半)식민상태를 벗어나 국민국가 건설로 나아가려고 하는 오사시기의 중국으로부터 특별한 공감을 얻었다고 할 수 있다. 최초의 루쉰 문학 한글번역은 1927년 8월에 『동광(東光)』에 실린 「광인일기」이고 역자는 유수인(柳樹人)인데, 그는 베이징에 거주하던 망명자로서 루쉰과도 면식이 있었다고 한다. 외국인에 의한 루쉰의 국외 번역 가운데 가장 이른 것이 바로 이 유수인의 번역으로, 1929년에는 개벽사에서 조선 최초의 중국현대소설집 『중국단편소설집』이 간행되어, 양백화가 번역한 루쉰의 「머리털 이야기」를 비롯해 링수화(凌叔華), 쉬즈모(徐志摩), 예사오쥔(葉紹鈞), 쉬친원(許欽文) 외 10명의 오사시기를 대표하는 작가들의 단편이 수록되었다. 1930년대에는 정내동(丁來東)도 번역진에 가담했으며, 이미 「아Q정전」, 「죽음을 슬퍼하며(傷逝)」, 「고향」이 번역되어

나왔는데, 역자는 모두 중국유학과 체류 경험을 가진 문학청년이었다. 정내동은 1931년 『조선일보』에 「루쉰과 그 작품」 전 8장을 연재하고, 루쉰을 '좌경화된 프롤레타리아 사상가', '진보적인 작가'로서 소개했지만, 굴절로 가득찬 루쉰 문학의 형성 과정까지는 이해하지 못했다. 또 『조선소설사』의 저자이자 혁명가로서도 유명한 김태준(1905-1949)은 경성제국대학 문학부 지나문학과 재학 중에 당시 박사논문 『중국현대문학연구-국공분열에서 상하이사변까지』를 집필한 가라시마 다케시(辛島驍)의 가르침을 받고, 그 영향 때문인지 1930년 11월 『동아일보』에 「문학혁명후의 중국문예관-과거 14년간」을 연재했다. 김태준은 일본의 중국연구자 와타세 사부로(瀨沼三郎)의 『지나의 현대문예』(1930)를 주로 참고하여 루쉰보다도 오히려 혁명문학과 프롤레타리아문학에 초점을 맞추고 창조사 계열의 작가에 중점을 두었으며, 루쉰의 「아Q정전」에 관해서는 "사실주의 작품"이라고 소개할 뿐 특별히 평론을 하지 않았다.

한편 1934년에 『신동아』에 중국 망명 중의 독립운동가이자 저널리스트 신언준(申彦俊)이 장문 인터뷰 기사 「중국의 대문호 루쉰 방문기」를 발표하여, "메스를 손에 들고 만나는 사람은 남기지 않고 마취약도 사용하지 않은 채 그들의 환부를 해부하고 마는 괴이한 의사"라고 루쉰 문학의 격렬한 비판정신을 지적했다. 또 "장제스가 중국혁명을 이끌 수 없게 된 것과 마찬가지로 자산계급 문인의 의식은 무용한 망상이었다"라고 지식계급의 무력함을 비판하고, 스스로의 인생관에 대해서 "인생은 길을 가는 것과 한가지라고 믿고 있습니다. 한걸음 또 한걸음 전진하면서 다리를 세우는 길을 여는 것이 인생"이라고 생각하는 루쉰의 말을 소개하며, "세계 혁명이 완성되어야 비로소 약소민족도 해방되는 것이라고 생각합니다"라는 약소민족의 해방문제에 대한 루쉰의 견해를 인용하여 선열(鮮烈)한 좌익혁명가로서의 루쉰상을 한국에 전했다.

타이완에서도 루쉰은 일찍부터 소개되었다. 천팡밍(陳芳明)과 나카지마 도시오(中島利郎)의 연구에 의하면 전전(戰前)의 타이완에서 루쉰의 수용은 두 가지 흐름이 있었다고 한다. 주로 1920년대 장워진(張我軍, 1902-1955) 등의 『타이완민보』을 통한 베이징어에 의한 루쉰 소개인데, 『타이완민보』는 1925~30년 사이에 「오리의 희극」, 「고향」, 「광인일기」, 「아Q정전」 그리고 예로센코의 동화 등 루쉰의 저작과 번역을 다수 게재했다. 다음으로 1930년대 중반이 되자 일본어 독서 시장이 형성되기 시작해 타이완인에 의한 일본어문학도 본격화하여 타이완 내에서도 문예지가 왕성하게 간행되기 시작했다. 타이완 작가들은 앞에서도 언급한 적이 있는 이와나미문고판 『루쉰선집』(1935), 개조사판 『대루쉰전집』 전 7권(1937년) 등으로 루쉰을 읽고 큰 영향을 받았다. 1936년 루쉰의 서거에 즈음하여 격월 발행의 『타이완신문학』에 왕스랑(王詩琅)의 「루쉰을 애도함」과 황더스(黃得時)의 「대문호 루쉰 서거하다」 2편의 추도문(모두 일본어)이 게재되었다. 한 가지 특기할 사항은 『타이완신문학』을 주재했던 타이완프롤레타리아문학의 리더였던 양쿠이(楊逵, 1905-1985)가 타이완 총독부의 탄압과 폐결핵으로 인한 건강치 못한 몸 그리고 극도의 곤궁함 속에서, 고향 타이중(臺中)의 경찰관 뉴타 하루히코(入田春彦)의 도움으로 이 위기를 극복하고 뉴타로부터 개조사판 『대노신전집』을 유물로 받은 일이다. 뉴타는 정치적 전향자로 자살했는데, 양쿠이에게 이 전집을 전하면서 그로 하여금 본격적으로 루쉰문학을 수용하도록 이끌었다. 한편 양쿠이의 단편소설 「신문배달부」는 1934년 도쿄 나우가(ナウか)사의 좌익문예지 『문학평론』 현상모집에서 2등으로 당선되어 일본의 중앙문단에 오른 최초의 작품으로 유명한데, 이 작품은 루쉰의 제자인 후펑(胡風)에 의해 중국어로 번역되어 같은 해 상하이 『세계지식』에 게재되고 『약소민족소설선』 및 타이완조선단편소설선 『산령(山靈)』(모두 상하이, 1936)에 수록되었다고 한다.[8)]

루쉰이 생전에 3번이나 방문했던 홍콩에서도 루쉰에 대한 관심은 적지 않았다. 루쉰은 이 3번의 방문 경험을 토대로 에세이 3편을 썼는데, 여기서 영국식민지 체제하에서 기형적으로 변한 홍콩사회를 비판하였다. 당시 영국총독은 오사신문화운동에 의한 중국인의 각성을 염려하여 유교 등 중국의 국수문화를 제창하고 있던 상황이었는데, 이런 상황에서 루쉰의 강연은 큰 반향을 일으켰고, 이에 1936년 루쉰이 죽고 2개월 뒤에 홍콩대학 학생회가 '루쉰추도회'를 열었다.

이와 같이 루쉰은 동아시아 내에서 동시적으로 그의 작품과 함께 이름이 알려지기 시작했다. 물론 루쉰 자신이 작가(소설가)이기 전에 번역가였고, 그 번역의 목록 가운데 일본 작가의 작품도 상당수 있었던 데서 알 수 있듯이 비단 동아시아에서 루쉰만 널리 소개되고 수용된 것은 아니었다. 근대 초기 동아시아 지역 근대지(近代知)의 형성에서 일본 지식인들의 역할은 아주 컸다. 그리고 일본이 제국주의로 달려가면서 동아시아를 침략할 때도 일본 지식인들의 영향력은 여전했다. 일본 제국주의 침략 시기 일본 점령구에서 활동했던 중국 지식인과 일본 지식인들과의 어색한 만남과 지적 교류 그리고 식민지 모국인 일본의 지배하에서 자국학(조선학/타이완학)을 추동하던 조선과 타이완 지식인들에게 일본 작가들(지식인)의 수용 역시 적지 않았다. 하지만 일본 작가의 경우는 국가(지역)적으로 또 그 성격상 루쉰이 동아시아에서 갖는 의미와는 차이가 크다

8) 이상은 후지 쇼조, 앞의 책

고 할 수 있다. 이것은 동아시아 지식인들 간의 교류라는 측면에서도 확인해볼 수 있다. 예를 들어 나쓰메 소세키가 동아시아 내에서 갖는 위상과 비교해볼 수 있다. 나쓰메 소세키 역시 루쉰과 마찬가지로 자신의 서구 근대에 대한 예리한 시각을 바탕으로 일본의 근대화에 대해 우려 섞인 지적을 했던 인물로서 높이 평가할 수 있지만, 그의 문학과 사상이 루쉰만큼 동아시아 내에서 위상을 갖지 못하는 것은 어떤 이유 때문인지 생각해볼 필요가 있다. 아무튼 적어도 1919년을 기점으로 교류의 형식과 내용이 달라지고, 특히 루쉰이 작가로서 활동을 하던 1920, 30년대의 동아시아 지식인 교류는 루쉰을 정점으로 이루어졌다고 해도 과언이 아니다. 예를 들어 좌파 지식인들 간의 교류는 대중적일 수 없었고, 그 밖의 교류는 반동적이거나 큰 영향력이 없던 것이 대부분이었던 반면에 루쉰과 동아시아 지식인들 간의 교류는 그 지식인들이 속한 사회, 나아가 동아시아 전체적으로 또 역사적으로 그 의미가 적지 않았다.

그것은 다음과 같은 점에서 그러하다. 바로 근대지의 성립이란 시각을 연장하여 루쉰을 1920년대 이후 동아시아 근대지를 형성하는 데 핵심적인 매개로 설정하는 것도 가능할 거라는 점이다. 아편전쟁을 시작으로 중국을 중심으로 한 중화질서가 흔들리기 시작하면서 동시에 지식 체계 역시 변화하기 시작했다. 즉 전통적인 학문체계에서 근대지로의 전환이 그것인데, 여기서 근대지의 형성은 짧은 시간 내에 특정한 공간에서 이루어진 것이 아니라, 한자로 기록된 전통적인 문헌학에 기반한 지적 체계를 공유한 지역에서 서로 영향을 주고받으면서 전개되었다. 그 지역이 바로 동아시아이고, 그 속에서 지식인들은 동아시아의 다양한 공간에서 생활하기도 하고 만나기도 하고 문장을 발표하기도 했다. 일본의 근대 지나학과 이후 중국학 성립과정에 중국으로 유학을 떠난 일본의 학자도 있었고, 반대로 일본에서 유학한 중국과 조선 및 타이완의 지식인들은 셀 수 없이 많았으며, 식민지 조선과 타이완에 와서 활동했던 일본인과 중국인 역시 적지 않았다. 앞에서 진술했던 동아시아 내에서 루쉰과 그의 작품이 번역 소개되는 과정은 바로 이러한 교류의 한 예이다. 루쉰에 국한해서 말한다면 예를 들어 최근 연구에서 밝혀진 것이지만, 루쉰이 베이징 시절에 관계를 맺었던 웨이젠공(魏建功), 타이징눙(臺靜農), 리지예(李霽野) 등은 식민지 조선과도 인연이 있었다. 이 중에 웨이젠공은 일본의 초청으로 경성제국대학에서 중국어를 가르쳤고, 조선에 대한 동정을 표하기도 했으며, 타이징눙은 자신의 소설에서 조선인 혁명가를 묘사하기도 했다고 한다. 특히 경성제국대학에서 중국어를 가르쳤던 웨이젠공은 경성제국대학의 초대 학장이자 일본 지나학의 대부로서 일찍이 청국에서 유학했던 핫토리 우노키치(服部宇之吉)가 그 인연으로 베이징대학에 중국어 담당 교수를 추천해달라고 부탁해서 조선에 오게 된 경우이다.[9)]

이처럼 전전 중국의 루쉰 연구의 시작과 동아시아에서 루쉰의 소개는 처음에는 작은 흐름이었으나 점차 그 흐름 위에 놓이는 동아시아 인물들이 많아지면서 1940년대 이후 동아시아 근대지(사상사)의 맥락에서 그 의미를 더하게 된다.

1.2 전후(戰後)의 루쉰 수용

그렇다면 전후 동아시아에서 루쉰은 어떻게 얘기되었는가. 동아시아에서 전후는 냉전체제로 대변된다. 냉전체제는 루쉰에 대한

9) 홍석표, 「루쉰(魯迅)과 그 제자들 그리고 "조선" 인식」, 『중국어문학지』 47호, 2014

평가와 연구에도 영향을 미쳤다. 중국에서는 1940년대 마오쩌둥에 의해 성인으로 평가된 이후에도 사회주의 건설이라는 목표하에 루쉰은 여전히 그 권위를 잃지 않았다. 생전에 좌파 지식인들과 교류를 했고 그래서 좌익 작가라는 평가를 받았지만, 1949년 이후 사회주의 국가의 성립에서도 여전히 루쉰이 그 사회의 대표적인 작가로 존경을 받은 것은 결국 마오쩌둥의 권위에 힘입은 바 크다. 이는 당중앙의 평가가 아니라면 공산당 문예공작자들이 과연 루쉰을 어떻게 이해했을까 하는 질문을 던져본다면 쉽게 이해할 수 있다. 다시 말해 중화인민공화국 수립 이후 중국공산당 문예정책이 되었던 「연안문예강화」의 원칙과 사회주의 리얼리즘이란 기준에 의한다면 루쉰은 여전히 한계가 있는 작가임에 틀림없다. 그럼에도 루쉰은 사회주의 중국에서 독보적인 지식인이자 작가로서 그 위치를 공고히 했으며, 문화대혁명 시기에는 루쉰과 마오쩌둥의 문장 외에 다른 글을 읽을 수도 없었다는 회고들을 접하면 마오쩌둥의 루쉰 평가에는 단순히 정치적인 차원을 넘는 무엇이 있다고 말하지 않을 수 없다.

이와 관련해서는 3장에서 집중적으로 분석하겠지만, 루쉰에 대한 마오쩌둥의 평가는 결국 그의 사상과 밀접한 연관을 갖는다는 정도로 얘기해두자. 여기서 짧게 미리 말한다면 그것은 사회주의라는 이론적인 해석만으로는 설명될 수 없다는 점이다. 어쩌면 사회주의 또는 사회주의 문예이론이라는 이론적 틀을 넘어서는 곳에 있는지도 모른다. 그런데 마오쩌둥의 루쉰 평가를 해체하려는 시도는 1980년대에 본격화된다. 그것은 무결점의 완벽한 인간 즉 성인이 아니라 일상의 평범한 인간으로서의 루쉰을 보고자 하는 노력으로 드러났다. 이러한 관점의 루쉰 연구는 루쉰의 다양한 면을 드러내주었지만, 자본주의 현대화의 길로 달려가는 현실 중국사회에서 루쉰이 어떤 의미를 갖는지에 대해서는 아직 분명하게 제시하지 못하고 있다. 역시 다시 루쉰을 열심히 읽는 일밖에 없다. 하지만 열심히 읽는 일 역시 그리 간단치 않아 보인다. 그것은 비판적 지식인이나 중국 루쉰 연구자의 몫이지, 일반 대중들의 일은 아니다. 이미 많은 중국인들이 루쉰에 대해 식상해 할 정도로 제도권 속에서 제한적으로 읽어왔고 나아가 너무 이데올로기적으로 읽혔다. 다시 말해 대륙 중국에서 루쉰은 이제 너무나 잘 알려진, 대중적이면서 국민적인 작가이기에 더 읽을 필요가 없다는 인식이 넓게 퍼져 있다. 중국인들은 너무나 잘 아는 작가인데, 그럼에도 더 읽을 것이 있어? 더 읽을 것이 있다면 그것이 뭐야? 라고 반문하는 이들에게 여전히 루쉰이 살아 있음을 드러내는 연구와 해석이 필요하다.

루쉰이 현대적 고전 또는 동아시아의 사상 자원이 될 수 있다면, 21세기 현실 사회에서 루쉰이 지닌 의미를 탐문해야 하는 임무가 동아시아 루쉰 연구자에게 남겨져 있다는 점을 강조해두고 싶다. 한편 전후 일본의 경우 역시 다케우치 요시미를 이어 마루야마 노보루를 비롯한 2세대의 루쉰 연구가 전개되었다.[10] 전후 동아시아 지역에서 사후의 인물을 대상으로 자신의 사유를 벼리는 작업을 진행했던 것인데, 일본 역시 다케우치 요시미의 영향하에서 새로운 방식으로 탈주하거나 아니면 그의 경향을 이어받는 형태로 루쉰을 전유해나가기 시작했다. 특히 마루야마 노보루는 사회주의 혁명을 신봉하는 입장에서 루쉰을 혁명가라는 관점으로 포착했고, 동년배인 이토 도라마루는 기독교적 종말론을 중심으로 루쉰 사유를 해석하는 포인트를 설정하였다. 이들의 연구는 1980년대 중국의 루

10) 졸고, 『동아시아의 근대성과 루쉰(魯迅): 일본의 루쉰(魯迅)연구를 중심으로』, 연세대 박사학위논문, 2003. 참조

쉰 연구에 많은 영향을 주었으며, 이로 인해 냉전체제하에 단절된 중일 지식인 교류가 루쉰을 계기로 이루어지는 단초가 마련되었다. 그런데 80년대 이후 일본의 루쉰 연구는 오히려 2세대 루쉰 연구자의 경향을 탈피하여 객관적인 자료에 근거한 실증적인 연구 또는 컨텍스트적 관점에서 루쉰의 작품을 해석하려는 시도와 새로운 분석틀로 작품을 분석하려는 노력 등 실로 다양한 형태의 연구가 전개되었다. 2000년대에 들어와서는 '다케우치 요시미 읽기' 붐이 중국과 일본의 학자들을 중심으로 전개되어 다케우치 요시미의 루쉰 해석 또는 다케우치 요시미를 통한 루쉰 읽기가 조명을 받고 있다.

한편 한국에서는 1950년대 이후 반공이란 정치적 이데올로기에 의해 루쉰은 학계에서 거론할 수 없는 인물로 남아 있었다. 그럼에도 불구하고 루쉰의 작품은 한국의 독서시장에 일찍이 모습을 드러냈다. 특히 1970년대 대중적인 출판시장의 형성과 함께 루쉰의 작품이 세계문학전집의 일부로 편입되었다. 물론 이 전집 기획 자체가 일본의 출판에 빚지고 있는 점이 많아서 작품의 선별이나 그 번역 또한 일본어 번역을 경유한 중역(重譯)인 경우가 많았다.[11] 한국에서 본격적으로 지식인들에 의해 루쉰에 대한 소개와 평가가 이루어진 것은 1970년대에 이르러 리영희 등 일부 비판적인 지식인이 개진했던 사유와 더불어 1980년대 한국사회에서 일어난 민주화의 분위기에 힘입어 현대중국에 대한 연구자가 등장한 이후였다. 90년대에 들어와서 한국 대학의 중국학 연구자들이 루쉰에 관한 학위논문 등 연구서를 내놓았고, 2018년 현재 『루쉰전집』 발간을 눈앞에 두고 있다.

11) 이와 관련해서는 정종현, 「루쉰(魯迅)의 초상-1960~1970년대 냉전문화의 중국 심상지리」, 『사이』 14호, 2013 참조.

타이완에서는 1949년 내전 패망을 전후하여 미리 타이완에 주둔하고 있던 천이(陳儀)장군에 의해 일본 식민지의 유제를 청산하고 국민당에 의한 새로운 국민국가 건설을 목표로 한 사전 정지작업이 진행되었다. 천이는 루쉰과 동향으로 도쿄유학 시절의 동창이기도 했다. 황잉저(黃英哲)의 연구에 의하면, 천이는 타이완 접수에 즈음하여 언어의 일원화(북경어의 보급)에 의한 타이완 문화의 재구축을 통해 타이완 사회의 일원화(중국화)를 구상했다. 그리고 이 문화 재구축의 작업을 담당한 이가 바로 루쉰의 절친 쉬서우창(許壽裳)이었다. 쉬서우창은 루쉰 사후 10년 뒤인 1946년 6월에 타이완으로 건너왔다. 그는 타이완문화의 재구축을 위해 1910년대 중국의 오사신문화운동을 환기했다. 즉 오사시기의 민주 · 과학 · 도덕 · 민족주의를 배우도록 하고 루쉰정신을 칭송했다. 이를 위해 그는 『루쉰의 사상과 생활(魯迅的思想與生活)』(1947)을 직접 쓰기도 했다. 하지만 2 · 28사건을 거쳐 1948년 2월에는 쉬서우창이 국민당에 의해 암살당하고, 49년 5월에는 계엄령이 내려져 루쉰을 비롯한 대부분의 민국기 문학은 금서가 되었다. 이 시기에도 일본식민지 시기부터 활동했던 타이완 작가 룽잉쭝(龍瑛宗)은 46년에 5월과 10월 『중화일보』 부간 일본어판에 루쉰론을 쓰고, 민족정신을 지닌 애국자로 평가한 바가 있다. 하지만 이러한 루쉰을 중심으로 한 타이완문화 재구축 활동은 중지를 당하고 오랫동안 정치적 독재의 시대를 맞이하게 되었다. 타이완 역시 1980년대 들어와 계엄이 해제되고, 이로 인해 신문사와 잡지사의 수가 이전에 비해 몇 배로 증가하는 등 자유로운 문화적 분위기가 형성되면서 타이완문화계도 중국, 일본, 구미와 교류를 시작하여 1989년에는 『루쉰작품전집』 전 21권 등 세 종류의 상이한 『루쉰전집』이 간행되었다. 이로써 근 40년간에 걸친 루쉰 콤플렉스도 해방을 맞이하였다. 하지만

90년대에 들어와 '타이완 아이덴티티론'이 제기되어 독서계의 루쉰에 대한 관심은 식어버렸다. 타이완 문학과의 영향 관계라는 측면에서 루쉰에 대한 연구는 진행되었지만, 적어도 중국과 타이완 통합의 민족정신의 상징이라는 문맥에서 루쉰을 읽어내는 타이완인은 거의 사라졌다.

이상 동아시아에서 루쉰이 어떻게 논의되어왔는지에 대해 개략적으로 정리해보았다. 보다 자세한 검토는 바로 이어질 각 국가별 주요 지식인들의 루쉰론에 대한 정리에서 담을 것이지만, 이러한 간단한 스케치를 통해서 확인할 수 있는 사실은 다음과 같다. 바로 루쉰의 생전에는 그를 중심으로 한 동아시아 지식인들 간의 교류가 활발하게 이루어졌다는 점, 그리고 루쉰 사후에도 그의 작품과 활동에 대한 연구를 중심으로 지속적인 사숙의 과정이 전개되었다는 점이다. 그리고 그것 자체가 고스란히 동아시아 근대사의 경험이자 근대사상의 자산이 되었다는 점이다. 다른 말로 한다면 동아시아의 근대가 서구와의 대결의식에 의해 탄생되었고, 그것을 동아시아 각 지역에서 체현해내는 과정에 루쉰이 개입하고 있었다는 것이다. 그런데 1980년대 중국의 개혁개방과 함께 동아시아를 비롯하여 전세계는 냉전의 시대가 끝나고 새로운 세계를 맞이하게 되었다. 동아시아의 근대성을 규명하는 과정에서 주요한 연구대상이 되었고 앞으로도 될 루쉰에 대한 연구가 20세기 말 이후 변화된 세계정세하에서도 유의미한지는 다시 따져볼 일이다. 이를 위한 사전 작업은 한 세기에 걸친 루쉰을 둘러싼 다양한 평가와 논의를 꼼꼼히 검토하는 일일 것이다. 그것을 위한 작업으로 이제부터는 루쉰을 근대사상이란 관점에서 전유했던 후대의 주요한 인물들의 사유와 루쉰에 대한 인식을 차례로 살펴보고자 한다.

2장 다케우치 요시미(竹內好)의 루쉰론

1936년 루쉰이 죽은 뒤 후대인들에 의해 동아시아 지역에서 그는 다양하게 평가받기 시작했다. 물론 생전에 그에 대한 평가가 없었던 것은 아니었다. 하지만 당시 루쉰에 대한 평가는 그의 작품이나 평론에 대한 문학적인 비평이 주를 이루었으며, 그에 대한 총체적인 평가는 아니었다. 루쉰 사후에는, 문학사적 관점에서 루쉰을 다루는 것에서 나아가 어떤 의도에서든 그를 하나의 사상 자원으로서 간주하고 자신의 사유를 전개하는 대상으로 삼는 일이 본격적으로 전개되었다. 만약 루쉰을 일국의 근대문학사에 포함시키는 제한된 평가로 일관했더라면, 동아시아라는 용어는 성립 불가능할 것이다. 그럴 경우 루쉰은 중국의 근대문학가들 가운데 한 명에 지나지 않을 것이기 때문이다. 근대시기에 등장한 많은 근대문학가들 가운데 일국을 넘어 동아시아 지역에서 널리 소통된 작가가 없는 것은 아니지만, 루쉰만큼 그 폭과 깊이에서 많이 거론된 작가는 없다. 특히 그를 정신사(사상사)의 맥락에서 다루려는 시도는 중국보다 오히려 일본과 한국에서 보다 집중적으로 전개되어온 것이 사실이다.

루쉰 사후 동아시아에서 그를 둘러싼 사상사적 논의는 어떻게 이루어졌는지에 대해서 앞으로 살펴볼 것인데, 이를 위해 몇 가지 주요한 논점 또는 핵심적인 인물들의 사유를 중심으로 루쉰 사후의 평가를 정리해보겠다.

동아시아에서 루쉰을 자신의 사유를 벼리는 대상으로 삼고 이를 통해 그만의 독창적인 사상을 형성한 이로서 가장 먼저 들어야 할 인물은 일본의 다케우치 요시미일 것이다. 그런데 다케우치 요시미는 중국현대문학 연구자 특히 제1세대 연구자로서 위치를 점하지만, 근대적인 분과학문 즉 아카데미즘에 입각하여 볼 때 그를 이런 의미의 연구자로 보기는 어렵다고 하겠다. 사실 그에 대한 이러한 비판은 후배 연구자들에 의해 많이 제기되었는데, 그것은 다케우치의 글쓰기가 루쉰론을 비롯한 현대중국론의 일반적인 논문류와 많이 달랐다는 데서 기인한다. 객관적인 사실을 기초로 이에 대한 엄정한 분석을 통해 논리적으로 자신의 견해를 제시하는 것을 가장 중요한 가치로 삼는 논문의 일반적인 성격과는 거리가 멀었던 다케우치의 루쉰론이 이후 루쉰 연구사에서 '竹內魯迅'이라고 불리며 여전히 그 영향력이 사라지지 않고 있는 것은 오히려 바로 이러한 주관성이 많이 개입된 비(非)논문에 가까운 글쓰기에서 비롯된 것이라고 생각된다.

우리는 앞의 장에서 동아시아에서 루쉰이 어떻게 유전(流傳)되어 왔는지에 대해 비평사나 연구사의 관점에서 정리해보았다. 지역과 논자에 따라 루쉰을 수용하는 시각 그리고 그 평가가 달라지고 있음을 알 수 있었는데, 특히 다케우치 요시미에 이르러 루쉰은 단순히 「광인일기」나 『아Q정전』을 쓴 중국근대작가만이 아니라 사상을 지닌 작가, 나아가 지식인으로서 받아들여지기 시작했다. 이 점은 루쉰 연구사의 관점에서 보더라도 획기적인 일이라고 볼 수 있다. 이 장에서는 다케우치 요시미가 현대 중국 그리고 루쉰을 만나게 되는 시점 또는 계기에서부터 시작하여 그의 대표적인 문장의 하나인 『루쉰』(1943)에 드러난 루쉰을 보는 시선과 평가에 대해 정리해보고자 한다.

2.1 현대 중국에 대한 관심

최근 일본에서뿐만 아니라 동아시아 지역 전체에서 아시아론 및 근대성 문제와 관련한 사상가로서 널리 알려지고 있는 다케우치는 원래 일본의 제1세대 중국현대문학 연구자 또는 루쉰 연구자로 처음 이름을 세상에 내놓았다. 다케우치 요시미는 1910년생으로 오사카(大阪)고등학교를 졸업하고 1931년에 도쿄대학 지나문학과에 입학하였다. 그가 지나문학과를 선택한 배경에 특별한 이유가 있었던 것인지에 대해서는 알 수 없지만, 이후 자신의 중국연구에 대한 글과 연관하여 볼 때, 처음부터 이른바 도쿄대를 정점으로 한 일본의 근대적인 대학편제 속에서 당시 지나문학이 지녔던 학문적 위상과 연구 방법론 즉 전통적인 한학(漢學)이나 서구의 시놀로지를 받아들여 탄생한 지나학적 자세에 대해 뚜렷한 비판의식을 가진 것은 아니었다. 만약 이런 생각이 있었다면 굳이 지나문학과를 택할 리는 없었을 것이니 말이다. 다케우치도 회상했듯이 서구 지역의 국가, 예를 들어 프랑스, 영국, 독일 등이 아닌 비서구 지역 게다가 동아시아의 중국을 학습한다는 것은 당시로서는 시대에 뒤떨어진 판단이었다. 그럼에도 지나문학과를 선택한 것에는 그 나름의 이유가 없었던 것은 아닐 듯하지만, 여기에 대해서는 관련 기록이 없으므로 더 이상 추론할 수 없겠다.

다케우치에 대한 평전 또는 후대의 연구에 의하면, 지나문학과에 입학한 이후 무언가 당시의 교육에 불만스러운 것이 있었는지 그다지 학과 공부에 열중하지 않았다고 한다. 그러던 중 다케우치는 만주사변 이후인 1932년 8월 7일 '조선만주견학여행'[1]의 일원으로 도쿄를 출발해서 조선 각지를 거쳐 창춘(長春)까지 갔다가 22일 다롄(大連)에서 해산했다. 그 뒤 다케우치는 자비로 베이징으로 출발해 8월 24일 도착하여 10월 8일 귀국할 때까지 짧은 기간이지만 베이징에 체류하게 된다. 이것이 중국과의 첫 대면이라고 할 수 있다. 이 최초의 베이징 여행에서 그곳의 풍물과 인물에 매료되고, 이때까지 하고 싶은 마음이 없었던 중국문학에도 관심을 갖게 되었다고 한다. 그래서 "나의 중국과의 만남은 이때 비로소 시작되었다"(「孫文観の問題点」 全集5巻)고 회고한 적이 있다.

한 달 보름도 채 안 되는 짧은 기간 동안 베이징에서 다케우치는 무엇을 보았던 것일까. 그가 보았다는 풍물과 인물은 무엇이었는지 적잖이 궁금하지 않을 수 없는데, 왜냐하면 베이징에서 돌아온 이후 중국에 대한 관심과 애정이 폭발하기 때문이다. 이 시기 다케우치의 연보를 보더라도 그것은 충분히 느낄 수 있다.

- 1933년 3월 베이징 여행 리포트 「중국 신문사업의 연구(中国における新聞事業の研究)」를 외무성에 제출
- 1933년 12월 쇼와(昭和) 9년 지나철학 지나문학과 졸업생 34명 가운데 유일하게 중국현대문학 즉 『위다푸연구(郁達夫研究)』라는 주제로 졸업논문 제출
- 1934년 1월 요코치 린베이(横地倫平), 오카자키 도시오(岡崎俊夫)와 함께 '중국문학연구회' 설립을 의논했지만 구체화되지 않음
- 1934년 1월 24일 다케다 다이쥰(武田泰淳)을 '중국문학연구회'에

1) 이 여행단은 일본외무성대지문화사업부(日本外務省対支文化事業部)가 여행 경비의 절반을 보조하고 학생들이 주체가 된 단체여행이었으며, 일행은 모두 8명이었다고 한다. http://takeuchiyoshimi.holy.jp/nenpu/nenpu1.html 참조

참가하도록 권유하고, 다케다가 현대소설에 능통함에 감복함
- 1934년 3월 요코치, 오카자키, 다케다, 사야마 등이 다케우치의 집(芝区 白金今里町 89番地)에 모여, '중국문학연구회' 제1회 준비 총회를 열고, 단체의 이름을 '중국문학연구회'로 정했으며, 매월 1일과 15일에 연구발표회를 열고 회람할 잡지를 간행하기로 결정함
- 1934년 3월 31일 도쿄대 졸업

위의 연보에서 주목할 것은 졸업논문을 중국현대 문학가인 위다푸를 테마로 제출한 것과 졸업을 코앞에 둔 시점에서 '중국문학연구회' 설립을 위한 준비 작업을 진행하고 있었다는 점이다. 특히 졸업을 앞두고 중국 연구와 관련된 일을 시작했다는 것은 짐작해보건데 중국 연구를 일생의 일로 마음먹었다고도 생각할 수 있다. 이것은 단지 다케우치 개인의 특이함에서 유래했다기보다 1930년대 일본의 국내적 상황 그리고 중국을 비롯한 동아시아적 정세, 덧붙여 베이징에서의 짧은 체류가 이러한 선택을 촉발시킨 것으로 이해하는 편이 타당할 듯하다. 그렇다면 젊은 도쿄대 학생으로서 다케우치는 당시 일본의 제국주의화 그리고 지적인 풍토를 어떻게 이해하고 있었으며, 이와 연결하여 당시 일본의 지식인들(연구자를 포함하여)의 중국관에 대해 어떻게 바라보고 있었는지 하는 등의 문제가 다케우치의 중국 연구의 출발을 이해하기 위해 점검되어야 한다.

이를 해명하기 위한 손쉬운 방법은 다케우치가 쓴 글을 보는 것인데, 중국 연구의 시작과 관련해서는 「방법으로서의 아시아」라는 이름의 강연에서 이렇게 회고한 적이 있다. 즉 대학 재학시절 베이징 여행에서 그는 "자기와 같은 인간이 거기에 살고 있다는 사실에 감동했다"고 말했다. 이 평범한 말 속에 당시 그의 복잡한 심경이 함축되어 있다고 볼 수 있는데, 왜 우리 일본인은 자신보다 낫다

고 평가하는 구미의 사람들만을 동경하고, 중국에 자신과 같은 인간이 살고 있다는 생각을 전혀 갖지 못하고 있었던가 하는 문제는 결국 당시 일본의 중국을 비롯한 아시아에 대한 교육에서 비롯되었다는 지적을 담고 있다. 이것은 자연스럽게 당시 다케우치가 몸담고 있던 도쿄대 지나학과의 수업과정에 대한 문제제기로 이어지고, 더 나아가서는 당시 일본의 외국학 연구의 편향된 측면에 대한 비판과도 연결된다. 또 이 말은 중국(베이징)에 살고 있는 자기와 같은 인간들이 과연 무슨 생각을 하고 있는지 궁금해하며 이후 개진할 중국(문)학 연구에 대한 방향성과도 연결된다. 그들의 마음을 이해하는 것이 아주 중요해진다는 인식은 자연스럽게 그들의 말을 정확히 습득하는 것을 필요로 했고, 자신과 동시대를 살고 있는 중국인들의 마음을 이해하기 위해서 당시 발표되던 현대중국의 문학을 읽지 않으면 안된다는 자각을 갖기 시작했다. 중국현대문학에 대한 관심은 이렇게 생겨났고, 이로 인해 다케우치는 1945년 패전 이전까지 다음과 같은 연구목표를 설정하게 되었다.

> "저에게는 중국을 공부함으로써 중국에 대한 일본인의 인식상의 결함 혹은 오류를 고쳐나가고 학문의 성격을 바꾸어 내겠다는 목적이 있었습니다. 종래에도 한학이나 지나학이 있어왔지만 그런 죽은 학문을 할 것이 아니라 지금 살아서 우리 옆에 있는 인간의 마음을 탐구함으로써 우리들의 학문 자체를 바꾸어 가자는 것이, 그 때까지 제가 가지고 있었던 목표였습니다." [2)]

이상의 회고를 통해 앞에서 정리한 연보와 같은 일련의 현대중

2) 「방법으로서의 아시아」, 『일본과 아시아』, 소명출판, 2004, 145쪽

국에 대한 연구 활동이 전개되었음을 파악할 수 있는데, 그렇다면 다케우치의 중국 연구는 구체적으로 어떻게 이루어졌으며, 이 책의 문제의식인 루쉰에 대한 관심 그리고 유명한 『루쉰』이란 텍스트는 어떻게 탄생된 것인지 보다 구체적으로 살펴보자.

2.2 현대 중국 연구의 시작

동아시아에서 현대 중국에 대한 단순한 소개의 차원을 넘어 본격적인 연구를 전개한 것은 다케우치를 비롯한 중국문학연구회의 활동에서 시작되었다고 볼 수 있다. 그런데 이들의 활동을 부각시켜내기 위해서는 당시 일본의 중국학 연구 그리고 당시의 지식계 상황을 함께 고려해야 한다. 게다가 이 연구회의 실질적인 리더였던 다케우치 개인의 고뇌 역시 점검되어야 하겠다.

우선 다케우치 개인의 이력과 함께 그의 중국 연구에 대한 사유를 정리해보자. 앞에서 이미 말한 도쿄대 재학시절의 베이징 방문 외에도 졸업한 이후인 1937년 또 한 차례 베이징 유학이 이루어지고 기간 역시 이보다 훨씬 긴 약 2년에 달한다. 그런데 이 두 번의 베이징 방문에서 주목할 것은 각각 다른 신분에서 수행된 것이라는 점, 두 번의 베이징 체류가 만주사변 이후 즉 1930년대 중국과 일본이 전면전을 전개했던 시기에 이루어졌다는 점이다. 그리고 두 번의 베이징 방문 사이에 다케우치는 중국에 대한 본격적인 관심과 연구를 전개하고 있었다는 점이다. 그것은 1934년 초 도쿄대 졸업을 앞두고 '중국문학연구회'의 설립을 도모하여 3월 졸업 후 본격적으로 주기적으로 발표회를 개최하면서 회원들을 모집하며 나아가 잡지 발행을 준비하여 1년 뒤인 1935년 2월 28일 『중국문학월보(中国文学月報)』 창간호를 발행하게 된 사실에서 확인할 수 있다. 이렇게 볼 때 짧지만 대학 2학년 재학 중 이루어진 베이징에서의 체류가 다케우치의 현대 중국에 대한 관심을 유발하고 본격적인 학습으로 나아가는 데 결정적인 계기가 되었던 것은 확실한 듯하다.[3] 그런데 다

---

3) 도쿄대 졸업 이후 다케우치의 행적으로 살펴보면 다음과 같다.

1934년 6월부터 마쓰이(松井)와 알게 되어 이후 마쓰다 와타루(增田涉), 마쓰카와 호다이라(松川朴平) 등과 교류를 시작했는데, 이것은 연구회의 기초를 공고히 하는 전기가 되었다. 특히 루쉰과 교류가 있었던 마쓰다는 이미 「루쉰전(魯迅傳)」(『改造』 1932年4月)을 비롯해 다수의 글을 발표했다.

1934년 8월 히비야(日比谷)의 산수루(山水楼)에서 1935년부터 베이징대학 외국어문학계에서 일본문학을 개강하기 위한 준비와 서적 구입을 위해 도일한 저우쭤런과 쉬쭈정(徐祖正, 베이징대학 교수, 작가, 일본문학연구자)의 환영회를 개최했다. 발기인으로 니이 이타루(新居格)외에 사토 하루오, 아리시마 이쿠마(有島生馬), 다케다 사카에(竹田復), 요사노 히로시(与謝野寛)에게 의뢰했고, 참석자 25명 가운데에는 시오노야 온(塩谷温), 시마자키 도손(島崎藤村), 도가와 슈코츠(戸川秋骨), 무라마츠 쇼후(村松梢風), 호리구치 다이가쿠(堀口大学) 등이 있었다. 이때 처음으로 중국문학연구회라는 이름을 공식적으로 사용했다.

1935년 1월 초부터 중국문학 연구지 창간을 위해 분주했는데, 마쓰에다 시게오(松枝茂夫)에게 잡지 편집에 참여해줄 것을 요청했다. 이 때 궈모뤄로부터 회(會)의 기관지 『중국문학』이란 4글자의 제사를 받았다.

1935년 2월 28일 『중국문학월보』 창간호 발행. 이때부터 『월보』의 간행과 회의 운영에 있는 힘을 다하고, 이 해에 제10호까지 발행했다. 편집방침은 다케우치, 다케다, 오카자키를 중심으로 한 동인의 합의에 의했지만, 원고에는 다케우치가 솔직한 비판을 가하고, 경우에 따라서는 가필과 수정을 했다.

1935년 4월 14일 다케다가 메구로(目黒) 경찰서에 연행되어 45일간 구류되었는데, 이것은 만주국 황제 푸이(溥儀)의 도쿄방문을 맞아 예비단속을 한 것으로, 유학생도 다수 검거당했는데, 그 가운데 쉐빙잉(謝冰瑩)도 있었다.

『월보』 6, 7호에 「현대소품문특집(現代小品文特輯)」 해설 1과 2를, 8호에 「한학의 반성(漢学の反省)」을 쓰고, 7호에 위다푸의 「소위 자전인 것(所謂自伝なる者)」과 하이거(海戈)의 「공자의 국적(孔子の国籍)」을 번역해서 연재했다.

1935년 10월부터 동아학교(東亜学校)에서 강사(36년 3월까지)를 했는데, 이 학교는 중국인 유학생을 위한 일본어속수학교(日本語速修学校)이며, 당시 학생수는 2천 명에 달했다. 동인(同人)인 오카자키와 가도카와 겐요시(角川源義), 오가에리 요시오(魚返善雄)도 강사를 한 적이 있다.

1936년 8월 3일~19일 사이 쉬면서 『월보』의 「루쉰특집호(魯迅特輯号)」를 준비하고, 루쉰의 『외침』과 『화개집』을 읽었으며, 「광인일기」에 많은 흥미를 가졌다.

케우치의 두 번째 베이징 체류는 도쿄대 재학시절의 첫 번째 방문처럼 마냥 호기심과 동경, 이로 인해 중국에 대한 학습의 열기가 고조되는 식이 될 수는 없었다. 우선 대학을 졸업했고, 또 연구단체를 결성하여 현대 중국에 대한 연구를 공동으로 진행하고 있었으며, 동시에 주위 동료 연구자와의 지적 교류와 상호 연대를 통해 중국 연구에 대한 시각이 형성되고 있었고, 나아가 중국과 전쟁을 하던 상황에서 '중국문학연구회'라는 단체가 지닌 공공성 등이 얽혀 있었던 것이다. 다케우치의 두 번째 베이징 체류는 다음과 같은 것이었다.

이 당시의 기록인 「북경통신」과 「2년간」이란 글에는 중국연구자로서 중국에 대한 연구와 연관된 기술은 거의 드러나지 않는다. 글에는 허무함과 타락 속으로 빠져드는 그의 생활만이 가득할 뿐이다. 베이징에서 체류하는 동안 꾸준히 써온 일기의 일부를 뽑아 엮은 글인데, 이 글을 통해 그가 말하고 싶었던 것은 과연 무엇일까. 이 시기 다케우치의 실제 생활과 고뇌를 파악하기 위해 2년간의 연보와 그가 기록으로 남긴 일기와 서신을 통해 재구성해보자.

- 1937년 1월 18일 일화학회(日華学会) 다카하시 군페이(高橋君平)의 주선으로 중국유학을 위한 서류준비 시작. 이번 유학은 외무성문화사업부(外務省文化事業部)의 제3종보조금(第三種補助金)을 이용

계속해서 루쉰을 읽고, 하순부터 「루쉰론」을 집필했다.

1936년 10월 19일 루쉰이 급서했기 때문에 특집호(20호, 11월 1일 발행)는 이미 틀을 잡아두었으나, 급히 「죽음(死)」을 번역하여 싣고 애도를 표했다.

1936년 11월 24일 미타(三田)의 식당 쓰카사(つかさ)에서 위다푸 환영회를 열었고, 연구회 동인 외에 궈모뤄와 이시다 미키오스케(石田幹之助, 위다푸와 고교동기)가 참석했다.

1936년 12월 5일 제16회 회의에서 「중국문학연구의 방법」을 보고했다.

한 것으로 기간은 2년, 어학연수를 명목으로 함.

- 1937년 9월 8일 동인(同人)인 치다 구이치(千田九一), 진노우치 요시오(陣内宜男), 요시무라 에이키치(吉村永吉)가 소집되어 중국전선(中国戦線)에 출정함.
- 1937년 10월 16일 다케다의 출정을 전송함.
- 1937년 10월 17일 베이징으로 유학을 떠남.
- 1937년 10월 27일 베이징에 도착. 유학 중 『월보(月報)』 편집은 마쓰에다(松枝)를 중심으로 사네토우 게이슈(実藤恵秀), 오노 시노부(小野忍) 등이 담당함.
- 1937년 12월 11일 중국어 교사로서 양롄성(楊聯陞)을 소개받고 이후 자주 교류함.
- 1938년 2월 초순에 의뢰받은 『신민주의(新民主義)』 번역을 진행.
- 1938년 5월 15일 전날 베이징에 도착한 사토 하루오(佐藤春夫), 야스다 요주로(保田与重郎)를 방문하고 약 2주간 이들을 안내함.
- 1938년 8월 『월보』 42호에 「저우쭤런수필집(周作人随筆集)」을 집필함. 42호의 집필자인 가미야 마사오(神谷正男), 양롄성, 나가시마 에이치로(永島栄一郎)는 모두 베이징 멤버로서 다케우치가 편집하여 '베이징특집호(北京特輯号)'로 발행함.
- 1938년 9월 17일 근대과학도서관을 그만두고 베이징대학 이학원(理学院)의 일본어강사를 인계받음. 당시 베이징대학은 일본에 점령당한 뒤, 임시정부에 의해 설치된 것으로 중국에서는 '위베이징대학(偽北京大学)'이라고 칭했음.
- 1939년 2월 20일 ~ 4월 23일 도쿄 방문. 아버지 장례를 치름.
- 1939년 6월 1일 ~ 7월 19일 도쿄 방문.
- 1939년 10월 20일 베이징유학을 끝내고 귀국을 위해 출발.

위의 연보에서 알 수 있듯이, 1937년 11월부터 1939년 10월에 이르는 2년간의 베이징 체류 기간 동안 다케우치는 베이징에 가기 전에 이미 현대 중국 연구와 관련된 작업을 시작한 것과 비교해서 큰 진척이 있었다고 보기에는 어려운 점이 있다. 그렇지만 중국문학연구회의 활동과 월보의 발간에 깊이 관여하고 있었으며 동시에 일본어 강사, 중국어 과외 선생 등 현지 중국인과의 만남 등을 통해 현실 중국에 대한 이해를 확대하고 자신의 중국관을 정립해가는 계기가 되었던 것만은 분명하다. 이 시기에 그가 쓴 글 「북경통신」, 「2년간」 등은 일관된 서술이 아니라 단상을 기록한 것에 불과하지만, 이 속에서 자신이 중국 체류 기간 동안 느꼈던 감정과 중국에 대한 사유를 간헐적으로 표현하고 있다. 예를 들어 다케우치는 "나는 베이징에 오고 나서 날마다 전쟁에서 멀어지는 느낌이 들어마지 않는다. 이것이 현지(現地)란 말인가. 나는 자주 자문했다. 적어도 내가 만난 한에서 현지의 사람들은 잃어버린 문화의 건설에 대해 무기력하거나 냉담하다. 내가 몰래 기대하는 것은 혼란 속에서 탄생하는 황황한 생기였다. 사상과 사상이 서로 충돌하는 불꽃이었다. 전쟁이 수반하는 급격한 문화의 상극, 교류—일순간에 이루어질 파괴에서 건설로의 분투의 가슴이 휘몰아치는 광경이었다. 지금 그것을 어디서 구하면 좋을까."(「北京通信1」)라고 중일전쟁 발발 후 기대했던 베이징의 (사상적) 활력을 찾아볼 수 없음에 대한 실망을 적었다. 베이징 유학을 결정했던 이유 중의 하나는 바로 중국에서 이와 같은 활력을 찾는 일이었다. 그것은 자신이 유학을 결심했던 이유가 당시 일본의 지적 상황에 대한 불만에 있었음을 반증하는 것이기도 하다. "지금의 시대는 감정이 고르지 않고 갈팡질팡하고 있는 것이 진실이다. 특히 나처럼 도쿄의 긴장된 공기에서 도망쳐 온 이에게는 오체(五體)의 신경이 풀어지면서 거기에 문득 동굴이 나오는 것처럼 마치 일이 손에 잡히지 않는 것 같다. 정말로 회환의 정이 용솟을 뿐이다. 생각해보면 우리는 얼마나 천박한 눈으로 중국문학에 대해 재잘거렸는가.(나뿐만 아니라 많은 사람들에게 중국문학은 우리의 '메이지'가 아니었던가) 필요한 것은 한 명의 작가, 하나의 작품에 더욱 깊이 들어가는 것이 아닌가. 그렇지 않다면 전장의 병사들의 인상에도 우리들의 이해는 멀리 미치지 못할 것이다."(「북경통신2」) 이 글에서 '도쿄의 긴장'과 '북경의 문화'는 대조를 이룬다.

이어 다음의 문장에서 '북경의 문화'에 대한 실망(유학 시기가 늦었다는 안타까움)을 표명한다. "도대체 베이징의 고유문화는 어디에 있는 것인가. (…) 요컨대 우리는 중국문학을 관찰할 때에 그 민족적 통일, 따라서 국민적 문학의 형성이라는 일반적 방향을 항상 사고의 전제로 두고 있는 것은 틀림없는 사실이다. 여러 나라의 문학은 이렇게 해서 근대화되고, 그것이 국민적 문학인 까닭에 바로 세계적인 외모를 갖추는 것이기 때문에. 예를 들어 우리들은 자주 소품문을 문제로 삼았다. 나는 그것을 정치와 문화의 괴리—문화의식의 유견이라고 보고 거기서 중국문학의 특이성을 도출하고자 기도한 사람이다. (…) 아무래도 안타까운 것은 사변 전에 와서 항일의 실정을 눈으로 보지 못한 점이다. 예를 들어 사고하지 않았다는 말이다. 그러나 인간과 인간이 어떤 눈으로 서로 미워했는지는 누구도 말해주지 않는다. 현재의 베이징은 정말로 장기 휴가다." 그러나 같은 글에서 "나는 이번의 여행에서 몸소 느낀 것은 문화와 정치는 분리하기 어려운 하나라는 사실이다. (…) 군사와 정치와 문화는 마치 하나의 촉수처럼 움직이고 있다. 왜 더욱 기초적인 공부를 하지 않았는지 후회된다. (…) 나는 지금 베이징의 사람들에게 실망했어도 본래의 중국문화에는 실망하지 않을 작정이다.(상동)"라고 말한 데서 본래의 중국문화에 대한 학습 그리고 현재 베이징보다 미래의 베이징(중국)에 대한 기대를 표명하고 있다.

이상에서 알 수 있듯이 2년간의 베이징 유학 시기에 다케우치는 복잡한 심경이었던 듯하다. 중일 양국의 전쟁을 어떻게 이해할 것이며, 또 현재 중국을 어떻게 바라봐야 할 것이며(이것은 자신이 주도했던 중국문학연구회의 활동과도 연관된다), 아울러 일본의 근대화에 대한 비판적 식견을 어떻게 수립할 것이며(이 문제는 자연스럽게 서구의 근대에 대한 비판적 안목 역시 견지하는 것을 뜻한다), 개인적으로는 무엇을 하며 중국 연구를 지속할 것인지 등의 가볍지 않은 문제가 자신에게 놓여 있었던 것이다.

또 2년간의 베이징 체류에서 우리가 놓쳐서는 안 되는 문제는 당시 중국 지식인들과의 교류라고 할 것이다. 그의 중국어 과외선생이었던 양롄성[4]을 만난 것이라든지, 베이징에 남았던 저우쭤런을 당시 사토 하루오 등의 일본 지식인들과 만나게 했던 일 등은 중국을 다녀갔던 많은 일본 지식인들이 중국을 제대로 보지 않고 그들만의 시각에서 보고 갔던 일에 대한 비판으로 이어진다. 이러한 생각은 자연스럽게 앞에서 말한 지나학에 대한 비판적 인식과도 연결된다. "문학자가 중국에 가기 전부터 알고 있는 그런 것을 중국에 갔다 와서 쓰고 있어도 되는가. 그것은 이렇고 이건 이렇다고 단정하고 있다. 조금도 놀라고 있지 않다. 모두 알고 있어서 설명하고 있을 뿐이다. (…) 한 사람도 집요하게 중국을 응시하고 돌아온 사

---

4) 양롄성(楊聯陞, 1914-1990). 위잉스(余英時)의 하버드대학 스승으로 1937년 칭화대학 경제학과를 졸업하고, 대학시절 천인커(陳寅恪) 밑에서 공부했다. 1940년 도미하여 1946년 하버드대학에서 박사학위를 받고, 이듬해 교수가 되었다. 20세기 중반 재미 중국학계의 대표적인 학자다. 다케우치는 이후 양롄성을 자신이 만난 대표적인 중국인으로 꼽고, 그를 조형해내는 것이 자신의 중국 연구의 동기라고 밝힌 바 있다. http://blog.naver.com/PostView.nhn?blogId=jeta99&logNo=220088017011 참조

람은 없다. 움찔움찔하며 두려운 듯 멀리서 바라보고 있다. 그래서 인간의 얼굴은 보이지 않고 '지나인'만이 눈에 띈다. 그런 근시안인 사람이 문학자인 걸까. 루쉰처럼 차가운 눈의 소유자는 없는 걸까. (…) 그동안 만만찮게 술을 퍼마시고 폭언을 쏟았다. 폭언을 쏟은 것은 후회하지 않지만, 폭언을 쏟아놓을 만한 결의의 장소에 없으면서 폭언을 쏟아 놓은 것에 고통을 느꼈다. 비참한 일이다." [5](「지나를 기술한다는 것」)

이상과 같은 다케우치의 베이징 체험은 실망과 기대가 착종된 것이었다. 이것은 정서와 사상적으로는 모순(분열)을 낳았다. 그럼에도 불구하고 베이징에서 여전히 현실 중국에 대한 연구의 의미를 잃지 않았던 것은 당시 일본의 중국학이 지닌 문제점에 대한 인식이 중요한 근거가 되었다. 그는 일찍이 「한학의 반성」이란 짧은 글에서 당시 일본의 한학이 지닌 문제점을 지적한 뒤, "지금 한학에 가장 필요한 것은 상량한 딜레탕트의 정신"이라고 말했는데, 여기서 '딜레탕트(dilettante) 정신'이란 곧 아마추어 정신으로, 당시 한학이 지닌 폐쇄적이고 고립적인 상황을 타파할 수 있는 대안으로 제시했다. 다케우치는 당시 일본의 한학이 이미 학문으로서 열정을 잃었다고 보았기 때문인데, 이를 극복할 수 있는 방법은 결국 그 열정을 회복시키는 것뿐이며 그것은 바로 아마추어 정신을 수용하는 태도에서 시작해야 한다고 역설했던 것이다. 여기서 딜레탕트는 다케우치 자신을 비롯해 중국 연구를 막 시작하려는 젊은 학인들을 가리키는 것임은 말할 것도 없다. 여기서 말한 열정은 이후 자부심과 애정을 갖고 발행했던 1943년 『중국문학월보』의 폐간 이유가 되기도 한다.

---

5) 竹內好, 『內なる中國』, 筑摩書房, 1987

당시 일본 중국학의 상황에 대한 이러한 비판적 인식은 「지나학의 세계」라는 글에서 한층 분명해진다. 구라이시 다케시로(倉石武四郎)의 『지나어교육의 이론과 실제』(岩波書店, 1941)라는 책에 대해 자신의 생각을 개진하는 형태로 쓴 이 글에서 그는, 개혁이란 행위가 실제적으로 행해질 수 없는 한학=지나학의 세계를 비판하고 있다. 왜냐하면 구라이시 다케시로에게 지나학은 의심조차 가질 수 없는 실존의 세계였기 때문이다. 따라서 다케우치에 의하면 구라이시의 개혁이 지닌 한계는 결국 실패를 상정하지 않는다는 점에 있다고 보았다. 그래서 그는 구라이시 다케시로가 외치는 개혁은 궁극적으로 무엇을 위한 것인지를 묻고, 그의 개혁은 결국 수단의 개혁에 지나지 않는 것이지 않느냐고 반문한다. 이러한 개혁은 빈사의 지나학을 갱생시키는 것이 아니라 오히려 죽음을 앞당기는 것에 불과하다고 말한다. 이미 일본 지나학이 학문으로서의 존립 근거를 잃었기 때문에 학문의 수단을 개혁하는 것은 무의미하며 그래서 그는 결론적으로 "실은 지나학에 사상 자체가 빈곤하다"라고 설파했다. "지나학의 입장에 서서 무엇을 보기 전에 왜 넓은 입장에서 지나학을 보지 못하는가, 지나학의 존속을 전제하기 전에 왜 자신의 생활을 근거로 삼지 못하는가. 용솟음치는 용기가 필요하다"고 한 뒤 이어서 "부정을 두려워하면서 무엇을 개혁하겠는가. 가능하게 열려진 길을 가는 것은 개혁이 아니고, 학문도 아니다. 불가능을 실현하는 것이 학문이다."라고 지나학의 근본적인 문제를 지적하면서 다케우치는 자신의 학문에 대한 입장을 개진했다. 그는 학문은 결국 부정의 조형(造型)이며, 또 존재로서 있는 것이 아니라 무의미한 것이라고 정의했다.[6)]

---

6) 다케우치, 앞의 책

우리는 다케우치의 한학=지나학에 대한 이와 같은 비판과 그 비판의 입각점을 통해서 그의 이름을 근대 일본 사상계에 알린 저작 『루쉰』의 탄생 그리고 전후 일본의 대표적인 사상가로서 자리매김하게 되는 근저를 포착할 수 있다. 그것은 학문(연구)에 대한 근본적인 이해다. 즉 지나를 연구하는 학문 즉 지나학의 근본적인 목적과 의미에 대한 탐문이다. 지나를 연구한다는 자가 책상 앞에 쌓인 고적이나 들추거나 구미에서 수입된 시놀로지를 수용하고 그것에 기초하여 동아시아에서 전통적으로 유통되는 한학 고적과 주석들을 재편하는 것이 과연 학문에 값하는 것인가 하고 다케우치는 의심했다. 다케우치는 그가 부여잡은 학문의 근본이란 문제는 결국 지나와 지나인의 생활을 이해하는 데서 시작하여야만 하고, 그것은 책과 자료더미에서 나오는 것이 아니며 지나인을 우리와 같은 인간으로서 파악하려는 자세에서 출발하여 그들의 생활에 가장 깊게 들어가려는 노력을 통해 형성되는 것이라고 생각했던 것이다. 그의 이러한 생각은 결국 앞에서 말했듯이 도쿄대 재학시절의 베이징 방문 그리고 1937년부터 2년에 걸친 두 번째 베이징 체류의 경험을 통해 형성된 것이다. 특히 중국과의 전면적인 전쟁이 발발한 시기 베이징에서 체류했던 그의 심경이 대단히 복잡했을 것임을 그의 「베이징 일기」와 「2년간」 등의 글에서 느낄 수 있다. 게다가 이 당시의 일기에서 일찍이 그가 비판했던 지나학적 태도를 중국문학연구회의 활동에서 느끼고 불만을 토로할 수밖에 없었던 그를 더욱 곤혹스럽게 만들었을 것이다.

이상 다케우치 요시미가 중국 특히 현대 중국에 대해 관심을 갖게 된 것은 1931년 만주사변 이후 베이징에서의 2년간의 유학생활이 결정적인 계기로 작용했음을 알 수 있다. 다케우치의 현대 중국에 대한 관심은 단순한 이웃나라에 대한 호기심이 아니었다. 그가 베이징에서 본 것은 과연 무엇일까. 그리고 그 베이징에서의 체류는 기존 일본의 중국에 대한 인식과는 어떤 차이가 나는 것이었을까. 이것은 향후 루쉰에 대한 다케우치의 관심과 연결되는 실마리를 제공하기 때문에 중요한 문제가 아닐 수 없다. 요약하면 1930년대 현대 중국에 대한 다케우치의 관심은 두 가지 점에서 문제적이다. 하나는 당시 일본의 중국 연구와 다른 지향으로서의 현대 중국에 대한 관심이다. 다른 하나는 1930년대 일본 지식계의 분위기(외국학의 연구 대상으로서 서구의 국가가 아니라 중국이라는 점 외에) 곧 서양 숭배로 표현할 수 있는 지적 분위기와 관련된다는 점이다. 이 두 가지는 결국 하나로 연결되는데, 합리주의로 대변되는 근대 일본의 학술계를 포함한 지식계의 노예성이다. 서양 근대성의 백색 신화에 의해 눈을 잃은 중국 연구자를 포함한 일본 지식인들의 맹목성에 대한 비판에서 다케우치의 현대 중국에 대한 관심은 시작되었다.

실제로 그가 뒤에 쓴 두 차례의 베이징 유학 경험은 이러한 인식을 생성케 하는 계기를 제공했다. 게다가 그가 체류했던 시기는 일본과 중국이 전쟁을 벌이고 있었고, 그의 젊은 시절 이러한 인식은 '전쟁'이라는 또 하나의 계기를 포함해야만 이해할 수 있다.

2.3 『루쉰』의 탄생

2.3.1 루쉰으로 가는 길

1945년 패전 이전까지 다케우치는 중국문학연구회를 중심으로 현대 중국과 관련된 글을 발표하거나 현대 중국지식인들과 교류를 전개해왔다. 특히 1937년 이루어진 두 번째 베이징 체류와 귀국 후

1940년대 초반 '근대의 초극'과 관련된 당시 일본 지식계의 사상적 흐름에 대한 개인적인 대응 그리고 이 과정에서 형성된 중국문학연구회 멤버였던 다케다 다이준(武田泰淳)과의 사상적 공감은 전중(戰中) 시기 다케우치의 사상과 활동을 이해하는 데 중요한 요소다. 다른 한편으로 루쉰 연구와 관련해서는 루쉰과 직접적인 교류가 있었던 마쓰다 와타루(增田涉)와의 대화 및 다케우치보다 먼저 「루쉰론」을 발표한 오다 다케오(小田嶽夫)의 연구와 비교해볼 필요가 있다. 그런데 여기서 이 두 가지는 결코 분리된 것이 아니라는 점을 강조해야겠다. 즉 『루쉰』이란 텍스트는 전중시기 시대적 분위기 속에서 개진된 다케우치의 사고의 소산이기 때문이다.[7]

이제 그의 루쉰 연구로 들어가본다면, 실제로 『중국문학월보』 시기에 다케우치가 루쉰에 관해 쓴 글은 극히 적다. 그가 중국의 현대 작가 가운데 처음 관심을 가진 이는 마오둔(茅盾)이었고, 그리고 일본에서 만난 적이 있었던 궈모뤄와 위다푸 가운데 그의 문학적 감성에 비추어 위다푸에 더 끌렸던 것은 이미 그의 졸업논문으로 알 수 있다. 어쩌면 그가 루쉰을 접하게 된 것은 쑨거와 쓰루미 슌스케(鶴見俊輔)의 해석과는 달리, 일종의 우연 또는 베이징 유학시절의 심경과도 통하는 일이었는지 모를 일이다.

다케우치 요시미가 루쉰과 관련해서 쓴 글은 앞의 각주에서 연보를 통해 확인했듯이, 『중국문학월보』에 당시 내일(來日)했었던 천잉(沉桜), 량쭝다이(梁宗岱), 쉐빙잉(謝冰瑩), 위다푸, 하이거(海戈), 선충원(沈従文), 마오둔에 이어서 1936년 그해 사망한 루쉰을 위해 「루쉰론」을 쓰고, 이어서 루쉰의 소품 「죽음」을 번역해서 실었던 것

7) 이와 관련해서는 앞의 논문, 『동아시아의 근대성과 루쉰(魯迅): 일본의 루쉰(魯迅)연구를 중심으로』 2장 1절 참조

이 처음이었다. 이 「루쉰론」은 우선 철저한 자기 부정의 논쟁자로서 루쉰을 읽어낸다. "타인을 향한 칼이라면 보다 부드러운 것이 좋을 터이다"라고 한 뒤, "그러나 자신 내부의 그림자에 대한 논쟁이기 때문에 가혹하고 집요했다." 이것은 뒤에 나올 다케우치 요시미의 '루쉰론'으로 연결되는 직관이다. 하지만 동시에 혁명문학에 대해 냉담했던 루쉰이 1930년대 자유대동맹을 거쳐 성립된 좌련의 의자에 앉은 것에 대해서 "두려운 속론(俗論)은 루쉰을 선각자로 위치짓는데 만약 루쉰이 영웅이라고 한다면 바로 그 반대의 이유로, 자신을 분열된 채로 받아들인 범용함 때문에 그는 영웅이지 않으면 안 되었다." [8]라고 쓰며 루쉰 자신이 아Q의 역할을 했던 것으로 보았다.

이렇게 다케우치 요시미는 좌련과 루쉰의 관계를 해석했다. 이러한 루쉰에 대한 규정은 5·4시기의 다른 지식인들과 비교하여 "루쉰의 경우는 설정된 목적의식이나 행동의 규범을 갖지 못했다." 라고 한 뒤 이어서 "루쉰의 경우는 어디까지나 문학가의 생활이며, 그만큼 관념적 사색의 훈련을 결한 18세기적인 유산을 갖고 있었다. 한걸음 앞서 갔을지는 모르지만 뛰어넘어 가도록 요청된 열 걸음을 시대로부터 넘어갈 수 없었다. 고골 내지 안드레예프는 되어도 니체는 될 수 없었다. 이것이 루쉰의 숙명적인 모순이다."라고 지적한 것에서도 드러난다. 그리고 루쉰의 모순과 관련해서는 「광인일기」와 『아Q정전』에 대해서 언급하며 루쉰의 모순이 이 두 작품에서 다르게 나타났다고 보고, "「광인일기」에서는 부정적인 열정으로서 작가의 생명을 불태우던 모순이 여기서는(『아Q정전』을 말함-역자) 정치와 이데올로기의 괴리라는 역사적 사실을 빌려서 자기비판

8) 다케우치 요시미, 「루쉰론」, 『전집』 14권, 치쿠마쇼보, 1983

을 행하고 있다. 따라서 이 인간의 성장—역사에 따라서 폭로되어 가는 자기모순—의 반면에는 작가로서의 연소가 종언을 고하는 비극이 감추어져 있는지도 모른다. 사실, 이제부터 루쉰의 '방황'이 시작된다. 이것이 비극이라면 현대 중국문학 전체의 비극이라고 말할 수 있다."[9]라고 적었다.

나아가 다케우치는, 이렇게 루쉰의 모순은 작가로서의 종언을 고하는 것으로 드러나지만, 이것은 어떻게 보면 당시 중국 즉 전환기의 중국에서 나타나는 하나의 유형이며, 따라서 루쉰은 작가보다는 '문화의 지도자'로서 갱생하기를 원했는지도 모른다라고 적었다. 이것과 관련하여 '정치와 예술'의 문제를 언급하면서, "정치와 예술의 상극은 현대중국문학의 기본적인 성격이다. 전환기의 문학은 그 본래의 진보성 때문에 스스로 껍질을 뚫고 나오는 모험을 감행하지 않으면 안 된다."라고 적고 앞서 말한 바 있는, 루쉰이 좌련(左聯)에서 아Q 역할을 했던 것을 지적하였다. 마지막으로 시대에 따라 루쉰이 변화했다고 보는 것을 거부하고, "루쉰이 지니고 있는 본원적인 모순은 청산되는 것이 아니라 새로운 사태에 적응해서 형태를 바꾼 것에 지나지 않는다. 따라서 반면에는 그가 문학을 극히 순수한 어떤 가치만의 세계에서 생각하고 있다고도 말할 수 있지 않을까"라고 말한 뒤 다음과 같이 정리했다.

> 그가 결벽에 가까울 정도로 순수함을 드러낸 것은, 고전에 대한 보유욕(保有欲) 때문만이 아니다. 문학을 정치주의적 편향으로부터 지키기 위해서도 때로 극히 충실하다. 이것은 일견 루쉰이 붕괴된 문학의 대도(大道)를 지탱하고 있다는 인상을 주기 쉽지만, 그러나 루쉰

9) 다케우치 요시미, 앞의 글

으로부터 늘 적극적으로 정립(定立)된 방향을 듣는 것은 어렵다. 따라서 그가 몸으로 하는 정짜(掙扎) 가운데서 현세와 격절된 문학의 절대적 가치를 추구한다고 하더라도 '작가' 루쉰의 잊을 수 없는 과거의 꿈으로서 아주 이상하지는 않을 것이다. 이른바 1930년대에 스스로 잃어버린 육체를 그리워하는 정신의 비통한 광란에 지나지 않았기 때문이다. 현세의 문학은 어디까지나 우리 '문화 지도자'의 욕구를 만족시키는 것이 아니면 안 된다.[10)]

이상과 같은 「루쉰론」의 내용은 훗날 집필된 『루쉰』에서 보여줄 루쉰상(像)의 초기적 인식을 그대로 보여준다고 하겠다. 루쉰을 본원적인 모순으로 본다든지 또 루쉰의 자기부정 즉 '정짜(爭扎)'에 대해 언급하고 있으며 그리고 좌련과 루쉰의 관계 및 '문학과 정치'의 문제에 대해서도 이미 자신의 견해를 제시하고 있다.

2.3.2 『루쉰』 집필과 그 의미

1943년 1월 다케우치 요시미의 제의에 따라 중국문학연구회가 해산되고 잡지 『중국문학』이 정간되었다. 바로 이 해에 다케우치 요시미는 일본뿐만 아니라 전 세계에서 루쉰 연구의 필독서로 읽히는 『루쉰』을 집필한다. 이 일련의 과정도 다케우치 요시미를 사상가로서 파악하는 측에서는 주목해야 할 대목일 것이다. 그것은 『중국문학』의 폐간이 이 잡지에서 가장 주도적인 역할을 했던 다케우치 요시미의 건의로 진행되었다는 사실이다. 앞에서 『중국문학』에 대한 그의 불만을 소개한 바 있지만, 이 폐간의 건의는 바로 다케우

10) 다케우치 요시미, 앞의 글

치 요시미의 '자아부정'이란 사상의 어떤 정치적인 행위로 읽을 수 있을 듯하다. 그리고 바로 이어진 『루쉰』의 집필은 다케우치 요시미 개인의 사상적 측면에서 일직선적인 연관으로 파악될 수 있다.[11] 그는 『루쉰』을 쓴 과정에 대해서 다음과 같이 말한 적이 있다.

> 전쟁 중에 쓴 『루쉰』. 이것은 몇 번이나 판을 바꾸었는데, 지금은 미래사판으로 되었지만, 다케다의 『사마천』과 같이 처음에는 『동양사상총서』의 하나였다. (…) 그래서 나는 루쉰으로 정했다. 루쉰을 처음에 싫어했음에도. 왜냐하면 루쉰과 반대의 경향을 띠는 이로부터 시작했기 때문이지만, 좀 싫다고 해도 중요하기 때문에 일단 공부하지 않으면 안 되겠다는 기분과 그리고 죽은 지 얼마 안 돼서 전집이 나왔고, 책을 모으는 것은 힘든 일이지만, 전집이 있었기 때문에 하기 쉽지 않을까라는 생각에 루쉰을 정하게 되었던 것이다.[12]

위의 인용에서는 『루쉰』을 쓰게 된 상황과 기술적 측면에 대해서 말하고 있는데, 어쩔 수 없이 『루쉰』을 쓰게 되었음을 토로하는 뉘앙스가 강하게 풍기고 있다. 실제 다케우치 요시미 개인적으로는 『루쉰』보다 먼저 나온 다케다 다이준의 『사마천』에 대해 친구 사이의 어떤 경쟁심을 가졌던 듯하다. 이것은 문단의 이면사와 같은 얘기이기 때문에 본서에서 거론할 성질의 것은 아니지만, 아무튼 앞에서 언급한 「루쉰론」에서 알 수 있듯이 이 시점에 다케우치 요시

11) 이것과 관련해 쓰루미 슌스케는 『竹内好-ある方法の伝記-』(リブロポート, シリーズ民間日本学者, 1995)라는 책에서 "중국문학연구회를 만드는 수고를 마다하지 않았던 노력은 실패로 끝났다고 다케우치 요시미는 생각했다. 그때 그의 앞에 대학졸업논문으로써 다루었던 위다푸가 아니라 이미 세상을 떠난 루쉰이 서 있었다"라고 적었다.

12) 다케우치 요시미, 「中國と私」, 『內なる中國』, 筑摩書房, 114-115쪽

미는 적어도 『루쉰』을 쓸 내적 준비는 되어 있었고, 아울러 그것이 『동양사상총서』 시리즈 출판이란 형태와 결합되어 그에게 글을 쓸 수 있는 자리가 마련된 것이라고 이해하면 될 듯하다. 그러나 또 다른 글(『루쉰입문(魯迅入門)』, 「독자에게」, 1953)에서는 루쉰과의 만남에 대해서 이렇게 회고했다.

> 루쉰과의 만남은 나에게 행복한 사건이 아니었다. 만남 자체가 행복이 아니었고, 결과도 행복하지 않았다. 만약 내가 그때 불행하지 않았다면 나는 루쉰과 만나지 않았을지도 모른다. 나의 불행이 나에게 루쉰을 발견하게 했다. 나는 루쉰을 아는 것으로 인해 행복하지는 못했지만, 자신의 불행에 관해서 '아는' 것은 가능하게 되었다. 그것은 행복이기보다 나에게는 '위안'이었다.[13]

우리는 위의 인용을 그가 『루쉰』을 쓸 당시의 심경으로 이해해도 될 듯하다. 즉 그는 고통스러웠던 것이다. 그의 루쉰 연구는 이런 맥락에서 시작되었는데, 그렇다면 도대체 다케우치 요시미의 고통과 불행은 어디서 왔던 것인가. 이것을 아는 것이 다케우치 요시미의 『루쉰』을 이해하는 데 있어 필수적인 경로임은 굳이 말할 필요도 없다. 그의 고통과 불행은 징집영장을 받은 상태에서 『루쉰』을 집필한 사실에서도 알 수 있듯이, 전쟁이란 시대적 상황과 일개인으로서의 실존적 삶의 문제에서 온 측면, 그리고 당시 지식인 또는 문학가들의 국가 파시즘에 대한 굴복과 비판의 나약성 등을 경험한 뒤에 온 절망감 등에서 기인한 것이라고 할 수 있다. 히라노 켄(平野謙)이 『소화문학사』에서 다케우치 요시미의 『루쉰』을 국가

13) 다케우치 요시미, 『전집』 2권, 4쪽

파시즘이라는, 당시의 '정치'에 대해 예술파적 저항을 드러낸 하나의 작품으로 평가한 것은 이런 이유 때문이다.

2.3.2.1 문학과 정치

『루쉰』이란 단행본에는 후대 연구자들에 의해 분명한 오류라고 지적된 루쉰의 광복회 가입 건 그리고 다수의 연구자들이 환등기 사건을 정치(혁명활동)에서 문학으로 전환하는 계기로 파악했던 해석과 상반되는 주장이 등장한다. 다케우치의 이러한 주장 속에는 당시 일본 지식계의 '문학과 정치'와 관련된 논의가 배경을 이루고 있다. 그것은 왜 일본에서 '정치에서 문학으로'라는 이분법적인 인식이 지속되었는가 하는 문제로 연결된다. 이토 도라마루(伊藤虎丸)는 이와 같은 인식 태도가 쇼와기를 지나 전후에 이르러서도 지속되고 있다고 보았는데, 만약 그렇다면 이것은 어디서 기인하는 것인가. 아울러 이런 일본의 '정치와 문학'과 관련한 인식에 대한 다케우치 요시미의 대응이 『루쉰』의 '정치와 문학'을 포함한 일련의 장에서 표현된 것이 아닌가 하는 물음도 가능하겠다. 이를 위해서는 마루야마 마사오의 정리를 이용하는 것이 편리한데, 그의 「근대일본의 사상과 문학」이란 글에 입각해 '정치와 문학'이란 테마를 중심으로 일본근대문학사의 흐름을 조망하면 다음과 같다.

첫째, 메이지 말, "정치(외향의 '국세')와 '문학'이 함께 진보를 향해 경쟁하며 나란히 달려가는 것(달리기 경주)으로 생각되었던" 시기. 둘째, 다이쇼 말~쇼와 초년 마르크스주의라는, 일본근대문학이 처음 접촉한 '논리적 구조를 갖춘 사상'에 의해 '태풍'이 초래된 것과 종래의 '나란히 달리는' 발상이 겹쳐져서 '유일한 과학적 세계관'으로서의 마르크스주의와 그 담당자인 공산당이란 '조직'이 문학에 대해서 강력한 권위을 가진 "문학에 대한 정치(=과학)의 우위"의 원칙이 맹위를 떨치던 시기. 셋째, 쇼와 9년~10년 초엽, '정치의 우위' 원칙이 동요하고 그것에 대한 반발이 생겨나고, 그 반동으로서 '문예부흥'이란 구호가 저널리즘에 등장하여 그 가운데서 '문학주의 대 과학주의'의 문제가 제기되었던 소위 '중심'의 시기, '전향자 문학'의 시대. 넷째, 쇼와 12년 이후 중일전쟁, 태평양전쟁 발발 후 신체제운동의 진전에 따라 '과학주의 대 문학주의'라는 문제제기는 점차 그림자가 엷어지고 문학이 보다 직접적으로 '정치'와의 관계에서 제기됨으로써 '정치'의 내용과 방향이 이전과 달리 역전되어 "오로지 비합리적 측면에서 그들의 앞에 나타난 '정치'에 대한 비판의 원리를 자신의 내부로부터 상실해버리고 만" '반정치주의(=문학주의)'가 역전된 '정치'와 결합한 역벡터의 '정치(=문학) 우위'의 시기로 정리할 수 있다.

이상과 같은 일본근대문학사에서의 '정치와 문학'과 관련된 논의를 염두에 두고 『루쉰』에서 다케우치 요시미가 어떻게 이 문제를 얘기하고 있는지를 보자. 다케우치 요시미는 '정치와 문학' 장에서 문학가에 대한 자신의 정의를 기술하고, 쑨원으로부터 '영원한 혁명가'(정치가)를 본 루쉰이 '영원한 혁명가'를 매개로 쑨원과 자기동일적인 대립관계에 선다고 파악한 뒤, 루쉰 특유의 문학관인 '문학무력설(文學無力說)'을 중심으로 중국의 국민혁명 시기 '정치와 문학'의 관계에 대한 언설들을 검토한다. 우리는 이런 다케우치 요시미의 생각이, 마루야마 마사오의 표현대로 한다면 '기구'로서의 정치(구국) 및 '운동'으로서의 정치(혁명)와 문학의 관계를 말하고 있음을 알 수 있다. 즉 구국이든 혁명이든 문학이 이런 정치와의 관계에서 유력하다고 주장하는 한 그 문학은 진정한 문학이 아니라는 것이다. 그렇기 때문에 '문학이 유력하다'고 주장하는 것은 문장이 "허명을 얻는" 수단이 된다는 사실을 아는 이들의 기만에 불과한 것으로 보았다. 따라서 실제 혁명의 시기에 문학이 정치에 유용한가 아닌가를 지면상에서 토론하는 말 많은 비행동자들과 루쉰은 정확히 대조를 이룬다고 평가했던 것이다. 다케우치 요시미는 루쉰의 이러한 '무용의 문학관'은 이미 일본유학 시절에 쓴 「마라시력설」에서 드러났고 그 이후 평생 변하지 않았던 문학관이라고 보았다. 이와 관련하여 다케우치는 "이것은 문학은 무용한 것이 용(用)이고, 유용(有用)을 추구해 목전의 공리로 달려가는 것은 문학의 타락이다, 라는 주장이다. 따라서 그는 모든 공리주의를 반대한다. 그러나 그것은 용이기 위한 무용이기 때문에 단순한 무용은 의미가 없다. 그것은 텅 빈 것, 있을 수 없는 것이다. '무용의 용'은 모든 무용과 유용에 대립하는 것이며, 또 사실 그의 전 생애를 통해서 루쉰은 이것들로부터 강하게 자신을 분리시켜왔다."[14]라고 설명한다.

당시의 시대상황과 대비시켜 이해한다면, '일본문학보국회' 등에서 활동하며 국가 파시즘에 적극적으로 참가한 문학인이 많았던 상황에서 '문학의 자율성'을 고집하는 것만으로도 예술파적 저항으로 보일 수 있었기 때문에, 『루쉰』에서 다케우치 요시미가 '계몽가의 문학' 또는 '애국자의 문학' 등으로 부르는 것에 격렬히 항의했던 태도에서 '문예부흥기'의 문학주의자와 비슷한 모습을 볼 수도 있다. 그리고 이런 태도는 오늘날의 시점에서 본다면 문학연구자로서는 기본에 속하는 인식이고 또 당시로서도 문학연구에 있어서 ABC에 해당하는 기초적인 요소지만, 다케우치가 이것을 강조했던 것은 이런 인식조차 무너지고 있던 일본문학계의 상황을 비판하기 위해서였고, 이 기본을 충실히 지키는 것이 바로 '저항'의 자세였다. 바로 이런 맥락에서 『루쉰』이 탄생되었고, 다케우치가 일견 '문학주

14) 다케우치 요시미, 『전집』 2권, 29쪽

의자'로 비칠 수 있었던 것도 여기에 기인한다. 하지만 다케우치 요시미는 단순한 '문학주의자'가 아니었다.

이토 도라마루는 다케우치 요시미가 『루쉰』을 쓸 때 분명히 이런 위험을 자각하고 있었고 그것을 극복하려고 노력했다고 주장한다. 다시 말해 『루쉰』 자체가 당시 '문학주의'에 대한 비판의 산물이라는 것이다. 왜냐하면 다케우치 요시미가 『루쉰』의 '정치와 문학'의 장에서 말한 '문학'은 '이론', '체계', '과학적 세계관'으로서의 '정치'에 대립하는 비합리적인 정동(情動)과 실감(마루야마 마사오의 표현에 의하면 '비합리적인 파토스의 비등')과 다른 것이기 때문이다. 즉 다케우치 요시미가 루쉰으로부터 발견한 '문학'은 바로 이런 정념(情念)과 실감이 아니라 '윤리'이자 '동(動)적인 사상'이었던 것이다. 아울러 이토 도라마루가 "단지 저항으로서의 문학의 자율성만을 주장한 것이 아니라 사상을 '주의(과학)'에서 '문학(종교)' 쪽으로 강하게 끌어당기는 태도이다. '사상의 개체화(주체화)'의 주장이라고 해도 좋고, 역으로 말하면 개체화를 거치지 않은 '사상'의 거부라고 말해도 좋다."라고 말한 것에서 알 수 있듯이 '문학'을 사상의 개체화를 실행하는 장으로서 파악하는 것은 결국 마루야마 마사오가 "정치가 인간의 조직화 행위인 한, 정치가 대상으로 하는 것은 개인이 아니라 거의 대부분 인간집단이다."(「인간과 정치」)에서 정치를 집단과 관련시켜 정의했던 것과 비교해서 볼 때 다케우치 요시미의 '문학과 정치'에 대한 이해는 '문학주의'의 영향을 받으면서도 그것을 뛰어넘는 시도를 보여주었다고 평가할 수 있다.

2.3.2.2 사상가와 문학가

우리는 이상에서 다케우치 요시미가 『루쉰』에서 말하고 있는 문학가의 의미를 파악할 수 있다. 그가 말하는 문학가의 요건에는 근본적인 하나의 태도, 종교적인 의미에서의 죄의 자각과 같은 어떤 문학적 자각, 그리고 그 자각이 탄생하는 어떤 결정적인 시기, 그리고 끊임없는 자기부정 등이 포함된다. 이러한 것은 근대적 작가 내지 문학가를 규정할 때 사용되는 일반적인 기준과는 사뭇 다른데, 왜 다케우치 요시미는 이런 '태도'나 '자각'과 같은 비문학적(윤리적)인 용어로 문학가를 규정하려고 한 것인가. 이것은 또 그의 절친한 친구 다케다 다이준(武田泰淳)이 쓴 발문에서 "그(다케우치 요시미)는 자신이 극복해야 할 실물(本物)을 찾아낸다면서 어린애 같은 혼수상태에 빠져, 마치 자신의 전 생애가 소멸한 듯한 절망적인 눈빛을 하곤 했다. 고바야시 히데오(小林秀雄), 다자이 오사무(太宰治), 오카모토 가노코(岡本かの子), 나가노 시게하루(中野重治)의 업적에 관해서 그는 얼마나 정열적으로 자신의 무능을 탄식했던가. 그는 정신을 잃고 멍하게 며칠 또는 몇 주를 보내다 다시 용기를 내어 비문학적이라고 오해받는 이 작업을 침울하게 계속했다."라고 말한 것과 관련이 있을 것이다.

이를 통해 우리는 다케우치 요시미가 부정한다 하더라도 그에게는 위에서 열거한 쇼와 20년대 근대 지식인의 작업과 분위기가 묻어 있다는 사실을 알 수 있고, 또 그가 생각한 '문학'은 "비문학적이라고 오해받는"이란 말에서 알 수 있듯이 당시 통용되던 '문학'에 대한 이해와는 달리 보다 근원적인 것, 철학이나 종교 등과 연결되는 그러한 것을 탐구하는 것을 지향하고 있었다. 그런 점에서 그의 『루쉰』은 분명 1930년대 문예부흥기의 산물이라고 할 수 있다.

이러한 점과 관련해 이토 도라마루는 조심스럽게 "다케우치 요시미에게는 어떤 종류의 '본물(本物)'주의라고 할 만한 것이 있고, 하지만 여기에는 또 이른바 '문학주의'로 빠져버리는 것을 거부하고 그것을 '극복'하려는 어떤 필사적인 긴장이 『루쉰』을 탄생시킨 것은 아닐까" 라고 해석했는데,[15] 여기서 '본물'주의란 문학자의 끊임없는 자기생성이란 의미고, '문학주의'에 대해서는 이미 앞에서 언급한 바 있다. 이토 도라마루는 다케우치 요시미의 이와 같은 문학(가)에 대한 인식이 '문예부흥기'의 '문학주의'적 영향에서 완전히 벗어났다고 단언할 수는 없지만,[16] 그럼에도 이 '문학주의'로 빠져버리지 않은 것은 바로 『루쉰』에서 보이는 위의 '태도'와 '자각' 그리고 '부정' 등 '윤리'적인 용어들에 의한 것이었다고 생각했던 것이다.

이토 도라마루의 해석이 '문예부흥기'의 '문학주의'와의 차이를 설명한 것으로는 타당성이 있지만 여전히 문제는 남는다. 그것은 어떻게 보면 종교가, 사상가로서의 요건이라고 보일 듯한 '태도', '자각', '부정' 등의 용어가 어떻게 문학가를 규정하는 데 쓰여져야만 했는가 하는 것이다. 이것은 방금 말한 대로 쇼와 20년대 지식계의 움직임에서 나온 산물이지만, 이러한 '문학(가)'에 대한 규정이 추구하고자 한 것은 결국 무엇이었던가. 이것에 대해 대답하는 일이 바로 『루쉰』이 궁극적으로 얘기하고자 한 바를 밝히는 것에 다름 아니다. 이것과 관련해 이토 도라마루는 같은 글에서 "즉 앞서

15) 이토 도라마루, 『魯迅と終末論 近代リアリズムの成立』, 竜渓書舎, 1975, 255쪽

16) 이토 도라마루는 다케우치 요시미가 『루쉰』에서 "유추는 하지만 연역은 하지 않는다. 직관은 하지만 구성은 하지 않는다", 또 "그의 소설은 시적이고 평론도 감성적이다"라고 말한 것처럼 그의 작품론에는 이해하기 어려운 점이 많다고 전제한 뒤, 조심스럽게 그에게는 '사소설' 풍의 '문학주의'에 대한 경도가 보이지 않는가 라고 지적하였다. 이토 도라마루의 이러한 지적은 그가 루쉰에게서 리얼리즘의 문제를 고민하고 그 방법론으로서 '과학'의 문제를 자주 언급했던 것과 관련이 있다고 생각하는데, 다시 말해 다케우치 요시미에게는 '문학과 과학'이란 문제에 대한 고민은 전혀 드러나지 않는다고 생각했기 때문이다. 이것은 중국의 프롤레타리아문학에 대한 이해를 비롯해 맑스주의에 대한 다케우치 요시미의 인식과도 밀접하게 관련될 것으로 보인다. 앞의 책, 266쪽

보았듯이 '문학주의'와도 거리를 두고 있고, 또 문학의 자율성 운운하는 것과도 일정 정도 차이가 있는 『루쉰』에서의 문학 이해는 두 가지 측면을 갖고 있는 것은 아닌가. 첫째는 '사상'을 '주의'에서 '문학'으로 강하게 끌어당기는 태도이고, 둘째는 사상의 개체화(주체화)의 주장 또는 개체화를 거치지 않은 사상의 거부라고 말할 때 떠오르는 문학의 의미가 아닐까."[17]라고 정리한다.

이 말은 결국 문학에서 무엇보다 중요한 것은 '개체에 대한 사고, 구체적인 인간의 살아가는 방식'에 있다는 이해에 기반한 것인데, 이것과 관련해서 다케우치 요시미는 "중국에 놓여 있는 후진성을 직시하고 아울러 일체의 해방에 대한 환상을 거부했다고 한다면, 그곳에는 절망밖에 남지 않는다. 쑨원과 같은 실제적인 혁명가는 온갖 실패에도 굴하지 않고 실패할 때마다 이상과 현실을 연결하는 다리를 새롭게 고쳐가는 것이 가능하겠지만, 예술가인 루쉰에게는 그것이 가능치 않았다. 그러나 또한 예술가이기 때문에, 항상 전 인간의 내용을 걸고 삶의 방식을 모색했던 일의적인 문학가이기 때문에, 절망을 목적화해서 체관철학(諦觀哲學)을 만들어내는 것도 그에게는 가능치 않았다. 모든 것을 믿지 않았던 그는 자신의 절망까지도 믿을 수 없었다.[18]"라고 말한 적이 있다.

다시 말하면 영원한 혁명가 그러나 직업적인 혁명가의 실패와 극복의 과정이 그대로 문학가 루쉰에게 적용될 수는 없는 것이다. 일의적인 문학가란 '항상 전 인간의 내용을 걸고 삶의 방식을 모색하는 데' 자신의 존재의미를 갖기 때문이다. 따라서 문학은 철학이나 사회과학과는 달리 항상 구체적인 개인에 대한 사고를 하는 데

17) 이토 도라마루, 앞의 책, 256쪽

18) 다케우치 요시미, 앞의 책, 182쪽

서 출발한다는 점에 근거하여, 다케우치 요시미는 일의적인 문학가로서 루쉰을 창조해낸 것이다. 결국 다케우치 요시미는 일반적인 의미에서의 사상가를 부정한 것이 결코 아니다. 『루쉰』을 통독하다 보면 그것은 분명히 드러난다. 하지만 그런 의미에서 루쉰을 사상가로서 정의하기는 좀 어렵다고 말했다. 그럼에도 불구하고 「사상가로서의 루쉰」 장에서 루쉰을 사상가로서 규정하고자 한 것은 '사상'이 새롭게 생성되지 못하는 일본근대사상사의 맹점에 대한 그 자신의 비판이 숨어 있다고 볼 수 있다. 그런 의미에서 루쉰을 사상가로 규정한 것이고, 이것은 보다 본질적인 의미에서 '사상(가)'에 대한 문제제기에 다름 아니다.

그렇다면 뒤에 부록으로 첨가된 「사상가로서의 루쉰」에서의 이런 이해가 일의적인 문학가로 규정했던 1943년의 『루쉰』의 문맥과 완전히 이질적인 것인가. 전혀 그렇지 않다고 생각하는데, 그 이유는 루쉰정신을 표현하는 것만이 아니라 다케우치 요시미의 사상을 말하는 데서도 아주 중요한 '정짜'란 루쉰 특유의 자기부정의 방식을 염두에 두고 있기 때문이다. 먼저 '정짜'에 대해서는 다케우치 요시미 자신이 이렇게 주석을 달았다. "정짜(掙扎, cheng-cha)란 중국어로 참다, 용서하다, 발버둥치다, 고집을 세우다 등의 의미를 가진다. 루쉰정신을 이해하는 단서로서 중요하다고 생각되므로 원어 그대로 자주 인용한다. 억지로 일본어로 번역한다면 지금의 용어로 '저항'이라는 말에 가깝다."라고 말이다. 이것은 루쉰의 글 「유항선생에게 답함(答有恒先生)」(『이이집(而已集)』, 1927)에 나오는 말로서, 다케우치 요시미의 사상과 문학론에 있어서는 핵심적인 용어이다. 이것과 관련해서 『루쉰』 3장 '사상의 형성'에서 량치차오(梁啓超)와의 영향관계를 설명하는 다음과 같은 대목은 상당히 흥미롭다.

서술이 어지럽게 되었지만, 결국 내가 말하고자 하는 것은 다음과 같은 것이다. 루쉰이 저우쭤런이 말한 것처럼 량치차오의 영향을 받았을지도 모르지만, **받았다고 생각하기보다 받지 않았다고**(저자 강조) 간주하는 쪽이 고찰하는 편에서는 올바른 것이 아닐까. 적어도 그의 본질적인 면에서 '영향'은 받지 않은 것이 아닐까. 또한 받았다고 하더라도 받았던 방식은 그 가운데에서 자신의 본질적인 것을 뽑아내기 위해 그 속으로 몸을 던지는 행위로써, '정짜(掙扎)'적으로 받아들이는 방식을 택했던 것이 아닐까. 따라서 그것은 또 후일의 혁명문학의 경우와 비슷한 태도가 아니었던가 라는 점이다. (…) 하여간 루쉰과 량치차오 간에는 결정적인 대립이 있고, 그 대립은 루쉰 그 자체의 내면적인 모순을 대상화했다고도 간주할 수 있으며, 따라서 루쉰이 량치차오의 영향을 받았다고 말하기보다 루쉰은 량치차오에게 대상화되었던 자신의 모순을 보았다고 말할 수 있는 그러한 관계가 아니었던가라고 나는 생각한다. 그것은 바꾸어 말하면, 정치와 문학의 대립이라고도 말할 수 있는 관계이다. 루쉰이 량치차오의 영향을 받고 뒤에 그것에서 벗어났다고 하는 것은 그가 량치차오에게서 자신의 그림자를 없애버리고 자신을 깨끗이 씻었다는 의미로 해석할 수 있는 것이 아닐까라고 생각한다.[19]

루쉰이 만약 선각자였다고 한다면, 그것은 당연히 불가능했을 터이다. 그는 선각자가 아니다. 그는 한 번도 신시대에 대해서 방향을 제시하지 않았다. 가장 공식적인 비평가의 루쉰론에서도(예를 들면 펑신平心의 「루쉰의 사상을 논함」 등) 이 점을 인정했을 정도다. 루쉰이 행한 방식은 이러하다. 그는 물러나지 않았고 추종도 하지 않았다.

19) 다케우치 요시미, 앞의 책, 87쪽

우선 자신을 신시대에 대결시키고, '정짜(掙扎)'에 의해 자신을 씻고, 씻겨진 자신을 다시 그 속에서 끌어내는 것이다. 이 태도는 한 강인한 생활자의 인상을 준다. 루쉰만큼 강인한 생활인은 아마도 일본에서는 찾기 어려울지도 모른다. 이 점에서도 그는 19세기 러시아문학가에 가깝다. 그러나 일단 '정짜'로 씻겨진 그가, 이전의 그와 달라진 것은 아니다. 그에게는 사상의 진보라는 것은 없다.[20]

위의 인용 가운데 앞의 량치차오와의 영향관계에서 다케우치 요시미는 루쉰이 그 영향을 처리하는 방식에 주목하고 그 방식이 바로 '정짜'란 형태, 자신의 모순을 상대방을 통해 대상화해서 그것과 싸우는 것, 다시 말하면 겉으로는 타자와의 투쟁으로 보이지만 실제로는 자신의 그림자와 싸우는 것이라는 그런 관계를 지적하고 있다. 이것은 혁명문학 논쟁에서도 마찬가지라고 했는데, 신시대에 자신을 대결시키고, 정짜의 방식으로 자신을 씻고, 씻겨진 자신을 다시 그 속에서 끌어내는 것, 그러나 씻겨진 자신은 이전의 자신과 달라진 것이 없다라는 방식이다.

그런데 루쉰의 사상에 대한 다케우치 요시미의 이와 같은 인식은 루쉰이 니체와 진화론을 수용하고, 다시 마르크스주의의 영향을 받았다는 일련의 과정을 모두 뚜렷하게 인정하지 않는 방향으로 나가게끔 하는데, 이런 확신은 도대체 어디서 연유하는가. 그것은 아무래도 '회심(回心)'이라고 부른 문학적 자각과 관련될 듯하다. 그런데 문학적 자각이 이루어진 결정적인 계기는 언제인가. 다케우치는 「광인일기」 발표 이전의 침묵기라고 가정하고 있지만, 영향관계를 포함한 변화의 계기들을 일체 부정하고 변화하지 않은 무엇을

20) 다케우치 요시미, 앞의 책, 15-16쪽

찾으려는 그의 노력, 즉 '회심'을 발견하려는 그의 노력은 궁극적으로 무엇 때문인가. 이것은 결국 그의 문학에 대한 사고로 연결된다. 즉 다케우치는 문학의 궁극성 또는 근원성에 대한 탐사와 결부된다고 생각한다.

이상의 인용에서 다케우치 요시미가 '루쉰 문학의 근원은 무(無)라고 불릴 만한 무엇이다', '그는 무엇에 의해서 문학가가 될 수 있었는가', '근본적인 문학가의 길', '굳이 말하자면 무(無)라고 말할 수밖에 없다' 등으로 말하고자 하는 것, 또 '근본적인 태도', '니체의 영겁회귀의 사상에 가까운 것', '영원한 혁명가' 등등 『루쉰』을 빼곡이 채우고 있는 이와 같이 이론적으로 '설명하는 것이 불가능한' 말들로밖에 표현할 수 없는 그 무엇이 바로 루쉰을 통해서 다케우치 요시미가 파악한 '문학적'인 것이었다. 이것은 결국 회심, 자각, 속죄로 표현할 수밖에 없는 무엇이다. 또 이것은 통상적인 문학론과는 다른, 아니 이런 문학론을 비판하는 곳에서 출발하는 다케우치 요시미 나름의 문학론일 것이다. 쑨거(孫歌)는 다케우치 요시미의 문학론에 대해서 다음과 같이 정리하였다.

> 이것도 역시 이해하기 어렵다. 어쩌면 이것을 알기 위해 그가 좋아했던 고바야시 히데오, 다자이 오사무, 오카모토 가노코, 나가노 시게하루의 작업을 살펴야 할지도 모르겠다. 그러나 이런 난해함에도 불구하고 다케우치 요시미의 『루쉰』은 '문학'에 대한 새로운 이해를 가능하도록 하는 단서를 던져준다. 그것은 이런 것이다. 첫째, 사상가와 문학가의 관계를 새롭게 정의하는 것을 가능하게 했다는 점이다. '반체계적인 사상가'라는 말이 다케우치 요시미에 의해서 성립된다는 것이다. 둘째, '문학'을 정의함에 있어 근대의 시작과 함께 제도로서 정착된 '문학' 이전의 문학일반 그보다 인간의 존재와 세계 이해

를 추구하는 인문학의 영역에서 논의한다는 점이다. 셋째, 이에 따라 다케우치 요시미의 사고 속에서는 글쓰기와 실제행위의 구분이 이루어지지 않는다는 점, 이것은 결국 루쉰은 작품에 의해서 존재를 인정받는 그런 류의 문학가가 아니며 차라리 이것을 버림으로써 성립하는 문학가임을 설명해준다. 이와 같은 문학과 사상에 대한 이해는 다케우치 요시미 자신의 역설을 보여주는 것이자 진정한 문학가의 의미를 찾으려는 노력의 산물이었고 또 이것은 죽음을 염두에 둔 유언처럼 이루어졌다. 한편 그의 이러한 사고는 전후 평론활동을 뒷받침하는 근간이 되었다.

이와 같은 쑨거의 평가는 결국 다케우치의 "문학 전공자로서 저는 문학을 넓은 의미에서 보고 있습니다. 그러니까 각 나라 사람들이 사물을 보고 생각하는 방식이나 느끼는 방식 나아가 그것을 통해 더 깊은 곳에 있는 생활 그 자체를 연구 대상으로 하는 것이 문학이라는 생각입니다. 다시 말해 저는 사물로부터 생활을 보는 것이 아니라 마음으로 생활을 조응하는 것이 문학이라는 생각을 견지하면서 연구를 지속해 왔습니다."[21]라는 말의 해석인 셈이다.

21) 다케우치 요시미, 「방법으로서의 아시아」, 『일본과 아시아』, 소명출판, 2004

3장 루쉰과 마오쩌둥(毛澤東)

중국인 루쉰이 자국의 변혁을 간절히 바랐던 것은 생전 그의 글쓰기를 비롯한 모든 활동에서 확인할 수 있다. 그런 점에서 루쉰은 중화민족의 구성원이고, 중국의 문제를 가장 우선적으로 고민했던 인물임에 틀림없다. 그렇다고 해서 그를 일반적으로 보수진영에서 말하는 애국주의자 또는 민족주의자라고 규정할 수는 없다. 사후 루쉰을 이런 점에서 부각시킨 것은 오히려 좌파인 중국공산당이었다. 이것은 1949년 이후 국민당이 정권을 장악한 타이완에서의 루쉰 평가와 비교해서 확인할 수 있다. 내전에서 패배하고 타이완으로 피신한 국민당은 1950년대 이후 반공과 통일을 국가적 과제로 상정했다. 이에 공산당과 밀접했던 루쉰에 대한 연구는 전무했고, 아울러 루쉰에 대한 평가 역시 부정적이었다. 국민당이 1987년 계엄을 해제하기 전까지 타이완에서 루쉰에 대한 연구는 금기사항이었다. 그것은 대륙의 중국공산당이 루쉰을 신격화했던 것과는 반대였는데, 거기에는 친(親)공산당 루쉰이란 이미지가 각인되어 있었던 것이다.

1936년 루쉰은 죽었지만, 중국에서는 지금까지 가장 대표적인 작가로서 칭송을 받고 있다. 다시 말해 동시대의 여타 어느 작가들과 비교해서도 루쉰의 작품은 지금도 널리 읽히고 있으며, 여전히 후대인들의 마음속에 살아 있다. 21세기 중국의 부상은 루쉰이 살았던 20세기 초반의 중국의 모습과 분명히 달라졌다. 따라서 그 시대를 배경으로 한 그의 작품은 1930년대 첸싱춘(錢杏村)의 말처럼 "사라져버린 아Q시대"에 해당하는 것으로서 현재 중국과 부합하지 않는 철 지난 문학이다. 실제로 1990년대 일부 작가들은 루쉰과 그의 작품에 비판을 가하기 시작했고, 바링허우(80后), 주링허우(90后)와 같은 젊은 세대는 인터넷소설과 같은 대중문학(화)에 익숙해져서 루쉰은 이제 교과서 속의 작가라고 인지할 뿐 그의 문학적 우수성에 대해 깊이 고민하지 않는다. 그렇지만 이렇게 루쉰을 간단히 치부해버려도 되는 일일까? 루쉰을 읽는 일이 현재의 자신과 그 자신이 처해진 현실에 대한 비판성을 버리는 일이라고 한다면, 루쉰을 간단히 정부에 의해 우상화된 인물로서 간주해버리는 일은 루쉰을 다시 죽이는 일에 다름 아니며, 중국의 현대성 나아가 동아시아의 사상적 유산을 방기하는 일이다. 이렇게 볼 때 건국 이후 중국에서 루쉰이 어떻게 평가되어왔는지를 검토하는 일은 루쉰을 둘러싼 이와 같은 최근 중국의 현상을 이해하는 데 단초를 제공할 것으로 생각한다.

3.1 개혁개방 이후 루쉰 평가

루쉰과 그의 텍스트가 건국 이후 정전화의 과정을 거쳐왔음은 익히 알려진 사실이다. 이를 주도한 것은 말할 것도 없이 중국의 사회주의정부였다. 공산당 정권은 바뀐 사회의 통합을 도모하기 위해서 새로운 이념(이데올로기)를 제시하고, 이를 바탕으로 인민을 교육하는 일을 급선무라고 생각했는데, 이에 가장 유용한 것이 바로 문화적 정전을 내세우는 일이었다. 신중국의 정책입안자들은 그 문화적 정전의 대상으로서 루쉰과 그의 작품을 상정하였다. 이로 인해 루쉰은 신중국의 정전이 되었고, 이 정전은 이후 역으로 거대한 권력이 되었다. 루쉰의 신격화는 이와 같은 정전화와 함께 진행되었던 것이다.

루쉰의 텍스트가 정전화되는 과정에서 그의 문학작품에 대한 평가와 해석은 중국 정부의 이데올로기에 의해 재단되었다. 따라서 건국 이후 문혁에 이르기까지 루쉰과 그의 문학에 대한 논쟁은 사라져버렸다. 한편 이 시기 지하에서 활동했던 지식 청년들을 중심으로 민간 진영에서 루쉰에 대한 논의와 이해가 전개되었다.(당시 청년들이 볼 수 있었던 작가의 작품이 루쉰밖에 없었던 상황도 고려해야겠지만) 이것은 향후 루쉰을 재해석하는 발판이 되었는데, 80년대 이후 강단으로 돌아온 연구자들, 대표적으로 첸리췬(錢理群)과 같은 이들이 열정적으로 루쉰을 강의하고 연구서를 출판했던 것이 좋은 예이다. 오랫동안 루쉰과 관련된 논쟁이 전무했던 중국에서 1980년대를 거쳐 1990년대에 이르기까지 이와 같은 지식인들이 다시 루쉰 논쟁에 공을 들였던 이유는 단지 루쉰과 그의 문학이 정치권력의 비호 아래 과대평가되고 정전으로서의 영향력을 행사했다는 점에 대한 비판에서 촉발된 것이었을 뿐만 아니라, 루쉰 문학으로부터 정치적 색채를 제거하고 루쉰(텍스트) 본연으로 돌아가야 한다는 인식을 갖고 있었기 때문이다. 문혁이 끝난 뒤 80년대에 들어서서 "루쉰의 인간화(인간루쉰)"라는 구호가 제기되었던 것은 바로 정전화가 불러온 폐해에 대한 반성이자, 루쉰에 대한 진정한 이해를 도모하자는 요구에 다름 아니었다.

문혁을 거치면서 정치권력에 의한 루쉰의 우상화가 보다 강화되고, 이로 인해 루쉰은 지식인을 비롯한 일반 민중들로부터 더욱 멀어져갔는데, 개혁개방정책이 시작되면서 중국에 불어닥친 자유화의 바람은 루쉰에 대한 해석 역시 종전의 정치권력에 의한 일방적인 관점에서 탈피하게 만들었다. 특히 계몽주의를 비롯한 근대 서구의 사상적 유산을 받아들이면서 문혁을 반성하고 더 나아가 중국의 근대 전체를 탐문하는 움직임이 시작되었는데, 이러한 시대 사조는 루쉰에 대한 연구 관점에도 반영되었다. 루쉰의 사상과 문학에 대한 해석이 사회주의 리얼리즘 일변도에서 벗어나 계몽주의, 실존주의, 모더니즘 등 다양한 관점에서 시도되었다. 아울러 루쉰의 일부 텍스트에 국한된 해석을 넘어 그의 다양한 텍스트와 활동에 대해서까지 연구의 시야를 확대하였다. 좀 과장되게 말하면 1980년대 이후에 이르러서야 중국에서 루쉰 연구가 본격적으로 시작되었다고 할 수 있을 듯한데, 이러한 다양한 연구는 결국 80년대를 지나 90년대 중반까지 적어도 중국에서 루쉰은 중국 근대성과 관련한 진지한 성찰의 대상이었음을 시사한다. 2000년대 들어와서 루쉰에 대한 중국인들의 관심은 지식인 중심에서 벗어나기 시작하는데, 그것은 시장을 중심으로 변화해가는 중국사회의 면모를 반영한 것이기도 하지만 포스트모던한 중국의 문화구조 속에서 루쉰 역시 중국인과 그 역사에 대한 성찰의 대상이 아니라 대중들의 관심과 오락의 대상이 되어갔던 것이다.

이와 관련해서는 1990년대 포스트사회주의로의 변화와 문학(비평)관의 변모가 어떻게 이루어졌는지를 검토하고, 그것의 문제점을 지적한 허자오톈(賀照田)의 다음과 같은 언급을 경청할 필요가 있다. 그는 문혁기에 이르기까지 행해진 정치적, 미학적 금기와 그로 인한 상처의 기억은 이후 20년간의 중국 문학비평 및 이론의 주류적 흐름을 그 시작 단계에서부터 어느 한 가지 방향, 즉 이전 30여 년간의 정치적 및 미학적 논리로부터의 탈피에 모든 가능성과 에너지를 결집시키는 것으로 규정해버렸다고 지적한다. 따라서 80년대 이후 문학(비평)관이 일방적인 부정과 탈피로서의 자신의 역할을 정립하는 사이에 당시의 문학이론, 비평의 주류적 경향이 차후에도 이 내재적 에너지를 진정성이 담긴 역사적 과제, 혹은 관성적 사고를 초월하는 어떤 능력으로 전환하는 데 실패했다는 점이 가장 문제라고 진단한다. 그 결과 현재와 과거의 이항적 대립 구도에 집착하여, 모든 에너지는 이전 30년간의 정치적 미학적 금기에서 탈피하는 것에만 집중되었다. 이처럼 대립과 폐기라는 방식으로 이전 시기를 이해하는 과정 속에서 알게 모르게 향후의 이론적 전개에 대한 모종의 암묵적 전제와 방향이 미리 결정되고, 고착화되는 경향이 생겨난다[1]고 그 위험성을 지적하였다. 이러한 허자오텐의 지적은 80, 90년대 문학과 비평적 활동에 종사했던 많은 지식인들이 이후 쉽게 문화연구 또는 사상사연구로 전환하는 빌미가 되었다는 지적으로 연결된다. 이러한 지적은 건국 이후 현재까지 60년의 중국사회주의 경험에 대한 분석 그리고 루쉰에 대한 평가와 함께 문학의 위상 변화를 다시 곰곰이 정리할 것을 요구한다.

이러한 정리에 대한 요구와는 별개로 21세기 이후 중국의 경제적 급성장은 사회문화적으로 1980~1990년대 중국 문단과 학계를 휩쓸었던 포스트모더니즘의 연장선상에서 가치기준이 더욱 모호해지고 절대 권력(정전)에 대한 신뢰를 사실상 사라지게 만들었다. 더욱이 인터넷의 급격한 확산으로 인해 대중-네티즌들은 루쉰 논쟁을 비롯한 각종 논쟁에 적극적으로 참여하여 의견을 개진할 수 있게 되었다. 루쉰과 루쉰 문학은 더 이상 정치권력과 지식인이 아닌 출판사, 대중, 복합미디어 등의 다양한 경로에 의해 재해석되고 새로운 의미를 부여받고 있으며, 새로운 시대에 새로운 문학장에서의 논쟁을 통해 이전의 규범적 정전이라는 지위에서 벗어나 일종의 문화 컨텍스트로 다시 태어나고 있는 중이다.[2] 물론 이러한 탈정전화가 루쉰을 보다 심층적으로 해석할 동력으로 작용될지는 의문이다.

1) 허자오텐, 「중국의 '포스트사회주의'의 역사경험과 문학비평관의 변모 양상」, 『진보평론』 18호, 2003

2) 박영순 · 황정혜, 「신세기 루쉰(魯迅) 논쟁 연구-이데올로기 정전에서 문화 컨텍스트로」, 『중국어문학논집』 84호, 2004

즉 루쉰의 대중화가 루쉰 연구의 심화로 자연스레 연결될지는 지켜볼 일인데, 이 또한 건국 이후 루쉰이 어떻게 평가되고 해석되었는지 검토하는 가운데 보다 정확한 예상이 가능할 것이다.

3.2 사회주의 중국과 루쉰

중화인민공화국이 우여곡절 끝에 수립된 이후, 중국공산당은 사회주의 중국이라는 이름에 걸맞은 체제를 수립하기 위해 다양한 기획을 준비했다. 앞에서 말했듯이 루쉰은 건국 이후 정치권력기구와 지식인에 의해 체계적으로 정전화되기 시작했다. 이를 위해 마오쩌둥(毛澤東) 사상에 근거한 루쉰과 그의 텍스트에 대한 선별과 해석이 진행되었는데, 이와 관련해서 간단히 설명해보자. 우선 우리가 염두에 둘 것은 마오쩌둥 사상과 루쉰의 관계인데, 마오쩌둥 사상과 관련해서는 뒤에서 다시 설명하도록 하고, 여기서는 1940년대 초반 마오쩌둥의 루쉰에 관한 언급 그리고 건국 이후 공산당 정권에 의한 루쉰의 정전화 과정에 대해서 밝히도록 한다.

마오쩌둥의 루쉰에 관한 공식적인 언급은 1937년으로 거슬러 올라가지만, 1942년 연안문예강화에서 문예의 정치복무를 강조한 이후 마오는 루쉰을 영웅적인 사회주의 혁명가의 모습으로 형상화해내었다. 다시 말해 잡문 등을 통해 중국사회를 해부한 작가로서가 아니라 사회주의 혁명을 위해 투쟁하는 혁명가로서 루쉰을 설정하고, 이후 그의 행적과 작품을 이러한 관점에서 정리하고 해석하기 시작한다.[3] 특히 1949년 건국 이후 마오쩌둥이 설정한 이러한

3) 이하 서술은 안영은, 「마오쩌둥과 루쉰의 관계 재검토」, 『중국문학』 제57집에 근거함.

루쉰상은 하나의 보이지 않는 지침이 되어, 문화조직활동에 종사하는 관료들은 이러한 관점에서 루쉰의 정전화를 진행하였다. 1949년 7월 1일 전국문대회에서 저우양(周揚)은 「새로운 인민의 문예(新的人民的文藝)」 보고에서 루쉰은 위대한 혁명현실주의자로서 그의 후기 창작활동은 사회주의 리얼리즘의 위대한 선구자이자 대표자가 되는 노정이었다고 강조하였다. 여기에서 루쉰은 사회주의 문화의 선구자로서 형상화되었다. 이후 루쉰을 해석하는 방식에 변화가 생겼는데, 1951년 마오쩌둥이 문학예술계에 정풍운동을 지시한 이후 마오쩌둥 사상에 근거해서 루쉰을 해석하기 시작한 것이다. 이때부터 루쉰은 마오쩌둥과 마오쩌둥 사상을 설명하고, 선전하기 위한 도구로 전락하였다.

마오둔(茅盾)은 「루쉰 학습과 자아개조(學習魯迅與自我改造)」에서 "지금 지식분자들의 자아개조가 필요한 이때에 루쉰이 진화론자에서 계급론자로, 개인주의에서 집단주의로 전환한 것은 우리가 주의해서 배워야 할 부분이다"라고 했다. 펑쉐펑(馮雪峰)은 「루쉰의 잡문을 어떻게 읽을까(怎樣讀魯迅的雜文-爲『中國青年報』寫)」에서 루쉰의 잡문은 "마오(毛) 주석의 저작 전부와 근대 사상사, 중국공산당사를 열독하고 연구하는 데 중요한 참고서"라고 언급하며, 마오쩌둥의 저작은 "우리의 유일한 최고의 지침서"인데, "이를 가지고 루쉰 작품을 연구한다면, 루쉰 사상의 부정확한 관점을 읽어내고 교정할 수 있을 뿐만 아니라, 더 많은 가치있는 것들을 발견할 수 있다"라고 말했다. 이 가운데 가장 큰 반향은 일으킨 것은 1952년 펑쉐펑이 쓴 『루쉰 회고(回憶魯迅)』다. 이는 당시 청년과 지식인 독자층을 넓게 가지고 있던 신문에 게재되었던 글인데, 이후 단행본으로 출판되었다. 또 「당이 루쉰에게 역량으로(黨給魯迅以力量)」라는 문장에서 역사적 사실에 근거하여 루쉰과 마오쩌둥, 루쉰과 중국공산당의 관계를 새롭게 서술했는데, "루쉰 선생은 우리 당의 영도를 기꺼이 용납했으며, 우리 당이야말로 그가 반드시 복종해야 할 유일한 당이라고 인정했다"라고 규정했다. 또 당시 눈길을 끌었던 것은 1959년에 쉬광핑(許廣平)이 쓴『루쉰회고록(魯迅回憶錄)』이다. 그녀 역시 루쉰과 당의 관계에 대하여 당의 요구에 부합하는 해석을 내놓았다. 이 책에서 그녀는 루쉰을 "당의 군인(黨的一個小兵)"으로 묘사했다. "그는 밤낮으로 당에 어떻게 힘을 실어줘야 할지 고민했다", "그가 한시도 당과 떨어지려 하지 않았던 충실한 태도는 우리가 배워야 할 영원한 본보기이다"라고 적었는데, 지금 읽으면 실제 루쉰의 사고와 부합하지 않으며 또 쉬광핑 자신도 그렇게 생각하지 않았겠지만, 당시 루쉰 주변의 인물들은 이처럼 당이 요구하는 관점에서 루쉰을 묘사할 수밖에 없었다.

루쉰의 작품 또한 마오쩌둥 사상에 근거하여 새롭게 해석되었는데, 천융(陳涌)은「루쉰소설의 현실주의에 대해(論魯迅小說的現實主義)」에서 루쉰이 소설에서 모사해낸 예술적 형상들은 모두 마오쩌둥의 결론을 실증하기 위한 것이라고 역설했다. 이처럼 루쉰에 대한 정치적이며 도식화된 연구경향은 70년대 이후까지 지속되었다. 특히 문혁은 루쉰의 우상화가 절정에 이르렀던 시기였다. 1959년 대약진 실패 이후 언론계와 학술계, 교육계 등 각 분야에서 마오쩌둥과 그의 정책에 대한 회의와 비평이 나오기 시작했는데, 이렇게 당 내부에서 입지가 약화된 마오쩌둥은 이런 상황을 돌파하기 위해 새로운 혁명 동지들을 규합하였다. 그들은 다시 마오쩌둥과 그의 사상을 중심으로 중국 인민들의 사고와 행위를 통일시키고자 했고, 그 과정에서 그들은 여전히 루쉰을 이용했다. 1966년 10월 9일『인민일보(人民日報)』에 "무산계급 문화대혁명의 풍랑 속에서 우리는 루쉰의 투쟁정신과 혁명정신을 본받아 마오쩌둥과 당정부, 마오쩌둥 사상을 생명을 다해 보위하고, 마오쩌둥과 마오쩌둥 사상에 반대하는 자가 있으면 반드시 타도해야 한다(「學習魯迅的硬骨頭精神」)"는 글이 게재되었다. 여기서 루쉰은 마오쩌둥과 정부, 마오쩌둥 사상에 충성하는 홍위병으로 분연되었다.

1966년 10월 19일 루쉰 서거 30주년 행사가 개최되었다. 여기서 야오원위안(姚文元)이 「루쉰을 기념하며 혁명을 완수하자(紀念魯迅, 革命到底)」라는 제목의 주제연설을 했는데, 여기서 그는 "루쉰의 물에 빠진 개는 두들겨 패야 하는 정신을 발휘하고", "인민의 적을 절대 용서하지 않으며", "진리를 믿고, 교훈을 총결하고, 계속 투쟁해 마오주석이 지도하는 방향으로 전진하자"고 했다. 궈모뤄 역시 당시 주류 담론인 '조반(造反)정신'과 관련하여 "조반은 반드시 당의 정확한 영도를 따르는 것이어야 하며, 조반의 최종 목적은 마오쩌둥 사상으로 통일하고, 의지를 통일하고, 감정을 통일하는 것이다"라고 했다. 이날 쉬광핑도 연설을 했는데, "루쉰의 마음은 마오주석을 향해 있고, 마오주석을 추종했다. 우리의 위대한 영도자 마오주석은 루쉰 가슴속의 가장 붉게 타오르는 붉은 태양이었다"고 강조하는 데서 루쉰은 '당의 병사'에서 '마오쩌둥의 병사'로 변했음을 볼 수 있다.

한편 문혁 기간에 혁명조반병단(革命造反兵團) 『조반유리(造反有理)』 신문 편집부에서 『루쉰어록(魯迅語錄)』을 출판했는데, 당시 『마오쩌둥어록』 외에 유일하게 편집 인쇄된 것이다. 『루쉰어록』의 앞부분에는 마오쩌둥의 「루쉰론」과 야오원위안과 궈모뤄의 앞의 강화 및 천바이다(陳白達)의 강화, 『인민일보』의 사론(社論)이 수록되었고, 본문은 모두 12개의 소주제로 나누어 편집되었다. 내용은 주로 루쉰의 비판적이고 전투적인 혁명정신에 관한 것이었는데, 그 모든 내용은 마오쩌둥의 사상 체계 안에서 설명되었다.

여기서 주목할 부분은 문혁 초기 최전방에서 열성적으로 마오쩌둥의 행동부대가 되어주었던 이 홍위병들이 바로 마오쩌둥의 정권 아래서 훈육된 어린 홍위병들이란 점이다. 이들이 받은 교육의 내용 역시 그 중심에 마오쩌둥 사상에 근거한 루쉰 읽기가 있었다.[4] 이렇게 정권에 의해 정전화된 루쉰은 후대 중국인들에게 교과서 속에 나오는 식상한 영웅으로 인식되었고, 개혁개방 이후 루쉰에 대한 새로운 해석에도 불구하고, 그의 면모에 대한 대중들의 새로운 접근은 성립하기 어려웠다. 이것은 결국 이러한 정전화의 과정을 단순히 사회주의 중국의 성립에서 필수적인 국민 교육 또는 이데올로기 교육의 수단으로 부정적으로 치부해버리고는, 재차 객관적으로 평가하지 않으려는 경향을 낳았다. 다른 식으로 말한다면 문혁을 80년대 이후 부정적으로 평가하는 것으로 일단락 지음으로써 절대적으로 문혁을 상흔으로 간주해버리고는 다시 제대로 평가하지 않으려는 것과 동일한 방식인 것이다.

루쉰의 탈정전화를, 변화된 시대상에 근거해 과거를 단지 부정의 대상으로 간주하는 조류에 기반하여 살펴보기보다, 루쉰에 대한 정당한 평가를 위해서도 사회주의 중국의 수립과 루쉰의 정전화 과정을 문혁에 대한 평가 그리고 근간을 이루는 마오쩌둥 사상의 맥락 위에 놓고 다시 살펴볼 필요가 있다고 생각한다. 마오쩌둥의 사상과 루쉰에 대한 그의 인식을 심층적으로 검토하는 일은 사회주의 중국 건국 60년을 지나고 새로운 시대를 여는 시점에서 유의미하기 때문이다.

4) 신중국 성립 이후, 루쉰 관련 저작의 출판 및 교육과 관련해서는 안영은의 앞의 논문 2장 3절과 김하림의 「文化大革命 時期 魯迅 評價에 관한 硏究」, 『中國語文論叢』 제15집 참조

3.3 마오쩌둥 사상과 루쉰

앞서 언급한 대로 루쉰이 정전화되는 과정에서 존재하는 가장 큰 문제점은 그것이 일정한 목적성을 가지고 텍스트의 미학적 가치는 무시된 채, 정치권력기구와 지식인에 의해 기획·논의되었다는 것이다. 그런데 정치이데올로기에 의해 변형된 도식은 루쉰 텍스트의 예술성과 완전히 합치되기 어려웠기 때문에 루쉰은 늘 논쟁의 소지를 안고 있었다. 마오쩌둥은 이를 간파하고 루쉰 해독의 방법을 하나로 통일시킨 후, 다시는 이에 대해 이의를 제기하지 못하도록 지식인들을 억압하는 한편 민중에게는 루쉰 이데올로기를 각인시켰다. 다시 말해 당시 루쉰은 중국 사회를 통합하기 위한 (마오쩌둥의) 사상적 도구 중 하나였다는 이러한 지적은 지극히 타당한 면이 있는 것은 사실이지만, 루쉰을 그들의 사상적 이념적 대상으로 삼았던 원래의 기획과 이해는 어떤 것이었으며, 이것을 현재화할 필요는 없는 것일까.

3.3.1 건국 전 마오쩌둥의 루쉰론

연구에 의하면 마오쩌둥은 루쉰과 그의 작품에 대해서 알고 있었으나, 루쉰을 실제 만난 적은 없으며 펑쉐펑과의 대화를 통해 루쉰에 대해 언급한 것이 있다고 알려져 있다. 1934년 1월에 마오쩌둥이 펑쉐펑을 찾아와 루쉰의 작품에 대해 나눈 대화 내용을 보자.

"「아Q정전」을 읽었는데, 아Q는 낙후한 농민으로서 단점은 많지만 혁명을 요구하고 있소. 그러한 그의 요구에 주의하지 못하고 간과한 것은 잘못이오. 루쉰은 군중의 역량을 제대로 평가하지는 못했지만,

농민들이 진정 원하는 것이 무엇인지 알고 있소. 루쉰은 유감없이 아Q의 단점을 비평하고, 또 아Q의 혁명 요구를 묘사해냈소. 우리 당과 홍군(紅軍) 간부들 중에는 많은 수가 군중들의 요구조차 제대로 모르고, 지지하지 않고 있소. 그들도 「아Q정전」을 한번 봐야 하오." [5)]

이 말에서 마오쩌둥이 루쉰의 작품 속에 묘사된 군중과 농민들의 형상 그리고 그들의 요구에 많은 관심을 갖고 있었다는 사실을 알 수 있다. 그런데 이런 점에 주목하여 마오가 루쉰에 관심을 갖고 이후에도 지속적으로 루쉰을 사회주의 혁명과정에서 거론했다고 하는 것으로 이해하기는 어렵다. 왜냐하면 루쉰이 쓴 작품들 가운데 농민은 주로 우매한 인물로 묘사되는 것이 많고, 실제로 루쉰은 「아Q정전」에서 그들의 우매함을 '정신승리법'으로 표현한 바도 있다. 루쉰은 농민을 비롯하여 중국인 전체가 불완전한 인간임을 여러 작품을 통해 비판하였다. 또 중국현대문학사에서 루쉰보다 중국공산당의 혁명노선에 부합하여 농민과 도시 노동자의 혁명성을 표현해낸 작가들도 있었으니, 굳이 루쉰을 거론할 이유는 없었을 것이다. 그럼에도 루쉰을 공식석상에서 지속적으로 제기한 것은 1920년대 후반 좌련(左聯)의 성립을 준비하면서 루쉰과 접촉했던 펑쉐펑과 같은 공산당 문예공작자의 역할 그리고 공산당 서기장을 지내고 도피 중이던 취추바이(瞿秋白)과의 인연이 작용했을 것으로 볼 수 있으며, 보다 근본적으로 당시 루쉰이 지닌 상징적 의미가 컸다고 할 것이다.

1938년 4월 마오쩌둥이 "항대(抗大: 中国人民抗日軍政大学)" 강연에서 "공농 간부가 만일 글을 배웠더라면 문장을 쓰는 데 결코 루쉰

5) 『毛澤東選集』(全4册), 人民出版社, 1991

에게 뒤지지 않았을 것이다. 왜냐하면 그들은 풍부한 경험을 가지고 있기 때문이다"라고 언급했던 것 역시 루쉰이 당시 중국의 문학가들 가운데 가장 유명한 인물이었기 때문이다. 그런데 여기서 우리가 간과해서는 안 될 대목이 바로 루쉰이 1936년에 죽었다는 사실이다. 즉 루쉰의 죽음이 당시 중국적 상황에서 갖는 의미를 혁명운동을 전개하던 중국공산당에서 놓치지 않았다는 점이다. 루쉰의 서거 소식을 접한 펑쉐펑은 쑹칭링(宋慶齡)을 찾아갔고, 이 두 사람은 함께 루쉰의 장례절차에 대해 논의했다. 그들은 루쉰의 장례식을 계기로 하여 국민당을 포함하여 전국적으로 항일투쟁 의지를 결집시키고자 했다. 그들이 의도했던 대로 중국 전역에서 루쉰의 죽음을 애도하는 모임이 이어졌다. 그 과정에서 국민당과는 달리 항일투쟁에 대하여 적극적으로 대처하는 공산당에 동조하는 중국 인민들이 급증했고, 그들은 속속 옌안(延安)으로 몰려들었다.

루쉰의 장례를 둘러싼 이러한 일련의 움직임을 혁명가답게 마오쩌둥은 간과하지 않았던 듯하다. 왜냐하면 이후 마오쩌둥은 공개석상에서 루쉰에 대해 거론하기 시작하는데, 처음이 1937년 루쉰 서거 1주년을 기념하기 위해 모인 자리였다. 마오쩌둥은 옌안섬북공학(延安陝北公學) 루쉰 서거 1주년 기념회에서 '루쉰론'을 강연했다. 이 강연에서 마오쩌둥은 루쉰을 성인의 반열에 올려놓았다. "공자가 봉건사회의 성인이라면, 루쉰은 현대 중국의 성인이다. 그는 공산당 조직의 일원은 아니었지만, 그의 사상과 행동, 저술은 모두 마르크스주의자의 것이었다." 그리고 계속해서 "루쉰 선생의 탁월함은 첫 번째가 그의 원대한 식견이고, 두 번째는 투쟁정신, 세 번째는 희생정신이다"라고 하면서 "루쉰 정신을 배워", "중화민족의 해방을 위해 분투하자"고 주장했다.[6] 여기서 현대 중국의 성인과 마르크스주의자와 관계성, 또 중화민족의 해방이 뜻하는 바가 무엇인지 궁금해진다. 당시 시대적 상황에서 분석한다면, 중화민족의 해방이 단지 일제의 침략에서 벗어나는 것만을 가리키는 것이 아니라, 국민당의 전제 정권에서 벗어나 공산정권을 중국에 수립하는 것을 염두에 둔 발언일 것이다. 그런 의미에서 루쉰을 현대의 성인으로 떠받들었던 거라고 이해할 수 있다. 이런 루쉰 신격화의 작업은 전체 공산당 기관을 통해 본격적으로 진행된다. 마오쩌둥의 '루쉰론' 강연 이후 계림문화성(桂林文化城)에서 출판한 루쉰 관련 문장이나 서적은 모두 마오쩌둥의 '루쉰론'에 기반하였다. 1940년 계림생활서점(桂林生活書店)에서 출판한 『최근 20년 중국문예사조론(近二十年中國文藝思潮論)』 초판 서문(저자는 리허린李何林)을 보면 그것을 잘 알 수 있다.

"누군가 '공자가 봉건사회의 성인이라면, 루쉰은 현대 중국의 성인이다'고 말한 바 있다. 그렇다면 우리는 루쉰이 묻힌 이곳을 중국신문학계의 '예루살렘'이라 말할 수 있겠다. 『루쉰전집』의 문예이론은 바로 신중국문학의 '성경'이다. 본서에는 '경문'을 많이 인용할 텐데, 그를 통해 '신중국의 성인'이 최근 20년 중국문예사조의 흐름에서 어떻게 그 키잡이로서의 역할을 다했는지 보여주고자 한다."

이러한 루쉰에 대한 해석은 당시 여러 지식인들의 글에서도 공통적으로 드러난다. 그리고 1939년부터 1941년까지 루쉰 서거와 탄신 60주년을 기념하는 대회가 여러 차례 개최되었는데, 이 모

6) 안영은, 앞의 논문

두 공산당의 지도 아래 진행되었던 것이다. 즉 루쉰 정신을 계승하여 일제의 침략에 대항하자는 구호 아래 루쉰에 대한 다양한 기념 활동을 전개했는데, 그 과정에서 공산당은 중국 인민들로부터 일정 정도 신뢰를 구축할 수 있었다. 그런데 1940년 1월 9일 마오쩌둥은 섬감녕변구문화협회(陝甘寧邊區文化協會) 제1차 대표대회에서 루쉰과 관련하여 중요한 연설을 한다. 이전의 '루쉰론'에서 루쉰을 성인으로 추대했다면, 이 연설에서는 루쉰을 중국문화혁명의 주장이자, 위대한 문학가, 사상가, 혁명가이자 중화민족의 유일한 '영웅'으로 평가하며, 루쉰의 방향을 신중국이 좇아야 할 방향으로서 제시하였다.

> "루쉰은 중국문화혁명의 주장이다. 그는 위대한 문학가일 뿐만 아니라 위대한 사상가, 위대한 혁명가이다. 루쉰의 뼈는 완강해서 노예적 습관이나 노예근성이 조금도 없다. 이는 식민지 반식민지 인민의 가장 존귀한 성격이다. 루쉰은 문화전선에서 대다수의 인민을 대표하며, 적에 맹렬히 대적하는 데 가장 정확하고 용감하며, 단호하고 충실하며, 열정적인 유일한 민족영웅이다. 루쉰의 방향은 곧 중화민족 신문화의 방향이다."

이것이 그 유명한 「신민주주의론」에 실린 삼위일체론이다. 1940년에 행한 연설을 그해 『중국문화』 창간호에 「신민주주의의 정치와 신민주주의의 문화(新民主主義的政治與新民主主義的文化)」라는 제목으로 실었다가, 같은 해 2월 20일 옌안(延安) 『해방』 제98, 99호에 「신민주주의론」으로 이름을 바꾸어 실었다. 이처럼 마오쩌둥과 당 기관은 공산당 정권의 합법성을 공고하게 하는 과정에서 새로이 '신민주주의 문화'라는 개념을 만들어냈고, 그것을 선전하기 위한 도구로서 루쉰을 이용하여 그 나아갈 방향을 제시한 것이다. 이 과정에서 마오쩌둥의 「루쉰론」은 대중들에게 광범위하게 전파되었다. 마오쩌둥의 「신민주주의론」이 발표되고 난 이후 많은 사람들이 그것에 고무되었고, 루쉰을 추종하는 지식청년들과 그의 제자들이 속속 신민주주의 문화의 성도인 옌안으로 몰려들었다. 마오쩌둥은 정풍운동(整風運動)을 통해 옌안 정부 내 변혁을 시도했다. 그런데 예기치 않은 상황이 벌어졌다. 마오쩌둥의 지지에 호응한 젊은 지식인들이 루쉰과 같이 사회의 어두운 면을 폭로함으로써 사회를 개혁하고자 한 것이다. 딩링(丁玲), 왕스미(王實味), 샤오쥔(蕭軍), 뤄펑(羅烽), 아이칭(艾青) 등이 잡문을 써서 간부들의 부패와 관료주의를 비판했다.

이는 실로 마오쩌둥과 당을 당혹스럽게 만들었다. 마오쩌둥은 그들을 좌시할 수 없었다. 그는 이 사건을 빌미로 그와 당에 대적하는 반대 세력—주로 지식인, 문인, 당내 반대 세력—들을 축출하기로 결정했다. 그 결과로 나온 것이 바로 「연안문예강화(在延安文藝座談會上的講話)」였다. 마오쩌둥은 여기서 "루쉰의 시대는 갔으며", "작가들은 더 이상 루쉰의 잡문체를 사용해서는 안 된다"고 역설했다. 다른 한편으로는 "모든 공산당과 혁명가, 혁명적 문예공작자들은 반드시 루쉰을 배워 무산계급과 인민대중의 소가 되어 나라를 위해 죽을 때까지 전력을 기울여야 한다"고 주장했다. 루쉰은 「신민주주의론」의 적진을 향해 돌진하는 '민족영웅'의 형상에서 인민대중을 위해 복무하는 '소'로 바뀌었다. 신문화의 방향 역시 '루쉰의 방향'에서 '공농병을 위한 방향'으로 전환되었다. 그 이후 루쉰은 '공산주의 전사'이자 '인민의 봉사자'의 형상으로 선전되었다.

그 외에도 좌익 내부의 루쉰의 논적들뿐만 아니라 루쉰의 식솔과 친구들 및 루쉰 연구자들이 동원되었고, 당의 정치적 필요에 따라 루쉰과 그의 작품을 여러 형태로 재해석했다. 앞에서 언급한 1949년 7월 2일 전국문대회에서 저우양(周揚)이 위대한 혁명현실주의자로서 그의 후기 창작활동은 사회주의 리얼리즘의 위대한 선구자이자 대표자가 되는 노정이었다고 강조한 것은 마오쩌둥의 관점에 의한 루쉰 정전화의 서막이라고 할 것이다.

우리는 이상의 서술에서 루쉰 사후 중국의 루쉰 평가는 크게 두 가지 방향으로 전개되었음을 알 수 있다. 하나는 루쉰을 혁명적 의도에 맞추어 인민과 민족을 위해 헌신해온 충실한 소의 이미지를 형상화해내어 선전한 방향이 있었다면, 다른 하나는 루쉰의 비판정신을 계승하고 이를 사회 발전의 중요한 덕목으로 간주해온 방향이 그것이다. 이 두 경향은 건국 이후 정치적 변화 속에서도 지속되었는데, 전자가 권력집단에 의해 견지된 방향이라면, 후자는 사회주의 중국의 기층에서 면면히 이어져온 방향이라고 할 것이다. 예를 들어, 1950년대 중반 대민주(大民主)의 흐름과 바로 이어진 정풍운동의 경향은 결국 루쉰에 대한 평가와 해석과도 연결된다고 볼 수 있으며, 또 1960년대 대약진운동 그리고 그 실패로 인해 촉발된 문화대혁명의 과정에서도 이러한 루쉰에 대한 평가의 변주가 있었다고 할 수 있다.

최근 국내에 널리 알려진 중국연구자 첸리췬(錢理群)은 그의 많은 저작들에서 중국의 역사에 대해 중국 내외에서 전면적 부정 아니면 긍정, 이상화 아니면 악마화 같은 이원적 대립이 주류를 이루는 문제점이 있다고 지적했다. 이런 이분법적 시각은 중국의 근대사를 일면적으로 바라보는 문제를 남기게 되고, 그로 인해 중국의 역사는 형해화되게 된다. 이런 관점에서 첸리췬은 과거를 다시 되돌아보는 일을 기존의 역사서술과는 달리 상층(마오쩌둥과 공산당), 하층(자신을 포함한 보통 민중), 중간층(지식인)이라는 세 공간의 역동적 관계로 풀어내려고 한다. 예를 들어 중국 사회주의를 마오쩌둥의 사회주의로 단순하게 이해하는 것을 넘어, 민간의 사회주의를 새롭게 발굴하여 중국 사회주의에 대한 복잡한 이해를 도모하는 것이 그런 것이다. 이는 중국의 역사 발전이 그렇게 필연적이고 단선적이 아니라, 다른 가능성이 있었음을 보여주려는 시도인데, 이처럼 중국 사회주의의 과정에 대한 다양한 이해를 시도하는 첸리췬의 관점에서 본다면, 루쉰을 둘러싼 중국에서의 평가 역시 좀 더 다양하게 검토되어야 할 것으로 보인다.

3.3.2 근거지론과 루쉰의 사상

그렇게 본다면 마오쩌둥에 대한 평가도 종래와는 달라질 필요가 있다. 그를 근대 중국의 탁월한 정치가로서가 아니라 사상가로서 간주한다면 그가 루쉰을 단순히 사회주의 혁명과 국민국가 건설의 도구로서 이용했다고만 주장하는 것은 온당치 못하다. 문혁을 둘러싼 평가 더 나아가 마오쩌둥에 대한 평가가 첸리췬 등의 연구로 인해 부정적인 것으로만 그치지 않고, 중국의 경제성장을 설명하는 부분과 그 성장의 이면에 놓인 부작용에 대한 대안이라는 면에서도 마오쩌둥이 다시 불러내지고 있다. 국내의 문혁연구자는 문혁이 지닌 대중의 자율성을 고도화시킨 점에 관심을 두고 마오쩌둥에 대한 재해석을 시도하였는데, 대중에 대한 이러한 강조는 마오쩌둥에게 이미 오래전부터 있었던 것이고, 그런 점에서 문혁이 가져온 상처는 그것대로 인정하면서도 마오쩌둥이 일관되게 견지해온 사유를 적시하여 그 의미를 살피는 것이 중요하다고 할 것이다.

그런데 만약 마오쩌둥 역시 사상가로서 자리한다면, 그에게 루쉰이 가장 의미있게 다가왔던 것은 무엇일까. 그것은 아마도 '끊임없는 부정정신'이라고 할 것이다. 이 점은 1957년 7월 마오쩌둥이 뤄지난(羅稷南)과 나눈 대화 내용에서 그의 속마음을 엿볼 수 있다.

> "마오쩌둥은 저녁에 자오단(趙丹), 황쭝잉(黃宗英), 뤄지난 등을 불러 가볍게 한담을 나누는 자리를 마련했다. '반우파운동'이 한창일 때여서 자연스레 화제는 문인들의 앞날에 관한 이야기로 이어졌다. 마오쩌둥이 후난(湖南)의 옛 친구인 뤄지난에게 어떻게 지내고 있냐고 묻자, '만약 루쉰이 아직 생존해 있다면 어떻게 되었을까'를 자문하며 지낸다고 했다. 이에 마오주석은 잠시 생각하더니 다음과 같이 응대했다. '감옥에 갇힌 채 계속해서 글을 쓰거나, 아니면 돌아가는 사태를 보며 침묵했을 것이오.'"[7]

위의 인용은 널리 알려진 내용이어서 따로 설명할 필요는 없지만, 반우파투쟁이 한창이던 시기 루쉰이 살아 있었다면 권력 앞에 어찌할 수 없음을 느끼고 침묵하거나, 그럼에도 불구하고 정치와 사회비판을 계속했을 것으로 본 마오쩌둥의 말에는 루쉰이 지닌 경골투(硬骨鬪)의 품성을 느끼고 있었음을 엿볼 수 있다. 불의에 눈 감지 않는 루쉰의 반골 정신은 결국 끊임없는 부정정신에 의해 유지된다. 어디에도 안주하거나 타협하지 않으려는 정신 말이다. 마오쩌둥은 루쉰에게서 그것을 가장 높이 평가했던 것이다. 그런데 이러한 마오쩌둥의 루쉰에 대한 평가는 그의 전 생애를 관통하고 있다.

최근 문혁과 마오쩌둥에 대한 새로운 연구는 이러한 점을 부각시켜 주는데, 특히 문혁에 대한 평가에서 1981년 「역사결의」를 통해

7) 陳丹青, 『笑談大先生』, 廣西師範大學出版社, 2011

중국공산당이 문혁을 부정하는 선언을 한 이후 문혁은 일고의 가치도 없는 과거의 부정적인 유산으로 간주된 데에서 포스트문혁 이후 중국의 변화 속에서 문혁이 지녔던 긍정적인 요소를 발굴해내는 것으로 방향을 전환하고 있다.[8] 예를 들어, 문혁에서 개혁개방으로 나아가는 전개 속에서 공산당 중앙은 스스로 '문혁'을 철저히 부정했던 것이지만, 그것은 노선대립으로서 '사인방(四人幇)'그룹, 화궈펑(華國鋒)의 패배로써 귀결된 것일 뿐, 동시에 민간사회에서 '민주화' 운동이 야기됨에 있어서 문혁을 부정하는 것 자체가 목적이었다고는 말할 수 없다는 것이다. 문혁의 한가운데에서 민주화 운동의 태동이 있었고, 그것은 주로 하방(下放)당한 청년들의 도시로의 귀환에 대한 갈망이 그 원동력이 되었다는 해석도 가능하다. 그리고 중국적 맥락에서 정치의 현대화는 서구식 민주제를 수립하는 것이 아니라 관료제도를 해방하고 민주의 법칙을 구축하는 것이었는데, 이 또한 문혁기간에 그 경험이 이루어졌고, 이것은 이미 1950년대 반우파투쟁에서 시작되었다는 이해 역시 문혁에 대한 새로운 평가에 속한다. 좀 더 보충하자면 '사회주의민주' 곧 '대민주(大民主)'라는 당시의 용어에는 서구의 부르주아민주주의를 넘는 민주라는 의미가 담겨 있는데(이런 점에서 프랑스 등의 유럽 청년들에게 영향을 주었던), 직접적으로는 당시의 관료화한 공산당체제에서 주변화된 사람들의 불만이 마오쩌둥의 호소에 예민하게 반응했다는 측면도 있다. 특히 좌파 귀족관료에 대한 비판을 골자로 문혁 후기에 시작된 조반파(造反派) 청년들의 운동 역시 제도화된 프랑스대혁명에 대한 아래로부터의 계급투쟁으로서, 패배한 파리코뮌(=영구혁명)에 대한 역사적

8) 丸山哲史, 『竹内好: アジアとの出會い』, 河出書房新社, 2010, 5장과 『ポスト「改革開放」の中國』, 作品社, 2010, 263-278쪽 참조

공감과도 연결된다.

문혁 초기에 제출된 '대민주'라는 개념에는 반인도(反人道), 반법률(反法律), '원(原)마오쩌둥'라는 하위 개념이 있다고 어느 옛 홍위병이 말했는데, 여기서 '원(原)마오쩌둥'은 결국 마오쩌둥 사상에 대한 새로운 해석을 담고 있다고 볼 수 있다. 이것은 일반적으로 알려진 마오쩌둥의 개인숭배와는 다른, 즉 극도의 집권화를 우선시하는 중공업화초기단계를 반영하는 구소련형의 개인숭배와는 다른 새로운 이해를 촉구하는 것이다. 이는 마오쩌둥이 주자파(走資派)들이 비판한 좌익귀족관료들과는 다른 차원에 존재한다는 말인데, 그것은 신중국을 건설한 절대적 존재라는 데서도 기인하는 바이지만, 무엇보다 마오쩌둥이 중국혁명에서 보여준 특수한 위치에서 해석되는 부분이다. 다시 말해 신중국을 건설했다는 측면에서 드러나는 바이지만, 기존의 법률체계의 외측에서 힘과 능력을 발휘했다는 점 즉 중국공산당 자체가 이전의 민국체제에서 비합법적이었던 시기가 있었고, 또 그 공산당 내에서도 마오쩌둥 노선은 또 이단이었고, 그로 인해 피로 가득한 권력투쟁이 지속적으로 있었다는 점을 인정해야 한다는 것이다.

다케우치 요시미가 「평전 마오쩌둥(評傳毛澤東)」이란 글에서 마오를 마오쩌둥답게 한 것은 국민당의 포위에서 탈피하고 또 당시의 당중앙의 노선에서도 고립하여 절대절명의 경지에 들어가 마오(毛)에 의한 정강산(井岡山)에서의 근거지 건설이 최초였다고 말했는데, 이 정강산의 경험이 바로 다케우치 요시미가 말한 "무(無)에서 유(有)를 창조하는" 결정적인 순간이다. 다시 말해 이 근거지 건설에서 모든 것이 탄생되었다는 것이다. 문혁 역시 이런 근거지 경험에서 나온 것이라고 해석할 수 있다. 다케우치 요시미 식으로 본다면, 신중국의 성립으로 귀결된 건국운동과 반우파투쟁과 문혁으로 대표되는 사회개조는 모두 정강산 근거지 경험의 확장인 셈이다. 원(原)마오쩌둥 즉 마오쩌둥이란 기호는 국가를 탄생시킨 국가의 외부의 사고운동의 별명인 동시에, 인민공화국이란 국가체제의 근간이기도 하다는 패러독스 자체다. 그 의미에서 마오쩌둥은 스탈린이 죽고 난 뒤 스탈린숭배가 사라진 것과 다른 것이다. 현재의 중국에서도 사회변혁(개조)을 지향하는 이는 모두 그 원(原)마오쩌둥과의 대결, 혹은 마오쩌둥이 남긴 것 자체와 관련된 내재적 이해를 강하게 요구받는다. 단적으로 사회를 개조하는 데는 자신을 개조하지 않으면 안 된다는 테제에서 벗어날 수 없기 때문이다. 이것은 지식인의 자기 개조와도 무관하지 않다.

마오쩌둥이 루쉰을 통해 파악했던 것 역시 바로 이런 것이 아닐까. 루쉰의 문학작품에 대한 구체적인 언급도 없고, 또 루쉰에 대한 체계적인 이해를 갖추고 있지는 않았지만, 마오쩌둥은 직감적으로 루쉰에게서 자신이 중국혁명에서 중요하게 생각했던 주체성의 문제를 발견한 것으로 이해할 수 있다. 그것은 철저한 자기 개조 즉 루쉰의 부정정신이었을 것이다. 물론 중국의 혁명과 신중국의 수립 과정에서 루쉰을 이용한 측면이 물론 없지 않지만, 문혁 시기에 '모든 것을 의심하라'는 마오쩌둥의 주장은 결국 루쉰 정신에 대한 이해와 무관하지 않았던 것이다. 참된 인간의 발견과 교육은 루쉰이 궁극적으로 추구한 이상이고, 그것의 실현은 사회주의 중국에서 이루어져야 했다. 특히 농민을 위시한 인민의 각성은 사회주의 혁명이란 실천 활동을 통해서 이루어져야 했는데, 그 사표(師表)를 바로 루쉰으로 상정한 것이 바로 루쉰 정전화의 과정이었던 것이다. 그런데 과도한 신격화는 결국 정권의 정치적 목적에 따른 것이고, 대민주(大民主)와 정풍(整風)운동의 길항 속에서 루쉰 역시 휩쓸려 왔다고 할 수 있다. 앞에서 설명한 것처럼 원(原)마오쩌둥의 이면에 루쉰 정신이 어떻게 결합되었는지 마오쩌둥의 루쉰에 대한 공식적인 언급만으로는 정확히 파악할 수 없지만, 루쉰에 대한 독서를 통해 자신의 사상 역시 벼리고 있었음은 추측할 수 있다.

동아시아적 관점에서 무(無)에서 유(有)를 창출하는 원(原)마오쩌둥의 사유는 동아시아 근대의 사상적 유산일 뿐만 아니라, 이 원(原)마오쩌둥에 드러난 루쉰과의 연관성을 파악하는 일 역시 동아시아의 사상적 유산을 해명하는 일이 될 것이다.

4장 한국의 루쉰 수용과 연구

한국에서 루쉰을 비롯한 중국 연구는 근대 이후 본격적으로 전개되었으나, 이것이 외국학으로서의 정체성을 갖기 시작한 것은 일제강점기를 지나고 난 뒤부터라고 해야 할 것이다. 그 이유는 조선 왕조 말엽 구미에 의한 문호개방 압력을 받고 세계정세의 변화라는 것을 인식하면서도 여기에 제대로 대응하지 못한 결과, 청(淸)인지 중국인지에 대한 인식을 정확히 세우지 못하고 이로 인해 중국학 역시 근대적인 학문의 하나로 성립될 수 없었기 때문이다. 아울러 1905년 일본에 의해 지배를 받기 시작하면서 갑오개혁으로 인해 태동하던 주체적 근대화의 시도 역시 뿌리를 내리기도 전에 수동적이고 억압적인 방식으로 근대에 진입함으로써 중국학 역시 일본의 지나학을 수용하게 되고 해방 이전까지 일본적 학제에 의한 지나학적 중국학과 전통적인 한학이 뒤섞인 채로 존재해왔다.

따라서 해방 전까지 이와 같은 중국학의 흐름은 외국학으로서의 정체성을 갖고 있었다고 보기 어렵다. 다시 말해 주체적인 입장에서 중국을 대상화하는 시도는 이루어지지 않았다고 할 수 있다. 장기간에 걸친 중국과의 역사 문화적인 관계로 인한 탈중국화의 곤란 그리고 일본에 의해 중국을 주체적으로 상대화할 수 없었던 역사가 한국의 근대적인 중국학 수립을 방해해왔던 것이다. 일제강점기 동안 식민지 조선에게 중국은 타자가 될 수 없었고, 늘 일본이란 필터를 통해 2차적으로 중국을 바라볼 수밖에 없었기 때문에 근대적인 학문으로서 중국학이 성립하는 것은 어려웠다. 이 자리를 대신한 것이 바로 중국의 전통적인 학문과 예술로서 이는 일반 독서대중시장에 번역되어 소개되었다. 근대적인 분과학문으로서 중국학은 경성제국대학 지나문학과의 설립을 통해 일본의 지나학을 수용하는 형태로 전개되었으니 그것의 비주체성은 말할 것도 없다.

따라서 학문으로서 중국학은 해방 이후에 본격적으로 전개되었다고 할 수 있다. 그렇지만 이 역시 기대했던 것만큼 성과를 거두지는 못했다. 1950년 한국전쟁의 발발과 휴전으로 인해 한반도를 중심으로 한 냉전시대를 맞이했고, 이것은 이데올로기에 의해 편향된 중국학을 낳을 수밖에 없었다. 이와 같은 상황은 중국학에도 정치적 견해에 따른 왜곡된 연구가 진행되었고, 이로 인해 중국을 전체로 파악할 수 있는 시야를 확보하기 어려웠다. 1980년대 들어와 세계의 냉전구조가 조금씩 균열을 일으키게 되고, 1992년에 급기야 한국과 중국이 국교수립을 하게 되면서 본격적으로 한국에서 중국학은 활발하게 전개되기 시작했다. 21세기에 들어와서 격세지감이 들 정도로 가까워진 한국과 중국의 관계는 중국학 분야에서도 자기 정비와 새로운 연구를 요구하고 있다. 이와 같은 시대적 상황을 마주하고서 이 책의 주제의식인 중국 문학 특히 루쉰의 수용과 연구라는 관점에서 한국의 중국학을 조망해보자. 이를 위해 크게 두 가지 방면 곧 번역 및 연구사의 측면 그리고 사상사(또는 정신사)의 측면에서 서술한다.

4.1 한국에서 루쉰 작품의 번역과 연구

한국의 중국학 즉 학술사적 관점에서 중국학의 역사를 조망하는 분위기가 형성되는 최근에, 중국(근대)문학에 대한 연구를 중심으로 중국학의 흐름을 파악하는 논문들에서 주목할 만한 현상이라고 한다면, 한국문학연구자들이 동아시아적 관점에서 중국문학의 번역과 수용이란 문제를 다루고 있다는 점이다. 물론 여기에 루쉰이 그 대상의 중심이 되고 있는 것은 말할 것도 없다. 이것은 20세기 말 국제학술교류의 차원에서 한국의 중국현대문학연구에 대한 정리가 필요해졌고 그래서 국내의 중국현대문학연구자들에 의해 몇 편의 연구사 관련 논문들이 발표되었던 것 그리고 동아시아적 관점을 견지하면서 비교문학적 연구를 진행한 논문들이 발표되었던 것과 대비해서 특이한 현상이라고 할 것이다. 한국문학연구자들이 이와 같은 연구를 진행하는 이유는 그동안 세계문학의 범주에서 배제되었던 중국문학에 대한 인식이 재고되었던 데서 그리고 중국의 경제적 성장과 중국과의 문화적 교류가 활성화되고 또 이를 계기로 동아시아적 관점에서 근대 한국학의 역사를 재조명하려는 의도가 포함되었던 데 기인한다고 생각된다. 이 장에서는 종래의 연구 성과들을 참조하면서 한국에서 루쉰 연구의 역사와 의미를 탐색해보자.

4.1.1 해방 전 한국에서의 루쉰 수용

이 장의 서두에도 말했듯이 근대 초기 한국의 중국에 대한 인식은 다소 어정쩡할 수밖에 없었다. 전통적인 문명의 종주국이자 한반도의 보호국가로서의 이미지가 강한 중국이 냉정한 세계 체제에서 한국과 마찬가지로 세계 여러 나라 가운데 하나이고 게다가 낙후되어 세계열강의 침략 대상이 된 나라에 불과하다는 시각을 수립하는 것은 혼란스러운 일이었다. 이와 동시에 일본의 속국화가 진행됨에 따라 식민 모국 일본의 중국에 대한 시각을 수용하면서 더욱 중국은 우리의 관심 속에서 멀어질 수밖에 없었다.

이러한 역사적 조건은 한국에서 중국문학의 번역과 수용에서 나아가 크게는 중국학 연구라는 과제가 결코 지속적으로 성장할 수 없었음을 예감케 한다. 실제로 중국문학의 한국어 번역이라는 문제에 국한시켜 보더라도, 정치적 격변에 따라 부침을 거듭했으며 결코 연속적으로 성장하지 못했다. 이와 같은 현실은 중국근대문학의 번역에도 그대로 드러났다. 사실 중국근대문학작품이 국내에 처음 번역된 것이 1920년대 후반인 데서 알 수 있는데, 1905년 을사조약, 1910년 한일병합에 이어 1920년대 초반까지 중국(문학)에 대한 관심과 소개는 거의 없었던 것이다. 한국문학연구자의 다음과 같은 지적은 한국에서 중국문학의 번역과 소개가 지닌 의미를 잘 드러내준다. "식민지 시기 내내 유럽의 문화적 상상력과 일본어 중역(重譯)에 압도된 것이 한국어 번역의 운명이라면 중국문학이야말로 근대 동아시아의 연속성과 불연속성, 번역 가능성과 불가능성이 절묘하게 맞부딪친 현장이었다."[1] 그런데 중국문학이 기껏해야 전근대문학의 원류로서 위상을 차지했을 따름이며 식민지 시기 내내 독자적인 발언권을 얻지 못했다고 하더라도, 중국고전문학은 사대기서(四大奇書)와 함께 꾸준히 출판되었다. 다시 말해 근대 초기 한국의 번역 시장에서 19세기 중후반과 동시대의 서

1) 박진영, 「한국문학의 언어횡단적 실천과 동아시아 : 중국 근대문학 번역의 계보와 역사적 성격」, 『민족문학사연구』 55호, 2014, 123쪽

양문학이 꾸준히 소개되었던 것과 동시에 중국의 전근대문학 역시 식민지시기 내내 번역이 이루어졌으며 대중시장에서 그 위세가 수그러들지 않았던 것이다.

역사적으로 본다면 중국문학의 번역은 한일병합과 신해혁명 직후에 휴지기를 거치면서 명청 시대 백화소설이나 량치차오(梁啓超) 중심의 계몽문학과 단절되었다가 오사운동 전후에 특이한 방식으로 전개된다. 서양문학의 번역에 비한다면 대단히 시공간적으로 제한된 것이지만, 『홍루몽(紅樓夢)』을 필두로 한 청말소설이 한국어로 번역되어 지면에 소개되었고, 동시에 오사운동 전후의 신문화운동과 신문학론이 한국 독자들에게 알려지기 시작했다. 이 성격이 다른 두 종류의 중국문학 및 문학론을 국내에 소개하는 데 가장 큰 공헌을 한 인물이 바로 양건식[2]이다. 그는 「후스 씨를 중심으로

2) 양건식과 관련한 연구 논문은 상당히 많다. 예를 들어 이석호, 「중국문학 전신자로서의 양백화 - 특히 중국희곡의 소개 번역을 중심으로」, 『연세논총』 13, 연세대 대학원, 1976.10, 117-132쪽; 박재연, 「양백화의 중국문학 번역 작품에 대한 재평가 - 현대희곡과 소설을 중심으로」, 『중국학연구』 4, 중국학연구회, 1988.11, 249-273쪽; 고재석, 「양건식의 문학사적 소외와 재평가」, 『한국 근대문학』, 지성사, 깊은샘, 1991, 122-129쪽; 고재석, 「백화 양건식의 생애와 문학」, 『숨어 있는 황금의 꽃』, 동국대출판부, 2000, 165-256쪽; 최용철, 「양건식의 홍루몽평론과 번역문 분석」, 『중국어문논총』 6, 중국어문연구회, 1993.12, 267-314쪽; 최용철, 「백화 양건식의 중국문학 연구와 번역에 대하여」, 『중국어문학』 28, 영남중국어문학회, 1996.12, 573-602쪽; 성현자, 「백화 양건식의 중국 신문학운동 수용 연구」, 『비교문학』 24, 한국비교문학회, 1999.12, 298-327쪽; 김영금, 『백화 양건식 문학 연구』, 한국학술정보, 2005; 왕철, 「백화 양건식의 번역문학 - 중국 신문학운동 번역을 중심으로」, 성균관대 석사논문, 2010.8; 동신, 「양건식의 중국문학 연구에 대한 비교문학적 고찰 - 중국 속문학의 연구를 중심으로」, 서강대 석사논문, 2011.8; 왕성, 「중국 현대문학 번역에 나타난 양건식의 문학관 - 탁문군, 반금련등을 중심으로」, 『비교문학』 56, 한국비교문학회, 2012.2, 191-210쪽; 정선경, 「근대 시기 양건식의 중국 고전소설 번역 및 수용에 관하여」, 『중국어문학논집』 73, 중국어문학연구회, 2012.4, 351-377쪽; 정선경, 「양건식의 중국 신문학운동 수용과 번역의 태도」, 『중국어문학논집』 79, 중국어문학연구회, 2013.4,

한 중국의 문학혁명」(전 4회)을 『개벽』 5~8호(1920.11~1921.2)에 또 「신시담(新詩談)」(전 4회)을 『동명』 37~40호(1923.5.13.~6.3)에 연재하는 등 1920~1930년대에 중국 고전, 역사소설, 의화본(擬話本), 백화희곡, 신시, 단편소설, 근대극, 평론을 지속적으로 번역하여 내놓았으니 식민지시기를 통틀어 최대 규모의 번역가이자 독보적인 중국문학 번역가라고 할 수 있다. 하지만 고전이든 신문학이든 중국문학의 중요성과 문학사적 역할을 부각시킨 양건식의 주요 평론은 실상 일본 학자의 평론을 번역하거나 일본 학계의 연구 동향을 민감하게 받아들인 결과라는 평가에서 자유롭지 못하다. 그것은 이미 밝혔듯이 근대화가 주체적으로 진행될 수 없었던 한국의 상황에서는 너무도 당연한 결과였다. 다시 말해 양건식의 중국문학론이 일본어를 경유하여 중역된 소산이라는 점은 인정해야겠지만, 양건식이 거둔 성취는 중국문학으로 눈을 돌렸다는 특이성이 아니라 외국문학이라는 타자의 하나로 중국문학을 이해하고 당대의 중국 근대문학을 포함시켜 세계문학을 바라본 유일무이한 번역가라는 평가는 주목할 필요가 있다.[3)]

양건식 일인의 노력이 대단했지만, 루쉰과 관련하여 중국 근대문학이 번역된 사례는 매우 희소할뿐더러 세계문학의 권역에 중국문학이 포섭된다든가 하는 일도 일어나지 않았다. 중국 근대문학은 1920년대 후반에 이르러서야 극소수의 전문 번역가에 의해 간신히 명맥을 유지했다. 중국 근대문학 번역의 신호탄인 동시에 분수령이나 다름없는 사건은 바로 1929년에 출판된 『중국단편소설집』을 들 수 있다. 루쉰의 「두발이야기」를 비롯하여 세 명의 여성 작가 셰빙

417-448쪽; 왕녕, 「식민지시기 중국 현대문학 번역자 양백화 · 정내동의 역할 및 위상」, 연세대 석사논문, 2013.2.

3) 박진영, 앞의 논문

신(謝冰心), 루인(盧隱), 링수화(凌淑華)를 포함하여 모두 15편의 단편소설을 수록한 『중국단편소설집』은 오랫동안 양건식의 번역으로 알려졌지만, 근자의 연구에서는 역자의 머리말에 1928년 3월 베이징 핑민(平民)대학에 머물고 있었다고 적고 있는 것을 보아 양건식이 아니라고 단정하고 있다.[4] 루쉰의 작품 「두발 이야기」가 번역되기 전에 이미 「광인일기」가 그보다 조금 앞선 1927년 청년 아나키스트 유기석에 의해서 번역되었다. 루쉰의 본명인 저우수런(周樹人)을 본떠 유수인(柳樹人)이라는 필명을 쓰기도 한 유기석은 베이징과 톈진(天津)을 오가는 징징선(京津線) 열차에서 번역했다고 기록했다.[5]

그런데 초창기 중국문학과 번역과 관련해서 빼놓을 수 없는 인물인 양건식과 이 개벽사가 발행한 『중국단편소설집』은 아무런 관계가 없다고 하지만, 오히려 루쉰 소개와 연관해서는 1930년부터 『조선일보』에 양건식이 『아Q정전』을 번역 연재하였던 사실이 중국 근대문학의 소개에 있어 양건식의 역할을 부정할 수 없게 한다. 3·1운동 직후에 중국 유학이나 망명을 통해 근대문학을 접한 변영만, 심훈, 오상순, 주요섭, 주요한, 피천득, 현진건 등은 막상 중국문학 번역에 나서려 하지 않았다(이와 관련해서는 다른 절에서 검토하도록 하자). 1920~1930년대의 서양문학 번역 실태를 떠올린다면 중국문학의 번역 주체는 결코 빠른 속도로 확보되지도, 광범위한 지평을 점유하지도 못했다. 그 때문인지 양건식보다 훨씬 나이가 어린 인물들에 의해 중국문학 번역이 전개된다. 곧 이 개벽사의 『중국단편

---

4) 이시활, 「일제강점기 한국 작가들의 중국 현대문학 바라보기와 수용 양상」, 『중국학』 33호, 대한중국학회, 2009.8, 1-7쪽

5) 유기석과 루쉰의 관계에 대한 자세한 연구는 홍석표, 「류수인(柳樹人)과 루쉰(魯迅): 「광인일기」 번역과 사상적 연대」, 『중국문학』 77호, 2013 참조

소설집』의 번역출판에 이어서 중국유학생 출신인 정내동과 김광주를 비롯하여 일군의 아나키스트 활동가가 중국문학 번역에 가세하면서 루쉰을 비롯한 오사 시대의 중국문학이 비로소 포착된다.

일찍이 일본 유학을 거친 뒤 베이징 민궈대학(民國大學) 영문과에서 키츠 연구로 갓 졸업장을 받은 정내동은 양건식이 연재하던 『아Q정전』의 번역에 대해 곧바로 그것에 대한 번역평(「「아Q정전」을 읽고」(전 4회), 조선일보, 1930.4.9~12)을 게재하여 양건식의 오역은 물론이고, 작품에 대한 이해의 차이를 드러냈다. 게다가 그 무렵 『중외일보』에 루쉰의 또 다른 소설(「애인의 죽음 - 쥐엔생(涓生)의 수기」(전 11회), 중외일보, 1930.3.27~4.10, 1면)을 번역하고 있던 참이었으므로 실제 번역과 비평을 겸하여 입신한 드문 인물이라고 할 수 있다. 얼마 후 정내동은 루쉰을 체계적으로 소개한 장문의 평론과 짧은 희곡 한 편(「중국 단편소설가 루쉰과 그의 작품」(전 20회), 조선일보, 1931.1.4~1.30, 4면, 「과객」, 『삼천리』 4-9, 1932.9, 93~95면)을 더 선보였고, 뒤이어 김광주가 두 편의 소설 (「재주루상(在酒樓上)」, 제일선3-1, 1933.1, 96~102면, 「행복된 가정」(전 6회), 조선일보, 1933.1.29~2.5, 4면)을 잇달아 내놓았다. 정내동과 김광주의 중국근대문학 번역과 소개는 혁명성이나 실천성을 부각시키기보다 오히려 순문학 중심적인 태도로 루쉰의 소설과 톈한(田漢)의 희곡을 파악한다고 하는 편이 타당할 듯하다. 식민지시기의 루쉰 번역은 이육사의 「고향」과 루쉰 추도문(「루쉰 약전」, 조선일보, 1936.10.23, 5면, 「루쉰 추도문」(전 5회), 조선일보, 1936.10.23~29, 5면, 「고향」, 『조광』 14, 1936.12, 287~296면)을 끝으로 종말을 고했다. 결국 1936년에 루쉰이 타계할 때까지 꼭 10년 동안 한국어로 번역된 작품은 단편소설 일곱 편과 희곡 한 편에 그쳤다. 일천한 번역이 아닐 수 없지만 이것도 1927~37년까지의 일이다. 또한 루쉰의 대표작부터 번역되기 시작했으며 대체로 양건식,

정내동, 김광주라는 1세대 번역가에 의해 이루어진 점도 주목할 일이다. 1920년대 후반과 1930년대 초반에 루쉰을 비롯한 중국 근대문학의 주요 작가를 체계적으로 소개한 평론 역시 경성제대 지나문학과 3회 졸업생 김태준을 제외한다면 거의 전적으로 양건식, 정내동, 김광주 세 번역가의 활약에 의존하다시피 했다.

해방 이후 루쉰 작품의 번역과 연관해서 특기할 사항은 바로 「고향」의 번역이다. 이육사가 식민지시기 루쉰 번역의 막을 내리다시피 했지만 해방 직후에 김광주와 이명선에 의해 「고향」이 다시 번역되면서 루쉰의 이름을 거듭 불러내었다. 일본의 루쉰 연구자 후지 쇼조(藤井省三)가 『중국의 「고향」 독서사』라는 제목의 연구서를 발간했듯이 한국에서도 「고향」을 둘러싼 번역의 계보학을 확인할 수 있겠다. 곧 이육사, 김광주, 이명선의 세 가지 번역에다가 초창기의 러시아 문학 번역가 현진건이 번역한 치리코프의 「고향」(1922), 현진건의 창작 단편소설 「고향」(1926), 일찍이 루쉰이 번역한 치리코프의 「고향」(1922)까지 포함한다면 한국에는 최소한 여섯 편의 「고향」이 얽혀 있기 때문이다.[6] 이렇게 볼 때 근대 동아시아에서 루쉰의 「고향」을 둘러싼 계보학을 파악해보는 작업도 동아시아의 정신사라는 관점에서 의미가 적지 않다고 할 것이다.

4.1.2 해방 후 루쉰의 수용

1937년 중일전쟁을 기점으로 식민지 조선에서 중국학 더구나 중국근대문학을 소개하거나 연구하는 일은 더 이상 진행되기 어려웠다. 특히 루쉰 작품은 금서의 목록에 올랐기 때문에 45년 해방을

6) 전형준, 「세 개의 「고향」: 치리코프, 노신, 현진건」, 『중국문학』 34호, 2000

맞이한 이후에야 루쉰은 본격적으로 재조명된다. 1946년에 루쉰 10주기를 맞아 고려대 극예술연구회가 제2회 레퍼토리로 『아Q정전』을 중앙극장 무대에 올렸다. 그리고 이듬해인 1947년에 김광균이 「루쉰」이라는 표제의 시를 발표하는가 하면 루쉰 서거일을 전후로 하여 크고 작은 행사와 특집 지면 편성이 이어졌다. 특히 1947년 10월에 정내동이 서울대 문리대에서 기념 강연회를 열면서 루쉰은 중국 근대문학의 상징이자 해방기의 사상적 구심점으로 자리 잡게 되었다.

식민지시기에 양건식, 정내동, 김광주가 중국문학의 번역을 선도했다면, 해방기에는 김광주, 이명선, 윤영춘이 큰 공적을 남겼다. 특히 김광주가 이용규와 공역하여 1946년 전 3권으로 기획된 최초의 루쉰 소설 선집인 『루쉰단편소설집』은 식민지시기에 이루어진 산발적인 번역과 구별되는 획기적인 작업일 뿐 아니라, 양국 근대문학 사이의 교류와 연대 속에서 탄생한 값진 번역 성과 가운데 하나다. 『루쉰단편소설집』은 각 권마다 정내동의 해설, 김광주의 머리말, 루쉰의 글과 약전을 편성하여 짜임새와 격조를 갖추었다. 제1권에 일곱 편, 제2권에 세 편이 수록된 『루쉰단편소설집』은 두 명의 공역자가 작품을 분담하여 번역한 탓에 고유명사나 한자어 번역 방법, 문장 호흡, 번역 태도가 고르지 않다. 한편 이명선 역시 해방되자마자 오사운동 전후의 중국소설을 재평가하면서 단편 앤솔러지 『중국 현대 단편소설 선집』을 편찬했다. 경성제대 지나문학과에서 루쉰 연구로 학위를 받고 서울대 중어중문학과 조교수로 재직하고 있던 이명선은 한국을 배경으로 삼거나 한국인과 관련이 있는 장광츠(蔣光慈), 궈모뤄의 소설 세 편을 제1부로 삼고 루쉰의 「고향」을 비롯하여 라오서(老舍), 바진(巴金), 예사오쥔(葉紹鈞)의 소설을 각 한 편씩 골라 제2부로 편성했다. 무엇보다 이명선은 충분한 학문적

훈련을 거친 번역가이며 경성제대 출신의 엘리트이자 중국 근대문학 전문 연구자다. 문제는 이명선을 루쉰 연구와 중국 근대문학 번역으로 이끈 동력, 이명선의 번역 태도나 방법에 가라시마 다케시(辛島驍)의 그림자가 짙게 드리워져 있다는 데에 있다. 동경제대 출신의 가라시마 다케시는 경성제대 부임 전후로 세 차례나 루쉰을 직접 방문하고 편지를 주고받았으며, 이명선은 스승 가라시마 다케시에게 깊은 영향을 받으면서 아카데미즘의 길에 들어섰다.[7] 전문적인 루쉰 번역 또는 연구자는 아니지만 해방기의 중국 근대문학이 본궤도에 올랐음을 보여준 또 한 명의 숨은 번역가로 윤영춘을 언급하지 않을 수 없다. 윤동주의 오촌 당숙으로 더 잘 알려진 시인 윤영춘은 영문학자요 중문학자이기도 하다. 이명선이 한국전쟁 와중에 희생되고, 김광주가 언론인 겸 무협소설 작가로 돌아선 데에 반해 윤영춘은 해방기와 전후(戰後)를 잇는 유일한 번역가다. 윤영춘은 문학혁명부터 항전문학에 이르는 최초의 중국근대시 앤솔러지 『현대중국시선』, 궈모뤄가 종전 직후에 펴낸 『소련 기행』, 중국 근대문학사에 대한 체계적인 접근의 길을 연 『현대중국문학사』를 잇달아 내놓았다.[8]

4.1.3 냉전기 루쉰 수용과 연구

1950년대는 물론 1980년대까지도 중국문학은 "정치와는 절연

---

7) 천진, 「식민지 조선의 支那文學科의 운명: 경성제국대학의 支那文學科를 중심으로」, 『중국현대문학』 54호, 2010, 윤대석, 「가라시마 다케시(辛島驍)의 중국 현대문학 연구와 조선」, 『구보학보』 13호, 2015

8) 이상은 박진영 앞의 논문 참조. 그리고 이명선과 정내동의 번역 차이에 대해서는 정종현, 「루쉰(魯迅)의 초상-1960~1970년대 냉전문화의 중국 심상지리」, 『사이』 14호, 2013, 2장 참조

된 무풍지대 속에 칩거"하거나 린위탕(林語堂) 일색으로 도배되어, "공산주의의 독소가 없는 온실 속에 안주"라는 평가는 해방 후 중국문학의 한국적 수용을 단적으로 표현한 말이다. 해방 후 '지나'라는 말은 사라지고 대신 '중공'이란 용어가 통용되기 시작했다. 아울러 자유중국과 중공이란 대립적인 용어가 등장한 데서도 알 수 있듯이, 냉전시기 중국을 지칭하는 용어는 이렇듯 정치 이데올로기 측면에서 규정되기 시작했다.

이것은 근대 이후 외국학으로서의 중국학이란 정체성을 확보하기 어려웠던 식민지에서 해방되었지만, 이제는 냉전이라는 좌우 이데올로기에 의해 중국학은 다시 왜곡되기 시작했음을 말해준다. 한민족의 입장에서 식민지의 잔재를 극복하는 문제가 해방기 가장 우선적인 과제였음은 말할 것도 없다. 이것은 학문 분야에서도 당면한 문제였다. 그것의 핵심은 바로 일본의 중역에 의한 외래문화의 수용에서 벗어나 근대적인 한국어에 의한 주체적인 학문의 수립이었다. 중국학 역시 여기서 예외일 수 없다. 해방 직전에 박태원에 의해 중국의 고전문학이 번안 또는 개작되기도 했지만, 아직 중국학을 외국학으로 정립하려는 의식과 실천은 지극히 부족했다. 해방을 맞이하여 중국학과 관련된 소개와 번역이 흥성했던 것은 식민지 시기, 특히 1937년 중일전쟁으로 억압된 분위기에 대한 반작용이었지만, 본격적으로 학문으로서 정립하려는 시도는 아직 시기상조였다. 게다가 식민지 시기 일상적인 삶 속에서 중국인들은 당시 조선인들에 의해 부정적인 이미지로 형상화되기도 했다. 예를 들어, 식민지 조선에서 형성되었던 중국인과 조선인의 만보산 사건 등으로 표출되는 강력한 갈등 관계는 단순히 상권의 문제와 토지 갈등과 같은 사회경제적인 조건들뿐만 아니라 식민지 조선 사회에서 중국 출신 거주민들이 혐오스러운 단일한 '중국인'으로 정의되어가는 과정이 있었다. 즉 이러한 '중국' 민족에 대한 혐오와 서열 만들기는 사실상 조선인들의 식민지적 열등감에 기인하였다고 할 수 있는데, 아이러니하게도 열등감의 극복이 제국이 설파하는 민족 혹은 인종의 서열 담론을 받아들여 그 안에서의 자신들의 위치를 공고히 하고자 시도[9]하는 방향으로 나타났던 것이다. 이렇게 볼 때 중국(인)을 대상화하고 자신을 되돌아보는 계기로 삼는 일이 필요했지만, 식민지 시기에는 이러한 인식에까지 이르지는 못했던 것이다.

식민지 시기에는 학문적으로도 일상적인 삶 속에서도 중국과 중국인은 우리에게 우리를 돌아보는 대상이 될 수 없었다. 그런 가운데 해방을 맞이하여 새로운 분위기가 형성되는 듯했으나, 1949년 중화인민공화국의 수립과 1950년대 한국전쟁은 중국학이라는 학문의 흥기를 위한 분위기 조성에 찬물을 끼얹고 말았다. 해방 전후 루쉰은 '계몽 비평가 루쉰'과 '혁명좌파 루쉰'이라는 두 가지 이미지로 등장했다. 1946년에 『루쉰소설선집』을 번역해서 출판한 이명선은 바로 혁명좌파 루쉰의 이미지를 형성한 대표적인 평론가였다. 해방기 한국 사회에서 루쉰 소설 「고향」의 마지막 구절에서 이명선이 받아들인 길은 바로 '사회주의 혁명'을 의미했다. 이처럼 해방 후 루쉰의 최초 소개자가 월북한 사회주의 계열의 중국문학 전공자 이명선이었다는 사실과 함께, 1949년 '중공' 정부 수립 이후 루쉰에 대해 '위대한 사회주의 혁명가' 혹은 '중국 문화혁명의 리더이고 위대한 문학가일 뿐 아니라 위대한 사상가이자 혁명가'라는 마오쩌둥의 찬사는 당시 한국 사회에 '루쉰=빨갱이'라는 도식을 성립시켰다. 루쉰에게서 좌경한 이미지와 중국 사회주의 문학의 선구를 읽는 독

9) 전희진, 「상상된 중국인 그리고 식민지 조선 지식인의 딜레마」, 『사회와 역사』 97호, 2013

법과 수용의 맥락 반대편에는 이념과 무관한 작가이자, 반봉건의 계몽주의자이며 중국 민족주의자, 나아가 자연주의와 이상주의를 결합한 '문학주의자'의 형상을 부여하는 반사회주의적 루쉰 수용의 맥락이 자리한다. 이를 대표하는 이가 바로 정내동과 김광주였다. 이미 식민지 시기에 루쉰을 소개했던 인물들로서, 이들은 이명선의 번역이 소개된 두 달 뒤에 김광주 · 이용규 공역의 『魯迅短篇小說集』 1~2집을 번역 출판한다. 정내동은 이 소설집의 서문에서 당시 한국사회에서 좌우익의 갈등이 고조되는 상황을 경계하며, 이러한 자신의 생각을 루쉰 작품의 번역을 통해 드러낸다. 즉 루쉰을 좌우익의 정치적 편향과 무관한 곳에 위치시키려고 했다. 하지만 그 역시 이미 1930년대 루쉰의 작품을 번역하면서 제출했던 비평을 다시 부활시키면서 루쉰을 마르크시즘과 분리시키고, 반봉건의 개인적 자유와 자아의 해방에 집중한 문학주의자로 형상화하며, 또한 그것을 문예상의 자연주의로 고착시킴으로써 루쉰의 역사적 정치성을 순치시켜 한국 사회에 유통시키고 있다.[10] 한국전쟁 이후 한국사회에서는 이념성과 정치성이 소거된 후자의 루쉰상이 주류를 이루게 된다.

사실 루쉰은 1936년에 죽었기 때문에 전적으로 루쉰을 혁명문학가로 위치시키는 이해방식은 문제가 있다. 그렇기 때문에 '중공'이란 장소와 무관한 추상화된 '원(元)중국'의 시공간에서 의미화될 수 있는 해석의 지평도 존재했다. 후자는 바로 여기에 착목하려는 입장이었던 것이다. 하지만 마오쩌둥의 평가로 인해 냉전시기 '중공'이란 장소에서 루쉰은 영웅화됨으로써 냉전의 한편에 있던 한국에서 즉 '붉은 루쉰'이라는 이미지는 부정될 수 없었다. 마치 탈냉

10) 정종현, 앞의 논문

전의 시대에도 여전히 한국사회에서 '빨갱이', '북풍', '종북'이란 용어가 그 영향력을 잃지 않고 있는 것과 같은 맥락이다. 1950년대 이후 루쉰은 냉전과 함께 후자의 모습으로 읽혀지기 시작했다. 이것은 루쉰의 좌익적 경향을 소거하게 되어 주로 루쉰의 전반부 생애만 묘사하는 작가론을 통해서, 혹은 앞에서 언급한 「고향」 등의 루쉰 작품에 대한 탈정치적 해석을 통해서 이루어지게 된다.

1980년대 이전까지 한국 사회에서 루쉰의 수용과 연구는 이와 같은 경향으로 전개되었는데, 구체적인 내용은 이미 중국학계와 한국문학계의 연구자들에 의해 연구된 바 있으므로 여기서는 이 연구들을 바탕으로 간단히 정리하는 것으로 한다. 정종현은 논문에서 해방 이후의 루쉰 번역과 수용의 전체상을 이해해보기 위해서 '국립중앙도서관', '국회도서관', '한국학술정보시스템', '고서점인터넷사이트' 등의 아카이브 목록에서 '루쉰' 관련 주제어를 통해서 목록을 추출하여 「루쉰(魯迅)작품 번역 목록(1945~1980)」을 작성해서 첨부하였는데, 이 목록에서 확인되는 루쉰 수용과 소비의 특징적인 국면은 첫째, 중국어 교재, 세계의 명언, 세계의 사상, 중국의 사상류의 앤솔러지이다. 둘째, 각종 세계의 명언과 세계의 지혜 시리즈에서 루쉰을 재맥락화하는 방식으로, 이 시기 인문교양서들은 루쉰을 교양의 세계 인문지리 속에서 동양적 인문주의의 사례로 제시했다. 셋째, 루쉰문학작품 선집 번역에서 드러난 정치학으로, 대표적으로 이가원의 『阿Q正傳(魯迅小說選集)』은 냉전 체제 안에서 루쉰 작품이 수용된 맥락을 보여주는 전형적인 텍스트이다. 이가원은 그 서문에서 루쉰의 일생을 '반제 · 반봉건의 중국 신문학의 역사'라고 말했다. 넷째, 1960년대 이래 붐을 이룬 출판자본의 '세계문학전집' 혹은 '세계사상전집'의 간행 맥락 속에 루쉰이 어떻게 배치되는가 하는 것이다. 이 전집의 공간에서 루쉰의 성격을 결정하는 것은 그가 누구와 짝을 맺으며 어디에 배치되어 있는가이다. 목록을 일별해보면 그 방식은 린위탕(林語堂), 위다푸(郁達夫) 등과 짝을 지어 중국문학을 대표하거나 자유중국의 작가들과 연결되어 반공 타이완문학의 첫머리를 장식하기도 한다. 또한 월남(越南) 작가들과 함께 반공아시아를 대표하기도 하며, 펄 벅 등 선교사 출신 부모를 둔 미국의 중국통 2세와 함께 배치되어 세계체제하에서 중국의 지방색을 대표하기도 한다. 이처럼 루쉰은 철저하게 대륙 중국을 반대하는(반공) 자유중국의 입장에서 비판적 지식인으로 정식화되었다.[11]

한편 중국학계에서는 주로 루쉰 연구 현황을 정리한 논문이 나왔는데, 박재우에 따르면 반공적 분위기로 인해 1950년에서 54년까지 루쉰 관련 문장이 한 편도 나오지 않았지만, 55년에 김용섭의 「루쉰론」, 59년에 박노태의 「루쉰과 욱달부의 세계」가 발표되었다. 이 두 평론은 모두 루쉰의 민족주의와 계몽주의적 측면을 강조했다. 학계에서는 1961년 김철수의 석사학위논문이 발표된 이후 비로소 루쉰 연구가 시작되었는데, 1960년대와 70년대의 루쉰 연구로는 하정옥의 「루쉰문학의 배경」(1966), 이영자의 석사논문 「루쉰소설연구-작품 속에 표현된 민중상」(1970), 한무희의 「루쉰의 문학과 사상」(1970), 차상환의 「한중신문학운동의 비교연구-최남선과 호적, 이광수와 루쉰을 중심으로」 등의 연구와 평론을 들 수 있다. 한편 잡지에서도 루쉰을 비롯한 중국 관련 논설들이 발표되기 시작했다. 1950년대 대표적인 잡지였던 『사상계』에서 중국 관계 논설이 본격적으로 등장한 것이 1955년을 지나면서부터였다. 타이완으로 유학을 갔던 김준엽이 귀국하고 『사상계』의 편집위원으로 참여하면서부터 중국 관련 논설들이 등장하기 시작했다. 김준엽은 「중

11) 정종현, 앞의 논문

국국민정부는 이렇게 하여 몰락하였다」(상)(하), 「중공국가체제의 성립」 그리고 「중공의 인민지배기구」(상)(하)를 잇달아 발표하고, 1958년에는 단행본 『중국 공산당사』를 간행했다. 그는 중국공산당을 '괴물'에 비유하면서 중공 사회가 '아시아의 후진성'을 체현하고 있으며 이로 인해 '자유와 민주'를 필요로 한다고 파악했다. 즉 중공 사회는 자유와 민주를 포함한 정상적인 근대화로부터 일탈한 공간으로 이해되었던 것이다.[12] 서울대 중문과 교수였던 장기근(張基根) 역시 「중공의 아Q」에서 인민에 대한 수탈이 자행되는 비정상적인 중공에 대한 비판을 제기하였다.[13] 부정적인 즉 '중공'의 근대가 일탈된 근대라고 할 때, 그 대척점에 '정상적 근대화'의 과정을 대치시키는 논의가 같은 시기에 범람했는데, 그것의 전범은 바로 '전 아세아 인민의 공적'인 '중공'에 맞서 싸우고 있는 '자유 중국'이었다. 당시 지식인들은 중국 근대의 일탈을 가져온 중공이 아니라 비록 대륙에서 쫓겨 왔지만 타이완에서 법과 제도 등의 체제를 정비하고 발전과 재기의 길에 들어선 '자유중국'을 진정한 중국으로 이미지화했으며, '자유중국'의 문화나 문학 역시 중국의 정통 문화와 문학으로서 호명하였다. 여기에 루쉰 역시 오사신문화운동의 정신을 대표하는 인물로서 인식되었다. 아이러니하게도 이 당시 타이완에서 루쉰의 작품은 금서 목록에 올라 있었다.[14] 따라서 이러한 타이완의 상황을 한편에 두고 루쉰을 공식적인 담론 체계에 효과적으로 배치하기 위해서 루쉰이 지닌 의미 체계를 재맥락화할 필요가 있었다. 루쉰의 글을 반공이 아니라 '자유'와 '순수성'에 더욱 가깝

12) 정문상, 「김준엽의 근현대 중국론과 동아시아 냉전」, 『역사비평』 87호, 역사비평, 2007

13) 장기근, 「中共의 아Q」, 『世代』 제1권 6호, 세대사, 1963.11

14) 최진호, 「냉전기 중국 이해와 루쉰 수용 연구」, 『한국학연구』 39호, 2015

게 연결시키는 것이었다. 이를 통해 루쉰은 남한의 공식적인 담론 체계 안에 보다 효과적으로 진입하게 된다. 요컨대 '자유중국'과 관련될 때 루쉰은 중국의 봉건 제도에 대한 비판을 통해 '새로운 민주중국'을 요구한 동시에 일생 동안 '중국 대중의 민족혼'이 된 인물이다. 구래의 중국 사회를 지배한 과거의 인습과 대중의 몽매를 폭로하고 드러냄으로써 중국인민을 개량시키고자 시도했다. 중국 인민의 각성과 중국 근대화에 매진한 계몽적 작가 혹은 지식인으로서, 근대화의 방향으로 나아가고 있는 '자유중국' 더 나가서는 '자유세계'의 일원으로 수용될 수 있었다.

4.1.4 1980년대 루쉰 수용과 연구

세계사적으로는 중국의 문화대혁명을 전후하여 조금씩 냉전의 구도가 와해되기 시작했다. 이미 1960년대 중반부터 미국 사회에서는 중국에 대한 정책 변화 필요성이 제기되면서 1966년 3월 8일부터 30일에 걸쳐 미상원 외교위원회 청문회가 열린다. 청문회 참석자들은 미국의 도미노 이론에 근거한 전략에 의문을 제기하면서 기존의 대중(對中) 봉쇄 정책에서 벗어날 것을 제안하였다. 즉 기존의 '감정에 치우친' 중공 인식에서 벗어나 '이성적이고 현실적으로' 중공을 '정시'해야 할 필요성이 제기되었다. 이런 미국 사회의 인식 전환의 요구는 '반공 냉전형 중공 인식'이 압도하던 한국 사회에 큰 영향을 미쳤다. 지식인의 일각에서 기존의 중공 인식을 재고할 필요가 있다는 목소리가 조심스럽게 제기되었기 때문이다.[15] 즉 미국

15) 중국근대사학자 민두기 역시 「아식민지와 근대화 - 공산 중국에의 노선묘사를 중심으로」, 『세대』 4권 7호, 세대사, 1966 등의 글에서 향후 이와 같은 중국 연구의 방향을 언급한다.

사회에서 '새로운 중국관'과 함께 '두 개의 중국론'에 근거해 '중공'을 이해할 필요성이 등장했다. 가령 지금까지 '중공'을 인식하는 데 있어서 '이념적 편향성'이 있었다고 한다면, 이제는 한국의 독자적 입장에서 '하나' 혹은 결여가 아닌 '두 개의 중국'을 연구해야 한다고 주장하게 되었다. 현실 사회주의 국가 '중공'을 받아들이려는 이러한 흐름이 등장하고, 이와 함께 루쉰을 좌파 혹은 우파로 구분하는 대신, 중국의 자유주의적 조류와 사회주의적 조류가 합류하고 분기하는 지점에서 이해하려는 흐름이 형성된다. 특히 1970년대 미국과 '중공'의 화해 속에서 '중공'에 대한 새로운 이해의 필요성이 등장하고, 이 속에서 루쉰을 사회주의 중국 혁명과의 연관성 속에서 파악하려는 경향이 나타난다. 즉 새로운 중국에 대한 이해의 필요성과 함께 은폐되었던 좌파 혁명가 루쉰이 신문, 잡지 등 대중 매체에 재형상화되기 시작하였다. 평론에서도 이러한 경향이 조금씩 드러나기 시작했는데, 차주환은 이미 1965년 『문학춘추』에 「민족·반항·절망-魯迅의 경우」를 게재하고, 여기서 루쉰을 계몽가나 혁명가가 아닌 민족주의자로 자리매김한다. 이것은 바로 시대적 상황의 변화를 루쉰에 대한 평가에 반영한 것이다. 이제 '중공'을 일탈된 근대가 아닌 다른 근대의 출현으로 이해하고 '중공'식 근대에 대한 내재적 이해의 필요성을 제기하고, 중국에 대해 반공 냉전식의 적대가 아니라 이성적이고 합리적 정시가 요구된 것이다. 루쉰에 대한 이해 역시 '자유중국'이 아니라 '중공'과의 연관 속에서 재문제화되기 시작했다. 즉 중공 근대화의 기원이자, '중공' 발전의 하나의 근거로서 그 의미가 드러나게 된다. 정치적 기준에 의해 재단된 연구에서 탈피하여 중공에 대한 객관적인 연구의 분위기가 고조됨에 따라 1980년대에 들어와 학계에서도 본격적으로 중국현대문학에 대한 연구가 전개되기 시작한다.

글로벌 시대인 지금도 한반도의 남쪽에서는 아직도 레드 콤플렉스에서 벗어나지 못하고 있는데, 그 기원이 이미 1950년대부터 시작되었다는 것은 앞에서 말했다. 이러한 상황은 1980년대까지 지속되었고 루쉰에 대한 소개와 연구도 자유주의자 또는 애국주의자라는 관점에서만 이루어졌다. 그런데 1970년대에 이미 한반도 주변은 냉전이 와해되는 분위기를 드러내었고, 이에 사회주의 중국을 제대로 보는 노력이 필요했음에도 불구하고 당시의 군사독재정권은 여전히 자신의 권력을 유지하기 위해 레드 콤플렉스를 오히려 강화하고 있었다. 이에 루쉰이 종래의 자유주의자, 민족주의자라는 평가가 아니라 마오쩌둥이 고평한 작가로서 받아들여지는 이 사실은 남한 사회에서 받아들이기 어려웠다. 즉 '붉은 루쉰'은 한국사회에서 용납될 수 없었고, 군사독재 정권이 루쉰을 공산주의자로 규정하고 반공법의 대상으로 삼는 바람에 루쉰 관련 도서는 아예 금서 목록에 올랐다. 이로 인해 선진적 · 진취적 개혁정신을 지닌 기존의 루쉰에 대한 이해조차 계승될 수 없는 상황을 초래했다. '중공'='루쉰'이라는 꼬리표는 루쉰을 비롯한 중국현대문학 연구에 종사하는 연구자를 내외적으로 검열하게 하여 연구를 자유롭게 할 수 없는 상황을 만들었다. 그럼에도 불구하고 1980년 한국사회의 화두는 민주화였고, 그 민주화를 위한 투쟁에 루쉰이 접목되었다. 중국공산당이 내세우는 혁명 작가 루쉰이 한국 민주화의 영웅으로 변모한 것이다. 반봉건의 전사 즉 진보적이고 비판적인 작가 루쉰이라는 냉전 이후 한국 지식계에 수용된 이미지에 1980년대 민주화 운동을 비롯한 사회 변혁 운동이 성장하던 시기 혁명가 루쉰의 이미지가 결합되면서 나타나기 시작한 것이다. 식민지 시기 루쉰의 장례식에서 '한 조선인 청년'이라는 이름으로 "약소민족의 구세주, 세상을 떠나다"라는 조사(弔詞)가 걸린 적이 있다. 이 조선인 청년에게 루쉰의 삶과 문학은 '반제국주의 전사'로 받아들여졌다. 또한 저널리스트 신언준과 시인 이육사는 루쉰을 '중국의 고리키'에 비유하며 그의 저항적 정신을 부각시켰다. 이러한 저항적 식민지 지식인들의 루쉰 이해의 계보가 연결된 것이다. 뒤에 다시 언급할 1970~80년대 한국 사회의 대표적인 비판적 지식이었던 리영희는 루쉰을 통해 1930년대의 중국현실과 60~80년대의 한국 현실을 대응시켰다. 즉 이승만과 박정희 정권하의 한국을 1910~30년대의 군벌 · 반동 · 매판 통치하의 중국을 방불케 한다고 보았고, 20~30년대 루쉰의 글은 바로 이러한 중국사회의 어두운 면과 반동적인 지배자(지식인까지)의 추악한 일면을 신랄하게 폭로하고 비판했던 것이었으며, 루쉰의 글은 바로 당시 한국 사회의 권력자에게 날리는 비수와 같다고 느꼈던 것이다.

바로 이러한 사회적 분위기와 함께 중국현대문학 연구가 급성장을 하게 된다. 특히 1985년에 '한국중국현대문학회'가 성립되고, 이 학회의 구성원들이 초반에 루쉰 관련 학위논문을 대거 발표함으로써 중국현대문학 연구 가운데서 루쉰 연구가 큰 비중을 차지하게 되었다.[16] 현재까지 한국에서 루쉰 연구와 번역은 지속적으로 이루어지고 있지만, 1990년대에 비해 다소 동력이 떨어진 것은 사실이다. 이와 관련해서는 다른 절에서 설명하도록 한다.

4.2 한국근대사상사에서 루쉰의 그림자

루쉰은 비단 번역사와 연구사에서만 수용된 것이 아니다. 번역

16) 이와 관련한 자세한 소개는 박재우, 2015년 한국중국현대문학학회 창립 30주년 기념학술대회 발표집 참조

을 통해 루쉰은 일본 못지않게 한국에서도 중국문학가 가운데 가장 대중적인 작가로 자리매김했다. 그 이유가 무엇일까 생각해보면, 많지는 않지만 루쉰과 식민지 시기 지식인의 교류, 또 해방 전후 번역가들에 의한 루쉰 작품의 지속적인 번역과 소개, 한국 작가들을 비롯한 지식인들의 수용을 통한 대중성 획득 그리고 한국근대사상사에서 루쉰이 수용되었던 맥락이 작용했던 것이라고 본다.

4.2.1 해방 전

20세기 초반 루쉰은 일본으로 유학을 떠났다. 루쉰이 해외에서 체류한 유일한 시기이다. 약 7년여에 걸친 도쿄 유학시절은 새로운 문물과 진리에 대한 욕구로 가득찬 젊은 청년의 생활이었다. 센다이 의전 시기를 제외하고 도쿄대학과 인접한 간다(神田) 서점 거리를 매일 바쁘게 돌아다녔을 루쉰을 생각해보면, 같은 시기 루쉰 이외의 동아시아 많은 지식 청년들이 같은 거리를 횡행하면서 서로 스쳐 지나가기도 하고, 또 같은 장소에서 강연을 듣거나 토론을 하는 모습을 상상해볼 수 있다.[17] 루쉰이 일본에 유학했던 시절 도쿄는 말 그대로 동아시아 지식인들이 활발하게 교류를 하던 장소였다. 이 시기에 조선 유학생들과의 만남도 가능했을 터이지만, 그와 관련된 기록은 전혀 찾을 수 없다. 전체적으로 당시 조선에 대한 루쉰의 관심은 그렇게 높지 않았던 것으로 보인다. 제국주의 열강에 억압받는 약소민족에 대한 관심은 높았지만 직접적으로 일본에게 강압당하고 있던 조선에 대한 언급은 없다. 물론 일본에 대한 언

17) 옌안성 저, 한영혜 역, 『신산을 찾아 동쪽으로 향하네-근대 중국 지식인의 일본 유학』, 일조각, 2005

급도 제한적인 것으로 보아, 루쉰은 오로지 중국 내부의 문제를 파악하는 데 집중했던 것으로 보인다. 물론 자신의 식견을 정립해가는 과정에서 이웃 나라의 사정에 대해 거론할 만한 처지가 못 되었을 법도 하다. 그렇지만 루쉰으로 이름을 알리게 된 이후 그의 작품과 사상을 접한 많은 동아시아 지식인들이 그를 직접 만나고자 했고, 실제로 많은 인물들이 루쉰의 주변을 맴돌았다. 이러한 루쉰과 그를 둘러싼 인물표는 동아시아를 재고하는 오늘날의 관점에서 흥미로운 대목이 아닐 수 없다.

4.2.1.1 루쉰과의 직접적인 교류

앞에서는 주로 루쉰을 비롯한 중국근대문학의 한국어 번역과 관련해서 서술했다. 하지만 지금까지의 연구에 의하면 일본 지식인들뿐만 아니라 한국 지식인들 역시 루쉰과 그의 동생인 저우쭤런(周作人)에 대해서 일찍부터 주목하고 교류를 해왔다는 사실이 밝혀지고 있다. 이러한 교류가 어떤 측면에서는 개인적인 차원의 일로 치부할 수 있지만, 동아시아적 시각에서 본다면 한중일 지식인 교류라는 측면에서 결코 적지 않은 의미를 지닌다. 이것은 다음 절에서 거론할 한국 문인들의 작품 속에 배어 나오는 루쉰의 그림자와도 연결된다. 다시 말해 실제적인 루쉰 작품의 번역과 평론(연구)도 연구사의 측면에서는 중요하고, 또 비교문학적 차원에서 루쉰과 한국 작가들의 작품을 비교 분석하는 것도 소중하지만, 지식인들 간의 실제적인 교류에 대한 검토는 동아시아의 사상사(정신사)의 관점에서도 값진 일이다.

『루쉰 일기』에 의하면 루쉰과 교류했던 일본인은 200여 명이 넘는다고 한다.[18] 그에 비해 한국인은 지금까지 연구된 바에 따르면 10명이 채 안 되는 것으로 파악된다. 연변의 조선족 연구자에 의하면 8명이라고 밝히고 있지만, 국내 연구자들은 6명으로 추측한다.[19] 이러한 차이에 대해서는 차후 자료를 통해 분명하게 확인되어야 할 연구 과제로서, 여기서는 더 이상 거론하지 않겠다. 여기서 의미가 있다고 생각하는 것은 동아시아적 시각에서 루쉰을 중심으로 동아시아 지식인들의 인적 교류의 관계망을 그려보는 것일 터이다. 다시 말해 루쉰 생전에 그를 정점으로 주위에 포진해 있던 많은 인물들 그리고 그 인물들 간의 관계망을 지도로 만들어보는 것이다. 종전의 연구에 의해서 밝혀진 루쉰이 만난 한국인 6명은 오상순, 이우관, 유기석, 신언준, 김구경, 이육사로 밝혀졌다. 그런데 이들은 여러 가지 개인적인 이유로 루쉰 형제와 내왕했던 것으로 보이나, 사실 이들이 루쉰과만 관계를 맺고 있는 것은 아니고, 당시의 여타 다른 동아시아 지식인들과도 교류를 맺고 있었다는 점을 주목해야겠다. 1930년대에 신언준과 이육사는 신문기자와 독립운동가로서 각각 루쉰을 만난 것이라면, 앞의 3인은 일괄해서 말할 수는 없지만 세계주의라는 공통분모를 갖고 루쉰보다는 동생 저우쭤런을 만나면서 자연스럽게 당시 같은 집에 살았던 루쉰과도 내왕이 있었던 것으로 파악된다. 그렇다면 기존 연구에서도 드러난 것이지만, 이 3인에게는 루쉰이 살뜰히 챙겼던 러시아 작가 예로센코와의 끈이 이어져 있으며 동시에 당시 일본의 아나키스트들과의 연대도 예상할 수 있다.

루쉰과 저우쭤런의 일기를 토대로 「루쉰이 만난 한국인」이라는

18) 박재우, 「解放後魯迅研究在韓國(1945~1996)」, 『중국현대문학』 11호, 1996
19) 김시준, 「魯迅이 만난 韓國人」, 『중국현대문학』 13호, 1997

선구적인 논문을 발표한 김시준에 따르면 루쉰의 일기에는 이우관, 유수인, 김구경, 동아일보사(신언준으로 추측)가 등장하고, 저우쭤런의 일기에는 오상순, 이우관, 유모, 박모, 김구경이 기록되어 있다. 1919년 11월 21일 바다오완(八道灣)의 집을 사서 당시 베이징에 있던 저우쭤런의 가족과 함께 살다가, 23년 8월 2일 저우쭤런과의 불화로 좐다후퉁(磚塔胡同)으로 이사를 나올 때까지 루쉰 형제는 같은 집에서 살았다. 따라서 이 기간에 루쉰의 바다오완 집을 방문한 이는 오상순과 이우관이다. 루쉰과 직접적인 만남이 있었던 한국인은 이 두 명이 되겠는데, 1922년 일기가 유실되기도 했지만, 루쉰은 오상순에 대해 적지 않았고, 오상순 역시 저우쭤런의 일기에 드러나고 또 저우쭤런과의 만남을 위해 루쉰의 집을 방문한 것으로 알려져 있을 뿐 루쉰과의 만남에 대해서는 알 수 없다. 다만 저우쭤런을 만나러 바다오완의 집을 여러 차례 방문한 두 사람이 루쉰을 보았던 것은 상상할 수 있다. 루쉰 일기에 이우관이 적혀 있는 반증이 되겠다. 요컨대 오상순과 이우관은 루쉰보다 자신들의 무정부주의 또는 세계주의라는 사상적 경향에 따라 저우쭤런을 만나러 바다오완의 집을 찾아갔던 듯하고, 또 1922년 당시 예로센코도 잠시 이 집에 머물고 있었던 점이 두 사람의 루쉰 형제 집 방문의 계기였던 것으로 파악된다. 따라서 루쉰과의 직접적인 교류라는 측면에서는 그다지 주목할 만한 사안은 아니지만 기록상 드러난, 한국인으로서 루쉰을 처음 만난 인물이라는 점이 특기할 만하다.

여기서 같은 해, 즉 1922년 저우쭤런의 일기에 등장하는 유모라는 인물을, 당시 베이징 차오양(朝陽)대학에 재학중이던 그리고 1928년 9월 1일 스유헝(時有恒)과 함께 루쉰을 방문한 유수인으로 김시준의 논문은 파악하고 있는데, 최근 연구에 의하면 「광인일기」의 번역자이기도 한 유수인 즉 유기석(柳基石, 필명 柳絮)은 1922년 당시 난징의 화중공학에 재학중이었고, 1924년 9월에 베이징의 차오양대학에 입학하는 것으로 보아 김시준의 논문에서 말한 1922년에 저우쭤런을 방문한 유 씨는 유기석이 아니라 유림(柳林) 즉 고자성(高自性)이라고 파악된다. 이 논문에서 유림은 3·1운동 후 만주로 망명하였다가 1920년 말에 베이징으로 와서 신채호와 김창숙이 『천고(天鼓)』를 발간하는 데 일조를 하는데, 이때 저우쭤런을 만난 것으로 추측한다.[20)]

1928년의 유수인 다음으로 1929년의 『루쉰 일기』에 김구경이 자주 등장하고, 1933년에 동아일보사가 여러 차례 등장하면서 당시 동아일보사 기자였던 신언준이 「루쉰방문기」를 발표한 것으로 보아 신언준이 루쉰을 만났던 것으로 예상할 수 있다. 김구경은 1928년쯤 베이징에 갔고, 1929년 5월 상하이에 있던 루쉰이 어머니를 만나기 위해 베이징에 왔을 때 그는 미명사(未名社)에 잠시 머물고 있었으며, 베이징대학에서 조선어와 일본어를 가르치고 있었는데, 이때 저우쭤런과 교류가 있었다. 루쉰 일기의 29년 5월 25일, 31일, 6월 2일 그리고 상하이로 떠나던 날 3일 이렇게 루쉰을 방문한 것으로 되어 있다. 특히 31일에 일본 학자 3명 즉 츠카모토 젠류(塚本善隆), 미즈노 세이치(水野清一), 구라이시 다케시로(倉石武四郎)와 함께 루쉰을 방문한 점이 특기할 만하다. 김구경은 일본의 오타니(大谷)대학에서 구라이시에게 중국어를 배웠던 인연이 있었고, 그래서 구라이시 등 3명의 일본학자를 대동하여 루쉰을 만났던 것이다. 그리고 여기서 재미있는 것은 김구경을 저우쭤런에게 소개한 이가 웨이젠공(魏建功)이라는 점이다. 베이징대학에서 루쉰과 저우쭤런에

20) 홍석표, 「류수인(柳樹人)과 루쉰(魯迅): 「광인일기」 번역과 사상적 연대」, 『중국문학』 77호, 2013

게 배운 학생이었던 웨이젠공은 1927년 4월부터 1928년 8월까지 세 학기 동안 서울의 경성제국대학(京城帝國大學) 중국어 강사를 역임했고, 이 때 김구경과 알았던 것으로 보인다. 미명사 회원들과 친분이 있었던 웨이젠공이 베이징에 온 김구경을 저우쭤런에게 소개시킨 것이 루쉰이 베이징에 오기 하루 전인 24일이었다. 김구경의 사례를 놓고 보면 루쉰과 한국의 인연은 다른 형태로도 드러났음을 알 수 있다. 그것은 웨이젠공의 경우처럼 루쉰과 인연이 깊은 중국 인물들(루쉰의 제자들)이 한국의 지식인들과 교류를 맺은 기록이다. 이외에도 타이징농(臺靜農)은 베이징에서 비밀리에 독립운동을 전개하던 어느 '조선인'을 형상화한 「나의 이웃(我的隣居)」이라는 단편소설을 창작하였으며, 리지예(李霽野)는 『루쉰 선생과 미명사(魯迅先生與未名社)』라는 책에서 한국인 김구경 및 루쉰을 방문한 어느 일본인에 관한 이야기를 소개하고 있다.[21]

한편 신언준은 1933년 루쉰을 만나 인터뷰를 진행하고 11개월 뒤인 1934년 4월 『신동아』 30호에 「중국의 대문호 루쉰방문기」라는 글을 루쉰의 편지와 함께 실었다. 신언준은 앞에서 소개한 한국인들이 직간접적으로 루쉰과 만났던 것인 데 반해, 신문기자로서 루쉰과 그의 근황을 조선에 직접 알리려는 의도를 갖고 루쉰을 만났던 것이다. 이 만남의 과정에는 당시 중앙연구원 원장 차이위안페이(蔡元培) 그리고 일본 우치야마(內山) 서점이 개입되었다. 같은 맥락에서 당시 일본의 신문연합사 특파원이었던 야마가미 마사요시(山上正義, 1896-1938)와 루쉰의 교류도 주목할 필요가 있겠다. 전전(戰前)의 일본에서 중국의 현대사에 가장 깊은 관심을 가졌던 지

21) 홍석표, 「루쉰(魯迅)과 그 제자들 그리고 "조선" 인식」, 『중국어문학지』 47호, 2014

식인의 한 사람으로 루쉰과 친교를 맺고 임수인(林守仁)이란 필명으로 『阿Q正伝』을 아주 이른 시기에 일본에 번역하여 소개했다. 특파원으로서 바로 중국 현지에서 국민혁명의 고양과 좌절을 목격하고 그 역사적 사건을 기록하고 발신한 저널리스트였다.[22)]

마지막으로 이육사인데, 이육사는 루쉰이 서거한 뒤 쓴 「루쉰 추도문」(1936년 10월 23~29일 조선일보에 연재)에서 루쉰을 1932년 6월 초 양싱푸(楊杏佛)의 장례식장에서 만났다고 적고 있다. 그날의 『루쉰일기』에는 이육사를 만났다는 기록이 없는데, 아마도 경황이 없어서 루쉰이 기억을 못했을 거라 추측한다. 그는 루쉰이 서거한 그해 12월에는 「고향」을 번역해서 『동광』에 실었다. 이상 식민지 시기 루쉰과 직접적인 만남을 가졌던 인물들을 선행 연구를 토대로 간단히 소개했는데, 여기서 알 수 있는 것은 이러한 직접적인 만남은 의미가 있지만, 그 교류의 의미를 정확히 파악할 수 없다는 점에서 한계가 있다. 다시 말해 단발성의 만남이 아니라 지속적으로 루쉰과 교류하면서 그의 사상과 문학을 이해하고 그 속에서 교류하는 상대방의 입장도 개진하고 이로써 중조 간의 이해의 폭을 증진하는 것이 중요하다. 이것은 비단 루쉰의 사례일 뿐이고, 식민지 조선 지식인이 중국의 지성과 교류한 흔적은 바진(巴金) 등과 같이 여러 곳에서 확인되고 있다. 보다 많은 발굴과 조사가 이루어질 대목

22) 丸山昇, 『ある中国特派員 山上正義と魯迅』, 中公新書, 1976. 야마가미의 루쉰 소설 번역은 魯迅 외, 林守仁 외 訳 「支那小説集 阿Q正伝」 四六書院 初版 国際プロレタリア文学選集, 1931
이 책은 유명한 루쉰 작품을 표제로 해서 후예핀(胡也頻), 러우스(柔石) 등 중국의 좌익계 신진작가의 단편 4편을 수록했는데, 사실 표제의 저명한 작품보다도 이것이 귀중하다. 여기에 수록된 젊은 작가들은 루쉰 외에는 모두 국민당 군대에 의해 잔혹하게 살해되었다. 이 책에 실린 시로가와 지로(白川次郎)와 오자키 호쓰미(尾崎秀美)가 쓴 서문과 「中国左翼文芸戦線の現状を語る」에 그러한 내용이 적혀 있다.

이다.

좀 다른 경우이지만, 식민지 시기 조선의 대학에서 강의를 하던 일본인 학자가 루쉰을 만나 대학에서 한국 학생들을 대상으로 루쉰에 대해 강의하고 그 강의를 들었던 한국 학생이 루쉰과 중국 근대문학에 대해 관심을 갖게 되어 연구자로 성장한 일도 있다. 그 일본인 학자가 신언준과 거의 동시기에 루쉰을 방문했던 가라시마 다케시다.[23] 이 가라시마 지도하에 중국문학을 연구했던 이가 이명선이다. 이명선은 해방 후 서울대 중문과 교수를 지내면서 루쉰 작품을 번역해서 출판하기도 했으니, 루쉰과의 직접적인 만남은 없었지만, 그 교류의 끈은 이렇게 이어지고 있는 셈이다. 한편 경성제대 중문과를 다녔던 김태준 역시 일본인 교수들의 훈도를 받았지만, 그는 당시 중국 공산당의 사회주의 혁명운동에 관심이 깊어서 혈혈단신으로 옌안을 찾아가기도 했는데, 그런 그가 루쉰의 『한문학사강요』를 바탕으로 한국의 문학사를 구상했다고 하는 점 역시 루쉰을 정점으로 일본인 학자를 매개로 한 간접적인 교류의 한 예가 될 것이다.

4.2.1.2 한국 문인들의 루쉰 수용

식민지 시기 루쉰을 직접 방문하는 이들도 있었고, 또 그의 작품을 번역하거나 평론을 발표하는 경우도 있었던 반면에, 루쉰의 작품을 자신의 창작 속에 수용한 경우도 한국의 작가들 가운데 적지 않았다. 이광수, 한설야, 이육사, 김사량, 김광균, 이병주, 류양선, 이병주 등에 이르는 작가들이 루쉰을 거론했고, 그들의 작품에도

23) 홍석표, 「루쉰(魯迅)과 신언준(申彥俊) 그리고 카라시마 타케시(辛島驍)」, 『중국문학』 69호, 2011

루쉰이 많은 영향을 주었다. 또한 리영희, 전우익, 예춘호, 신영복 등의 지식인에게 끼친 루쉰의 영향도 적지 않다.

특히 한국전쟁 이후 30여 년 동안 한국인의 뇌리에서 루쉰이 망각 혹은 단순화 나아가 왜곡되어야 했던 상황은 특히 현대사 속의 비극적 측면과 불가분의 관계에 있음은 물론이다. 반(半)봉건 반(半)식민상태의 현실과 고단한 싸움을 벌여야 했던 루쉰의 고뇌와 그 문학적 표현들에 대해 식민지 한국의 지식인들은 깊이 공감했고 그중에서도 뛰어난 문학전형 '아Q'에 대해서 더욱 각별한 감명을 받은 것으로 보인다. '아Q'는 식민지를 살아가는 비굴할 수밖에 없는 백성들, 나아가 식민지 지식인들의 모습과 겹쳐져 한층 설득력과 실감을 불러일으켰던 것이다.

이러한 과정을 배경으로, 식민지 한국의 지식인들에게 루쉰은 그저 단순히 외국의 문호라기보다는 같은 시대와 시대인식을 공유하며 살아가는 선배이자 정신적 지주로 인식되는 경향이 뚜렷했다. 특히 중국대륙을 전전하던 망명지사들에게 루쉰은 '약소민족의 구세주' 같은 존재였고, 이러한 이해방식은 한국근대정신사에 있어서 '비타협적 전사(戰士)'로서의 루쉰상의 계보를 형성하고 있다. 한편 이육사, 신채호(申采浩), 님 웨일즈 『아리랑』의 주인공이자 공동저자인 김산(金山), 『루쉰 일기』에 등장한 유수인(柳樹人), 이우관(李又觀), 김구경(金九經) 등은 루쉰을 사모하던 한국 지식인들 중 비교적 뚜렷한 흔적을 남기고 있는 인물들이다. 1980년대 후반 『최후의 분대장』 등의 작품으로 화제가 되었던 중국조선족 소설가 김학철(金學鐵) 역시 루쉰을 스스로의 문학생애의 원점으로 삼고 있는 동시대의 독자였다. 1930~40년대를 풍미한 상하이의 영화스타(일명 상하이 영화 황제) 김염(金焰)도 빼놓을 수 없다. 루쉰의 이름에서 글자 하나를 딴 '김신(金迅)'이라는 필명으로 소설을 쓴 적이 있을 만큼,

그 역시 열렬한 루쉰의 독자였던 것이다.

식민지 조선의 지식인 특히 문인들에게 루쉰과 그의 작품은 자신들이 놓인 삶의 조건을 되돌아보는 계기를 마련했다고 할 수 있다. 첸리췬(錢理群)이 일찍이 『풍부한 고통-돈키호테와 햄릿의 동천(東遷)』이라는 글에서 돈키호테와 햄릿이라는 인물 전형이 현지의 땅에서 대성공을 거둔 이후 유럽대륙, 특히 독일과 프랑스에 전파되어 현지의 문단 및 문학상황에 어떤 영향을 주었는지, 나아가 19세기 러시아에 이르러서는 어떤 식으로 화두가 되었는지 추적한 뒤 존재의 내적 풍부함을 더해가며 변용되는 과정으로서의 이 여정이 드디어 러시아를 거쳐 20세기 중국에 이르러서는 어떤 수용의 역사가 일어났는지 상술한 적이 있다. 이것은 서구의 문학적 전형이 비서구에 어떻게 전해지고 또 비서구의 땅에서 어떻게 재탄생하는지를 보여준 글인데, 이러한 첸리췬의 관점에 입각해서 본다면 루쉰이 창조한 아Q는 돈키호테와 햄릿을 결합해 중국에서 탄생한 인물로 해석할 수 있으며, 이 아Q는 식민지 조선에서도 많이 알려진 인물 전형이 되었던 듯하다. 그것은 조선 문인들의 작품에서도 형태는 다르지만 등장하고 있기 때문이다. 그 대표적인 작가가 바로 이광수와 김사량이다.

문명개화에 헌신하는 소위 '민족의 교사'라는 자의식 속에서 이광수에게 문학은 한낱 '여기(余技)'에 불과했다. 이러한 경향은 수양동우회(修養同友會) 사건 이후 뚜렷한 변화를 보이기 시작한 것으로 알려져 있다. 일본의 본격적인 대륙침략과 더불어 질곡의 도를 더해가는 식민지 상황 속에서 일어난 수양동우회 사건으로 그는 정신적 지주이던 도산 안창호의 죽음을 맞았고 내면적 육체적인 위기에 직면하게 되었던 것이다. 바로 이와 같이 이광수의 중대한 내적 변화의 길목에서 발표된 작품이 바로 「만영감의 죽음」과 「무명(無明)」

이다. 이 두 작품을 통해 '조선의 阿Q' 나아가 '阿Q들의 조선'을 형상화한 이광수는 드디어 자신의 모습 속에서 '阿Q'를 발견하게 되었음을 시사했다. 한국에는 수필가로, 일본에서는 한국 시(詩)의 대표적인 소개서 『조선시집(朝鮮詩集)』(岩波文庫, 1954)의 역자로 잘 알려진 교포문인 김소운(金素雲)은 이에 대해 다음과 같이 적었다.

> "춘원은 내가 찾아온 이유를 밝히자 쑥스러운 듯 쓴웃음을 띄우며 말했다. '쓰려거든 『阿Q正傳』처럼 쓰시오.' 내게는 가슴을 찌르는 듯한 한마디였다. '나는 阿Q 같은 바보라오.' 춘원의 이 한마디가 무엇을 의미하는지 둔한 나라도 물론 알 수 있었지만, 그 말에 대꾸할 그럴싸한 말을 찾지 못하고 들리지 않은 척 밖을 보았다."[24)]

일찍이 한국의 근대독자들에게 실패한 인간상의 전형으로 받아들여졌고 노예화한 식민지백성으로서의 자화상과 중첩되어 깊은 감명을 불러일으켰던 이 '阿Q'라는 문학전형이 한 걸음 더 나아가 드디어 식민지 지식인의 자기인식이 되는 예를 여기서 확인할 수 있다.

이광수를 통해서 확인했듯이, 아Q와 같은 절망과 허무를 띤 잉여인간적 전형은 식민지시대 한국문학에서 보편적으로 보이는 형상의 하나라고 할 수 있겠는데, 이광수보다 한 세대 어린 김사량의 작품에서도 루쉰이 형상화한 아Q가 등장한다. 김사량의 단편소설 「Q백작(Q伯爵)」은 식민지의 이름 없는 한 고등룸펜의 이야기이다. 고위층 친일파를 아버지로 둔 특권층 조선인 'Q백작'은 유치장 출

---

24) 임명신, 「한국 근대정신사 속의 魯迅 - 이광수, 김사량 그리고 魯迅」, 『중국현대문학』 30호, 2004

입을 일삼는 인물로서, 사상범으로 체포되고자 스스로 갖은 애를 쓰지만 늘 결정적 혐의부족으로 석방되곤 하는 일본경찰의 골칫거리이기도 하다. 다분히 희화적으로 그려진 주인공 'Q백작'은 골계미를 띠면서도 어딘지 모르게 비장감이 감도는 흥미로운 전형이다. 식민지 현실에 대한 깊은 절망과 자신에 대한 굴절된 심정으로 'Q백작'은 1930년대 이래 급증한 경제난민의 무리에 섞여 만주행(滿洲行) 기차를 타고 술에 절어 자학을 되풀이한다. 일찍이 이광수가 말한 '조선의 阿鬼' 즉 '식민지 백성으로서 阿Q'가 드디어 '잉여인간적 식민지 지식인像'으로 거듭난 것이다. 이처럼 루쉰에 의해 창출된 뛰어난 문학전형 '阿Q'의 중층적인 의미 위에 잉여인간적 지식인의 모습이 더해져 있어 주목할 만하다.[25)]

4.2.2 해방 후

4.2.2.1 냉전시기

해방 후에도 루쉰은 많은 사람들에 의해 소개되었다. 예를 들어 이명선, 김광주, 이용규, 양주동, 이경성, 방곤, 이가원, 정내동, 정범진, 차승원, 이일동, 이윤중, 화국양, 장기근, 정성환, 전수광, 허세욱, 김학주, 임종국, 성원경, 박목월, 김상일, 하정옥, 문태구, 이문희, 허벽, 백낙청, 이어령과 같은 이들은 국내에 번역가로서 또는 선집이나 문집 편자로서 루쉰의 작품을 책으로 출판한 이들이다. 여기서 양주동, 임종국, 박목월, 백낙청, 김상일, 이어령 등 중국문학 전공자가 아님에도 루쉰을 포함시킨 앤솔러지 편집에 관여한 면면들을 보면 루쉰 수용의 다양한 맥락을 알 수 있다. 루쉰이 공산주의자라는 레

---

25) 임명신, 앞의 논문

테르로 인해 한때는 그의 작품이 금서가 되기도 했지만, 사실 루쉰은 해방 후에 독서시장에서 많은 독자를 가진 작가였던 셈이다.

앞에서도 거론한 바 있지만, 해방 이후 한국 독서시장에서 루쉰은 중국어 교재, 세계의 명언, 세계의 사상, 중국의 사상류의 앤솔러지에 포함되었다. 이럴 경우 루쉰의 글은 그 역사성과 정치성의 맥락을 제거하고 그의 문장만을 부분적으로 선별하여 동서양 문장의 전범 중 하나로 배치한다든가, 실용 중국어 서적의 문장교재로 배치하는 형태를 취했다.[26] 또 이 시기 인문교양서들은 루쉰을 교양의 세계 인문지리 속에서 동양적 인문주의의 사례로 제시하기도 했다.[27] 이처럼 루쉰 작품의 정치적이고 역사적인 맥락을 배제시킨 채 소개되는 루쉰의 글은 중국문학연구가의 선집 번역에도 그대로 드러난다. 이가원의 『阿Q正傳(魯迅小說選集)』(목록 6)은 냉전의 사상지리 안에서 루쉰 작품이 수용된 맥락을 보여주는 전형적인 텍스트이다. 이가원은 그 서문에서 루쉰의 일생을 '반제 · 반봉건의 중국 신문학의 역사'라고 말한다. 따라서 이가원에게 월북한 이명선의 루쉰 이해는 수용되지 않았고, 전적으로 초기의 루쉰 글만을 수용하고 있다. 앞에서 거론한 것이지만, 또 한 가지 주목할 사항은 1960년대 이래 붐을 이룬 출판자본의 세계문학전집 혹은 세계사상전집의 간행 맥락 속에 루쉰이 어떻게 배치되는가 하는 것이다. 이 전집의 공간에서 루쉰의 성격을 결정하는 것은 그가 누구와 짝을 맺으며 어디에 배치되어 있는가이다. 목록을 일별해보면 그 방식은 린위탕(林語堂), 위다푸(郁達夫) 등과 짝을 지어 중국문학을 대표하거나 자유중국의 작가들과 연결되어 반공 타이완문학의 첫머리를 장

26) 대표적인 예는 양주동, 『세계기문선』, 탐구사, 1955

27) 대표적인 예는 이경성 · 김영철 · 최혁순 · 송영택 편, 『인류의 영원한 지혜 - 사랑과 고뇌와 행복』, 영학사, 1962

식하기도 한다. 또한 월남(越南) 작가들과 함께 반공아시아를 대표하기도 하며, 펄 벅 등 선교사 출신 부모를 둔 미국의 중국통 2세와 함께 배치되어 세계체제하에서 중국의 지방색을 대표하기도 한다.[28)]

한편 이 시기 루쉰을 자신의 작품 속에서 수용한 대표적인 작가로는 이병주를 들 수 있다.[29)] 이병주는 그의 대표작인 『지리산』에서 등장인물들의 대화 속에 루쉰을 등장시키고 있으며, 자신의 창작활동에 대한 개인적인 회고에서도 루쉰에 대해 언급하고 있다. 특히 『지리산』에서 루쉰을 휴머니스트로 구성하고 그 휴머니즘을 공산당과 맞서지 않을 수 없는 사상으로 제시하였는데, 이러한 평가를 반공주의 입장이라고 과도하게 비판하는 것은 현재의 관점에서는 다소 부당한 면이 있다. 말년에 루쉰이 중국 공산당에 지지를 보내기는 했지만, 만약 사회주의 혁명이 성공한 1950년대 이후의 중국을 보았더라면 루쉰은 분명히 그가 지지한 중국 공산당에 대해 비판의 화살을 날렸을 것이기 때문이다.

4.2.2.2 한국의 진보운동과 루쉰

21세기를 맞이한 지금도 근대 한국의 과제는 식민지와 좌우 이

---

28) 대표적인 예로는 세계수필문학전집 - 중국 · 일본편, 정성환 옮김(차상원 · 백철 해제), 동서출판사, 1964. 조연현 · 김광주 편, 세계단편문학전집 동양편 - 중국 · 일본, 계몽사, 1966. 허세욱 번역의 〈삼성판〉 세계문학전집 - 阿Q正傳 외, 삼성출판사, 1974. 김광주 · 김기태 편, 세계단편문학전집 - 아아편(亞阿篇), 삼진사, 1972. 세계문학대전집 - 阿Q正傳 · 狂人日記외, 장기경 옮김, 대양서적, 1974. 세계단편문학선(30) - 동양편 광인일기 외, 장기근 옮김, 삼성출판사, 1974. 김상일, 세계단편문학전집 - 魯迅 · 郁達夫, 금학당, 1976. 백낙청 편, 『문학과 행동』, 태극출판사, 1974

29) 김하림, 「한국에서의 魯迅문학 수용양상」, 『중국인문과학』 11호, 1992. 정종현, 「루쉰의 초상」, 『사이』 제14호, 국제한국문학문화학회, 2013

데올로기 극복일 것이다. 이것은 현재도 여전히 살아서 우리의 삶을 제약하기 때문이다. 그런데 이것은 단지 외부와의 관계 속에서 해소될 수 있는 것이 아니라, 근본적으로는 우리 안의 문제인 점에서 더욱 중요하다. 70년대 내부적으로 개발독재가 한창 기승을 부리고 있는 상황이었지만, 한반도 외부에서는 냉전이 조금씩 와해되어가는 분위기가 만들어지고 있었다. 반공(反共)을 국시로 오로지 경제개발만을 추구해온 군사독재의 언론통제정책에 눈과 귀를 막고 있어서 이와 같은 외부 상황의 변화를 파악하지 못한 지성계에 『전환시대의 논리』, 『8억인의 대화』 등의 책을 발표하여 당시 지식인뿐만 아니라 청년 대학생들의 눈을 열어준 이가 바로 리영희다. 리영희는 특히 자신의 저서를 통해 당시 금기시되었던 사회주의 중국을 전면적으로 다루기 시작했다. 그런 점에서 당시로서는 대단히 획기적인 작업이었다.

그런데 2006년 『리영희 저작집』이 한길사에 발간되던 해에 1970년대 리영희에게서 사상적 세례를 받았음을 자처하는 '뉴 라이트'와 '중도파' 학자들이 포스트 냉전시대에 리영희의 묵은 논의를 끄집어내어 비판하는 시대착오적인 살부(殺父) 의식을 행했던 적이 있었다. 이에 대한 반론이 즉각적으로 제기되는 등 논쟁은 순식간에 확산되었다.[30] 한차례 리영희 평가를 두고 논쟁이 있었지만, 진

30) 윤평중(2006), 「이성과 우상: 한국 현대사와 리영희」, 『비평』 13호. 2006년의 리영희 논쟁은 계간지 『비평』의 복간호인 13호가 출간되기도 전에 신문지상을 통해 전개되었다는 특징을 지닌다. 윤평중이 신문 지면을 통해 발표한 리영희 비판론은 다음을 보라. 윤평중(2006), 「그가 남긴 비체계적인 '인본적 사회주의' 우리 사회 시장맹 · 북한맹 만들어」, 『중앙일보』 11월 8일
이에 대한 반론은 강준만(2006), 「리영희 비판에 되묻는다」, 『한겨레신문』 11월 16일. 홍윤기(2006), 「윤평중 교수에게 말한다」, 『한겨레신문』 11월 16일

정 리영희를 역사화하는 작업은 아직도 진행 중이라고 생각한다.[31] 아니 진행이 계속될 수밖에 없다고 본다. 그 이유는 우리 한국 사회의 영원한 숙제의 하나인 좌우이데올로기 문제가 지속되는 한 리영희에 대한 평가 역시 여기서 벗어날 수 없기 때문이다. 루쉰을 다루는 이 책에서 리영희를 언급하는 이유는 바로 리영희가 여러 글에서 루쉰에 대해 언급을 하고 있기 때문이다. 게다가 1980년대 이후 본격화된 중국현대문학 연구자들의 많은 수가 리영희의 책을 통해 루쉰과 사회주의 중국을 이해했고, 아울러 리영희의 변혁운동에 호응하면서 대학생활을 했던 이들이었던 점은 그가 중국문학연구자는 아니지만 여기서 언급하지 않으면 안 될 이유이다.

물론 현재적 관점에서 보면 리영희의 사회주의에 관한 논설이 모두 정확한 것은 아니며 또 다분히 편향도 존재한다. 이와 같은 점은 앞에서 언급한 일본의 루쉰 연구자 다케우치 요시미나 마루야마 노보루에게도 공히 존재하는 문제였다. 예를 들어, 냉전 체제의 수립으로 인해 국교가 단절된 사회주의 중국과 한국 및 일본의 대외적인 관계는 한국과 일본의 중국연구자들이 50년대 이후 중국을 알고 분석하는 것을 원천적으로 봉쇄했다. 따라서 이들에게 사회주의 혁명이 실현되고 있는 이상적인 중국이라는 상상이 덧붙여지는 것은 당연한 일이었다. 연합통신의 기자를 지낸 점에서 리영희가 다른 누구보다 냉전의 상대방인 중국을 구미권 자료를 통해 많이 접할 수 있었던 것은 유리한 점이지만, 한편으로는 구미에서 나오는 자료를 취사선별할 수 없었던 한계 역시 지녔다. 그런 점에서 다케우치의 저서 제목처럼 '예견과 착오'는 늘 수반될 수밖에 없었고,

31) 박자영, 「동아시아에서 사회주의 인민의 표상정치」, 『중국어문학논집』 第47호, 중국어문학연구회, 2007

이것은 1980년대 중반 이후 냉전의 구도가 동아시아를 비롯해 지구상에서 와해되는 순간 치유될 수 있었다.

최근 한국 사회에서 '리영희 읽기나 넘어서기'가 제기되는 이유의 가장 핵심은 위에서 말한 당시 리영희가 드러낸 내용이나 주장의 정확성이나 올바름을 단순히 따져보는 일이 아니라, 그것을 당시의 사상사적 맥락 속에 위치 짓고 그 속에서 리영희가 어떻게 특유한 돌파구를 찾아낼 수 있었는지를 찾아내는 일이라는 지적은 그런 점에서 타당하다.[32] 사상사적 맥락에서 리영희를 평가하는 일이 시급하고, 이러한 맥락에서 루쉰을 리영희의 사유 속에 위치시켜 파악하는 일이 중요할 것이다.

길지도 또 체계적이지도 않은 한국의 중국학 연구의 역사 속에 리영희의 의미는 적지 않다. 리영희가 본격적인 중국 연구 또는 비판적 중국학의 출발을 알린 것은 1972년 신문기자를 그만두고 한양대로 자리를 옮겨 '중국문제연구소'를 설립한 데서 비롯된다. 중국에서 문화대혁명이 한창이고 또 세계사적으로는 미국과 중국의 핑퐁외교를 통해 냉전적 구도에 금이 가기 시작한 때에 리영희는 「중국연구 - 그 초보적 시도」(1971)를 발표하여 중국에 대한 '앎' 혹은 지식의 문제를 본격적으로 제기했다. 즉 중국을 올바로 이해하기 위해서 필요한 것은 '어떤 목적'을 말하기 이전에 "진실을 진실대로 이해"해야 한다는 사실이다. 즉 '중공' 아닌 중국에 대한 이해는 '학구적 이해'가 먼저 선행되어야 한다고 말한다. 리영희에게 중국은 탐구해야 할 '앎의 대상'이다. 일본의 다케우치 요시미가 죽은 해가 1977년인데, 이것은 일반적으로 말하는 문화대혁명의 기간

32) 백승욱, 「한국 1960~1970년대 사유의 돌파구로서의 중국 문화대혁명 이해」, 『사이』 제14호, 국제한국문학문화학회, 2013

이 끝난 다음 해였고, 그 역시 문화대혁명에 대한 관심과 이해가 상당했었는데, 이는 당시 다케우치만이 아니라 일본의 마루야마 노보루, 미조구치 유조 등의 중국연구자들도 공히 주목한 사건이었듯이, 한국의 경우도 예외는 아니었다. 문화대혁명이 지닌 의미가 동아시아를 비롯하여 구미의 지식인들에게도 중요하게 다가왔는데, 그것은 바로 문화대혁명의 전개가 사회주의에 대한 전체주의론적 시각과 권력음모론적 시각을 넘어서 기존의 냉전적 사유구도에 도전하는 몇 가지 새로운 문제를 담고 있었기 때문이다. 당의 중심에서 노선 논쟁이 벌어진다는 것, 사회주의 대 자본주의라는 체제의 근본적 성격규정에 대한 논쟁이 전개된다는 점, 민중들 특히 민중의 반란이 역사의 중요한 요소로 등장한다는 것, 폭력이라는 문제, 새로운 유토피아적 모델의 등장 등등은 그 자체로 기존 지배질서와 지배 이데올로기를 공고화할 수도 있고 그 반대로 뒤흔들 수도 있는 것이었다.

이 때문인지 한국에서도 『다리』, 『세대』, 『사상계』, 『창작과 비평』 등의 잡지에서 집중적으로 문화대혁명를 주제로 특집을 기획했다. 여기에는 국내 논자들의 글과 함께 해외 연구자들의 논문이 번역되어 실렸다.[33] 리영희의 문화대혁명을 비롯한 사회주의 중국에 대한 언설은 바로 이러한 분위기와 무관하지 않으며 여기서 그의 중국 연구가 출발했던 것이다.[34] 조선일보 기자에서 학계로 몸

33) 자세한 것은 백승욱, 앞의 논문 참조

34) 그의 중국 관련 글이 지닌 의미에 대해 백승욱은 다음과 같이 정리했다. 1) '억압적 권위주의' 시대의 봉쇄된 공간 속에서 새로운 담론의 가능성과 공간을 개척하기 2) 냉전의 이분법의 구도하에서 불가능한 제3의 공간을 확보하기 위해, '그들의 언어를 그들에게 되돌려 주기' 전략을 취하기 3) 한국의 시간을 세계사의 시간과 동조화하기 4) 조건이 부재한 상황하에서 미리 당겨진 예견된 논쟁을 준비하기 5) 자기 언어를 발견하지 못하는 곤경하에서, 그럼에도 그 한계를 스스로

을 옮긴 이후 그의 문화대혁명에 대한 주된 평가는 바로 새로운 인간형을 발굴하는 운동으로 자리매김한 것이다. 이것은 '객관적' 앎은 단순한 정보가 아니라 '앎' 이상을 의미한다고 리영희는 이해했던 것과 상통한다. 이것은 결국 비판적 중국학이라는 한국적 특수성을 지닌 연구의 출발을 알린 것과 연결된다. 이러한 그의 중국 연구 저변에 놓인 하나의 흐름이 바로 루쉰이었다. 그를 루쉰 연구자라고 할 수는 없다. 리영희는 루쉰을 자신의 글쓰기 방식으로 체득한 인물이었는데, 이렇게 해서 그가 설립하고 수행한 '사회과학적' 연구와 그가 체득하여 실천한 루쉰의 '인문학적' 글쓰기 방식의 결합이 '비판적 중국학'이라는 그의 고유한 질문을 형성했다고 할 수 있다. 그리고 이런 배경 때문에 '비판적 중국학'이라는 질문은 그를 단순히 뛰어난 지역연구자로 자리매김하는 것이 아니라, 이를 넘어 지역이라는 소재를 가지고 구체적 이론/사상 정세에 개입해 균열점과 개방공간을 만들어내는 능력을 발휘하는 '사상전사'로 전진시키는 고리이기도 했다.[35] 리영희는 직접 자신에게 루쉰이 어떤 중요성을 지녔고 그가 루쉰을 어떻게 수용했는지는 「영원한 스승, 루쉰」(1992)(『새는 '좌 · 우'의 날개로 난다』, 한길사, 2006)과 리영희 · 백영서 · 정민(대담), 「전환시대의 이성 리영희 선생의 삶과 사상」(백낙청 · 정창렬 편, 『한국 민족민중운동 연구』, 두레, 1989)이라는 글에 잘 드러난다.

리영희는 앞의 글에서 자신은 일찍이 1950년대 말부터 일본의 루쉰 번역본을 통해 루쉰의 글을 읽기 시작했다고 적고 있다. 즉 일본의 다케우치 요시미의 번역과 이마무라 요시오(今村與志雄)의 『번

돌파하기

35) 백승욱, 앞의 논문 참조

역선집』 그리고 인민문학사판 16권을 번역한 일본학습사 『루쉰전집』 20권을 읽었으며, 기타 구미판 번역본에서도 도움을 받았다고 했다. 1988년에 쓴 「루쉰과 나」라는 글에서는 모든 방면에서 장제스(蔣介石) 통치하의 중국과 비슷한 박정희 정권하에서 번뇌하던 나는 루쉰의 「『외침』 자서」에서 표현한 '철방 속의 외침'을 상기하면서 마치 무덤 속의 루쉰이 나에게 눈을 바로 뜨고 정신을 진작하라고 말하는 듯했다. 그래서 나는 무엇을 해야 할지를 깨닫고 인생의 방향을 결정하였는데, 그것은 맹목적이고 광신적이고 비이성적인 반공주의에 마취된 사람들을 깨어나게 해서 그들의 의식을 바로잡는 것이라고 적고 있다. 이러한 글에서 리영희 자신이 표현한 대로 루쉰을 인생의 스승으로 생각하고 있음을 알 수 있다. 또 「루쉰에서 보는 오늘의 우리」(1991)라는 글에서 루쉰은 소설가, 문학평론가, 시사평론가, 금석학연구가, 서양문학번역가, 목판화의 선구자, 교육자, 사상가, 현실개혁실천가 등 중국현대사에서의 공적은 셀 수 없을 정도로 많지만, 이 많은 활동 중에서 나의 소개가 극히 적었던 것은 바로 1910년대부터 30년대까지 혼란스럽고 암울한 중국사회에서 그가 행한 사상가, 평론가, 실천하는 지식인이라는 모습이라고 적고 있는데, 이러한 실천하는 지식인의 형상을 루쉰을 통해 배우면서 그의 글쓰기 역시 루쉰의 잡문을 모방하였다. 실제로 1990년에 발표한 「30년 집필생활의 회고」라는 글에서 리영희는 "나의 평론의 원형은 루쉰의 평론에 있다고 해도 과언이 아니다"라고 말했다.[36]

이상과 같이 리영희에게 루쉰은 실천적 지식인의 원형으로 받

36) 박재우, 「七,八十年代韓國的變革運動與魯迅: 以李泳禧 · 任軒永兩位運動家爲中心」, 『중국현대문학』 17호, 1999

아들여졌고, 루쉰의 잡문식 문장을 익힌 그의 글쓰기는 당시 부조리한 한국 사회의 경종을 울리고, 군사독재에 신음하고 반공이데올로기로 인해 반쪽자리 눈을 가진 사람들의 눈을 뜨게 해준 역할을 했던 것이다. 루쉰은 이렇게 '비판적 중국학'의 선구자인 리영희에게 수용되어 현대 중국을 통해 자신의 사유를 전개한 최초의 한국 지성을 낳게 되었던 것이다.

2부 루쉰 안의 '근대': 반근대와 근대

1부에서는 20세기 동아시아에서 루쉰이 어떻게 수용되어왔는가에 대해 살폈다. 이제부터는 수용자의 입장에서 다양하게 정립되었던 루쉰상을 괄호 치고 동아시아 근대성의 해명이라는 시각에서 루쉰의 문학과 사상을 조명하고자 한다. 그동안 동아시아 각국에서는 자국의 근대를 회고하는 많은 시도가 있었다. 1부에서 보았듯이 일본의 경우는 자신의 근대를 돌아보는 거울로서 루쉰을 해석했던 다케우치 요시미의 연구가 있었다. 이러한 시도는 비단 일본만이 아닐 듯하다. 서구에서 루쉰을 해석하는 연구자들의 시각에서도 서구 근대를 반추하는 대상으로서의 루쉰에 대한 이해가 존재했다. 최근 동아시아 지역의 지식인들로부터 동아시아 근대성에 대한 해명을 위해 루쉰을 사상자원으로 삼고자 하는 움직임이 활발하다. 2부에서는 이러한 문제제기와 연동하여 '루쉰 안의 근대'라는 관점에서 루쉰이 서구 근대를 어떻게 사유했으며 또 이를 중국(동아시아)에서 어떻게 풀어낸 것인지에 대해 서술하려고 한다.

5장 청년 루쉰이 본 서구 근대

외세의 침탈에 의해 전통사회가 급속히 붕괴되어가던 19세기 말 중국. 이 표현은 지금의 관점에서 보면 다소 어떤 특정한 관념에 의해 많은 것이 재단된 듯한 느낌이 든다. 분명히 이질적인 이(異) 문화가 도시와 해안을 중심으로 그것도 강압적인 방식으로 들어오고 있었지만, 전(全) 중국이 이 변화의 물결에 놓여 있었다고 단정할 수는 없다. 이것은 그만큼 근대화의 과정에서 중국이 지닌 특수성을 강조하고자 하는 의도에서 나온 말이다. 동아시아 지역이 모두 비슷한 근대화의 출발을 시작했고 또 각 국가 간의 차이는 분명하지만, 그중에 중국의 경우를 분석할 때는 이와 같은 특수성을 보다 많이 의식해야 한다는 생각을 갖고 있다. 이는 21세기에 진입한 지금도 유효하다고 본다.

그런데 루쉰을 통해 동아시아의 근대성 문제를 사유할 때 우리는 어떻게 접근해야 할 것인가. 당시의 중국 지식인들과 마찬가지로 루쉰 역시 청나라에 대한 부정 그리고 청을 대신할 새로운 국가(민족)의 탄생을 기대했다. 그것은 일본유학시절의 행적에서 잘 드러난다. 그런데 20세기 초라는 시기가 종래의 중국 역사와 달랐던 것은 그 변화(개혁)에 대한 요구가 내부에서 일어나기도 했지만, 무엇보다 외부(서구)와의 관계에서 폭발했다는 점이다. 자연발생적인 근대(서구의 근대와 다르다고 할지라도 이렇게 명명한다면) 사회로 나아가지 못한(이 또한 서구식 시각이지만) 중국은, 서구라는 '타자'에 대한 인식을 통해 자신을 발견하지만 내부의 문제를 해결하고 청나라 보다는 좀 더 낳은 사회를 건설하는 방안이 그 '타자'를 전적으로 모방하는 것으로 되어야 하는지, 아니면 전혀 다른 방식(독자적인 자신만의 방식)으로 전개되어야 하는 것인지, 아니면 모방하되 빨리 그것을 뛰어넘는 방식으로 가야 하는지 당시 중국 지식인들로서 대단히 곤혹스러운 문제였을 듯하다. 그런데 더 큰 문제는 어떤 방식을 결정하든지 간에 당시 중국의 상황이 평화롭지 못했다는 점이다. 즉 침략으로 인한 강제와 억압이 외부로부터 진행되고 있었던 것이다.

중국의 긴 역사에서 내부에는 늘 문제가 존재했지만, 19세기는 외부와의 관계도 의식하지 않을 수 없는 상황에 놓인 것이다. 그리고 외부와 겹쳐진 내부의 문제가 시간을 두고 풀어갈 수 있는 것이 아니라는 데 당시 중국 지식인의 곤혹이 있었다. 과거 중국의 왕조들이 멸망할 때 늘 있어왔던 문제, 즉 무능과 부패는 청조 역시 예외가 아니었고, 이를 개혁하는 방식 역시 과거와 같이 참신한 지도력을 갖춘 세력에 의한 새로운 왕조를 세우는 것일 터이다. 하지만 이제는 그러한 기존의 틀(방식)로는 완전하지 않다는 데 19세기 말의 문제의 심각성이 존재했다. 그것은 종전과는 전혀 다른 틀(방식)을 강구하지 않으면 안 된다는 인식을 낳았다. 그것은 서구로 대표되는 외부, 그리고 이를 인정함으로써 확대되는 세계라는 인식과 그 세계의 구성원이 될 수밖에 없다는 의식으로 인해 탄생한 국민국가라는 틀의 수용이다. 또 이것은 '문명'이라는 이름으로 받아들여지게 되었고, 자연스럽게 '중국=열등, 서구=우등'이라는 구도가 설정되고, 더 나아가 '중국=미개, 서구=문명'이라는 도식이 성립되었다.

이와 같은 인식적 구도가 조금씩 정립되어가는 도중에 루쉰의 일본유학시절이 겹친다. 루쉰은 일본에서 그 서구가 자랑하는 '문명'이 무엇인지에 대해서 의학 공부를 뿌리치면서까지 탐구해 들어

갔다. 이것이 어떤 것인지 알고자 했던 루쉰은 도쿄대학 주변과 간다(神田)의 서점을 매일같이 돌아다녔던 것이다. 일본어로 번역되었거나 아니면 서양어(특히 독일어)로 된 원서를 구입해서 읽고 정리하면서 루쉰 자신만의 서구에 대한 식견을 갖추기 시작했다. 그것의 결과로 나온 것이 「인간의 역사」, 「과학사교편(科學史教篇)」, 「문화편향론(文化偏至論)」, 「마라시력설(摩羅詩力說)」, 「파악성론(破惡聲論)」이었다. 제목에서 알 수 있듯이 인류의 역사 그리고 과학사와 문화사를 개관하고 또 저항하는 시인(문학가)의 힘 즉 문학의 힘을 강조하고 있다. 글 한 편 한 편이 당시 루쉰의 서구에 대한 학습의 결과물이다. 그리고 루쉰이 이후 자신의 문집을 출간하면서도 완정하지 않은, 혼자 공부한 것을 정리한 수준이어서 부끄럽게 여겼던지 오랫동안 여기에 수록하지 않았던 글도 있다. 하지만 루쉰이 일생동안 이만큼 분명하게 자신의 사고를 적은 적도 없었던 듯하다. 그런 점에서 청년기에 발표한 이 글들은 루쉰 사상의 형성에 있어 원형들이며, 또 향후 자신의 글쓰기를 만들어가는 기반이기도 했다. 그렇다면 이 글들을 중심으로 청년기에 서구의 사상과 문화를 수용하는 루쉰만의 방식, 그리고 당시 그가 서구의 문명에 대해 파악한 핵심 그리고 앞으로 중국이 나아가야 할 방향 등에 대해 정리해보자.

5.1 서구 근대의 양면(兩面)

루쉰이 서구 문명과 첫 대면하기 시작한 이후 그의 사고 속에 서구 근대의 상(像)은 개인적인 학습과 사색 그리고 당시 중국 지식인들의 주장에 대한 점검 속에서 형성되었다. 따라서 궁극적으로 루쉰이 '근대'라는 용어를 사용한 적도 없고 이런 개념을 염두에 둔 적도 없지만, 중국의 변화는 바로 이런 서구의 자극과 비교를 통해 이루어지고 있다는 인식을 갖고 차츰 서구 근대를 명확하게 파악해나가기 시작했는데, 그것의 일차적인(어쩌면 최종적인) 결론을 일본유학시기에 발표한 몇 편의 글에서 구체적으로 드러냈다. 루쉰은 서구 근대문명을 '물질과 정신', '다수와 개인'이라는 두 가지 대립범주로 비교적 명료하게 정리했다.

5.1.1 물질문명의 부정과 내면정신의 존중

이미 널리 알려진 사실이지만, 일본유학초기 동향 친구였던 쉬서우창(許壽裳)과 나누었던 대화 가운데 중국인의 부족한 점에 대해 논의하고 그것을 루쉰은 '성실'과 '사랑'이라고 대답했었다. 이것은 당시 루쉰에 비친 중국지식인들에게도 해당하는 것이었다. 그가 「문화편지론」에서 먼저 당시 중국의 지식인들에 대한 비판과 함께 자신의 서구 '근대'에 대한 인식을 드러낸 것 역시 이런 맥락이다. 이 글에서 그가 비판한 지식인들은 "서양의 신학문을 조금 듣고 중국의 상태를 부끄럽게 생각하여 완전히 생각을 바꾸어, 말은 서방의 이치와 합치되지 않으면 하지 않고, 일은 서방의 방식과 부합되지 않으면 하려들지 않는" 이들이었다. 루쉰은 그들이 "중국의 상태를 제대로 알지 못하고, 구미의 실정을 제대로 파악하지 못한 채, 부국강병을 국가 제일의 임무라고 하고, 또한 공업과 상업을 주장하면서 자신의 사리사욕을 채우고, 우매한 자신들이 다수로서 소수를 억압하면서 대중정치라는 미명하에 권력을 잡으려고 한다"고 생각했다. 이들이 이런 주장을 하는 배후에는 서구의 근대문명이란 것이 방패역할을 하고 있다고 생각했고, 루쉰의 서구 '근대'에 대한 파악은 바로 여기서 출발한다.

바로 루쉰은 당시 유학생들을 위시한 중국의 지식인들이 오랫동안 자존자대(自尊自大)해 있다가 서구의 침략을 받고 놀라서 급히 서구의 근대문물을 빨리 수용하여 중국을 변화시켜야 한다는 것에 급급한 나머지, 그것의 근본을 파악치 못하고 겉모습에만 현혹되어 마구잡이로 서구의 문화를 수용하면서 급기야 서구의 것이 아니면 여타 다른 것은 모두 낡은 것이라는 생각하는 사고방식, 다시 말해 '서구 중심주의' 또는 '근대화=서구화'라는 등식이 그들 사이에 내재하고 있음을 비판했던 것이다.

그렇다고 해서 루쉰이 중국의 변화 자체를 부정한 것은 아니다. 루쉰은 누구보다도 진보에 대한 믿음을 가지고 있었는데, "그 진보에는 순서가 있고 발전에는 근원이 있다"고 생각하였고, 중국에는 오로지 지엽적인 것만 추구하지 그 뿌리를 찾는 선비가 한두 사람도 없음을 비판하였다. 따라서 당시 루쉰은 양무파나 입헌파 등의 구국에 대한 주장이 지엽적인 것만을 추구하는 것에 불과한 것이라고 인식한 것이다. 그럼 루쉰은 중국의 변화의 동력과 방향을 어디서 찾으려고 했던 것일까? 이것과 관련해서는 그 근원을 파악하는 것에서 출발해야 한다고 생각했다. 그것이 바로 서구의 역사를 분석하는 것인데, 즉 과학사와 문화사에 대한 정리작업이었다.[1] 이런 작업을 통해 "서구의 19세기 근대문명이 과거보다 뛰어나며 동아시아를 능가하고 있다"고 인정한다. 따라서 중국의 개혁의 방향이 서(西)로 향해야 함은 부정할 수 없는 실세이나, 중국의 현실과 서구의 실정을 제대로 파악한 기반 위에서의 서향(西向)이어야 하는 것이다. 그렇다면 루쉰이 서구 근대의 본질뿐만 아니라, 이것과 중국

1) 「과학사교편」, 「문화편지론」의 집필을 가리킨다. 앞으로 인용할 루쉰의 문장은 특별한 표기가 없는 한 모두 『루쉰전집』 20권(그린비, 2018)을 토대로 했음을 밝혀둔다.

현실과의 결합을 어떻게 사고했는지를 살펴보아야 할 터인데, 이것은 아편전쟁 이후부터 지금까지 진행되는 중국의 근대에 대한 문제와 연관된다.

루쉰은 앞서 비판했던 양무파와 입헌파 등의 지식인들이 이론적 근거로 삼고 있는 서구의 문화라는 것이 실제로는 편향된 것으로 현실적으로 맞지 않는다고 생각했다. 즉 그들이 수용한 서구의 근대 가운데 "물질문명과 다수의 존중이라는 것은 19세기 문명의 일면이기는 하지만 현재로선 타당하지 않다"고 생각한 것이다. 루쉰은 이 가운데 서양의 근대사를 개괄하면서 사상의 자유에 따른 학술의 발전은 사회적으로 실익을 초래했고 이것이 점차 많은 혜택을 제공하게 되면서 물질문명에 대한 믿음이 강해지고 모든 존재의 근본인 양 생각하게 되었다고 파악했다. 이런 물질문명의 발전은 르네상스와 종교개혁 이후에 일어난 일련의 근대화의 과정에서 기인한다.

잘 알다시피 서구의 근대는 12세기부터 서서히 형성되기 시작했다. 1150년에서 1300년 사이에 유럽에서 일어난 지리적, 상업적 확장과 인구 증가 현상과 도시의 형성이 있었고, 십자군 원정을 통한 아랍 세계와의 접촉은 고대 그리스 유산들이 다시 유럽으로 되돌아오게 되어 기독교적 세계관에 도전하는 계기를 마련했으며, 아울러 독립적인 지식인과 대학의 출현이 그것을 뒷받침했다. 그 이후 16, 17세기를 거치면서 자연 과학과 철학의 영역에서 일어난 변화에 대해서는 루쉰도 「과학사교편」에서 잘 설명해주고 있다. 특히 16세기는 다른 이전의 시대와는 다른 '새로운 시대'라는 인식이 싹트기 시작했고, 17세기 전반에는 프랑스의 소설가들이 '고대인'과 '현대인'에 대한 논쟁을 벌이기도 했다. 이 논쟁으로 근대가 과거를 통해서 정당화되지 않게 되었고, 따라서 근대는 그 정당성을 그 시대 내에서 찾아야만 했다. 이런 인식을 더욱 제고하게 한 것이 '진보'에 대한 믿음이었고, 이로써 종교적인 독단과 결별하면서 전통과 권위 대신에 '이성'이 중요시되었으며, 이것은 계몽주의로 표현되었다. 이런 과정을 겪은 후 시작된 19세기는 프랑스 혁명과 새로이 싹트는 자본주의가 가장 중요한 역사적 사건이었다. 그런데 19세기 중반 이후의 유럽은 이를 정리하면서 근대 시민사회를 형성했지만 프랑스 혁명이 제기한 자유주의와 민족주의 및 산업화의 진행과정에 따른 노동문제와 사회문제 등이 뒤엉키게 되는 격동의 시기로 변화했다.

루쉰이 「문화편지론」에서 지적하고 있는 물질문명이 바로 자본주의 문명을 가리키는 것일 터인데, 그는 그 당시에 이미 그것의 폐단을 간파하고 있었던 것이다. 쑨원(孫文)이 당시 구미열강을 돌아보고 와서 제창했던 '삼민주의(三民主義)' 가운데 '민생주의'가 바로 서구 자본주의 물질문명이 배태한 모순을 인식해서 첨가한 새로운 강령이라고 했고,[2] 이 밖에도 19세기 말의 자본주의 물질문명에 대한 부정적 인식을 갖고 있었던 다른 중국의 근대 지식인들도 없지는 않았다.[3] 하지만 근대(성)와 관련해서 그것의 모순을 어떻게 이해하고, 중국의 변혁과 어떻게 연관시킬 것인가에 대한 사고가 중요한데, 루쉰은 그것의 이론적 대안을 신관념론 일파에게 기대고 있었다. 즉 최근 서구의 근대성에 관한 논의에서 탈근대론자들의 태두(泰斗)로 새롭게 각광받는 니체를 중심으로 쇼펜하우어, 키르케고르, 입센 등의 주관과 의지를 강조하는 자들에게 기대를 걸고

2) 『중국현대사』, 野村浩一 외, 한길사, 1988, 189-191쪽

3) 대표적인 예로 장타이옌을 들 수 있다. 李澤厚의 「章太炎剖析」, 『中國近代思想史論』, 人民大學社, 1979 참고. 아울러 장타이옌과 루쉰의 관계에 대해서는 구체적인 연구가 요구된다.

있었던 것이다.

루쉰이 「문화편지론」에서 비판한 물질문명은 서구의 근대가 고조기를 이루었던 19세기의 대표적인 현상이었고, 이것에 대한 문제제기가 19세기 말의 지식인들에게 등장하기 시작했는데 그 대표적인 이가 니체와 마르크스였다. 그런데 루쉰이 헤겔에서 시작해 19세기 말엽의 신관념론의 계보에 사상적 기반을 두고 한 세기 자본주의 물질문명을 강하게 비판할 수 있었던 동력은 무엇일까? 물질문명은 고도의 산업화에 의해 물신주의에까지 이르게 되었지만, 그것을 가능케 한 17, 18세기의 과학은 단순한 지식의 축적에 의해서가 아닌 바로 "대개 과학의 발견이란 언제난 초(超)과학의 힘을 받아들이는 법인데, 이를 쉬운 말로 표현하자면 비(非)과학적 이상의 감동이라고"[4] 할 수 있다고 한 것에 주목할 필요가 있다. 다시 말해 루쉰은 「과학사교편」에서 서구의 실업이 발전한 것은 바로 과학에 힘입은 바 크지만 그 과학을 다스린 위대한 인물들의 인간성에 더욱 주목하였다. 바로 이런 과학자들은 명예나 이익을 탐하지 않으면서 언제나 겸손하고 나아가 이상과 영감(聖覺)을 가진 자였던 것이다. 여기서 루쉰은 오늘날과 같은 세상에는 실리를 추구하고 방법을 모방하는 것도 가능하지만 이런 과학자들처럼 장래에 아름다운 결실을 맺게 될 좋은 종자를 조국에 옮겨 심을 수 있는 자가 없음을 안타까워했다. 따라서 이런 과학이 계속 발전하려면 지식만을 숭상해서는 안 되고 아름다움의 감정과 명민한 사상을 잃지 않아야 되는데, 바로 이것이 인간성을 편벽되게 하지 않으며 인류의 문화를 풍부하게 한 것이라고 생각했다. 결국 루쉰은 서구 물질문명의 근원을 인간들의 정신에서 찾았다.

4) 『전집』 1권, 61쪽

따라서 정신을 발양하는 것이 급선무인데, 대세는 '물질만능의 사조에 의해 개인의 감정이나 의지를 손상시키고 창조력을 고갈시켜버릴 뿐 아니라', '스스로 행동하는 것이 아니라 비속한 객관적 습속에 이끌려 기계적으로 행동함으로' 이에 비분강개하여 주관을 강조하는 지식인들이 등장하게 되었다고 생각했고, 바로 이것이 20세기 문화의 신사조가 될 것임을 확신했다. 루쉰의 이런 확신은 바로 그만의 독특한 발전이론인 바로 "편향(偏至)"에 기인한다. 즉 서구의 과학사와 문화사를 일별하면서, 19세기가 물질문명과 다수의 존중으로 진행되어온 것은 이전의 큰 조류에 반항하는 것이기 때문에 문명 역시 편향을 지닐 수밖에 없다고 인정했고, 따라서 19세기의 문명인 '물질'과 '다수'도 당연히 편향으로 흘러갔기에 '정신'과 '개인'으로 바로잡아야 하는 것이었다.

반면 루쉰은 「마라시력설」에서 고대의 문명국이 근대로 오면서 점차 소슬하게 되는 것을 지적하면서 '중국이 이런 대열에서 벗어날 수 있다면 인생의 큰 행복 중에서 이보다 더 훌륭한 것은 없을 것이다'라고 했다. 따라서 '조국이 진실하고 위대함을 발양하고자 하면 먼저 자기를 성찰하고 또한 남을 알아야 한다'라고 하며 '국민정신을 발양하기 위해서 세계에 대한 넓은 식견을 갖지 않으면 안 된다'고 했다. 따라서 당시 지식인들이 서구의 외양에만 현혹되어 지엽적인 것만을 다투는 것에 안타까워하고, 세계사에서 진정한 문명국이 되기 위해 옛날을 그리워하면서도 다른 나라의 새로운 마음의 소리를 들어서 국민정신을 발양하여야만 중국은 세계사에서 뒤처지지 않을 것이라고 주장한다. 이것은 역대로 우수한 문화를 가진 나라임을 인정하면서 계속적인 침략을 받았음에도 도리어 침략한 민족들을 자국의 문화로 길들였던 중국의 문화적 전통을 그대로 견지하면서도 비교를 통해 새로운 문화를 만들어내는 것만이 군사, 상업, 공업, 입헌 등의 주장보다 더욱 근본적임을 가리키는 것이며, 이것은 이후의 근대 중국사의 대표적인 문화운동[5]과 결정적인 연관 속에 있는 것이다. 왜냐하면 이런 문화운동은 결국 정신의 문제와 관련되기 때문이다. 루쉰이 당시 중국 지식인들의 계몽의 다양한 주장을 '악성(惡聲)'이라고 한 것도 바로 진실한 '마음의 소리' 즉 정신의 울림이 없었기 때문이었다.

아울러 오늘날 일반적으로 근대를 자본주의 체제와 연관시켜 이해하는 방식에 따른다면 당시 중국도 자본주의 체제에 기반한 세계 사회 속에 놓이게 되었고, 루쉰이 그것을 부정하고자 해도 부정할 수 없는 현실이 되었다. 그렇다고 그것을 그대로 수용하여 원래 중국에 없던 부정적 요소를 가질 필요는 없었기에 19세기 서구 근대의 부정적 측면을, 그 가운데 산업화에 의한 시민계급의 경제적 이기주의, 인간의 원자화, 계층(급) 간의 이해대립을 문화(정신)의 영역에서 극복해내는 근대극복의 논리를 신관념론 일파의 주관정신에서 발견한 것으로 이해할 수 있다. 이렇게 19세기에 대세를 이룬 것이 물질과 다수라고 하고, 이것에 대해 정신과 개인을 존중하는 논리를 내세우는 것이 당시 지식인들과는 다른 루쉰의 근대(또는 반근대) 기획이었고, 나아가 진정한 중국의 혁명의 논리였다. 다시 말해 초기 루쉰에게 서구 근대는 그 핵심에 개인/정신이 존재하는데, 이것은 이후 기형화된 서구 근대를 비판적으로 극복하는 탈(脫) 또는 반(反)근대 논리의 핵심이기도 했다. 곧 사회구성체적으로는 자본주의의 기형적 발전을 겪으며 자본주의 문명의 집약 형태인 물질문명이 대세를 이루는 상황하에서, 루쉰은 폭력적인 서구 근대에

5) 5·4신문화운동(1919), 문화대혁명(1966~1976), '문화열' 토론(1986) 등을 가리킨다.

현혹되어 새로운 질병을 안을 것이 아니라 서구 근대의 근본—'인간'—을 견지하고 그것의 폐해를 비판한 서구의 지식인들—신관념론 일파—의 주장도 동일한 연결고리로 이어서 중국의 변화의 방향을 제시한 것이다.

이처럼 루쉰이 비판한 서구의 19세기는 이전 세기의 계몽주의의 발전에 이어 근대의 절정에 이른 시기였다. 이 근대 절정의 시기에 근대문명의 위기—도구이성, 자연지배에서 나온 주체의 절대화와 서구 자기동일성의 의식구조, 형식적인 합리성의 증가, 근대 자본주의 사회의 상품구조에 파생되는 사물화—를 진단했던 당시 서구의 지식인들 가운데 특히 니체에 기대고 있음을 알 수 있는데, 이 점에 대해서는 뒤에서 다시 설명한다.

5.1.2 개인의 존중과 다수의 배척

초기 루쉰의 사상에 있어서 아주 독특하면서 중요한 대목이 바로 개인의 존중과 다수의 배척이다.[6] 이것을 일반화시킨다면 민주의 개념에 대한 이해방식일 것이고, 아울러 루쉰의 인간에 대한 이해방식과 밀접히 연관되며 루쉰 사상의 가장 기본적인 중심축을 형성한다. 또 이 문제는 루쉰이 유년시절부터 유학시기까지 보아왔던 인간형들에 대한 이해와 그것에 바탕한 오사시기의 봉건과 국민성에 대한 비판과 이어진다. 루쉰이 초기 4편의 글에서 주목한 이들은 모두가 당시 지식인들이다. 그 가운데 「문화편지론」에서 입헌파

6) 이 점에 대해서는 임육생(林毓生)도 "당시 대부분의 지식인들이 민주주의를 외치는 가운데서 루쉰의 이런 생각은 매우 독립적인 견해로서 그것은 그의 진화론적 관점에서의 역사해석과 니체의 책을 읽은 영향의 결과였다"라고 평했다.(「루쉰의 복잡한 의식」, 『중국의식의 위기』, 이병주 역, 대광문화사, 1990)

가 19세기 문명의 일단인 '다수 존중의 설'에 근거해서 입헌과 국회를 주장하는 것에 대해 비판을 가한다. 루쉰은 서구 근대사를 나름대로 정리한 뒤 '이치로 보아 궁극적인 결정자는 대중인 것 같은데, 과연 궁극적인 시비를 대중이 판단할 수 있을까?'라고 하며 대중정치에 대해 회의적이었다. 17, 18세기의 자연법사상이 로크 등에 의해 정치철학으로 발전해가고 이어서 프랑스 혁명에 의한 자유평등의 이념과 사회민주 사상이 서구 사회에서 만연되어 19세기는 시민들의 참정권 요구를 위한 투쟁이 빈번하게 일어나고 있었다. 루쉰이 지적하는 다수의 설은 바로 이런 사회민주 사상에 기반한 사회의 평등화에 대한 비판으로, 다음과 같이 말했는데 좀 길지만 인용해 본다.

> "프랑스 혁명 이후 자유와 평등이 모든 것에 우선시되었고, 그 후의 보통교육이나 국민교육은 이것에 의해 보급되어 인류의 존엄과 자아를 깨닫게 되고 개성의 가치 또한 충분히 알게 되었지만, 사회민주 경향이 점점 세력을 확대하여 개성의 가치 또한 충분히 인식하게 되었다. (…) 또한 사회민주의 경향이 점점 세력을 확대하여 개인은 모두 사회의 일분자로 취급되었다. 산을 무너뜨려 계곡을 메우는 것을 이상으로 생각하여 천하의 만민을 일치시키고 사회적 귀천의 차별을 폐지시키려 했다. 이것은 이상으로서는 아주 훌륭한 것이긴 하지만 개개인의 특수성을 완전히 무시하고 구별하지 않았을 뿐 아니라 그것을 멸하려고 했다. (…) 일반적으로 사회의 평등화란 대개가 높은 곳은 깎아내지만 낮은 곳은 메꾸지 않는다. 만약 진정으로 대동(大同)의 세계가 되었다면 반드시 이전에 진보했던 바의 평균 이하로

떨어질 것이다." [7]

여기서 루쉰은 프랑스 대혁명의 이념에 의해 자아와 개성을 발견했지만, 이것과 민족국가 및 시민사회의 성립에 의한 사회민주의 경향과의 모순관계를 신관념론 일파들의 주장을 통해 파악하고 있었음을 알 수 있다. 이 점은 서구 시민사회의 문제와 연결되는데, 개인으로서의 인간과 한 사회나 국가의 공민으로서의 불일치란 근대적 국가학설뿐만 아니라 사회학설의 근본문제를 지적하는 것이기도 하다. 실제로 프랑스 혁명에서 시민계급이 제기했던 자유, 평등, 우애의 이상은 시민계급의 목전의 이익을 확보하는 데는 성공했으나 혁명기에 절정에 달했던 시민의식을 온전히 지켜내지 못해 혁명 후의 대부분의 시민계급은 반동화되거나 극도로 무책임한 개인주의와 감정적인 집단주의 사이를 방황하면서 해소할 길 없는 허무속에 빠져 소시민화되었다.[8] 이에 대해 슈티르너는 '유일한 자아'를, 키르케고르는 '시민, 기독교적 자기'를, 니체는 '초인설'을 제창하였는데, 이것이 비속한 무리가 횡행하여 사회가 전체적으로 평범해지는 것을 막을 수 있는 개인 존중의 설이라고 인식했다. 루쉰은 이들의 사상이 장래 신사조의 맹아이며 신생활의 선구라고 생각했는데, 이것은 '편향'이란 루쉰 특유의 발전이론에 근거하고 있다.[9]

---

7) 『전집』 1권, 90-91쪽

8) 백낙청, 「시민문학론」, 『민족문학과 세계문학』 1, 창작과비평사, 1978, 9-17쪽 참고

9) 이 점에 대해 임육생은 루쉰 자신이 그가 경멸했던 입장, 즉 중국에서 실현하기 위해 서구에서의 유행하는 사조를 채택하는 태도에 빠졌고, 서구문명을 일종의 진화과정으로 이해하면서도 결국에는 서구문명의 기초는 서구인의 '人性'에 있다는 일원론적 결론에 이르렀고 게다가 '신관념론사상'을 자신의 기본적 사고방식으로 또 하나의 규범적 요구로 변화시켰다고 했는데, 이것은 그의 생각의 근저에 문화, 사상적 접근방법이 놓여 있는 것이라고 보았다. 앞의 책.

이미 친구 쉬서우창과 중국 국민성의 병폐와 이상적인 인간상에 대한 관심을 토로했던 루쉰에게, 서구 근대사회처럼 계몽에 의한 근대적 시민의식을 경험하지도 못했던 중국에 민주정치제도를 통한 개혁은 우선순위가 될 수 없었다. 아울러 량치차오(梁啓超)를 위시한 입헌파가 다수를 중시하면서 군주입헌제로의 개혁을 주장하는 것은 근본을 잃어버린 말단지엽만을 건드리는 것이고, 한걸음 더 나아가 다수를 차지하는 이 무리들의 속마음[10]을 파악한 루쉰은 초인 또는 명철지사(明哲之士)가 나와 중국을 이끌고 나가기를 기대하였다. 게다가 입헌파들이 주장하는 입헌군주제가 청조의 만주족 황제를 인정하는 선에서 이루어진다는 것은 장타이옌 등 혁명파의 민족주의 혁명에 기울어 있던 루쉰에게는 받아들여질 수 없는 부분이었다.

결국 당시 루쉰은 서구의 근대를 분석하면서 물질과 다수의 존중으로 나아가는 것은 서구에서는 당연한 귀결이지만 그것을 중국에 무비판적으로 가져오는 것은 중국의 봉건제도에 의해 만들어진 폐단에 다시 서구의 병이 덧붙여지는 것이라고 생각하고, 문화론적 입장에서 그것을 올바른 기준에 의해서 취사선택하고 중국의 현실에 적용하는 천재가 나와야 하며 그 천재가 중국을 이끌어야만 비로소 신중국이 탄생할 수 있을 것이라고 주장했다. 따라서 그는 "사람이 힘차게 고양되면 국가도 그에 따라 부응될 것이다"라고 하여 편향된 것은 버리고 근본에 매진하는 이가 한두 명은 나와야 한다고 주장한 것이다. 서구의 근대를 문화사와 과학사의 측면에서 살펴보고 루쉰은 그 서구 근대의 형성이 이루어진 근본적인 배경에는

---

10) 량치차오의 내면원리에 대한 연구로는 이종민, 『근대 중국의 문학적 사유 읽기』, 소명출판, 2004 참고

'인간 중심주의'가 깔려 있었고, 그러나 사회가 점차 발전되면서 근본이 혼동되고 각종 편향들이 등장했음을 간파하고 있었다. 따라서 진보에는 순서가 있고 발전에는 근원이 있는 법인데, 이것을 파악하지 못하고 서구의 겉모습에만 현혹되어 서구 중심주의에 빠진 가짜 지식인들을 비판했던 것이다.

루쉰은 「파악성론」에서 당시 중국의 상황을 '악성(惡聲)'만이 창궐한다고 평가했다. 그는 중국에서 지식인들이 외치는 다양한 소리들 속에는 내요(內曜)와 심성(心聲)은 찾아볼 수 없다고 말했다. 게다가 당시 중국의 상황에 가슴 아파하는 영웅과 지사는 너무 많으나 그들의 진실된 마음의 소리를 먼저 듣고 싶다고 했다. 그러나 다른 사람들 앞에서 자신의 마음을 이야기하는 것을 부끄러워한다면 자신의 주장을 감추고 천재의 출현을 기다리는 것이 낫다고 했다. 아울러 다른 나라의 새로운 마음의 소리(新聲)를 탐구한 것이 바로 「마라시력설」의 반항과 행동하는 데 목적을 둔 마라시인들이었다.[11] 따라서 헤겔에서 니체로의 관념론에 기울어 있던 루쉰의 계몽은 총명하고 강한 선각자의 소리에 의한 이성적 계몽이 아닌 문화(학)적 계몽이었고 그 깨달음은 교조화되지 않은 상상력이 충만한 훌륭한 정신문화를 수용한 자들에게 더욱 강하고 정확하게 이루어지는 것이 아닌가 하는 것이다.

이처럼 이전에는 중국자체에서 생긴 반신불수였지만 지금은 교통으로 인해 외국으로부터 전해진 '새로운 질병'으로 중국의 쇠망은 더욱 가속화되고 있었고, 이런 이중의 과제를 동시에 뛰어넘을 수 있는 방법으로 천재(초인)를 기다린 것이다. 그리고 이런 인물은

11) 「마라시력설」에서 문학작품을 '心聲'이라고 한 것은 「파악성론」에서의 지식인의 '心聲'과 '內曜'라고 한 것과 무관하지 않다.

이전의 이성과 감성이 완벽히 조화된 이상적인 인물이 아니라 19세기말의 주관주의자들이 주장하는 '강인한 의지력을 가지고서 의지와 감정에 의해 현실에 존재하며, 더욱이 용맹과 분투의 재질을 갖추어 몇 번 쓰러져도 결국에는 그 이상을 실현할 수 있는 인간'이어야 한다. 이런 인물에 의한 중국의 변화는 '전제-입헌-공화'의 순에 입각한 단순론적 진화론에 대해서도 부정하며 이는 '뛰어넘기'에 대해서 인정했듯이 편향론의 또 다른 근거를 제공하는 것이다. 일본 유학시기에 가장 마지막으로 쓴 「파악성론」에서 지자(知者)에게 요구되는 내요와 심성은 대중들에게 바랄 것이 아니라 촉망받는 한두 명의 선비에게 기대할 것이라고 하며 희망을 기탁하는데, 이것은 민중들의 우매함에 대한 노(怒)와 애(哀)의 복잡한 감정에 역으로 명철지사의 선도에 의한 혁명에 대한 강한 기대감으로 이해할 수 있을 것이다. 바로 여기서 초기 루쉰의 명철지사 곧 영웅의 계보가 등장한다.[12] 따라서 이 명철지사는 가장 진화한 인간형이면서 중국의 혁명을 선도할 중심적 인물이었다. 이렇기 때문에 루쉰이 사고한 중국의 변화는 문화론적 관점에서 중국의 전근대와 서구의 근대를 동시에 파악하면서 극복해가는 새로운 중국을 그리고 있었는지도 모른다. 그것을 근본적으로 밑받침하는 것은 중국 변화에 대한 믿음과 서구의 역사에 대한 이해였다. 하지만 당시 중국의 현실에서 이러한 인물을 찾기는 어려웠다.

쉬서우창과 토론하면서 루쉰은 중국 민족성의 가장 큰 결점이 성실성과 사랑의 결핍이라는 것, 다시 말해 중국인은 너무 오랫동

12) '豪俠之士'(「중국지질약론」), '精神界之戰士', '精神界之偉人'(「마라시력설」), '治科學之傑士', '一二士'(「과학사교편」), '明哲之士', '英哲'(「문화편지론」), '一二士', '知者'(「파악성론」)(山田敬三, 「魯迅の留學時代(下)」, 『野草』 제2호, 1971, 97쪽) 참조

안 위선, 무치(無恥), 그리고 의구심에 깊이 감염되어 있었다는 사실을 발견했다. 루쉰이 문학으로 자신의 활동의 장을 옮기기 전부터 기본적으로 가지고 있었던 이 생각은 서구의 과학사와 문화사를 조망하면서 그것 즉 서구 근대의 궁극적인 중심이 '인간'에 있다고 파악한 것과 수미일관된다. 그렇다면 루쉰에게 인간을 확립하는 일(立人)은 서구 '근대'의 핵심을 붙잡는 일이면서 또 편향된 서구 근대를 극복하는 이중의 과제를 해결하는 고리이자 중국의 궁극적인 혁명의 방향이기도 한 것이다. 그렇다면 다음 절에서는 본격적으로 이런 사고를 정립하는 데 많은 영향을 끼쳤다고 주장되는 니체사상과의 연관관계 및 루쉰의 문학(상상력), 신화(미신) 등에 관한 사고를 중심으로 그의 근대에 대한 인식을 보충해 보자.

5.2 입인(立人)을 향해: 니체, 문학, 신화

이제까지 「문화편지론」에서 루쉰이 19세기 서구 근대의 두 가지 사조에 대한 반대담론으로 제기한 '개성의 존중'과 '정신의 발양'은 신관념론 일파라는, 당시로서는 최신사조였던 19세기 말의 철학사상에 기대고 있음을 살폈다. 그 가운데에서도 우리의 주목을 끄는 것은 초기의 글 곳곳에 등장하는 니체에 대한 실제적인 언급뿐만 아니라, 그 글들의 이면에 깔린 니체 철학의 흔적 그리고 이후의 사상과 활동에 끼친 영향이 적지 않다는 점이다. 다시 말해 버먼의 지적처럼 19세기 말의 고전적 모더니스트의 대표적인 인물인 니체와 맑스—경우에 따라서는 대표적인 탈근대론자로도 불리는—가운데 루쉰이 니체의 사상에 많은 부분 기대고 있다는 점을 부각시켜 이것을 근대(성)의 문제와 연관지어 보고자 하는 것이다. 아울러 그의 문학활동의 근저를 규정짓는 국민성 개조에 대한 요구가 그의 문학사상과 문화론에 반영되어 나타나는데, 이런 점을 탈근대론[13]의 문화적 대응과 연관지어 살펴보자.

우선 니체 철학은 1904년에 왕궈웨이(王國維)에 의해 처음으로 중국에 소개[14]된 이래, 루쉰은 일본유학시기에 쓴 몇 편의 글에서 니체를 '개인주의의 영웅' 등으로 소개했다. 이 점에 대해 1946년에 궈모뤄(郭沫若)는 "두 사람 모두 니체에게 심취했다"라고 했는데,[15] 이 가운데 루쉰과 니체에 관한 연구논문들은 니체의 루쉰 사상에 끼친 영향에 대해 시기별로 그 차이점을 기술하고 있다.[16] 그 주된 내용은, 초기 루쉰은 니체의 신이상주의(新神思宗)과 유의지론(意力說)를 이상으로 중국이 자본주의의 결함을 피하고, 국민정신을 개조하여 중국을 구할 수 있게 되기를 목적으로 하였다면, 5·4시기는 니체의 "우상파괴(重新回顧一切價值)"의 학설을 반제반봉건의 무기로 삼고, 니체의 '초인' 정신으로 사람들이 구폐를 개혁하는 데 있어 조소와 칭찬 및 고립을 개의치 않고 밀고 나가기를 고무했다는 것이다. 한편 1930년대에 와서 루쉰이 니체의 현실과 민중으로

13) 여기서 '탈'근대란 말은 postmodern이란 용어에서 'post' 즉 '후기', '이후' 의 의미로 쓴 것이 아니라 '반대'(anti) 또는 '극복'의 개념이 더 강하다.

14) 王國維, 「쇼펜하우어와 니체」, 『靜庵文集』

15) 덧붙여 궈모뤄는 "주목할 것은 두 사람 모두 일단의 낭만주의 시기를 경험했다는 것으로, 왕궈웨이는 독일 낭만파의 철학과 문예를 좋아했고, 루쉰도 니체에 관심이 많았는데, 니체는 근본적으로 낭만파의 한 사람이었다"라고 말했다. (郭沫若, 「魯迅與王國維」, 『沫若文集』 12권)

16) 일본유학시기 루쉰의 사상형성에 니체 철학의 영향이 많았던 점에 대해서는 많은 연구자들이 공감하는 바이다. 그러나 루쉰연구사에서 루쉰과 니체에 관한 구체적인 연구는 많은 주목을 받지 못했고, 심지어 금기의 영역이기도 했다. 참고자료는 「魯迅與尼采哲學」(錢碧湘, 『中國社會科學』, 1982), 「尼采與中國現代文學」(樂黛雲, 『北京大學學報』 제3기, 1981), 「論魯迅與尼采」(陸耀東 · 唐達暉, 『魯迅研究』 제5집, 1981) 등이고, 竹內好의 『魯迅』, 未來社, 1961, 汪暉의 박사논문인 『反抗絶望-魯迅的精神結構與『吶喊』『彷徨』연구』도 니체 사상과의 연관성에 관해 주목하고 있다.

부터의 이탈을 비판했지만, 여전히 니체의 자본주의 사회현상에 대한 정치한 관찰에 대해서는 인정하고 있다는 것이다.[17] 이뿐만 아니라 서구에서 니체를 '시인철학가' 혹은 '철학가시인'라고 부르듯이 루쉰의 잡문과 산문시집인 『들풀(野草)』 등의 문학창작면에서 형식과 묘사 및 문체 등의 유사성을 발견할 수 있다. 니체 사상에 대한 루쉰의 끊임없는 관심과 애착은 이후 그의 사상전변을 논의할 경우에도 주목해야 할 대목이다.[18] 루쉰이 유학을 떠났던 1902년은 일본에서 '니체열'이 최고조에 달했던 시기였다.[19] 따라서 루쉰이 이런 영향을 받았을 것이라는 것은 쉽게 짐작할 수 있다. 문제는 당시 루쉰이 니체를 어떻게 이해했으며 받아들인 것은 무엇인지, 아울러 루쉰이 19세기 서구의 근대를 비판할 수 있는 근거를 니체에게서 발견했다면, 그것과 당시 루쉰이 생각한 향후 중국의 방향은 어떠한 것이었는가 하는 것이다.

초기 루쉰의 이상적인 인간상에 대한 추구는 바로 니체의 인간론과 연결된다. 니체의 인간론은 '무엇이라고 하는 본질 물음'이 아니라, '누가라고 하는 주체 물음'으로서 인간에 대한 선험적 본질규정이 아닌 경험에 의한 현실 속에서의 인간의 자기형성, 자기화 혹은 자기실현이란 점이다.[20] 이것은 루쉰의 이상적인 인간상이란 화

17) 樂黛雲, 「尼采與中國現代文學」, 『北京大學學報』 제3기, 1981

18) 루쉰의 「寫在『墳』後面」(1926)에서 말한 '역사적 중간물'이란 자기 규정과 철저한 자기해부는 니체의 영향과 무관하지 않은 듯하다.

19) 니체 사상이 일본에서 최초로 유행한 때는 청일전쟁(1894)에서 러일전쟁(1905) 사이의 10년간으로, 이 기간 동안 니체의 형상은 "積極的人間像"에서 "文明批評家"를 거쳐 "本能主義者"로 변화를 겪었는데, 이것은 당시 일본의 시대적 배경과 지식인들의 사고와 연관되지만, 보다 중요한 것은 이런 니체 형상의 변화가 실제로는 '개인주의' 정신에 대한 이해의 변화를 의미한다는 점이다.(伊藤虎丸, 『魯迅と日本人』, 朝日新聞社, 1983, 54-55쪽)

20) 김정현, 『니체의 몸철학』, 지성의샘, 1995, 17쪽

두와 연결되고 또 니체의 진화론적인 사고를 뛰어넘는 적자(適者)가 아닌 강자(强者)의 개념은 중국의 '정신계의 전사상'으로 등장하면서 급기야 초인설에까지 나아가게 되었다고 해석할 수 있다.

이것은 중국의 근대화에 대한 루쉰의 사고를 살피는 데 대단히 중요한 대목이라고 생각한다. 지금까지 니체에 대한 중국에서의 평가는 대단히 부정적이다. 그러나 최근 탈근대의 담론을 주창하는 이론가들에 의해 촉발된 니체에 대한 새로운 관심과 관점의 제기는 니체에 대한 루쉰의 이해를 새롭게 조망할 필요를 느끼게 한다.[21] 청년기 루쉰이 니체의 사상[22] 가운데 주목한 대목은 바로 문명비판자, 의지력이 강한 개인주의 나아가 초인 개념 등으로 요약할 수 있다. 즉 루쉰에게는 우선 니체가 무엇보다도 기존의 가치체계에 대항하는 전체적인 파괴자 또는 반역자로 받아들여졌다. 이런 점에서 니체는 바이런의 좋은 동반자라고 말할 수 있다. "옛 근원에 대해 잘 아는 자는 마침내 미래의 샘물과 새 근원을 찾게 될 것이다. 오, 나의 형제들이여, 새로운 생명이 탄생하고 새로운 샘물이 심연에서 솟아오를 때가 멀지 않았도다."라는 초인의 말은 바로 「마라시력설」의 제사(題辭)가 되었다.[23]

루쉰은 '반항'과 '행동'에 뜻을 둔 시인들을 주목하면서, 그 가운데 폴란드, 헝가리, 러시아 등의 악마파 시인들을 언급하였다. 중국에는 왜 이런 '정신계의 전사들'이 등장하여 중국의 소슬함을 깨트리지 못하는지 루쉰은 안타까움을 표시했다. 즉 그는 이미 유신

---

21) 오늘날 데리다, 푸코, 라캉 등 포스트 구조주의자들의 니체 철학과의 연관성에 주목한 글로는 「니체, 탈현대의 웃음」, 김진석, 『철학과 현실』 14호, 1992

22) 하이데거는 그의 『니체』란 책에서 니체 사상을 '허무주의', '가치의 전도', '위버멘쉬(超人)', '힘에의 의지' 그리고 '영겁회귀' 등의 다섯 개 테마로 분류했다.

23) 山田敬三, 「魯迅の留學時代(下)」, 『野草』 제2호, 1971, 87쪽

을 부르짖고 나온 지 20년이 지났지만 오랫동안 중국의 자존자대(自尊自大)로 정신은 무너지고 잘못된 습관이 깊이 뿌리박혀 있어 아직 '심성(心聲)'이 없으니 이 때문에 더욱 정신계의 전사가 필요하다고 인식했다. 게다가 밖으로는 세계의 대세를 통찰하고 안으로는 고유의 전통을 잃지 않으며 현재의 것을 취해 옛것을 부흥시키고 새롭게 신학문을 세우면 인간의 나라를 건설할 수 있는 명철지사(明哲之士)가 등장하기를 희망했다. 이에 루쉰은 당시 근대적인 주장을 펼친 양무파와 입헌파들을 비판하고 신문화 건설을 위해 정신계의 전사들이 필요하며, 궁극적으로는 서구의 모방이나 전통의 답습이 아니라 주체적으로 새로운 가치질서를 수립할 수 있는 인물, 곧 명철지사가 나오기를 바랐던 것이다. 이 명철지사는 바로 니체의 초인 개념과 상통한다.

니체가 살았던 당시 서구는 유럽 각국의 혁명과 전쟁, 배상금의 지급, 그리고 영토의 분할과 민족주의 및 산업화의 진행 등으로 사회구조의 거대한 변화(예를 들어 농경사회에서 산업사회로의 변화)와 사회계층의 변화(봉건세력의 붕괴와 신흥 산업자본가 세력 및 노동자계층의 대두) 및 사회의식의 변화를 불러 일으켰고, 이런 시대의 사회적 경제적 혼란 속에서 현실적인 이해대립은 자연스럽게 인간성 상실과 가치부재의 불안을 야기시켰다. 이런 시대적 배경 속에서 니체에게 비친 근대 위기는 내적으로 부정적 데카당스 및 대중인간형의 급격한 등장과 외부적으로 끝없는 전쟁과 혁명의 폭발적 분출이었다. 이런 점들이 니힐리즘과 밀접한 관계를 맺게 되었다.[24] 이 시대의 정치사회적 상황을 반영하여 유럽의 사상계에서는 실증주의 · 공리

24) 니체의 근대와 근대성에 대한 인식과 비판은 『반시대적 고찰』(1873~1876)에 잘 드러난다.

주의 · 염세주의와 맑스주의 등 다양한 이념이 등장하기 시작했다. 그러나 니체는 당시에 가치의 파괴와 인간의 상실이 역사의 운명으로서 진행되고 있음을 간파했고, 교양 없는 속물근성의 시민 계급에 대해서는 반(反)시민적 입장을, 개성 없는 약자대중이 다수의 힘으로만 욕망을 충족시키려는 천민근성에 대해서는 반사회주의적 입장을, 무력한 염세주의나 허무주의에 대해서는 적극적인 창조적 극복의 문화적 개인주의를 내세우며 당시 사회의 병인(病因)을 질타했다. 그는 이런 시대비판을 통해 창조적 개인의 자각적 능력을 중시하는 개인주의적 사고를 옹호하였다. 따라서 그의 민주주의나 사회주의, 아나키즘에 대한 비판은 정치적인 이데올로기 비판이라기보다는 오히려 전인적인 인간완성을 목적으로 하는 일종의 시대비판적 정신적 운동이었다.[25)]

따라서 서구 근대에 대한 니체의 진단 가운데 루쉰의 근대기획과 연관지어 주목해야 할 지점은 바로 서구의 오랜 이성적 전통과 근대의 핵심적 지점으로 평가되는 이성에 대한 믿음(베버의 '탈미신화', 하버마스의 '도구적 이성' 등의 이념과 그것의 극단화된 표현 형태인 사회과학의 근대주의 등)에 대한 언급의 회피 그리고 서구 근대의 정치 이데올로기인 민주주의에 대한 무시가 그것이다. 이성의 낙관주의에 대한 니체의 비판은 교양과 학문비판에 여실히 드러난다. 즉 니체는 근대적 교양이 인격의 성숙이나 인간의 자기실현에 기여하는

---

25) 김정현, 『니체의 몸철학』, 지성의 샘, 1995, 37-39쪽, 아울러 니체가 근대성 일반에 대해 다음의 세 가지 방향의 문제를 제기했다고 본다. (1) 이미 소크라테스와 알렉산더 문화 속에서 이론과 논리의 승리로서 나타난 이성의 낙관주의에 대한 비판과 문화비판에 바탕을 둔 근대이념과 근대정신에 대한 비판적 고찰 (2) 민주주의와 사회주의와 같은 자신이 살던 시대의 정치 이데올로기에 대한 비판 (3) 유럽 문명비판의 맥락에서 서구 형이상학적 전통을 포괄하는 기독교 도덕비판의 결과로서의 니힐리즘에 대한 비판, 같은 책, 45쪽

것이 아니라 개인을 '역사적 미적 교양속물', '대중', '공장부품'이나 '불안하게 숨겨진 보편적 인간'으로 길러내며, 한편 학문의 전문화와 거대교육은 동시에 인간의식의 분산과 인간의 소인화를 동반한다고 비판했다.[26] 근대성의 핵심적 고리인 이성을 중심으로 한 논의에서 하버마스는 근대성이 사회의 분화를 촉진시키는 합리성과 다른 한편으로는 분화된 사회에 척도를 제공하는 규범성과 내면적 관계를 맺고 있다고 하면서, 근대가 이렇게 자기자신을 반성적으로 비판하는 방식을 헤겔은 "주체성의 원리"[27]로 파악했고, 청년헤겔파는 분화된 사회를 헤겔처럼 주체성의 절대화로만 해결할 수 없다고 한다. 그러나 맑스 등의 실천철학적 이성비판이 여전히 주체철학적 의식철학의 변형에 불과한 반면, 니체는 근대성의 담론의 방향을 근본적으로 바꾸어 놓는다고 지적했다. 즉 헤겔과 청년헤겔파가 한편으로 전통사회에서 종교가 담당했던 통일의 힘을 이성이 할 수 있다고 전제하며, 다른 한편으로는 현대화의 제반 결함들은 오직 계몽의 철저화를 통해 보완할 수 있다고 믿은 반면에, 니체는 '계몽의 변증법'과 결별하면서 의식철학의 중심개념인 동일성과 반대 개념인 '차이'와 '타자'를 강조한다고 주장했다.[28]

이렇게 니체의 근대에 대한 비판은 서구 근대의 이성 중심적 사유체계에 대한 근본적인 비판이었다. 아울러 '신은 죽었다'라는 외침 속에 담긴 니체의 서구문명의 몰락에 대한 인식에서 이런 허무주의를 극복해가는 길은 소수의 선택된, 능력 있는 사람들에게

26) 앞의 책

27) 여기서 '주체성'은 자기자신을 파악하기 위하여 스스로를 객체화하는 인식주체의 자기관계 구조를 의미한다.

28) 하버마스, 이진우 역, 『현대성의 철학적 담론』, 문예출판사, 1994, 2-4장과 해설 참조

주어진 과제였고, 바로 그가 위버멘쉬(Ubermensch)였다. 그러나 이 위버멘쉬에 대한 이해는 나치의 국가사회주의자들에 의해 이해된 그런 존재가 아니다. 니체가 원래 주장한 위버멘쉬는 『짜라투스트라는 이렇게 말했다』의 서설에서 다음과 같이 말한 부분에서 드러난다.

> 「나는 그대들에게 위버멘쉬를 가르친다.」 인간은 초극되어야 할 그 무엇이다. 그대들은 인간을 초극하기 위해 무엇을 했는가?
> 지금까지는 모든 존재자는 자기 자신을 넘어서 있는 그 무엇을 창조해왔다. 그대들은 이 거대한 만조(滿潮)의 간조(干潮)가 되고, 인간을 초극하기보다는 짐승으로 되돌아가고 싶은가?[29] (…)
> 보라, 나는 너희들에게 위버멘쉬를 가르치노라!
> 위버멘쉬는 대지(大地)의 뜻이다. 너의 의지로 하여금 위버멘쉬가 대지의 뜻임을 말하도록 하라!
> 전에는 하나님에 대한 모독이 가장 커다란 모독이었다. 그러나 이제 하나님은 죽었고 이와 같은 모독자도 그와 더불어 죽었다. 이제는 대지에 대한 모독이 가장 무서운 것이며, 이 대지의 뜻보다도, 탐구할 수 없는 것의 내장을 더 높게 평가하는 것 또한 가장 무서운 것이다.[30]

위의 글에서 니체가 말한 위버멘쉬는 새로운 가치질서를 대지에 두고 있는 살아 있는 인간이다. 즉 신적인 존재가 아니다. 이 새

29) 여기서 니체의 진화론에 대한 영향을 살필 수 있다. 루쉰도 이런 니체의 진화론과 비슷한 면모를 보여준다. 즉 다윈의 생물학적인 진화가 아닌 정신의 진화를 말하는 것이다. 중국의 연구자들은 '人性進化論'이란 용어를 사용한다.

30) 니체, 『짜라투스트라는 이렇게 말했다』, 황문수 역, 문예출판사, 1993, 27-28쪽

로운 모습의 인간은 피안의 세계와 그곳에서의 보상을 기대하지 않고 이 땅 위에 있는 것들을 그대로 긍정하며 남을 섬기지 않고 스스로가 주인인 자신의 세계를 갖고 있는, 정직하고 자유로운 인간이다. 이 위버멘쉬에 도달하는 과정은 낙타-사자-어린이의 세 단계를 거치는데, 이런 과정은 인간의 정신이 겪는 것이며, 또한 개별자로서 인간의 자기극복의 길이다. 그러나 이 과정에서 후퇴도 가능하다고 했다. 따라서 많은 사람은 원숭이로 되돌아가는 것이다. 그래서 니체는 사람을 짐승과 위버멘쉬 사이에 놓여 있는 밧줄, 또는 한 지점에서 다른 지점으로 이어지는 다리에 비유했다.[31] 결국 이 목표는 유(類)나 종(種)으로서의 인간이 생물학적 법칙에 따라 도달할 수 있는 목표가 아니라, 선택된 소수의 탁월한 인물에 의해 성취되는 개별적인 것이며, 이 성취의 과업 앞에서 인간은 모두 홀로 있게 된다.[32] 여기서 정치 · 사회학적인 의미에서 계급, 계층의 구분이 아니라, 정신의 측면에서 니체의 천재와 우민의 구분이 등장하고, 루쉰도 이런 맥락에서 이해하고 있다. 니체의 이런 인간에 대한 이해는 루쉰이 화두처럼 제기했던 이상적인 인간상에 대한 고민과 맞물린다. 그러나 루쉰은 니체의 위버멘쉬를 당시 중국의 혁명과 연관지으면서 강한 의지력을 갖춘 투쟁하는 전사의 이미지를 덧붙인다. 즉 리쩌허우의 '구망(救亡)'과 '계몽(啓蒙)'의 구도에서 서구식의 계몽이란 논리로는 부족한 구국의 논리가 더욱 강하게 니체의 위버멘

31) 김진석은 위버멘쉬가 한편으로는 이상적이고 다른 한편으로는 도덕적인 모델로서 '성인' · '현자' · '군자' · '천재'라는 이상주의적인 모델들과 구분될 때 그것의 윤곽을 드러낼 수 있다고 하면서, 위버멘쉬를 초인으로 번역하는 것은 잘못으로, '넘어가는 인간'이라고 번역해야 한다고 주장한다. 『니체에서 세르까지』, 솔, 1994, 18-24쪽

32) 정동호, 「위버멘쉬는 누구인가」, 『니체 철학의 현대적 조명』, 청람, 1984, 246-249쪽

쉬에 대한 루쉰의 이해에 힘을 가하는 것이다. 즉 그것은 당시 루쉰의 민중관에 절실하게 기반하며 아울러 진정한 인간해방의 실현이란 목표를 달성하는 데 중요한 요소이다.[33] 따라서 역설적으로 많은 악성(惡聲)이 창궐하는 상황에서 진정한 내요(內曜)와 심성(心聲)을 가진 지식인을 간절히 바랐다. 니체는 서구의 근대문명을 비판하면서 특히 민주제도에 의해 만들어진 비속한 대중들을 배척하면서 더욱 새로운 문화의 탄생을 가져올 새로운 인간형을 찾았던 반면, 루쉰 역시 사회의 민주제를 이상적인 것으로 인정하면서도 당시의 민주와 관련된 주장의 허구성에 대해서는 신랄하게 비판했던 것이다. 루쉰은 우선 「파악성론」에서 다음과 같이 당시의 악성을 비판한다.

> "오늘날 사람들이 주장하는 바를 잘 정리하여 살펴보고 분류하여 이름을 붙인다면 대체로 크게 두 가지로 나누어 볼 수 있을 것이다. 첫째가 '여러분은 국민입니다'는 것이고, 둘째가 '여러분은 세계인입니다'는 것이다. (…) 이 말의 진정한 뜻을 살펴보건대, 비록 일관된 주장은 없지만 모두 인간의 자아를 멸하고 독특한 개성을 가지지 못하도록 획일화하여 대중들 속에 매몰시킨다"[34]

서구 근대의 민주제를 받아들여 근대국가의 이념에 맞는 국민들을 만들어내야 한다는 당시 주장이 정치적 이데올로기화하여 곧 어떤 목표를 위해 이념화 또는 도구화됨으로써 오히려 개인의 자유

33) 「파악성론」에서 "대개 소리가 자신의 마음에서부터 발하고 자신이 자신으로 되돌아가게 되면 사람은 비로소 자기정체를 가지게 된다. 사람들이 각자 자기정체를 가지게 되면 사회의 큰 각성이 곧 이루어질 것이다."라고 말한다.

34) 『전집』 10권, 65쪽

로운 성장을 방해한다고 비판한 것이다. 이에 대해 루쉰은 '근본이 동요하고 있으니 그 가지와 잎들은 또 어디에 의지할 것인가?'라고 탄식하며 '대중들의 떠들썩함에 동조하지 않고 홀로 자신의 견해를 가지고 있는 선비가 그윽하게 숨겨져 있는 것을 통찰하고 문명을 비평하면서 망령되고 미혹된 무리와 그 시비를 함께하지 않으며 오직 자신이 믿고 있는 바를 향해 매진하기를' 기대하고 있었다. 여기서 우리가 주목해야 할 점이 바로 루쉰이 여러 편의 글에서 계속적으로 제기하는 '근본'이란 말이다. 과연 루쉰이 말한 이 '근본'이란 무엇을 일컫는 것일까? 이것을 몇 가지의 단어로 정리한다면 자유로운 '정신', '개성', '인간'일 것이다. 따라서 중국 자체에서 생긴 반신불수(전근대)와 외국으로부터 전해진 새로운 질병(자본주의적 근대)를 한꺼번에 치료할 수 있는 것은 바로 이 '근본'을 알고 강한 의지력을 가진 인간을 탄생시키는 수밖에 없는 것이다.

루쉰에게 이 '근본'을 견지해나갈 수 있는 동력인 자유로운 '정신'은 바로 문화(학)와 예술에 있었다. 루쉰은 근본을 아는 지식인들의 소리를 듣고 싶어 했다. 그 소리는 마음의 소리(心聲)이다. 그는 다음과 같이 말했다.

> 내요란 어둡고 캄캄함을 파괴하는 것이다. 마음의 소리란 거짓과 전혀 상관이 없다. 인간사회에 이것이 있으면 그것은 맹춘에 우뢰가 발동하는 것과 같아서, 온갖 풀들이 그로 인해 싹이 트고, 여명이 동쪽에서 밝아 와 깊은 밤이 물러가게 된다. 다만 이것은 역시 대중들이 바라는 것은 아니다.[35]

35) 『전집』 10권, 58쪽

인류가 후세 사람들에게 남겨주는 문화 중에서 가장 힘이 있는 것은 문학작품(心聲)이다. 옛사람들의 상상력은 자연의 오묘함에 닿아 있고 삼라만상과 모름지기 연결되어 있으며, 마음에 주어져 그 말할 수 있는 바를 말하게 되면 그것이 시(詩)가 된다. 문학작품은 세월을 거치면서 사람들의 마음속에 들어가면 쇠락한 종족처럼 없어지지 않고 오히려 더욱 번성하는 것이니 그 종족과는 대비가 된다.[36]

위의 글에서 진정한 마음의 소리가 흘러나오면 그것을 듣는 이들은 자각하고 이에 자아를 갖게 되면 사회의 큰 각성이 일어나 그 사회는 발전하는 것이다. 결국 루쉰이 생각한 사회의 변혁은 바로 이런 인물의 등장이 먼저였고, 이런 인물들의 소리가 힘차게 울려 퍼져 나오면 사회는 진정으로 발전하게 된다는 것이다. 그런데 그 마음의 소리는 「마라시력설」에서 언급한 시인들의 작품에서, 「과학사교편」에서의 과학자들에서, 「파악성론」에서의 한두 명의 구국지사에서 발견할 수 있는데, 바로 신성한 빛으로 '인간성을 전면적으로 발전시켜 편벽되지 않게 했으며 그리하여 오늘날의 문명을 보게 한 사람들이다.' 여기서도 어김없이 루쉰이 강조하는 것은 '정신'의 문제다. 선각자들뿐만 아니라 중국의 일반 민중들의 정신을 개조하는 것이 중국혁명의 기본적인 과제라고 생각했을 때, 그 국민들의 정신을 발양하기 위해서는 당시 선비들이 서구의 문물을 조금 접하고서 미신을 타파하고 절을 파괴하며 신화를 조소할 것이 아니라, 그 반대로 미신이나 신화, 종교 등이 사람들의 정신에게 던져주는 영감과 상상력, 충일감 등을 존중해야 한다고 하였다. 여기서 우리가 주목해야 하는 것은 어떤 종래에 정해진 틀에 얽매이지 않

36) 『전집』 1권, 106쪽

는 자유로운 정신을 루쉰이 일관되게 강조하는 점이다. 그는 중국의 정통적인 다스림이 '어지럽히지 않음(不攖)'에 있다고 했다. 그것을 혼란하게 하는 것이 시인들이었다. 따라서 중국역사에서 이들을 속박하려고 했던 것이다. 이전에 발표한 논문에서 이미 이 시기 루쉰은 오사신문화운동시기의 겉으로 드러난 강고한 반봉건의 활동에 비해 중국의 전통문화에 대해서도 가져오기주의(拿來主義)적인 이해를 보여주고 있다고 설명한 적이 있다.[37] 그런데 중국의 전통문화 중에서 국민의 정신을 발양하기 위해서 계승해야 할 것은 비(非)정통문화였던 것이고, 이것은 루쉰이 원래 좋아했던 것이기도 하다. 그런데 그는 국민정신의 발양은 세계에 대한 넓은 식견과 함께하지 않으면 안 된다고 했다. 따라서 다른 나라의 마음의 소리에 대해 탐구하여 회고하여야 새로운 것은 날마다 새로워지지만 옛것 역시 죽어 없어지지 않는다고 했다. 즉 이것은 문화의 발전을 위한 아주 당연한 요구이다. 그러나 서구의 근대 문명이 전해져 오면서 그것의 폐해만을 들여올 뿐 그 근본을 파악하지 못한다고 비판했던 루쉰은, 서구 자본주의적 근대를 넘어서면서 중국의 당면한 변혁의 요구를 달성하기 위해 반(反)근대적 요소를 중국의 전통문화 속에서 발견할 수 있지 않을까라고 생각할 수도 있었을 것이다. 하지만 루쉰은 이 점과 관련해서 구체적인 언급은 하지 않았다. 장타이옌에게 국학을 배우면서도 말이다. 다만 민간문화에 대한 애정은 국민(개인)의 정신 발양에 도움이 된다는 차원에서 드러낸다. 이것은 니체에 대한 해석에서도 드러나는데, 다음과 같이 말한다.

니체는 다윈의 진화론을 받아들여 기독교를 배격하고 초인설을 새

37) 졸고, 「전기 루쉰의 중국전통문화관념에 대한 연구」, 연세대 석사논문, 1993

롭게 제기하였다. 비록 과학을 근본으로 삼고 있다고 하지만 종교화 된 환상의 냄새가 완전히 없어진 것은 아니다. 그의 주장은 다만 신앙을 다른 것으로 바꾼 것일 뿐이지 신앙을 멸하려는 것이 아님이 분명하다.[38)]

니체는 세계와 삶의 본질 또는 근원을 "힘에의 의지"로 파악했다. 그리고 "예술의 발전은 아폴론적인 것과 디오니소스적인 것의 이중성으로 결합되어 있다"는 파악에서 디오니소스적인 것은 로고스에서 신화로 향하는 과정이며 동적인 예술적인 힘이라고 했다. 초기 니체가 분열된 서구 근대사회를 통합시켜낼 수 있는 장으로 설정한 것이 바로 예술이었다. 루쉰에게 소위 전근대, 근대, 반근대가 함께 논의되는 장은 문화(문학)였다. 바로 인문정신이기도 했다. 아울러 반식민지 중국의 근대(성)를 논의할 때 메시아의 추구, 다분한 낭만성의 요소는 인간 및 국민성 개조의 기본적인 무기로서의 문학을 파악한 루쉰의 문학관이 량치차오류의 단순한 계몽문학관과는 다른 불용지용(不用之用)의 문학관으로 등장하게 했다. 그러나 니체가 초기에 파악했던 문학과는 달리 국민성 개조라는 목표를 향한 무기로서의 문학이란 효용론적 측면도 무시할 수 없다. 그러나 문학의 본원적인 역할에 대한 이해를 놓치지 않고 있었다는 점에 더욱 주목해야 할 것이다. 왜냐하면 이후 전개되는 중국의 현대사 속에서 문학에 대한 자신의 이해도 변화되지만, 결국 그가 놓치지 않고 있는 문학관이 이미 초기에 형성되었다고 보기 때문이다. 아울러 신화에 대한 옹호(니체의 문명과 야만의 구도에 대한 옹호), 상상력, 초(超)과학적 이상, 무한절대지상(無限絶對之上)의 세계를 국

38) 『전집』 10권, 70쪽

민정신의 발양과 맞물려 이해하며, 이것은 더 나아가 중국의 혁명을 근본적으로 담보할 주체에 대한 기대로 나아간다. 이상은 서구 근대의 추종자였던 일본의 당시 자연주의 문학의 발달과도 좋은 대비를 이룬다.

루쉰이 니체의 서구 근대와 오랜 문화전통에 대한 이해를 완전히 자신의 것으로 했다고 볼 수는 없다. 그리고 오늘날 탈근대론의 관점에서 니체를 바라보는 담론에 근거해 루쉰의 니체에 대한 영향관계를 이해하는 것도 역사상대주의적인 연구방법에 위배되는 것임은 분명하다.[39] 그럼에도 불구하고 서구의 근대 이성과 민주제에 대한 무관심 그리고 감성과 의지에 근거한 인물형의 창조를 통한 인간혁명의 주장은 전근대와 근대 그리고 반근대 관통하는 인식으로 읽힌다. 이것은 그의 '근본'을 잃지 않은 생각이며, 문화적인 측면에서의 진정한 근대와 반(反)근대의 추구였다.

일반적으로 '근대'는 '세계사의 자본주의 시대'라고 이해되고, '근대성'은 '근대의 근대다운 특성'으로 이것의 핵심적인 내용을 계몽사상으로 정의한다. 그러나 이런 계몽사상은 베버에 의한 세계의 탈미신화 즉 합리화 그리고 호르크하이머의 도구적 이성 등의 분석처럼 인간조건의 소외를 야기하여 자유의 상실과 제도에 대한 복속을 가져왔다. 이에 반근대주의로서의 예술인 모더니즘이 탄생하고, 비판이론가인 하버마스는 근대기획을 버리지 못하면서 근대성이 탄생될 때의 '근대에 내재하고 있는 반대담론' 달리 말하면 의사소

39) 이토 도라마루(伊藤虎丸)는 "현대인들은 니체의 19세기 문명에 대한 비판을 '反近代'의 사상이라고 부르지만, 낙후한 아시아 국가인 일본에서는 먼저 니체의 사상이 전파될 때, 결과는 "반근대"가 아니라 '근대'의 관념으로 받아들였다. 이 점에서 루쉰도 일본문학가들처럼 낙후한 아시아의 문학청년으로서 니체를 서구 근대의 정신으로 흡수했으나, 그가 이해한 "극단적 개인주의"는 일본의 문학가와는 다르다."라고 말했다. 伊藤虎丸, 『魯迅と日本人』, 朝日新聞社, 1983, 56쪽

통의 합리성을 제기하고, 탈구조주의자들이 등장하여 탈근대성론 등을 제기하였다. 이렇게 볼 때 근대로의 타율적인 전환을 겪을 수밖에 없는 동아시아(중국)에서 서구를 배워서 서구를 따라잡는 근대기획은, 루쉰에 의하면 근본을 잡지 못하고 말단 지엽만을 건드리는 것에 불과한 것이다. 이것은 근대주의에 대한 반대이며, 나아가 당시 중국 혁명의 방향에 대한 판단이다. 루쉰은 서구의 근대사를 세기로 구분하면서 '편향(偏至)'이란 자신의 독특한 발전이론에 기반하여 당시로서는 최신의 사조를 받아들이면서 서구의 근대와 반근대적 요소를 동시에 파악해내고 이를 자신의 중국혁명과 연관된 입인사상(立人思想)으로 귀결시켰다.

이상으로 루쉰의 '근대'과 '반근대' 사고가 기본적으로 인간해방에 기인하며, 이런 근본적인 인간해방은 개성의 존중과 정신의 발양을 통해 이루어진다고 인식했음을 알 수 있었다. 루쉰은 진화론에 기반한 진보에 대하여 변함없는 믿음을 견지하면서도 근대주의가 가져온 폐단을 직시하고 인간해방을 이루기 위해, 중국의 전통 특히 도교와 불교의 사상과 위진현학(魏晉玄學) 및 어릴 적 그가 본 여러 가지 신화전설, 야사(野史) 등을 적극적으로 해석하려고 했다. 그러나 이 시기의 글에서는 전통에 대한 구체적인 평가가 보이지 않는다. 중국의 봉건정치가 '어지럽히지 않는다'에 있다고 간주하면서 체제순응적인 중국 국민성의 근원을 중국의 봉건종법제도에 두고서 비판하는 대목은 드러나지만, 대체적으로 찬란했던 중국의 문화가 쇄국과 자존자대에 의해 녹슬었던 점을 안타까워한다. 한편 중국의 전통이든 서구문화의 수용이든 간에 그는 국민정신을 발양하는지 그렇지 못하는지에 근거해 비판적 계승을 행한다. 당시 루쉰의 '근대'와 '반근대' 문제의식은 좀 더 구체적인 중국현실을 바라보게 되는 오사시기까지 다른 지식인들보다 대단히 앞서가고 있었다. 그로서는 신념에 찬 외침이었을 것이다. 그런데 그 외침은 메아리가 되어 돌아오지 않았고 여기에 그는 절망감을 느꼈다. 그 이후 루쉰은 중국의 현실을 목도하면서 중국의 변화가 결코 쉽지 않음을 깨닫게 되었다. 따라서 그는 이런 중국의 전근대와 근대의 대립과 혼효 속에서 비판활동을 해나갈 수밖에 없었는데, 여전히 니체의 사상을 중국의 전근대적인 국민성을 비판하는 데 수용하였다. 그러나 루쉰이 초기에 받아들인 니체의 사상도 서구의 근대를 비판하는 논리로서 그리고 당시 중국의 변혁을 위해 필요로 한 인물을 발견하는 데 초점을 둔 가져오기주의식 수용의 입장을 취했다는 점을 간과해서는 안 된다. 니체 사상에 대한 루쉰의 경도는 대단했던 것으로 보이는데, 이에 대해서는 더욱 자세한 연구가 필요하다.[40] 이후의 장에서는 초기 루쉰의 이런 '근대'와 '반근대'의 논리가 중국현실과 본격적으로 대면하면서 루쉰의 글쓰기에서는 어떻게 형상화되는지 규명하고자 한다. 이것은 루쉰 문학의 근대성을 살피는 작업임과 동시에 근대문학에 대한 재해석으로 모더니즘과 리얼리즘의 문제로 귀착될 것이다.[41]

그런데 루쉰의 이와 같은 서구 근대에 대한 이해는 앞의 서술에서도 드러났겠지만, 결코 자신의 관념 속에서 단독적으로 형성된 것이 아니다. 청년 시절 직업 혁명가의 지향도 지녔던 만큼 지식인의 실천이라는 부분을 간과하지 않았다. 그는 서구 근대(문명)에 대한 자신만의 이해를 바탕으로 당시 주변에서 제기되었던 다양한 주장들에 대해 비판적인 글쓰기를 진행했다. 「파악성론」과 같은 글은 오사 이후 전개되는 그의 잡문의 원형이 되었다. 이 글에서 그가 비

40) 1980년대 개혁개방 이후 중국에서 니체에 대한 루쉰의 경도에 대해서 많은 연구가 나왔다.

41) 이와 관련해서는 8장과 9장에 다룰 예정이다.

판한 것이 바로 '악성(惡聲)'이다. 다음 장에서는 서구 근대에 대한 오해에 기반한 당시 각종 '악성'을 어떻게 비판했는지 검토하도록 하자. 더불어 '계몽'의 의미도 함께 탐색해본다.

6장 루쉰의 국민국가 비판: 악성 타파 1

서구 근대 문명의 핵심으로 지목되었던 국민국가의 건설과 국민의 양성이란 목표가 낳은 문제에 대해서는 이미 많은 논의가 있었다. 아울러 이러한 목표를 가능하게 했던 과학을 비롯한 서구문명 역시 적지 않은 문제가 있음이 폭로되었다. 이런 상황에서 중국의 부상이 오히려 서구 근대문명의 대표적 형태인 국민국가의 건설을 더욱 강화하는 방향으로 나가려는 것은 아닌지 의구심을 갖게 된다. 이와 동시에 중국이 경제성장을 바탕으로 국민국가라는 일국적 사고를 버리고 종전의 제국으로 회귀할 가능성 역시 제기된다. 이런 상황에서 20세기 초 국민국가 건설과 국민의 양성을 시대적 과제로 상정했던 당시 지식인들의 주장을 과감히 비판했던 루쉰의 사유는 우리에게 시사하는 바가 적지 않다.

루쉰의 일본유학시절은 개인적으로는 새로운 문물에 대한 왕성한 관심과 자신이 처한 현실에 대한 인식을 통해 그만의 사유를 형성해가는 청년기에 해당하고, 역사적으로는 서구열강에 의해 중국이란 국가의 과분(瓜分) 위기와 그에 따른 구민(救民)의 방안이 제기되던 변혁기에 해당한다. 우국우민(憂國憂民)이란 중국사대부 지식인의 전통을 이어받은 탓인지 루쉰 역시 자신의 청년기에 이러한 의식을 바탕으로 국가와 민족을 구원하기 위한 방안에 대해 모색했고, 바로 이것은 개인적인 지식(앎)의 추구와 동일시되었다. 따라서 당시 그가 제기한 자신만의 독창적인 구국의 방안은 결국 루쉰의 고민과 사색의 결과물이라고 할 수 있다.

일본유학시절 루쉰은 몇 편의 글을 매체(잡지)에 기고하였고, 그 글 가운데 1908년에 발표한 「파악성론(破惡聲論)」은 당시 그의 사유를 파악할 수 있는 중요하고도 문제적인 텍스트다. 그것은 다음과 같은 몇 가지 점 때문인데, 첫째, 루쉰이 처음 시도한 사회 또는 문명비평이라는 점이다. 루쉰 문학의 상당수가 소설이 아니라 잡문(雜文)이고, 그래서 이를 루쉰 문학의 정수라고 간주하는 연구자들도 있는바, 이런 시각에 따른다면 일본유학시절 본격적으로 글쓰기를 시작한 루쉰의 당시 글들 가운데 「파악성론」은 오사 이후 그가 보여준 사회 및 문명비평의 최초에 해당하는 글인 셈이다. 다시 말해 비판의 대상을 염두에 둔 투쟁적인 글쓰기의 최초인 것이다. 이를 통해 당시 지식계의 상황을 간접적으로 엿볼 수 있고, 그 지형도를 살필 수 있다는 점에서 문제적이다. 둘째, 당시 지식인들의 대표적인 주장에 대한 루쉰의 비판을 통해 우리는 근대(성)에 대한 근원적인 탐문이 가능할 거라는 기대를 갖는다는 점이다. 그것은 외래문화의 수용이란 문제에서 외래적인 것에 대한 총체적인 이해와 그것의 중국적 수용이란 대단히 진부한 주제에 대한 재탐구이기도 하다. 이것은 루쉰이 서구 추수나 전통 유지라는 대립적인 두 경향의 한편에 서지 않는 균형 잡힌 시각(取今復古, 別立信宗)을 어떻게 확보했는가 하는 문제와도 연결된다. 셋째, 「파악성론」에서 비판하는 내용이다. '파악성론'은 말 그대로 '악성(惡聲)에 대한 비판'이란 의미인데, 그가 악성으로 간주한 것은 크게 두 가지 즉 '국민이 되라'는 것과 '세계인이 되라'는 주장이었다. 이른바 '국민이 되라' 그리고 '세계인이 되라'라는, 얼핏 보기에 대립적인 성격을 지닌 두 주장을 동시에 비판하고 있다는 점이 이채롭다. 이 장에서는 이상의 문제성을 더 구체적으로 분석하여 청년 루쉰의 사유를 부각시키고 나아가 그의 이런 사유가 지닌 미래성을 밝혀보자.

6.1 반(反)'국민 만들기'

루쉰의 「파악성론」을 해석하기 위해서는 당시의 언론 상황과 루쉰이 쓴 다른 글 그리고 장타이옌(章太炎) 등 주변 인물들과의 영향관계, 마지막으로 서구문화 수용 등을 포함하여 일본 지식계의 동향 등을 종합적으로 검토해야 한다. 당시 언론 상황과 관련하여 「파악성론」에서 루쉰이 당시 지식인들의 악성 가운데 대표적인 것이 '국민이 되라'와 '세계인이 되라'라는 두 가지 주장이라고 정리한 것을 보면, 결국 이 두 주장이 가장 영향력이 컸던 것이라고 짐작할 수 있다. 실제로 '국민이 되라'는 주장은 청말의 언론에서 대단히 유행했던 '국민성 개조' 논의의 연장선상에 있는 것이고, 이것에 대한 루쉰의 비판은 넓게는 이런 '국민성 개조론'에 대한 비판으로까지 연결된다고 볼 수 있다. 이른바 '국민성 개조론'을 비롯한 국민성 관련 논의는 1890년대 서양 선교사들에 의해 중국인들의 성격이 규정되고,[1] 이것이 담론의 위력을 갖고 해외에서는 물론 중국인들에게 알려지게 되었으며, 중서문화의 비교 차원에서 국민성이 화제가 된 이후, 무술변법을 통해 근대 서구의 정치제도가 중국에 도입되고 주권재민(主權在民)의 시각에서 국민의 중요성이 부각되면서 폭발적으로 유행하게 되었다. 이 논의를 이론적인 면에서 주도한 이가 량치차오(梁啓超)였는데, 그는 이미 『자유서(自由書)』(1899), 「중국 약화의 근원에 대하여(中國積弱朔源論)」(1900), 『신민설(新民說)』(1902) 등에서 '국민'이라는 용어를 사용하고 있었고, 또 "천하와 조

---

1) 대표적인 것으로는 Arthur H, smith, *Chinese Characteristics,* 1894(한글번역본은 아더 스미스, 민경삼 역, 『중국인의 특성』, 경향미디어, 2006)를 들 수 있다.

정은 있으나 국가가 없고, 노예는 있으나 국민이 없는 상태"(『中國積弱溯源論』, 1900)라고 당시 중국이 처한 현실을 진단했다. 이처럼 근대국가의 수립을 지향하고, 그 국가의 수립을 위해서 국민을 양성하는 문제가 그의 언론의 중심을 이루었다. 그리고 이 국민의 양성은 바로 국민의 자격을 갖추게 하는 것이고, 그것을 위해 『신민설』 등에서 국민의 인격 즉 품격(자질)을 배양하기 위한 방안을 제시하였다. 따라서 량치차오가 말한 국민이란 그런 의미에서 '신민(新民)'으로, 민족의 일원일 뿐만 아니라 민지(民智), 민덕(民德), 민력(民力)까지 갖춘다는 의미를 담고 있었다. 이제 '국민'은 근대적 주권을 가진 정치적 주체로서 국가공동체의 근간을 이루는 외래어 'nation'의 번역어로서 사용되기 시작했다. 한편 이와 함께 1901년에 국민이란 이름을 붙인 『국민보(國民報)』라는 잡지도 창간되면서 말 그대로 "국민주의 시대"를 맞이하게 되었다.[2] 진관타오와 류칭펑의 개념사 연구 역시 이와 같은 현상을 통계적으로 밝혀주었다. 즉 근대 중국에서 '국민'이란 용어는 1900년 이전까지 주로 외국인을 가리키는 말이었는데, 무술변법 이후 량치차오 등에 의해 중국인들이 국가는 국민으로 구성된다는 인식을 하기 시작하면서 1903년에 '국민'의 사용빈도가 가장 높아졌고 또 이후에도 사용빈도는 늘어나게 되었다. 그것은 노예의 반대어로서 또는 개인이란 용어와 함께 '개인의 집합'이란 의미 등으로 사용되었다.[3]

루쉰은 일본유학시기에 발표한 글 가운데 「문화편향론(文化偏至論)」, 「과학사교편(科學史敎篇)」, 「파악성론」 세 편의 글에서 '국민'이란 용어를 각각 4회, 2회, 2회 사용하고 있다. 이것만 보아도 루쉰

2) 金鍾潤, 「淸末 國民性改造論에 대한 考察」, 『中國學論叢』 28집, 2009

3) 진관타오 · 류칭펑, 『관념사란 무엇인가 1』, 푸른역사, 2010, 358-362쪽

역시 '천하국가/인민'이란 전통적인 국가-민중의 관계에서 '국민국가/국민'이란 새로운 관계로 전환하고 있는 시대적 흐름을 수용하고 있었다고 할 수 있다. 그것은 이처럼 루쉰이 이 당시 발표한 글에서 '국민'이란 말을 사용하면서도, '인군(人群)'이란 표현처럼 이와 유사한 다른 용어를 동시에 사용했는데, '국민'이란 일반적으로 대중의 '무리'라는 의미의 'people'과는 차별화하고 있다. 그래서 적어도 '국민'이란 개념에 대해서 근대국가 구성원으로서의 국민이라는 동시대 지식인들과 같은 인식을 공유하고 있었다고 볼 수 있다. 하지만 당시 글에서 '국민'이란 용어를 그다지 많이 사용하지 않은 것은—물론 사용빈도만을 놓고 판단할 수 있는 문제는 아니지만—'국민'이란 개념의 이해와 관련하여 당시 지식인들의 주장에 대한 거부감이 있었던 것은 아닐까 추측해 볼 수 있다.

그것이 「파악성론」에서 '국민이 되라'는 주장에 대한 비판으로 드러난 듯한데, 루쉰은 이 주장이 갖는 문제점을 세 가지로 정리했다. 하나는 '미신타파' 또 하나는 '침략숭배(獸性의 애국)' 마지막은 '의무의 강조'였다. 이 글은 앞의 두 가지 문제에 대해서만 비판한 뒤 미완성인 채로 끝내고 말았다.[4] 그런데 여기서 드는 의문은 루쉰이 '국민이 되라'와 '세계인이 되라'는 두 가지 주장 그리고 이 주장 가운데 중요한 것으로 전자는 '미신타파', '침략숭배', '의무의 강조', 후자는 '동일한 문자의 사용', '조국 버리기', '일치단결 중시'로 정

4) 미완성에 대해서는 두 가지 설이 있다. 하나는 어떤 이유에서인지 알 수 없지만, 루쉰 자신이 글을 완성하지 못했다고 보는 설과 다른 하나는 루쉰은 완성된 글을 『河南』에 투고했지만, 잡지의 사정으로 전부 게재되지 못했다고 보는 시각이다. 그런데 이 글을 자신이 편한 개인 문집에 수록하지 않았던 점은 루쉰 개인적인 사정이 있었던 것이 아닐까. 즉 「파악성론」이란 글에 대한 루쉰의 평가와 관련된 것이 아닐까 하는 추측을 해볼 수 있고, 그렇게 본다면 아무래도 전자가 더 설득력이 있다고 생각된다.

식화했는데, 이런 정식화의 근거는 무엇인가 하는 점이다. 오사 이후 시작된 루쉰의 사회 및 문명비평적 글쓰기의 성격에 비춰 볼 때, 루쉰이 「파악성론」에서 언급한 위의 '악성'에 대한 비판 또한 그 시대의 구체적인 문맥에서 나왔다고 할 수 있다. 따라서 루쉰의 비판을 정확히 파악하기 위해서는 당시의 논의의 지형도 그리고 각 주장들의 입장을 실증적으로 분석할 필요가 있다. 그렇다면 먼저 「파악성론」에서 루쉰이 실제로 비판을 가했던 두 가지 즉 '미신타파'와 '침략숭배'에 대해서 구체적으로 살펴보자.

6.1.1 '미신타파' 비판

주지하다시피 근대적 의미에서 국민은 국민국가의 구성원을 말하는 것이자, 국민국가의 정치체제에서는 모든 정치권력의 원천이다. 그런데 국민이 선행되어야만 국민국가가 성립하는 것인지 아니면 국가가 먼저 성립되고 국민이 만들어지는 것인지 그 선후는 모호하지만, 구망(救亡)의 위기에 직면하여 제국에서 국민국가로 신속히 전환하지 않으면 안 되는 당시 중국의 상황에서는 무엇보다 정치개혁을 통한 국가의 수립이 우선적인 과제였다. 그런데 무술변법을 통해 그 정치개혁을 실현하고자 한 변법파의 노력이 실패로 돌아가고, 망명한 이들에게 남은 과제는 신국가를 건설하는 데 중요한 국민의 양성에 매진하는 일뿐이었다. 국민으로서 각성하는 문제가 풍전등화의 중국을 구원하는 데 중요하고 절실한 문제였던 것이다. 이를 누구보다 빨리 자각한 이가 량치차오였고, 그는 1898년 변법유신이 실패한 이후 잡지를 창간하면서 민지(民智)를 개발해야 하고 그 민지의 개발은 결국 국민의 양성으로 전개되어야 한다고 주장하였다.

장기간에 걸쳐 쓰여진 량치차오의 『신민설』은 인민을 국민으로 전환시키기 위한 구체적인 방안을 제시한 장문의 글인데, 이를 계기로 1903년을 전후해 중국에 "국민주의 시대"가 도래했다고 앞에서 말했다. 바로 이 시기에 일본유학을 시작했던 루쉰이 친구 쉬서우창(許壽裳)과 토론했던 주제가 바로 '이상적인 인간상/중국 국민성의 병폐'에 대한 것이었던 것을 보면, 이러한 시대적 분위기에 동조하고 있었음을 알 수 있다. 이리하여 「스파르타의 혼」(1903), 「중국지질약론(中國地質略論)」(1903) 등의 애국주의적 성격이 강한 글을 발표하는데, 특히 후자에서는 중국인민들의 우매함을 폭로하고 그 근원이 미신에 있음을 지적하였다. 그런 그가 1908년에 발표한 「파악성론」에서 이와 달리 미신타파라는 주장을 반박한 것은 사고의 전환인 셈이다. 그렇다면 '국민이 되는' 일과 미신타파는 어떤 관계가 있는가. 미신을 타파하지 않으면 근대국가의 국민이 될 수 없다는 말이고, '국민이 되는' 데에는 어떤 기준 또는 국민의 모범적인 상이 있다는 것이며, 다른 말로 하면 결국 국민이 되기 위한 조건이 있다는 의미다.

국민에 대응하는 전통적인 개념인 인민이 통상적인 덕치전제(德治專制)의 일방적인 수혜자이자 비상시에는 역성혁명(易姓革命)의 주체라는 두 가지 계기를 포함하는 것인 데 반해, 청말에 이르러 서구의 국민 또는 시민 개념이 도입되면서 그 변용이 일어나게 된 것은 주지의 사실이다. 그런데 국가의 위기가 종래의 왕조국가라면 역성혁명을 통해 새로운 왕조국가를 세우는 것으로 그 위기를 극복할 수 있지만, 왕조국가가 아니라 근대국가로 전환하고 그 국가의 권력이 국민으로부터 나오는 것이라면, 수동적인 인민에서 주체적인 국민으로 변신하는 것이 무엇보다 중요한 일이 된다. 이를 위해서는 먼저 중국인의 부정적인 국민성을 개조하는 것이 필요하게 되고, 이에 변법운동 이후 중국 국민성의 부정적인 요소를 제거하는 작업이 시작되었는데, 그것이 바로 '국민성 개조론'이다. 당시 지식인들은 중국 국민성을 거론하면서 그 국민성 문제의 대표적인 형태를 노예근성이라고 규정하고, 이를 극복하는 방안으로 가장 먼저 옌푸(嚴復)가 '삼민설(民智, 民德, 民力)'을 제기하였으며, 이후 이를 이어 받아 량치차오가 '신민설'을 주장하였다. 삼민 가운데 옌푸가 중점을 두었던 '민지'는 바로 새로운 지식의 학습을 통해 중국인들의 우매함을 극복하기 위한 것으로, 청말 미신타파 운동에 많은 영향을 주었다. 청말 미신타파의 흐름을 대략 정리하자면 다음과 같다.

민지의 개발이란 측면에서 볼 때, 양무운동과 변법운동의 일환으로 설립된 새로운 학교에서 교육과정에 '서학(西學)' 그중에서도 특히 과학이 편입된 이후 '미신타파'의 주장과 운동은 열기를 띠게 되었다. 특히 문예방면에서 두드러졌는데, 예를 들어 1905년부터 1907년에 걸쳐서 상해의 상무인서관(商務印書館)에서 발행한 문학잡지 『수상소설(繡像小說)』(李伯元 주편)에서는 「소미추(掃迷帚)」(壯者, 제43-52기 연재)를 비롯해 「성세연탄사(盛世緣彈詞)」(이백원), 「할편기문(瞎騙奇聞)」(吳趼人) 등의 소설이 미신타파를 주장했고, 또 이와 연결된 작품들이 잇달아 발표되었다.[5] 청말 소설에서 드러난 반(反)미신에서 미신은 주로 주술적인 것에 치중해 있었고, 그 이면에는 과학에 근거한 서구 근대문명이 포진하고 있었다. 게다가 이런 미신타파 주장과 운동에는 오늘날 세계 열강과의 경쟁 속에서 살아남기 위해서는 과학의 발달과 보급이 반드시 필요하며, 그렇기 때

5) 문정진, 「문명과 미신」, 『중국현대문학』 21호, 2001, 阿英, 『중국근대소설사』, 정음사, 1987, 제10장 참조

문에 '미신'을 민중 사이에서 일소하지 않으면 안 된다는 인식이 전제되어 있었다. 루쉰 역시 이러한 생각에 한때 동의하고 있었던 것은 앞서 말했다. 그런데 이런 서학의 맥락만이 아니라 중국 역사에서 농민봉기의 조직화에 커다란 역할을 한 중국민중의 민간신앙 또한 역대 왕조의 지배층에 의해 '이단(異端)' 혹은 '음사사교(淫祀邪教)'로서—즉 미신의 일종으로서—배척받고 탄압을 받았는데, 청말 역시 예외가 아니었다. 이것과 관련하여 캉유웨이(康有爲)가 "성인 공자를 존경하고 국교로 정하여, 교부(教部) · 교회(教會)를 세우고 공자기원(孔子紀元)을 사용하며 음사(淫祀)를 폐지하는 것을 청하는 상소문"을 써서 민간의 '음사'를 폐지하고 공자교를 국교로 하여 민간에 강제하고, 이것으로 국가의 통일과 단결을 강화할 것을 주장했었다. 한편 청말에 중국을 방문했던 구미인들(예를 들어, 페르디난트 폰 리히토 아인트호벤(1833-1905)의 『지나여행일기(支那旅行日記)』)은 민중들 사이의 미신이 중국에서 천연자원의 개발과 교통 · 철도의 발달을 방해한다고 지적했다. 이와 같이 청말에 미신타파의 주장과 운동은 서구의 과학에 근거하고, 또 이전의 '음사사교' 폐지 주장과 구미인들의 '미신' 비판에 의해 자극받고 고무되면서 중국의 '문명'과 '부강'을 도모하기 위해 중국민중의 민간신앙 등을 '미신'으로서 배제하고자 했던 것이다.[6)]

이러한 미신타파가 '국민이 되라'는 주장과 이어지는 것은 근대국가의 국민화가 바로 서구의 문명론과 연결되기 때문이다. 이미 서구의 문명론과 국민국가의 형성 및 국민화의 과정이 상호 밀접한 상관관계가 있음은 니시카와 나가오(西川長夫)의 연구에 의해 밝혀진 바다. 그에 따르면 '문명'이란 말이 18세기 후반 프랑스에서

6) 이상은 伊東昭雄,『魯迅全集』1卷, 學習硏究社, 1986, 63-64쪽

만들어진 신조어이고, 프랑스 혁명을 통해 국민국가의 형성이 이루어짐과 동시에 '문명'이 프랑스형 국민국가(프랑스 공화국)의 가치관을 나타내는 국민적 이데올로기로 정착되었다. 따라서 국민의 양성 즉 국민화란 국민국가의 장치와 이데올로기에 적합한 인간을 만들어내는 것이고, 이를 위해서 근대국가와 국민이 지향해야 할 이상으로서 '문명'이 설정되기 때문에 이것은 문명화에 다른 이름이라는 것이다.[7] 또 일본의 메이지 초기에 '문명개화'라는 국민화가 진행된 과정 역시 국가주의에 걸맞은 국민을 양성하기 위해 교육과 문화 방면에서 이러한 문명화가 진행된 과정과 일치한다. 이에 따라 한 사회의 다양한 층위의 문화, 예를 들어 대중문화, 하위문화 그리고 지역문화 등은 모두 국민문화로 통합되어 일원화와 표준화의 과정을 겪게 된다.[8] 청말의 미신타파 주장이 바로 '국민 만들기'라는 주장의 핵심적인 부분이 될 수밖에 없는 이유가 여기에 있다. 국민의 양성을 기반으로 한 새로운 근대국가의 수립을 위해서는 미신이라 불리는 다양한 전통적 지역적 하위문화가 존재하는 것이 동질성을 강조하는 국민공동체를 위해 도움이 되지 않기 때문이다. 그리고 문명화의 이면에는 과학이 놓여 있고, 그 과학이 중국의 전통적인 민간 신앙 등을 미신으로 간주하고 파괴하도록 요구하는 근거였다.

서구 근대의 새로운 신화 즉 과학이 미신타파의 중요한 이론적 근거를 이루었던바, 1903년 루쉰이 과학구국의 입장을 견지하고 「중국지질약론」 등에서 미신타파의 입장을 보인 것은 바로 이런 상관관계가 있는 것이다. 하지만 「파악성론」에서 '국민이 되라'는 주

7) 니시카와 나가오, 『국경을 넘는 방법』, 일조각, 2006, 4부 참조

8) 니시카와 나가오, 『국민이라는 괴물』, 소명출판, 2002, 123-125쪽

장 가운데 미신타파를 중요한 요소의 하나로 지목한 것은 일본에서 유학하는 동안 그의 사유가 더욱 진전된 결과로 보인다. 즉 「과학사교편」, 「문화편지론」 등을 통해 알 수 있듯이, 과학이란 개념에 대한 새로운 인식 그리고 서구 문명에 대한 식견에 의거한 것이다. 그의 비판은 단순히 정치적 맥락에서 나온 것이 아니라 서구 근대 문명의 근원에 대한 파악에서 나왔다. 이런 사유를 바탕으로 당시 국민성 개조론자 혹은 국민 만들기 주창자들(루쉰의 표현대로 한다면 僞士)의 입론이 지닌 허구성을 폭로하였고, 그 가운데 하나가 바로 '미신타파'였던 것이다.

당시의 세계정세는 국가주의의 대두로 인한 침략과 약탈의 시대였다. 이를 인지한 동아시아 각국 역시 새롭고 강한 국가를 건설하고 이를 위해 국민의 양성이 절실하였다. 애국심이 강하고 상무적인 정신을 갖게 하는 것이 국민화 과정에 필요했다. 1903년 전후 루쉰의 글에서 애국심과 상무정신을 고취하는 대목이 발견되는 것은 바로 이러한 영향 때문이다. 이런 현실에서 동아시아 지역의 국민화는 서구의 근대국가 수립과정에 드러난 시민의 등장 그리고 이어진 국민화와는 다른 양상을 띨 수밖에 없었다. 즉 아래로부터의 국민의 형성이 아니라 위에서 강요된 국민 즉 국가주의에 복무할 국민을 만들어내게 된다. 이렇게 될 때 그 국민의 양성에서 강요될 덕목이란 우선 량치차오가 말한 공덕(公德)과 사덕(私德)이며, 그 다음은 민지의 개발이다. 민지를 개발하는 데 문명론이 일조를 하게 되고, 여기에 과학이 기여하는 구조에서 과학이 오히려 또 하나의 비합리적인 신화로 둔갑하게 된다. 루쉰이 미신타파에 반대했던 것은 바로 이런 구조에 대한 정확한 인식에서 나온 것이다. 루쉰이 보기에 당시 국민주의자들이 주장한 미신의 대상 즉 만물숭배, 불교, 마을 제사, 신화 등은 실제로 미신이라기보다는 인간의 자유로운 정신적 활동의 다양한 형태로서 인간에게 없어서는 안 될 요소였다. 미신(迷信)과 정신(正信), 올바른 믿음이란 무엇인가. 과학이 오히려 미신이 될 수 있다는 인식을 일본유학시절 5년 사이에 선취한 루쉰은 그것을 「과학사교편」에서 펼쳐 보였다.[9)]

이러한 사유는 「과학사교편」에서 거론한 틴달(John Tyndall, 1820-1893)의 사상에서 영향을 받은 듯하다. 틴달의 책 『과학과 공상』은 과학이 탄생하는 과정에 대한 서술이며, 여기서 공상 즉 상상력의 중요성을 강조했다. 이런 시각에서 본다면 앞에서 미신이라고 열거했던 것이 실은 미신이 아니라 오히려 미신이라고 비판한 근거인 과학과 친연적인 관계가 있는 것이며, 바로 이 미신 때문에 과학이 탄생하고 발전한 것이 되는 셈이다. 이렇게 볼 때 '국민이 되라'고 하면서 무턱대고 다양한 인간의 정신적 활동의 소산을 미신이라고 부정하고 파괴하는 일은 루쉰에게 서구의 근대문화를 제대로 알지 못하는 사이비 지식인 즉 얼치기 지식인들의 무지한 행위로 보였던 것이다. 이러한 사유는 루쉰 개인의 학습에 의한 것이기도 하지만, 당시 국가를 부정하고 진화론을 독창적으로 해석하며, 개인에 대한 발견으로 나아간 장타이옌의 영향도 적지 않다고 볼 수 있다. 그렇다면 루쉰의 반미신에 대한 비판이 장타이옌의 국수보존 또는 전통수호라는 주장과 연결되는가?

장타이옌이 쓴 「국가론(國家論)」, 「사혹론(四惑論)」, 「오무론(五無論)」 등의 글이 서구 근대에 대한 비판적 이해를 보여주고 있는 점은 널리 알려진 사실이다. 장타이옌은 혁명파의 수장이자 반청(反淸)종족주의자로서 그의 국가 기획은 청조의 타도(즉 혁명)에 따른 새로운 국가 건설 그리고 그것의 구성원인 한족이란 민족을 중심

9) 졸고, 「루쉰, [과학사교편]」, 『개념과 소통』 8호, 2011

으로 한 국민 형성이라고 볼 수 있다. 즉 국민화와 관련해서 서구의 근대국가와 같이 국민을 창출하는 것이 아니라 종족주의에 기반하여 기존의 한족을 근대적 민족 또는 국민으로 변신시키는 것을 추구했다. 그런데 서구의 근대와 같이 개개인이 모두 독립주체인 국민에 의한 근대국가의 수립이 아닌, 지식인에 의해 지도되는 민족이라는 군체(群體)에 의한 민족국가의 수립이었기 때문에 여기서 중요한 것은 바로 지도하는 지식인들이었다. 그리고 이들은 '중화'라는 문화적 유산을 공유하는 민족주의적 의식을 갖고 있으며, 이들에 의해 군체는 여전히 전통적인 왕조국가와 인민의 관계에서 수동적인 인민과 크게 다를 바가 없었다. 이미 이들은 한족이란 민족적 정체성을 본래적으로 갖고 있기 때문이다. 따라서 장타이옌에게는 '국민 만들기' 즉 국민화의 과정보다 국가 기획을 주도한 지식인들의 '국민 되기'가 더 중요한 문제였다.[10)]

이렇게 본다면 장타이옌은 기본적으로 변법파들이 국민화 즉 계몽에 대해 심각하게 고민했던 것과 비교해 전통적인 문화를 그대로 유지하는 위에서 인민을 규정하려는 데 머물러 있었다고 할 수 있다. 이것은 1905년 이후 국민과 관련된 혁명파와 변법파 사이의 논쟁에서 혁명파가 국민성 개조의 문제에서 벗어나기 시작하고, 중국인들의 국민성은 문제가 없다고 평가한 대목과 일맥상통한다. 이와 같은 장타이옌의 입장과 연관해서 루쉰이 미신타파 비판에서 보여준 중국의 하위문화 전통문화에 대한 옹호는 장타이옌의 문화론적 시각과 연결되는 듯하지만, 실제적인 내용은 다르다. 그것은 루쉰이 장타이옌처럼 '문명' 개념에 '문화' 개념을 대비시키려는 운동적인 성격이 강했다기보다, 서구 문명에 대한 추수로 인간 또는 개

10) 김월회, 「장태염 국가론의 문화적 기원」, 『중국현대문학』 22호, 2002

인에 대한 이해를 탈각시키고 있는 당시 지식인들의 주장에 대한 비판이었기 때문이다. 그래서 당시 루쉰은 장타이옌의 문화민족주의에 기반한 국수보존과는 일정하게 거리를 두고 있었다고 할 것이다. 하지만 개인 특히 지식인 문제에 초점을 맞추고 있는 점에서 루쉰 역시 장타이옌의 영향을 받고 있었다고 할 수 있다.

6.1.2 '침략숭배' 반대

진화론에 입각한 적자생존의 논리에 기반한 국가주의 사조가 전 세계에 팽배해진 1900년대에 과분(瓜分)의 위기에 빠진 중국에서 당시 지식인들이 국가주의에 경도되지 않는다면 이상할 것이다. '국민이 되라'는 것과 관련해서 '침략숭배'라고 하는 주장의 대두는 바로 이런 당시 국가주의 사조에 대한 중국적 반응이다. 「파악성론」에서 '침략숭배'와 관련하여 애국을 제창하는 자와 무사를 존중하는 자들이 있다고 거론한 것은 당시 변법파의 출판물에서 '국민 만들기' 주장과 관련하여 애국을 주장하는 글이 많이 실린 것을 염두에 둔 발언이며, 무사를 존중하는 것 역시 여러 변법파의 문장에서 일본의 무사도를 존중해야 한다는 내용을 심심찮게 볼 수 있는데, 특히 량치차오의 『신민설』 제17장 「상무를 논함」(1903)과 「중국무사도」(1905)는 대표적이라고 할 수 있다. 국가 존망의 위기 상황 특히 전쟁이 일어났을 경우 군인이 되어야 할 이들 역시 그 나라의 인민이며, 이들로 하여금 국가를 위해 목숨을 바칠 수 있도록 하기 위해서 국민화 과정에서 국민의 애국심을 고양시키고, 상무정신을 북돋우는 것은 보편적인 현상이다. 근대 세계사에서 역사적으로 이런 일은 비일비재했고, 지금도 현상하고 있다.

하지만 루쉰은 이와 같은 주장을 수성(獸性)의 애국이라고 명명한다. 다시 말해 침략을 숭배하는 자들에게는 두 가지의 동기가 있는데, 하나는 수성의 애국이고 다른 하나는 그것을 숭배하는 노예성이다. 그리고 수성의 애국에는 두 가지 사실이 있는데, 하나는 강국을 숭배하는 것이고, 다른 하나는 망한 나라의 백성들을 멸시하는 것이라고 했다. 루쉰이 「파악성론」에서 '국민 만들기' 주장의 두 번째 문제로 제기한 이 침략숭배는 국가 간의 침략과 약탈이 횡행하며 오직 강국만이 살아남는 시대에 국가주의를 바탕으로 한 제국주의를 추구하는 사조의 다른 표현이다. 이것이 수성의 애국이며, 입헌파의 국민화 과정에서 덕목으로 제시한 애국심과 상무정신의 고취는 영악하고 포악한 면을 가지고 있는데, 중국은 당시 수성의 애국자가 탄생하는 강대국이 아니고 원래 폭력 없이 평화를 애호하던 국가였는데 자신을 돌아보지 못하고 수성의 애국을 모방하거나 추종하는 것은 바로 노예적 근성이 아니고 무엇인가라고 질책한다. 이렇게 된 것은 1900년에서 신해혁명에 이르기까지 대단히 유행했던 풍조 즉 '강국을 숭배'하는 것에 기인했고, '강국 숭배'보다 진정으로 유행했던 사상은 바로 '제국주의설'이었다. "민족의 힘이 안에서 충만해지면 어쩔 수 없이 밖으로 표출된다"고 표현된 제국주의설은 쑨원(孫文)조차도 "민족주의 발달의 마지막 단계"라고 제국주의를 표현할 정도로 유행했다.[11]

이러한 사조를 겨냥하여 루쉰은 망한 나라 즉 폴란드와 인도와 같은 나라를 무시하고 비방하는 당시 중국의 지식인들이야말로 이 등의 수성 애국자이며, 이들의 이런 생각은 자신의 신앙에서 나온 것이 아니라 앵무새처럼 다른 이의 견해를 따라하는 데 기인했다고 보았다. 바로 강폭한 자들에게 스스로 굴복한 지가 오래되어 그로

11) 汪暉, 「聲之善惡: 什麽是啓蒙?-重讀魯迅的『破惡聲論』」, 『開放時代』, 2010

인해 점차 노예성이 생겨나서 자신의 본래 모습을 잊어버리고 수성의 애국을 숭배하는 가장 수준 낮은 사람이 되었다는 것이다. 이렇게 해석할 때 미신타파나 침략숭배는 결국 근원에 대한 깊은 자각에서 나온(人各有己) 것이 아니라, 모두 주장하는 자의 욕망에 의거해 그 자신의 욕망에 부합하는 외래의 것을 무비판적으로 받아들이고, 또 그것을 문명인 양 선전하고 추동하는 가짜 지식인들의 노예성에 대한 비판이라고 할 수 있다. 이에 '국민이 되라'는 주장에 대한 루쉰의 비판은 특정한 자신의 계급 이익을 도모하는 일군의 지식인들에 의해 추동된 국민화 프로젝트의 내용에 대한 반박이었던 것이다.[12)]

6.2 반(反)'세계인이 되라'

루쉰은 「파악성론」에서 '세계인이 되라'는 주장에 대해서 비판하려고 했다. 하지만 구체적인 비판을 시작하지 못하고 글을 마쳤는데, 이것에 대한 그의 비판은 대체로 당시 프랑스에 주재하고 있던 중국 아나키스트들의 잡지 『신세기(新世紀)』(1907년 창간)를 겨냥한 듯하다. 이 잡지에는 종종 '만국신어(萬國新語)'와 관련된 기사와 논설이 게재되었는데, 예를 들어 「만국신어의 진보」 등의 글에서는 한자를 폐지하고 알파벳을 사용하자는 주장이 보인다. 루쉰이 "중국의 언어와 문자를 야만이라고 배척하는" 무리라고 지적한 것은 이 『신세기』 그룹을 가리킨다고 추측할 수 있다. 당시 장타이옌은 『민보(民報)』 제21호에서 「중국에 만국신어를 채용하자는 주장을

12) 박노자는 국민양성을 외치는 대표적 논자인 량치차오의 계급적 속성과 정치적 야심에 대해 강하게 비판하고 있다. 박노자, 『우승열패의 신화』, 한겨레신문사, 2005, 1부 1장 참조

반박한다」를 써서 『신세기』의 논조를 민족주의와 국학의 입장에서 비판하였다. 루쉰의 '세계인이 되라'라는 주장에 대한 비판이 『신세기』를 겨냥한 것이라는 지적은 타당한 듯한데, 주목할 것은 세계인이 되지 못하는 것이 문명에 위배된다고 간주하는 『신세기』 그룹의 사고에 대한 루쉰의 지적이다. 그리고 『신세기』의 이 주장이 중국근대사에서 가장 먼저 세계주의를 표방한 캉유웨이의 대동주의와 갖는 연관성이다. 이것은 중국근대사에서 민족주의의 다른 표현인 중화보편주의의 흐름에 대한 해석과 관련해서 의미가 있다고 보기 때문이다.

국가 간의 경쟁에서 살아남기 위해 철저하게 국가주의를 견지한 량치차오와 달리 캉유웨이는 이런 경쟁하에서는 국가 간에 전쟁이 발생하는 것은 필연이며, 이를 근절하기 위해서는 원기론(元氣論)에 입각하여 인간은 모두 평등하다는 인식하에 국가, 사유재산, 가족이 완전히 철폐된 평등한 사회, 인간 본성이 완전히 실현된 대동사회를 주장하였다. 당시의 세계사적 상황에서는 현실과 괴리된 대단히 이상적인 사유였지만, 서구의 근대사상과 중국의 전통사상을 아울러 보편성을 추구하고 그 결과 평등을 지상 과제로 설정한 점에서 이론적인 측면에서 또 이후 중국사회주의 혁명과 관련해서 의미가 없지 않다. 그런데 량치차오와 캉유웨이의 지향하는 바와 사유의 근원이 완전히 다름에도 불구하고 공통점도 있는데, 그것은 바로 독립된 실체로서의 원자적 인간의 성격이 부각되지 않는다는 점이다. 량치차오가 말하는 국민이 독립된 실체로서의 원자적 인간이라보다는 국가라는 유기체를 구성하는 한 요소에 불과했듯이, 캉유웨이의 천민(天民, 곧 세계시민) 역시 상호 간의 관계에 대해 주목하고 대동사회를 건설하기 위해 멸사봉공을 강조함으로써 사적 영

역보다 공적 영역을 강조하는 점에서 그렇다.[13)]

루쉰이 가정한 『신세기』파의 '세계인이 되라'는 주장의 내용 즉 '문자를 버려야 하고' '조국을 버려야 하며' '일치단결을 중시해야 한다'는 것은 량치차오의 관점에서 본다면 너무 현실을 모르는 이상주의자들의 허무맹랑한 주장에 불과하지만, 루쉰은 이 점을 비판한 것이라기보다는 '국민이 되라' '세계인이 되라'는 상반된 주장이 공히 인간의 개성을 말살한다는 점에서 같다고 지적한 데서 알 수 있듯이, 『신세기』파의 주장 역시 각 국가나 지역의 인민, 그보다 작은 사회의 사람들, 더 작게는 각 친족이나 가족의 구성원, 더 작게는 일개인에 이르기까지 다양하게 존재하는 차이와 개성을 모두 보편주의 속에 무화시켜버린다는 점에서 문제라고 생각했던 듯하다. 이런 사유는 서구의 근대에서 시민이 탄생하는 과정과 정반대로 국민과 세계인을 창출하려는 중국 지식인들의 인식의 한계를 파악한 데서 출발했던 것이다.

미조구치 유조(溝口雄三)는 이런 중국적 특수성과 관련하여 다음과 같이 말했다. "인권 하나를 보더라도 유럽의 공화사상이 사유권의 확립을 기초로 한 정치권리상의 자유 평등을 주된 내용으로 하는 것에 대해 중국의 그것은 4억 전체의 생존의 대동적 조화를 기초로 한 反'大'私的인 경제상의 평등을 보다 많이 지향하고, 따라서 민권도 다수자 전체가 소수자의 전제적 횡사에 대항하기 위한 전체적 생존의 권리로서의 이른바 국민권, 인민권이라고 할 수 있는 것이며, 개인의 경제활동의 무제한적인 자유를 포함하며 결국 개인의 사유재산권을 기저로 한 유럽의 시민적 권리와는 처음부터

---

13) 오상무, 「근대 중국의 국가주의와 세계주의-양계초와 강유위를 중심으로」, 『철학』 80호, 2004

큰 차이가 있다"[14] 이러한 중국적 특수성에 대한 적극적인 해석에서 본다면, 위의 두 가지 주장이 지닌 과도함 역시 위기에 직면한 중국적 상황에서 나온 것이라 할 수 있지만, 루쉰에게 중국의 미래를 위한 진정한 대안은 될 수 없었다. 왜냐하면 루쉰은 '집합적 개인'이 아니라 '단수적 개인'의 깨달음이야말로 중국이 진정한 의미의 인국(人國)이 될 수 있는 근간이라고 믿었고, 바로 이것이 서구 근대문명의 참된 본질이라고 생각했기 때문이다. 이에 인간성을 새롭게 형성시키고, 나아가 이를 바탕으로 새로운 중국의 탄생을 기대한 루쉰이 당시 지식인들의 주장을 들으면서 주목한 것은 바로 이런 주장을 하는 지식인들의 내면이었다. 즉 그들에게 심성(心聲)과 내요(內曜)가 있는가, 다른 말로 하면 그들의 내면이 진실(誠)한가 하는 것이었다. 여기서 우리는 지식인과 대중의 관계에 대한 당시 루쉰의 사유를 검토해볼 필요성이 대두된다.

6.3 지식인과 대중의 관계

중국 현대사에서 지식인에 관한 논의는 항상 중요한 함의를 갖고 진행되었다. 개혁개방 이후 중국이 자본주의적 경제성장을 도모하면서 지식인의 위상이 이전과 비교해서 많이 하락한 것이 사실이고, 대중문화의 성장과 인터넷의 보급은 지식 자체에 대해 문제를 제기하고 있다. 한국에서 한때 "대중지성" 그리고 이와는 다른 맥락이지만 "대중독재"라는 말이 지식계의 문제어가 된 적이 있었다. 이것은 종래의 지식인과 대중이란 관계에 대한 새로운 시각을 요구한

14) 古廐忠夫,「二十世紀中國における人民 · 國民 · 公民」,『現代中國の構造變動3-ナショナリズム-歴史からの接近』, 東京大學出版會, 2000 재인용

다. 하지만 이러한 현실적 변화에도 불구하고 지식인의 사회적 역할에 대한 문제제기는 여전히 유효하며, 중국에서도 역시 지속적인 논의의 대상이 되고 있다. 루쉰이 「파악성론」에서 악성을 비판한 것은 바로 이런 악성을 내는 지식인에 대한 비판이었다. '국민이 되라'와 '세계인이 되라'는 주장을 비판한 것 역시 그 주장을 한 지식인에 대한 비판이었다. 루쉰이 궁극적으로 제기하고 있는 문제는 바로 당시 이런 주장의 이면에 있는 서구 근대의 '문명'에 대한 것이자, 그 '문명'에 대한 당시 지식인들의 이해에 대한 것이었다.

「문화편지론」에서 서구의 문화사를 정리하고 근대 문명을 '다수'와 '물질'로 규정한 루쉰에게 이 허위적인 문명과 그 허위적 문명을 새로운 신으로 떠받드는 이들에 대해 신랄하게 비판한 니체의 모습이 비치는 것은 자연스러운 일이다. 물론 당시 루쉰이 니체의 사상 내용 전체를 수용한 것은 아니다. 세속에 흘러서 자신을 잃어버리는 것이 아니라, 강고한 개성을 가진 개인주의자='초인'이라는 의미를 받아들이고 있었다. 그것은 그가 당시 중국사회에 만연해 있는 악성(惡聲)—「문화편지론」에 따르면, 량치차오의 국가주의와 양두(楊度)의 금철주의(金鐵主義) 등—에 영향을 받지 않는 새로운 인간의 창조를 '초인'에 기탁한 것이다. 그렇다면 우리는 루쉰의 당시 문명비판은 결국 개인에 대한 강조와 연결되고 있음을 알 수 있다. 일반적으로 현대의 정치용어로서 '개인'은 1884년 일본에서 선택된 이후 일본을 거쳐 중국으로 전래된 것인데, 중국에서는 'individual'이 '개인'으로 결정되기 전에 이미 인(人), 사(私), 기(己), 독(獨), 개인 등이 다양하게 사용되고 있었다. 1900년 이후 사회계약론에 입각한 개인 관념이 확립되면서 최종적으로 individual의 번역어로 '개인'이 설정되게 되었다. 그 이유는 기(己)와 사(私)가 전통사회에서 자신에 대한 호칭이거나 개인의 이익을 가리키는 즉 사적 영역의 자기를 표현하는 데 더 적합하게 된 반면에, 공적 영역의 개체는 국민의 담지체이자 권리 주체이며 따라서 원래 사적 영역의 기(己)나 사(私)와는 구별되는 단어로 표현해야 했기 때문이다.[15] "개인이란 말이 중국에 수입된 지 아직 3, 4년이 되지 않았지만, 시사(時事)를 안다고 자칭하는 이들은 사람을 매도하는 데 사용하고, 만약 개인주의라는 레테르가 붙는다면 바로 민중의 적이라고 매도당하게 된다"[16]라며 '개인'이란 용어에 대한 당시 중국인들의 이해를 비판한 루쉰 또한 개인이라는 말을 중국사상에서 일반적으로 사용하는 공사(公私) 개념에서 사와 연결해서 사용하는 것을 거부하였다.

이토 아키오(伊東昭雄)의 정리에 따르면, 중국사상사에서 공사 개념은 유럽에서의 퍼블릭과 프라이빗 관계와 완전히 다른 것으로, 공이라는 것은 초개별적인 전반성의 것이며, 사는 개별성 부분성을 의미한다. "공에 대한 사의 독자적 입장을 인정하지 않는"[17]것이다. 이러한 공사 개념은 루쉰과 동시대의 사람들의 언설, 예를 들어 량치차오의 『신민설』과 혁명파의 언론 일부에서 종종 보이며, 현대에서도 예를 들어 문화대혁명기의 '파사입공(破私立公)' '전공무사(全公無私)' 등으로 드러난다(물론 청말에 한해서도 량치차오와 혁명파 등의 글에서 보면 공의 내용이 분명 변화하고 있고, 현대중국에서는 더욱 다른 내용을 가지기에 이르렀지만, 앞에서 말한 공과 사의 관계에 관해서는 공통적인 것이 있다). 즉 당시 루쉰은 개인 · 자아라는 개념을 이러한 청말의 공사 개념의 사와 완전히 다른 것으로 간주했다. 그 사이에 니체의

15) 진관타오, 류칭펑, 『관념사란 무엇인가』, 푸른역사, 2010, 2권, 2장 참조
16) 『전집』 1권, 90쪽
17) 西順藏, 『中國思想論集』, 筑摩書房, 1969, 138쪽

개인주의에서 배우고, 량치차오 등과 완전히 결별했다.[18)]

이러한 사유의 전개과정은 결국 「파악성론」에서 '국민과 세계인 되기'라는 주장에 대한 비판으로 이어졌다. 일본유학시절 니체를 수용한 루쉰은 니체의 여러 사상적 측면 가운데 적극적인 인간상과 위버멘쉬를 받아들였다. 메이지 30년대 일본에서 니체의 소개와 번역이 흥성했는데, 이에 대해 이토 도라마루는 "당시 일본에서 니체 사상의 소개는 '적극적인 인간상'에서 문명비평가를 거쳐 본능주의자로, 라는 변천을 겪었다"[19)]고 말했다. 루쉰은 앞의 두 가지 면에서 니체를 받아들인 것으로 보인다.[20)] "신은 죽었다"로 대표되는 니체의 서구 근대문명 비판은 구체적인 기독교의 신(God)이 죽었음에도 불구하고 사람들의 신앙이 사라지지 않는 이상, 신은 죽지 않았다고 말했다. 그의 이 말은 결국 인간의 시대인 근대로 진입했음에도 강인하고 독자적인 자신(개인)의 사상을 추구하고 견지해 나가는 것이 아니라 계속 우상에 대한 집착을 버리지 못하고 있는 근대인에 대한 비판에서 나온 것이다. 이렇게 본다면, 루쉰 역시 니체의 개인에 대한 강조를 적극적으로 수용하고, 그 개인에 대한 강조가 결국 서구 근대문명에 대한 비판에 있음을 간파하고 있었다고 볼 수 있다. 이를 통해 루쉰은 그의 지식인상을 도출해낸다. 당시 루쉰에게 '국민성 개조' 역시 중요한 문제였지만, 오사시기와 같이 민중이나 인민의 성격 즉 국민성의 문제를 적극적으로 제기하고 비판했던 것과 달리, 국민성 개조를 제기하는 지식인들에게 화살을 돌린 것은 당시의 몇 가지 시대적 조건에 기인했다고 볼 수 있다.

---

18) 伊東昭雄, 『魯迅全集』 1卷, 學習硏究社, 1986, 92-93쪽

19) 伊藤虎丸, 『魯迅と日本人』, 朝日新聞社, 1983

20) 니체의 여러 가지 모습에 대해서는 고병권, 『니체의 위험한 책, 차라투스트라는 이렇게 말했다』, 그린비, 2003 참조

그것은 첫째, 중국의 변혁을 위해 인민을 국민으로 개조하는 문제가 대단히 중요하지만, 그 방법에 대한 사고의 차이 둘째, 혁명론의 관점에서 인민의 부정적인 면에 대한 과도한 강조와 비판은 효과적이지 못하다는 혁명파 시각의 수용 셋째, 쑨원이나 황싱(黃興)과 달리 개명(開明)전제론을 일정하게 견지했던 혁명파 내부의 장타이옌계에 대한 경도, 즉 혁명에 있어 인민에 대한 신뢰보다는 그것을 주도하는 중간 지식인들의 사고에 더 주목한 장타이옌의 영향 넷째, 가장 궁극적으로는 인민을 지도하는 계몽 방식의 문제, 매체 창간과 강연 및 학교 교육 등 형식화된 틀(구조)을 통해서 국민을 양성하는 데에 대한 거부감. 다시 말해 선(先)-입인(立人)/후(後)-국민(國民)으로의 방향이 중요한데, 당시 지식인들은 국민을 우선시함으로써 개인의 새로운 인간으로서의 변화 가능성을 원천적으로 봉쇄하고, 이리하여 다시 새로운 제도와 질서 속에서 구속해버리고 수동적인 인간형을 재생산해버리고 마는 것에 대한 거부감이었다. 그래서 국민이 되라고 주장하는 허위의 지식인들에 대해 '소민(素民)'이라는 소박한 인민을 대립시켜 놓는다. 이 소민에게 있는 것이 바로 거짓없음(誠)과 자유로운 사고(神思)다. 여기에 지식인의 거짓없는 마음(白心)이 연결되는 것, 바로 이것이 진정한 지식인과 대중의 관계였다. 그렇다면 결국 문제는 서구 근대의 '계몽'에 대한 질문으로 회귀한다.

6.4 계몽의 의미

"미신을 보존하고 위사(僞士)는 사라져라"라는 구호는 지식인과 민중에 대한 루쉰의 사유를 단적으로 보여주는 것이라고 할 수 있다. 루쉰이 '국민이 되라'와 '세계인이 되라'는 주장이 지닌 허구성을 비판했지만, 당시 국민이 되는 문제 자체를 부정했다고 볼 수는 없다. 하지만 그 국민이 어떻게 되는지에 대해서는 근본적으로 사유가 달랐다고 볼 수 있다. 전통적인 인민과 그것의 근대적 변형태인 국민이나 공민(公民)이 지닌 군체(집단)성에 의해 부각되지 못하는 개인의 문제에 대한 천착이 루쉰에게 있었던 것이다. 1903년 이상적인 인간상 또는 국민성에 대한 질문을 발전시킨 결과 개인에 대한 인식에 도달한 것이다.

서구의 계몽이 지식의 확장에 따른 개인의 자각과 행동을 추구하는 것이라면, 당시 루쉰의 개인에 대한 강조는 서구의 계몽적 의미를 정확히 받아들였다고 볼 수 있다. 그런데 당시 중국적 상황에서는 그 계몽을 위해 먼저 깨달은 자의 소리가 중요했다. 먼저 깨달은 자는 자신의 앎을 알리고 민지(民智)를 개발하기 위해 잡지를 창간했고, 강연을 했고, 교육사업에 종사했다. 루쉰이 『신생(新生)』을 기획했던 것은 당시 언론에서 입헌파와 혁명파라는 양대 산맥을 이루던 현실에 자신만의 새로운 소리를 내고 싶었기 때문이었다. 그 선행작업이 바로 당시 언론의 허위성에 대한 폭로였던 것이다.

루쉰의 계몽의 방식은 진정한 깨달음 그리고 주위의 비판에도 굴하지 않고 자신의 주장을 밀고 나갈 수 있는 한두 명의 선비를 중심으로 전개된다, 이 한두 명의 선비는 니체의 '초인'에 해당한다. 이 한두 명의 선비의 심성(心聲)과 내요(內曜)에 의해 그것을 들은 사람들이 각자 자신을 깨닫고(人各有己), 나아가 전 인민이 이러한 깨달음을 얻게 된다면(群之大覺) 진정한 의미의 국가 즉 인국(人國)이 건설될 것이라는 생각이었다. 이런 생각은 낭만적 민족주의 주장에 가깝고, 또 일종의 메시아적 사고에 가깝다. 그럼에도 이것이 당시 다른 소리 즉 입헌파와 『신세기』의 주장과 달리 독창적인 점은 그 방식이다. 이른바 심성이라는 표현이 갖는 뉘앙스인데, 왕후이는 이에 대해 당시 중국 지식인들의 계몽의 방식이 단지 위에서 아래로의 교육의 형태였다면, "촉망받는 선비는 한둘에 지나지 않지만, (…) 희망이 보잘것없더라도 그것은 칠현금에 현 하나만을 남겨두는 것이며, 가을 하늘에 홀로 떠 있는 별을 바라보는 것이다"[21] 라는 표현에서 드러난 것처럼 심성과 내요가 상호 부딪치며 자아가 드러나는 과정, 이것이 바로 심성이 갖는 힘이라고 지적했다.[22]

다시 말하면 내면의 진실된 소리가 갖는 위력인데, 진실된 소리인가 아닌가 하는 것이 지식인들의 기본적 자질을 파악하는 문제이고, 그 진실된 소리는 다른 사람들의 심금을 울리게 된다는 것인바, 우선 그 소리가 진실한지 아닌지를 폭로하고, 진실된 소리라면 어떻게 해도 다른 사람들의 깨달음을 얻게 할 수 있다는 말이다. 그렇다면 문제는 그 소리는 어떤 소리여야 하는가. 다시 말해 그 소리가 진실되기만 하면 즉 내용이 진실되기만 하면 되는 것인가 하는 것이다. 여기서 내용 전달을 위한 형식의 문제가 대두된다. 특히 중요한 것은 언어 문제다. 어떤 언어로 그 심성을 전달하는가 하는 문제다. 당시 유행하던 백화문 주장 그리고 신민체(新民体) 그리고 『신세기』파 등이 언어를 교류의 수단이란 측면에 강조점을 둔 것이라면, 장타이옌 등의 언어론은 언어를 자아표현이라는 관점에서 주로

---

21) 『전집』 10권, 59쪽

22) 왕후이의 이 논문은 다분히 현재 중국 지식계를 염두에 두고 있는 듯하다. 1990년대 이후 개혁개방이 가속화되면서 중국 정부는 경제성장을 발판으로 국가주의를 강화하고 있고, 자본주의적 시장논리와 대중문화의 발달은 1980년대식 계몽을 붕괴시키고 있는 상황에서 다시금 지식인의 문제, 계몽의 의미를 되돌아보려는 의도가 다분히 있다고 보기 때문이다. 쉬지린(許紀霖) 역시 90년대 이후 중국 사상의 주요 흐름을 "계몽의 붕괴"라는 이름으로 정리했다. 許紀霖, 羅岡 등, 『啓蒙的自我瓦解:1990年代以來中國思想文化界重大論爭研究』, 吉林出版集團, 2007, 이 책의 서문이 피경훈 역, 「계몽의 붕괴-1990년대 이후 중국 사상의 주요 흐름」, 『중국현대문학』 54/55호, 2010에 번역되어 있다.

민족주의와 탈민족주의의 창조론과 주체론(상호주체론)적 언어관에 근거하고 있다고 할 수 있다.[23] 이것은 루쉰의 당시 글이 모두 고문(古文)으로 쓰여진 것을 해명하는 문제와 연결되는데, 이 점에 대해서는 다른 기회에 논하기로 하겠지만 남는 문제는 결국 키야마 히데오가 지적한 것처럼 문학복고와 문학혁명의 변증관계 즉 당시 형식적으로 고문/문언/백화라는 상이한 문체가 서로 대립하고 있는 상황에서, 루쉰의 선택 이른바 고문형식의 문학실천에서 최종적으로 격진적인 언어혁명과 문학혁명으로 나아갔는지를 어떻게 설명할 것인가 하는 것이다.[24]

아무튼 당시 루쉰이 말한 '심성'은 글쓰기의 형식적인 측면에서는 고문을 사용했지만, 그 고문의 사용이 심성을 표현하는 데 큰 문제가 되지 않는다고 생각한 듯하다. 다른 말로 하면 당시 유행하던 신민체와 백화문이라는 것이 심성을 표현하는 문학적 문체에 값한다고 생각하지 않은 것은 아닌가 하는 것이다. 차라리 장타이옌의 영향을 받아 송대 이전의 고문을 사용하는 것이 그것을 더 잘 표현할 수 있다고 인식했는지도 모른다.[25] 여기서 심성과 내요는 결국 문학(詩)에 대한 루쉰의 인식이 개입된 용어이다. 계몽에서 문학의 역할, 단지 논설문의 형태로 국민이 되라, 세계인이 되라고 하는 것보다 깨달음에 있어 상상력과 감성의 작용을 높이 본 루쉰의 인식이 전제된 표현이라고 할 것이다.

루쉰에게 계몽은 단순히 피계몽자를 강압적으로 위에서 교육

23) 왕후이는 앞의 논문에서 이 문제와 관련하여 장타이옌의 언어관과 연결지어 루쉰이 그 영향을 받았다고 설명하고, 고문 사용이 민족어를 창조하는 일이며, 이것은 결국 장타이옌의 국수주장에서 나온 것이라고 설명한다.

24) 木山英雄, 『文學復古與文學革命-木山英雄中國現代文學思想論集』, 北京大學, 2004

25) 이와 관련해서는 林少陽, 『'修辭'という思想』, 白澤社, 2009, 1부 4장 참고

하는 방식이 아니라 피계몽자 자신이 의지를 갖고 변화를 할 수 있도록 만드는 일이었다. 이를 위해서 그가 생각한 방식은 심성의 전달이었던 것이다. 그리고 계몽의 소리가 이런 심성과 내요에서 나온 것이라면, 그 소리를 내는 것이 과학자, 철학자, 문학자 어떤 학문분야든 상관이 없었다. 즉 당시 루쉰에게 서구적 분과학문은 그다지 중요하지 않았다. 과학을 포함하여 이 모든 학문이 결국 '人'에 대한 문제를 다루고 있기 때문이었다. 결론적으로 루쉰이 보기에 당시 중국 지식인들의 근대 기획이 서구 근대의 근원에 대한 이해가 부족해 현상적인 것에 대한 모방에 그치고, 중국의 전통문화에 대한 비판이나 옹호 역시 세계적 상황에 대한 정확한 인식에서 나온 것이 아니었기 때문에, 루쉰이 중국의 미래를 위해 선택한 방법은 이런 중국 지식인들이 지닌 근대 기획의 허구성을 콕 집어 비판하면서 자신의 견해를 제출하는 방식, 즉 루쉰이 오사 이후 선택했던 잡문을 통해 각종 논쟁에 개입하면서 치열하게 상대를 공격했던 방식으로 문제의 본질을 부각시키는 그런 방법이었다. 그런 점에서 루쉰은 특정한 사상의 체계를 갖춘 사상가가 아니면서 사상가가 될 수밖에 없었고, 그가 이렇게 될 수 있었던 것은 서구 문명과 전통 문화 모두를 근원적으로 파악하면서 동시에 이것에 대한 해석이 지닌 정치성을 놓치지 않은 그의 식견에 있었다고 할 수 있다. 그것은 이미 일본유학시절에 그 형성을 이루고 있었던 것이다.

7장 루쉰의 문명 비판: 악성 타파 2

앞의 두 장을 통해 일본 유학 시절 청년 루쉰이 파악한 유럽(서구) 근대의 핵심은 '과학'과 '개인'이며, 이것이 서구에서 발현될 수 있었던 배경에는 '물질'과 대비되는 '정신'이 존재하고 있다는 것을 깨닫고 있었음을 알 수 있었다. 그렇다면 중국의 변혁과 관련하여 당시 혁명파의 활동과 연관이 깊었던 루쉰은 이러한 서구의 근대에 대한 인식을 바탕으로 중국 변혁(혁명)의 방향(식)에 대해서 어떻게 사유하고 있었는가. 중국이 현 상태로는 안 된다는 판단 위에서 변혁을 어떻게 모색해볼 것인가 하는 문제가 루쉰을 비롯한 당시 많은 중국 지식인들에게 던져진 화두였던 현실에서 루쉰이 염두에 두었던 방식은 바로 중국(인)의 의식을 개혁하는 것이었다. '광복회'라는 실천적인 혁명가 그룹에서 벗어나 자신만의 혁명(변혁) 활동의 방식을 찾아낸 것이 바로 이것이었다. 다른 말로 하면 '계몽'이고, 여기서 계몽가 루쉰의 상이 탄생한다. 그런데 루쉰의 계몽은 직접적인 계몽 대상과 접촉하는 것이 아니었다. 즉 현장에서 활동하는 실천가는 아니었다는 말이다. 20세기 초 동아시아의 많은 계몽가들처럼 루쉰 역시 글쓰기(문장)를 통해 계몽 활동을 전개한 점에서 동일하지만, 그 문장에서 드러낸 화살이 오히려 바로 자신과 같은 계몽가를 향하고 있었다는 점이 뚜렷한 특징이다. 즉 루쉰은 민족 또는 국민 등 기층 민중의 의식 개혁을 통한 국체(國體)의 변신이라는 당시 혁명파의 혁명 노선에 부합하는 계몽(가)의 역할을 중요하게 인식하고 있었다. 이와 같은 문제들을 복합적으로 연결하여 자신의 사유를 드러낸 것이 바로 일본유학시절에 발표한 초기의 글이라고 할 수 있다. 이러한 글에서 루쉰은 유럽의 근대가 탄생된 배경 가운데 가장 중요한 핵심을 '개인' 또는 '정신'으로 파악하고 있는데, 이것은 사실 유럽 근대가 낳은 지식의 차원보다 오히려 윤리의 차원에 가깝다고 할 수 있다. '과학'보다 '과학자', '총과 대포'보다 '강한 전사'에게 더 의미를 두는 서술은 바로 이러한 점을 대변하는 것이라고 하겠다. 그리고 이러한 경향은 국가 또는 천하를 책임지는 중국 사대부의 전통적 우환의식과도 연결되며, 이것을 유럽 근대에 대한 이해와 결부시킨 것이라고 해석할 수도 있겠다.

그런데 청년 시절에 발표한 몇 편의 글에서 이미 확인했듯이, 그의 글은 뒤로 갈수록 논쟁적인 성격을 띠는 것이 하나의 특징을 이루게 된다. 특히 미완성의 글인 「파악성론」은 당시 등장했던 많은 논자들의 글을 몇 가지로 분류한 뒤 그들의 맹점을 조목조목 비판하는 형식을 띠고 있는데, 이러한 루쉰의 글쓰기는 이후 스스로 명명한 '잡문'이라는 형식의 원형이 된다. 그리고 이것은 비단 형식만이 아니라 그의 글쓰기가 지향하는 바를 드러내는 것이기도 한데, 소위 '파악성'(악성 타파)이다. 악성을 찾아내고 그것을 파괴하는 것이 루쉰 글쓰기의 사명이었다는 말이다.

루쉰을 작가 루쉰으로 유명하게 만든 것은 물론 소설이지만, 루쉰을 사상가로서 자리매김하게 한 것은 바로 잡문이라는 형식의 글을 통해 드러난 그의 사유와 실천이었다. 그리고 앞의 1부에서 정리했듯이 루쉰으로부터 시작되는 동아시아 근대 사상사의 계보가 바로 루쉰의 이러한 글쓰기에서 비롯되었음은 다시 말할 필요가 없겠다. 그렇다면 잡문으로 대변되는 이러한 루쉰의 독특한 글쓰기는 어떻게 가능했으며 그리고 이러한 글을 통해 루쉰 개인의 사상은 어떻게 정립되었는지, 이것을 규명하는 것이 어쩌면 루쉰을 통해 동아시아 근대성의 일면을 그려내 볼 수 있는 것은 아닐까.

7.1 오사 전후의 '악성 타파'

7.1.1 '적막'에서 '외침'으로

루쉰의 글쓰기와 논쟁은 오사(五四) 시기에 들어와 본격적으로 의식화되기 시작한다. 일본유학시절은 자신의 정치적 지향과 개인적인 진로 문제 그리고 가족 구성원으로서의 책임감 등이 착종되어 있었던 시기이며, 또 감성적으로 당시 중국유학생 및 지식인들 가운데 서양(근대)를 공적으로보다 사적인 영역으로 이용하려는 부류들이 많음을 깨닫고 향후 중국의 변화는 이와 같은 지식인들에게 달려 있는데, 이들의 모습에서 우려를 갖게 되었다. 따라서 루쉰은 처음부터 거창한 혁명의 동력으로서의 민중이라는 상보다 혁명과 개혁을 주창하는 지식인 계층에 주목하고 있었다고 할 수 있다. 그리고 번역을 비롯한 그의 작업은 바로 이러한 부류들에 대한 비판 그리고 후대의 학생들을 향해 있었다.

이와 같은 지향은 오사시기에 와서도 변하지 않았다. 지식인과 관련하여 전통적으로 중국지식인들 사이에는 정치적, 지역적 차이에 의해 대립하여 그룹이 형성되고 있었지만, 그 대립이 신/구라는 진화론적 관점에 의해 세대 간의 대립이란 형태로 뚜렷하게 이루어지지는 않았다. 오사는 바로 이 대립이 형성되었던 시기였다. 다시 말해 이제는 청말이 아니고 새로운 시대로 간다라는 아니 새로운 시대가 되어야 한다는 사고를 하는 그룹(정치적 집단이 아니라)이 필연적으로 탄생하게 되었던 것이다. 그것은 『신청년(新青年)』이란 잡지로 대변되는 그룹이다. 『신청년』이 내세운 '과학'과 '민주'라는 구호는 바로 그 자신들이 지향하는 가치이자 세계관으로서 이를 부정하고 반대하는 이들은 그들로부터 낡은 세력이 되었다. 그들은 서구 근대의 두 가지 가치를 내걸고 이와 대립하는 모든 구세력과 전투를 벌이기로 작정했다. 그 전투에는 진영(진지)와 무기가 필요했는데, 그것이 바로 『신청년』이란 잡지와 글쓰기였다. 그런데 우리가 주의해야 할 것은 루쉰이 『신청년』의 활동에 바로 동참한 것은 아니었다는 점이다. 여기에는 루쉰 자신의 경험으로 얻은 두 가지의 저어되는 바가 있었기 때문인데, 그것은 이른바 구호를 외치는 자에 대한 신뢰와 글쓰기(문장)의 위력에 대한 의구심이었다. 전자 즉 잡지를 발간하는 단체(진영)의 구성원들에 대한 신뢰 문제는 일본유학시절에 발표한 「파악성론」에서 가짜 지사들에 대해 신랄하게 비판했던 대목과 연관되는 것으로, 구성원들의 소리가 과연 마음에서 나오는 소리(心聲)인지에 대한 판단과 연관되며, 후자는 일본유학시절 개인적으로 발표한 문장과 번역이 반향을 불러오지 못하고 적막만이 가득했었다는 경험에서 출발한, 과연 문장이 힘이 있는 것인가라는 물음이었다고 하겠다. 특히 후자는 자연스럽게 문장의 내용과 형식에 대한 질문 그리고 근대어의 문제로까지 이어진다.

이 장에서 논의하려고 하는 루쉰의 논쟁과 연관해서는 후자에 더 주목할 필요가 있을 듯한데, 그것은 논쟁이라는 형태가 필연적으로 상대가 있어야 성립되기 때문이다. 다시 말해 일본유학시절 루쉰이 처음으로 논쟁이라는 것을 염두에 두고 썼던 글인 「파악성론」이 미완성으로 끝나고, 또 그의 문장과 번역이 아무런 반향을 불러일으키지 못했다는 것은 결국 애초의 의도였던 논쟁이 성립되지 않았음을 나타내는 것이다. 따라서 오사시기에 루쉰이 『신청년』 그룹의 활동에 관심을 갖고 있으면서도 쉽사리 동조할 수 없었던 이유는 바로 이러한 일본유학시절 자신의 경험에서 기인했다고 하겠다. 루쉰은 당시 『신청년』의 외침이 어떻게 반향을 일으키고 있는지 예의주시하고 있었던 것이다. 그 반향이 부정적 심지어 악의적이든 아니면 반대로 긍정적이고 우호적이든 『신청년』에 실린 문장들이 독자 대중들에게 어떤 식으로 받아들여지고 있는지가 그 문장에 실린 내용과 주장은 차치하고 루쉰의 청년시절의 경험에 비추어 중요한 사안이었을 수도 있었다. 그렇게 『신청년』의 초기 활동을 조심스럽게 관찰했던 것이다. 그가 뒤에 붓을 들었던 것은 그의 허구가 혼합된 『외침』 자서에서의 설명을 굳이 인용하지 않더라도 이러한 관찰 뒤에 나온 그의 결정이었던 셈이다. 즉 『신청년』의 판매부수로 그것의 반향 정도를 수치로 확인했는데, 그것은 당시 정치적으로 베이징이란 공간은 여전히 전제주의라는 낡은 형태가 유지되고 있었으나, 사회 문화적으로는 다소간 새로운 기운이 일고 있었음을 반영하는 것이었다. 그리고 이것이 『신청년』이 존립할 수 있는 기반을 만들어주었던 것이다. 이러한 분위기를 형성하는 데 있어 중요한 역할을 한 것이 바로 불완전하지만 베이징대학을 대표로 하는 근대적인 교육제도의 정착이라고 할 수 있다. 이를 통해 새로운 변화를 갈망하는 청년들이 등장했고, 이들에 의해 『신청년』의 판매부수는 늘어갔던 것이며, 이러한 사실에 놀란 구세대 지식인들이 어쩔 수 없이 자신들의 반대 의사를 문장으로 밝힐 수밖에 없었다. 이렇게 해서 오사시기는 루쉰에게 일본유학시절 느낀 적막 그리고 귀국후 중국에서 만난 소리없음(無聲) 즉 '소리없는 중국'과는 다른 경험을 제공했던 것이다. 그는 글을 쓰기로 마음먹었다. 어떤 글을 써야 하는지는 이미 자신의 머릿속에 구상되어 있었다. 소설 「광인일기(狂人日記)」를 통해 그의 글 구상의 전체적인 그림을 보여준 뒤, 산문을 통해 하나하나 사안에 대해 발언하기 시작했다.

이 시기 루쉰을 비롯한 『신청년』과 전선을 형성한 진영은 『갑인(甲寅)』과 『학형(學衡)』이라고 할 수 있는데, 이 잡지를 이끈 이들은 사실 루쉰과 천두슈(陳獨秀) 등의 『신청년』 1세대보다 연배가 많은 구세대 지식인이 아니었다. 오히려 그들은 서양의 학문을 배운 유학생 그룹이었다. 그런 점에서 오사시기의 논쟁은 일반적으로 신/구의 대립이라고 표현되어왔지만, 쟁점을 추려본다면 신/구만으로 표상할 수 없다. 즉 신(新) 안에 다양한 신(新)의 형태가 존재했던 것이고, 구(舊) 안에도 복잡한 양태가 있었다고 보는 것이 타당하다. 그런 점에서 루쉰 역시 신/구라는 이분법적인 방식으로 당시의 상황을 이해하지는 않았던 듯하다. 하지만 루쉰이 철저하게 견지했던 것은 중국은 변화가 필요하다는 것, 그 변화는 어떻게 전개되어야 하며 또 그 변화를 가로막는 것은 무엇인지, 무엇보다 중요한 것은 변화를 수행할 주체는 어떤 이들인가 하는 물음이었다. 오사시기 루쉰은 중국의 변화를 필연적인 것이라고 간주하고, 이 변화를 추동하는 동력은 내부에 있다고 보았다. 그런데 이를 위해서는 외적 계기가 필요한데, 그것은 중국에 '왔고' 하지만 그것은 중국에서 생명을 유지하지 못한다는 사실을 절감한다. 그 이유는 바로 낡은 제도와 습속 그리고 이를 낳은 낡은 사상이 여전히 강고했기 때문이다. 결국 새로운 씨앗을 발아시켜 성장케 하기 위해서 이와 같은 낡은 사상에 기반한 제도와 습속을 바꾸지 않으면 안 된다고 인식한 뒤, 오사시기 그의 주된 작업은 바로 이러한 낡은 틀을 폭로하고 파괴하는 일에 집중되었다. 그것은 이 시기를 대표하는 논쟁인 '국수(國粹) 논쟁', '동서문화논전', '문제와 주의 논쟁' 등에 주도적으로 개입하지 않았던 이유의 하나이다. 그가 당시 발표한 글(주로 『열풍』과 『무덤』 그리고 『화개집』에 실린 글)은 루쉰의 말대로 자질구레한 사건들에 대한 비판에 지나지 않았고, 이와 같은 큰 논쟁에 대해서는 직접적이고 전면적으로 대응하지 않았다. 이러한 논쟁은 중요한 성격을 갖는 것이긴 하지만, 이론적으로 해명해내는 일은 대단히 복잡하고 어려운 것이었다. 그리고 정확하게 어떤 결론을 도출하는 것 역시 곤란한 문제였다. 다시 말해 어떤 이론적인 쟁점이 잠겨 있다기보다는 자신의 입장을 제기하고 논자 자신의 향후 작업을 천명하는 것에서 더 벗어나기는 어려운 논제들이었던 셈이다. 루쉰은 이보다 더 실제적인 일이 주위(신문과 잡지 등에 실리는 기사들)에서 일어나고 있으며, 이것이 발생하는 배경에 대한 탐사 그리고 이에 대해 비판을 천명하고 여기에 담긴 이론적이고 역사적인 맥락을 짚어내는 것으로 그의 글쓰기를 진행했던 것이다.

오사시기를 전후하여 루쉰이 발표한 문장(잡문)들을 일별해보면, 루쉰 자신도 언급했듯이 자질구레한 일들에 관해 논한 것이 대부분이다. 사실 위와 같은 큰 문제에 대해 직접적으로 거론한 글을 거의 찾아볼 수 없다. 하지만 『노자 · 도덕경』에서 '천하의 어려운 일은 반드시 쉬운 데서 시작하고, 천하의 큰 일은 반드시 미세한 데서 일어난다'고 했듯이 주변에서 일어나는 일상사를 예의주시하고 여기서 큰 문제를 발견해내는 것이 바로 루쉰이 취한 글쓰기 방식(루쉰의 글 제목 「卽小見大」처럼)이었다. 오사를 전후하여 루쉰이 본 중국의 상황은 서양의 선진적인 이론이나 학설로 쉽게 변화시킬 수 있는 것이 아니었다. 그는 통쾌하게 당시 중국의 다양한 부조리를 드러내고 비판하는 것도 중요하지만, 그렇게 한다고 해서 그것이 쉽게 바뀔 거라고 생각하지 않았다. 그래서 루쉰은 진지를 형성하여 지구전을 펼쳐야 한다고 판단했으며, 그것이 그의 이 시기 글쓰기의 한 가지 특징을 이룬다. 바꿔 말하면 사안은 시기와 장소에 따라 다르지만 그것을 유발하는 인자에 대해서 지속적으로 문제를 삼고 비판해내는 글쓰기를 전개하고자 했다. 물론 이 당시 그의 진지가 되어준 것은 다시 말할 것없이 『신청년』이었다. 이 시기 발표된 그의 글은 『열풍』, 『무덤』, 『화개집』, 『화개집속편』 등에 수록했는데, 이 문집들을 통독해보면, 단편적인 글들이 주로 실린 초기의 『열풍』보다 뒤에 발표된 『무덤』에 실린 글로 가면서 같은 성격의 문제이지만, 한 가지 사건에 대해 문제를 제기하고 이후 그 문제의 원인에 대한 탐구 나아가 문제를 해결할 수 있는 방안 등에 대해 체계적인 기술을 전개하는 다소 호흡이 긴 문장이 점차 늘어가는 것을 볼 수 있는데, 이것은 그의 사유가 더욱 이론적으로 치밀해지고 있다는 증거라고 하겠다.

오사시기에 발표된 루쉰의 글을 통해 당시 그의 논쟁에 대한 자세와 특징을 몇 가지로 추려볼 수 있겠는데, 1) 변화를 부정하는 세력의 위선에 대한 공격 2) 신사상을 거부하는 사회의 통념에 대한 비판 3) 신생명의 중시와 그 성장에 대한 바람 4) 자신에 대한 성찰과 사멸에 대한 의식(일명 역사적 중간물)이라고 하겠다. 당시 과학을 부정하고 이를 대신해 미신을 조장하는 풍토, 우리를 보존해 줄 수 없는 괴상한 국수를 주창하는 구지식인들, 그리고 이들의 애국적 자대(自大)와 호고(好古)의식의 뒤에 숨은 기만적 행위, 자식을 소유물로 간주하는 아버지와 구습에 빠진 부녀자가 있는 낡은 가정, 이 모든 것을 파괴되지 않도록 강력하게 떠받치는 무엇, 루쉰의 표현대로 한다면 새로운 건설을 위한 혁신적 파괴를 불가능하게 하는 '십경병(十境病)'이나 '무물(無物)의 진(陣)'이 당시 중국에는 뿌리 깊게 존재하고 있었다. 루쉰이 오사시기는 물론 이 시기만이 아니라 평생에 걸쳐 쓴 문장은 바로 이것을 극복해내는 일을 위해 쓰여진 것이었다. 1925년까지 쓴 잡문을 모아 발표한 『무덤』이란 산문집은 변화를 허락하지 않는 강고한 뿌리를 지닌 중국의 전통문화를 타도하는 데 있어 이를 비판한 자신과 자신의 글조차 존재를 거부하는 루쉰의 치열한 자세를 보여주는 제목에 다름 아니다. 루쉰은『열풍』과『무덤』등의 문집을 발표하면서 중국의 미래를 위해 이것들은 사라져야 하는 것이 당연하지만, 다가올 미래에 아직도 이와 같은 구습과 부조리가 남아 있을지도 모를 것에 대한 염려로써 자신의 글을 이러한 과거를 이해하는 하나의 기록 또는 흔적으로서 기억해둘 것을 당부한다. 그런 의미에서 자신의 위치를 역사적 중간물로 상정하기도 했다.

7.1.2 국수파에 대한 비판

논쟁이란 측면에서 본다면 오사시기 루쉰은 정확한 전선을 형성하지는 않았는데, 이것은 주변에 보이는 수많은 악습과 구태가 바로 자신의 적이고, 그것을 유지하고 또 조장하는 이들이 바로 그의 필봉의 대상이었기 때문이다. 그런 점에서 이 시기 루쉰이 쏜 비판의 화살은 대체로 국수(학)을 주장하는 이들에게 향하고 있었다고 할 수 있다. 이는 실제로 당시 쓰여진 글에서 국수와 관련해 여러 차례 언급하는 데서도 알 수 있다. 그렇지만 루쉰이 국수의 주장에 대해 비판했다고 하더라도 국수를 제창하는 이들을 일괄적으로 공격한 것은 아니었다. 예를 들어, 국수라는 이름은 여전히 변발을 강요한다든지, 효와 절열(節烈)을 제창한다든지, 과학을 반대하기 위해 귀신 등의 미신을 이용한다든지 의화단와 같이 권법을 제창한다든지 등과 같은 시대에 뒤떨어진 것에 대해서는 가차없이 비판을 가했고, 동시에 변화를 두려워하면서 이를 위한 핑계로 이중사상을 낳는 '현재의 도살자', 또 서구의 새로운 문물을 정확히 이해하지도 않고서 모두 원래 중국에도 있었던 것이라는 주장을 펼치는 것에 대해서도 역시 신랄하게 비판했지만, 그렇다고 해서 국학을 연구하는 것까지 반대한 것은 아니었다. 하지만 국학을 공개적으로 주창하는 것에 대해서는 비판했으며, 국학자로 자처하지만 사실 중국의 고전학문에 대한 이해가 천박하고 또 제대로 문헌도 해독하지 못하는 이들에 대해서는 비판의 화살을 거두지 않았다. 대표적인 예가 바로 『학형』[1]이라고 할 터인데, "무릇 소위 쉐헝(學衡)이라는 것은 내가 보기에 취보지문(聚寶之門) 부근에 모아 놓은 일부 가짜 골동품에서 발하는 거짓 빛발에 불과하다. 자칭 '저울'이라고 하지만 아직 자신의 눈금도 정하지 않은 처지인데 하물며 그것이 저울질한 무게의 시비를 어찌 논하겠는가"[2]라고 했다. 이뿐만 아니라 당시 상하이 조계지의 국학자들이 스스로도 제대로 이해하지 못한 것을 토대로 난해하기 짝이 없는 문장을 쓰고 외국의 인명과 지명을 중국의 옛 이름으로 대치해버려 이것이 번역어인지도 알지 못하게 하면서 청년들을 국학이란 이름으로 윽박지르는 가짜 국학자라든지, 당시 국학의 제창이 신해혁명 시기 지사들의 애국심에서 나온 것보다 더욱 한심한 것은 상인과 구식 선비들이 구서 몇십 부를 인쇄해서 돈을 버는 것 그리고 양장의 문호들이 원앙호접체 소설 몇 권을 써서 출판하기 위한 명목으로 국학을 외치는 실정이었다는 점이다. 이처럼 오사시기 국학의 주창은 문언도 제대로 해독하거나 쓰는 것이 불가능한 가짜 국학자들과 개인적인 이익을 위해 상인과 결탁한 모리배들에 의해 제기되었다는 점에서 루쉰의 실망은 컸다고 할 수 있다. 물론 서재에서 진지하게 전통 학문을 정리하고 연구하는 이들이 없었던 것은 아니었다. 이것은 루쉰 자신도 예외가 아니다. 그가 베이징대학과 베이징여사대 등에서 중국소설사를 강의한 것은

1) 1922년 1월 난징에서 창간된 월간지로 주편은 우미(吳宓), 주요 기고자는 메이광디(梅光迪), 후셴쑤(胡先驌) 등이었다.

2) 「『체험』에 관한 어림짐작」, 『전집』 1권, 529쪽

넓은 의미에서 국학자로서의 면모를 보여주는 일이었기 때문이다. 따라서 당시 루쉰에게 '국학'은 대단히 조심스러운 일이었다. 무엇보다 중국의 변화를 바랐던 루쉰이지만, 그 변화가 단지 얼굴을 바꾸는 것이 아니었기에 그 변화의 동력을 어디서 발견할 것인가라고 했을 때 그것은 어쩔 수 없이 외부에서 가져올 수밖에 없는데 그렇게 들어온 외부의 것이 내부에서 제대로 씨앗을 뿌리지도 못한다면 그 책임은 결국 국학을 제창하는 이들에게 돌아올 수밖에 없었다. 그렇기 때문에 당시 주장으로서 국학을 제창하는 것은 대단히 조심스러운 일이었던 것이다. 그래서 루쉰은 조용히 서재에서 국학을 연구하는 것은 막을 수 없는 일이지만, 그것을 공공연하게 내세우는 것에 대해서는 염려가 되었다. 그런데 하물며 가짜 국학자들이 개인적 이익을 위해서 엉터리 국학을 제창하는 일은 용납할 수 없는 일이었던 셈이다. 당시 루쉰의 문장에서 국학에 대한 비판이 많이 등장하는 것은 이런 이유였다.

하지만 중국 사회의 변화라는 측면에서 보면 국학 주장이 지닌 위험성을 확인할 수 있지만, 근대 국가 중국의 성립이란 관점에서 보면, 국학을 새로운 시각에서 정비하는 일은 긴요한 일이었다. 이러한 의미에서 청조 말엽부터 장타이옌과 왕궈웨이를 필두로 국학이란 이름의 학문이 성립되었던 것이다. 1920년대 초부터 후스(胡適)가 국학 연구로 전환한 것 역시 이러한 의미를 갖는다. 루쉰 또한 여기에 포함시켜야할 대표적인 인물이다. 당시 루쉰이 택한 전략은 첫째, 가짜 국학자들의 주장과 학설이 지닌 문제점을 파악해서 신랄하게 비판하는 것 둘째, 중국의 변화를 위해 외래의 문물을 정확히 내부로 이식시키는 것 두 가지였고, 이 두 가지를 관통하는 것이 바로 중국(인)의 변화를 추동하는 동력과 그것을 방해하는 것을 가려내는 안목이었다. 루쉰의 논쟁적 글쓰기는 여기서 비롯되었던 것이다.

오사 이후인 20년대 초중반 국수와 관련해서 루쉰의 잡문에 자주 등장하는 인물이 장스자오(章士釗, 1881~1973)다. 신해혁명 이전에는 반청(反淸)활동에 참여한 적도 있으며, 민국 이후에는 베이징대학 교수, 광둥군정부 비서장 등을 역임한 인물이다. 그는 1924년부터 1926년까지 돤치루이(段祺瑞) 정부의 사법총장 겸 교육총장을 지내는 한편, 『갑인』 주간을 창간하여 존공독경(尊孔讀經)을 제창하고 신문화운동을 반대했다. 대신에 당시 학풍정돈을 표방하며 문화적으로 복고운동을 주도하여, 학생들이 백화보다 문언을 배우고 익히며 이를 위해 고전을 많이 공부하도록 장려했다. 1925년 베이징여사대에서 소요사태가 일어난 후, 학생활동을 탄압하고 여사대를 해산한 장스자오의 조치에 대해 루쉰이 반대하자, 장스자오는 8월 12일 돤치루이에게 루쉰의 교육부 첨사의 직무를 파면해줄 것을 요청하고, 이튿날 이를 공표했다. 8월 22일 루쉰은 평정원(平政院, 당시 행정소송을 주관하던 법원 조직)에 장스자오를 고소한 끝에 승소하여 1926년 1월 17일 복직되었다. 루쉰과 이런 악연이 있는 인물이다. 장스자오는 처음에 1914년 5월 일본 도쿄에서 『갑인』 월간을 발행하다가, 2년 후 제10기로 정간했다. 『갑인』 주간은 뒤에 그가 교육총장을 맡은 후인 1925년 7월 베이징에서 출판했으며, 1927년 2월에 정간하기까지 45기를 출간했다. 문언문의 사용을 고집했던 이 잡지는 공문이나 통신 등을 게재했기에, 루쉰은 "자기선전을 위한 반(半)관보"라 불렀다. 관보와 같은 잡지를 통해 복고를 주장하는 장스자오에 대해 루쉰은 여러 편의 글에서 신랄하게 비판했는데, 「KS군에게 답함」, 「민국 14년의 경서를 읽자」, 「평심조룡」, 「고서와 백화」 등이 대표적이다. 루쉰은 장스자오가 존공독경을 주장한 뜻이 이를 반대하는 사람들이 상상하는 만큼 대단한 일이 아니라고 지적한다. 이것이 사실 얼마나 위선적인지에 대해서 비판했는데, 다음과 같이 말했다.

> "경서를 읽자고 주장하는 부류의 사람들은, 경서를 읽어 보았자 나라를 구할 수 없다는 것을 뻔히 알고 있으며, 사람들이 경서를 읽고서 자기들(경서를 읽어 득세하는 도를 터득한 총명한 이들)처럼 되기를 바라지도 않는다. 그러나 약간의 잔재주를 부려 사람들을 우둔한 소로 만들어 버리는 경우가 있는데, '경서를 읽자'는 것은 이러한 잔재주를 부리려고 우연히 이용한 도구에 지나지 않는다. 항의하고 있는 여러분이 만약 이러한 점을 깨닫지 못한 채 고지식하게 도리를 따지고 이해(利害)를 논하려 한다면, 나는 더 이상 예의를 차리지 않고, 경서를 읽자고 성심성의껏 주장하는 우둔한 소와 같은 부류에 여러분을 집어넣을 것이다."[3]

루쉰은 장스자오가 존공독경을 주장하는 의도가 바로 우민화에 있음을 날카롭게 파악했을 뿐만 아니라, 사실 그의 고문(古文)에 대한 이해 그리고 문언문(文言文) 쓰기의 수준 또한 형편없음을 신랄하게 비꼬았다. 따라서 이러한 장스자오의 주장은 시대에 뒤떨어진 것으로서 뜻있는 사람들이 놀라서 이에 하등 대응할 필요조차 없음을 강조한다. 신해혁명 이후 근대 중국에서 복고(復古)의 주장은 형태를 달리하면서 끊임없이 제기되었다. 특히 위정자들에 의한 '존공독경' 제창은 다분히 정치적 의도를 담고 있는 것이고, 이것은 자연스럽게 고대 중국에서 유학(자) 등이 담당했던 역할을 상기시켰다. 루쉰은 바로 이 점을 간파했는데, 그는 장스자오의 주장은 근

3) 「민국 14년의 경서를 읽자」, 『전집』 4권, 178-179쪽

대화라는 세계사적 변화를 거부하고 다시 중국을 과거로 되돌리려는 시도라고 파악하고, 그 주장의 허구성을 날카롭게 비판했던 것이다. 그런데 이에 덧붙여 장스자오가 존공독경을 제창한 것에 대한 루쉰의 비판이 중국의 전통적인 경서와 학자들에 대한 일방적인 부정과 배제를 전제한 것인지, 아니면 장스자오 등의 위정자들이 이러한 전통학문을 정치적인 수단으로 삼는 것에 대해 반대한 것인지에 대한 의문은 남는다. 이것은 루쉰을 공격하는 이들에게는 하나의 빌미가 되는 부분이기도 한데, 루쉰이 오사를 기점으로 발표한 소설과 잡문만으로 본다면 그를 전반서화론자로 읽을 개연성은 다분하지만, 그렇다고 단순하게 이분법적으로 루쉰이 전통에 대한 전반부정이란 입장을 취했다고 말하는 것은 곤란할 뿐만 아니라 어느 누구도 이러한 이분법적인 태도를 고수하는 이는 없다. 루쉰 또한 국학 등 이른바 고대 학문을 정리하고 연구하는 일의 의미를 모르지 않았고, 실제로 그의 작업 한켠에 늘 고서를 두었던 것은 잘 알려져 있다. 그리고 조용히 혼자서 서재에 앉아 고서를 정리하고 연구하는 일에 대해서는 반대하지 않았다. 그런데 그가 가장 두려워했던 것은 경학을 비롯한 중국의 전통학문이 학문적으로 보수적이고 낙후하다는 점이 아니라 그것을 이용하여 중국 사회 전체를 폐쇄적이고 허위적인 사회로 만들려고 하는 의도였다고 할 수 있다. 그러한 의도는 무지한 기층 민중들까지 이러한 사회에 길들여지도록 만들 뿐만 아니라 외래에서 전래된 문물까지 그러한 사회를 형성하는 데 변형되게 한다는 데 심각성이 있었다. 당시 발표한 그의 글 가운데 짧지만 분명하게 루쉰의 생각을 드러낸 「만리장성」을 보자.

나는 늘 주위에 만리장성이 둘러싸고 있다고 느낀다. 이 만리장성의 구성재료는 예전부터 있어 온 낡은 벽돌과 보수하기 위해 보탠 새 벽돌이다. 두 가지 것이 한데 연합하여 성벽을 이룬 채, 사람들을 포위하고 있다. 언제나 만리장성에 새 벽돌을 보태지 않을까? 이 위대하고 저주스러운 만리장성이여![4)]

루쉰은 바로 이것이 가장 두려웠던 것이다. 20세기에도 새로운 벽돌이 중국사회에 만들어져 만리장성을 유지시키는 것 말이다. 그의 붓이 향한 것은 바로 이러한 왜곡되고 비뚤어진 어떤 구조 그리고 그 구조를 계속 유지하려는 무리들에 대한 것이었다. 이 당시 '파악성'은 바로 장스자오를 위시한 이와 같은 지식인들의 주장에 대한 비판에 있었다. 이에 대해서 루쉰은 자주 그의 글에서 '암흑'을 말했고, 『야초』의 「이러한 전사」에서 '무물의 진'이라고 형상화했다. 루쉰 연구자들은 이를 루쉰의 개인적인 심경과 관련하여 그의 '절망'을 그리고 '반항절망'을 논했던 것이며, 중국사상연구자 진관타오는 중국사회의 이러한 구조를 일컬어 '초안정시스템'이라고 불렀다. 그렇다면 이와 함께 생기는 의문은 오사 이후 지식계의 분열상을 접하고 또 다양한 서구 이론들로 무장한 지식인들이 제시한 향후 중국의 진로에 대한 방안을 보면서 루쉰이 흔들림 없이 이토록 철저하고 신랄한 비판적 글쓰기를 전개할 수 있었던 동력은 과연 무엇일까 하는 것이다. 이에 대해 루쉰은 아주 단순하고 소박하게 대답한다. "그것은 첫째는 생존하는 것이요, 둘째는 배불리 먹고 따뜻이 입는 것이요, 셋째는 발전하는 것입니다. 이 세 가지를 방해하는 자가 있다면, 그 자가 누구이든 그에게 반항하고 그를 박멸해야 합니다!"(「베이징통신」, 『화개집』) 물론 이 말은 루쉰의 깊은 성찰

4) 「만리장성」, 『전집』 4권, 89쪽

에서 나온 것이겠지만, 이를 액면 그대로 받아들이기보다는 이러한 일종의 철학(신념)을 낳은 배경에 대해 물어야 한다. 소위 루쉰의 사유(상)의 형성과 변화에 대한 것이겠다. 종래의 연구에 따르면 초기 진화론에서 계급론의 변화 등과 관련된 것일 터이다. 하지만 이러한 설명보다 1920년대 이후 중국의 각 시기마다 등장하는 악성(惡聲)을 파괴하는 과정에서 루쉰의 대응 방식이 지닌 특징에 대한 검토가 필요할 듯하다. 그것은 끊임없는 루쉰의 외래 문물 수용과 관련될 것이다. 다른 말로 하면 번역인데, 번역은 항상 루쉰이 중국의 현실적인 문제와 마주쳤을 때 그 문제를 분석하고 해결하는 데 하나의 자료로서 기능했다고 할 수 있다. 이와 관련해서는 다른 장에서 설명토록 하자.

오사를 지나면서 루쉰이 맞딱뜨린 또 하나의 문제는 앞에서 말한 중국의 변화를 위해 외적 계기를 어떻게 활용하는가 하는 것이고, 이에 서양 학문을 배운 지식인들의 책임과 실천을 요구하는 대목이다. 1923년 한 해 동안 거의 글을 쓰지 않았던 루쉰은 다음 해부터 약 4년에 걸쳐 쓴 잡문집 『열풍』보다 더 많은 글을 발표한다. '방황'의 시기를 거치고 자신을 정비하는 기간(『방황』, 『아침 꽃 저녁에 줍다』, 『들풀』 등의 글 그리고 많은 번역 작업 및 고적 정리와 문학사 서술)을 보낸 뒤 그가 다시 확인한 것은, 오사운동을 거쳤지만 여전히 중국은 변화하지 않았다는 점, 게다가 중국의 변화를 근본적으로 불가능하게 하는 무엇이 오사 이후 새로운 것 역시 낡은 것으로 바꿔버리는 현실이었다. 그것은 군벌로 대변되는 낡은 정치권력도 문제지만, 이를 추수하고 협력하는 지식인 특히 근대적 지식을 수용했다는 신지식인들의 모습에서 루쉰은 중국의 깜깜한 어둠을 보았던 것이다. 곧 오사 이후 루쉰은 오사의 열기가 식어버린 중국 현실에서 자신은 어떤 길로 나아가야 할지 막막한 소위 십자가두에 서 있었는데, 결과적으로 그가 걸어가야 할 길을 인도해준 것이 바로 이러한 중국의 암흑이었던 셈이다. 외래의 다양한 이론도 좋고, 전통을 복원하는 일도 좋고, 혁명을 하는 것도 좋고 다 좋지만 루쉰이 분명하게 인식한 것은 이러한 암흑과 싸워서 한발이라도 중국(인)을 앞으로 나가게 하는 것이었다. 『무덤』 이후 급속하게 늘어나서 죽을 때까지 손에 놓지 않았던 잡문은 바로 이러한 중국의 암흑과 벌인 전투의 흔적이었다. 1925, 26년 두 해에 걸쳐 쓰여진 잡문을 모은 『화개집』, 『화개집속편』은 20년대 중반 중국의 어두운 이면을 직시하고 여기에 비판의 칼을 휘두른 글들이 대중을 이루고 있다. 특히 이 잡문집에 실린 글 가운데 논쟁적인 글은 주로 앞에서 언급한 장스자오 그리고 구미유학 출신들이 조직한 현대평론파에 대한 비판이었다.

7.1.3 가짜 서구 유학파 지식인에 대한 비판

1920년대 중반 루쉰의 논쟁과 관련해서 빠질 수 없는 것이 바로 일명 현대평론파에 대한 비판일 것이다. 그런데 루쉰의 '파악성'이란 비평활동에서 볼 때 현대평론파는 1920년 중반으로 제한되지만, 근대 중국의 문단 또는 지식계라는 차원에서 본다면 이것은 단지 하나의 단체 이상의 의미를 갖는다. 왜냐하면 1930년대 상하이에서의 루쉰 활동에서도 『현대평론』과 연관된 지식인들(구체적으로는 신월파)과 논전을 벌이고 있기 때문일 뿐만 아니라, 넓게는 『현대평론』을 고리로 해서 1920, 30년대 중국 지식계의 상황을 조망할 수 있는 점에서도 중요하다. 중국현대사에서 본다면 각 진영이나 단체가 자신들의 의견을 반영하는 잡지를 발간하는 것은 일반적 현상이다. 그렇다고 해서 그 잡지를 중심으로 단일하게 그룹이

지어지는 것은 아니었다. 예를 들어, 『현대평론』에 글을 발표했더라도 그 필자들을 꼭 현대평론파라고 규정할 수는 없다. 따라서 그 시기 발간되었던 각종 잡지의 상황을 검토해서 당시의 지식계 동향을 자세히 살필 필요가 있는데, 넓게 보면 『현대평론』은 『신월(新月)』(전후기), 『노력주보(努力周报)』, 전기 창조사의 『창조계간』 및 『창조주보』, 『태평양』 등의 잡지와 밀접한 관련을 맺고 있다. 그런 점에서 『현대평론』을 중심으로 1920, 30년대 지식계의 상황을 정리해보는 것은 그 자체로 필요한 일이지만 루쉰과의 논쟁을 살피는 데도 유의미하다.

먼저 『현대평론』의 창간과 관련해서 『태평양(太平洋)』과 전기 창조사를 주목할 필요가 있다. 그것은 이 두 단체의 성원이 뒤에 『현대평론』의 필진으로 활약하기 때문이다. 1917년 3월에 월간으로 창간하여 매권 10기로 1925년 6월까지 4권 10호를 출판하고 종간한 『태평양』은 하나의 종합적인 잡지로, 정론을 위주로 삼고 문예는 부차적인 것으로 했다. 이 단체의 성원 대다수가 영국이나 일본에서 유학했으며, 그들 대부분은 정치, 법률, 경제 등을 연구하여 귀국 후 베이징대학 등에서 교수를 역임했다. 이 잡지의 주편은 차례로 리젠눙(李劍農)과 량돤류(杨端六)였다. 정론적인 문장을 기고한 이들로 리젠눙, 저우겅성(周鯁生), 량돤류, 왕스제(王世杰) 등이 있으며, 문예방면은 번역을 위주로 했다. 이 『태평양』에 비교적 많은 글을 발표한 이로 천시잉(陳西瀅), 옌수탕(燕樹棠), 타오멍허(陶孟和), 딩시린(丁西林), 리중쿠이(李仲揆 곧 李四光), 리다자오(李大釗), 위다푸(郁達夫), 류푸(劉复), 톈한(田漢) 등이 있었다. 인물구성과 잡지 발행의 태도로 보아 『태평양』은 서구 시민(자본가) 계급의 정치사상을 농후하게 드러내는 단체였다. 한편 잘 알려진 대로 창조사는 1921년 6월에 설립되었고, 주요 구성원은 일본에서 유학한 궈모뤄(郭沫

若), 위다푸, 청팡우(成仿吾), 장쯔핑(張資平), 톈한, 첸돤성(錢端升) 등이었다. 그런데 전혀 관련이 없을 듯한 이 두 단체가 인적 관계 속에서 밀접한 연계를 갖게 되는데, 여기에 주요한 역할을 한 세 인물이 바로 청팡우, 위다푸, 량돤류이다. 태평양사의 "주요 인사는 후난(湖南) 사람들이고, 청팡우는 이들과 동향"이었으며, 또 청팡우가 일본에서 유학할 때 이들 가운데 일부가 함께 기거했었다. 위다푸는 베이징대 교수를 지낼 때 태평양사의 성원들이 같은 동료였기 때문에 친하게 지냈다. 량돤류는 영국 유학생이지만, 일본에서 유학한 적도 있고 궈모뤄 등과 교우여서 일찍이 회합에서 자주 만났던 이력이 있었다. 게다가 량돤류가 후기 『태평양』의 주편이라는 신분이 두 단체의 '연합'에 중요한 작용을 일으켰다고 예상할 수 있다. 이와 같은 인간 관계의 측면에서만이 아니라 정치적인 면에서도 태평양사는 줄곧 사회정치 평론을 발표하여 현실사회에 개입하고자 했는데, 이때의 창조사 역시 초창기의 순문학적 태도에서 벗어나 사회에 대해 더 많이 관심을 갖기 시작했고, 이것이 두 단체의 연합을 강하게 추동하게 했다. 이 두 단체의 결합은 영미 유학파와 일본 유학파가 제휴하는 표지라고 할 수 있다.

이러한 과정을 거쳐 1924년 12월 13일 『현대평론』이 창간되었다. 이것은 하나의 종합적인 주간으로 매주 토요일에 발행되었는데, 『현대평론』의 주요 필진은 왕스제, 탕여우런(唐有壬), 천시잉, 가오이한(高一涵, 곧 高崇民), 옌수탕, 저우겅성, 천한성(陈翰笙), 펑쉐페이(彭学沛), 피쭝스(皮宗石), 첸돤성, 우즈후이(吴稚晖), 량돤류, 후스(胡适), 쉬즈모(徐志摩), 딩시린, 리중쿠이, 장시뤄(张奚若), 타오멍허, 위다푸, 구제강(顧頡剛), 링수화(凌叔華), 선총원(沈從文), 양전성(楊振聲) 등이었다. 『현대평론』의 초기 주편은 왕스제로서 앞 2권의 문예 관련 원고는 천시잉이 책임을 맡았고, 제3권 이후 문예 원고 편집은 양전성이었다. 『현대평론』은 제138기(1927년 3월)부터 상하이에서 출판했고, 딩시린이 주편이다. 첫 호부터 종간호까지 『현대평론』 편집에 참가한 이는 차례로 위다푸, 옌수탕, 저우겅성, 첸돤성, 펑쉐페이 등이었다. 이 잡지가 베이징에서 출판될 때 사무는 선총원이 담당했다. 『현대평론』은 1928년 12월 19일에 종간했고, 모두 9권 209기를 냈으며, 이외에 4기의 증간호와 "현대총서"를 출판했다.

아울러 『현대평론』과 관련해서도 그렇지만 루쉰과의 관계에서도 빼놓을 수 없는 인물이 바로 후스다. 후스는 『신청년』과 결별하고 난 뒤 『노력주보』를 발간한 것은 잘 알려진 일이다. 『노력주보』는 1922년 5월 7일에 창간되었는데, 주요 인물은 후스 외에 딩원장(丁文江), 가오이한, 왕충후이(王寵惠), 뤄원간(羅文干), 주징눙(朱經農), 장웨이츠(张慰慈), 왕정(王征) 등이며, 그들은 스스로 "직업을 갖고 정치에 의지해 밥을 먹지는 않는다(有職業而不靠政治吃飯)"라고 천명하고, 전문적으로 하나의 단체를 만들어 정치를 연구하고, 사회를 토론하며, 공개적인 비평을 통해 정치개혁을 준비하고자 했다. 이것은 영미유학파들의 중국정치에 대한 관심의 결과인데, 후스와 『노력주보』는 뒤에 설명한 신월사와 함께 오랫동안 학술계에서 "현대평론파"와 하나로 뒤섞여 언급되는 경향이 있었다. 그 주요한 원인은 이 단체 가운데 주요한 인물이 상호 교차의 연계를 갖고 있었기 때문이다. 예를 들어, 후스는 『현대평론』의 발기인이면서 동시에 『노력주보』의 창간자이고 또 신월사의 많은 활동에 참가했다. 루쉰을 공격함으로써 그로부터 가장 많은 비판을 받았던 천시잉(陈西滢)은 『현대평론』의 대표이자 또 신월사의 힘있는 장수이고, 함께 비판을 받았던 쉬즈모는 『현대평론』에 많은 문장을 발표했을 뿐만 아니라, 신월사의 주요한 책임자였다. 그 밖에 가오이한은 『노력주보』의 주요 멤버였으며 또한 『현대평론』의 중심이었고, 링수화,

선총원 등도 모두 『현대평론』과 『신월』에 많은 작품을 발표했으며, 다양한 활동에 참가했다. 이처럼 주요한 인물들 간의 교류는 긴밀했으며, 또 이와 같이 1920년대 중국 문단에서 대단한 활약을 보여주었다. 그리고 서로 다른 단체 간의 왕래 역시 빈번하였다.

한편 신월사는 이미 1923년 3월에 하나의 친목회에서 시작하여 뒤에 활동공간을 지닌 그룹으로 발전하였는데, 단체명은 쉬즈모가 타고르의 시 『신월집(新月集)』에서 취한 것이다. 이 단체의 참가자는 다소 복잡한데, 문인뿐만 아니라, 정객, 은행가, 사녀(仕女), 군인, 민족자본가 등이 있었다. 대표적으로는 후스, 쉬즈모, 왕겅(王庚), 장쥔마이(張君勱), 딩원장, 량치차오(梁启超), 린장민(林長民) 등이 가담했다. 그런데 이 시기의 신월사와 뒤의 신월서점 및 『신월』 월간은 직접적인 연관이 없다. 즉 1926년 6월 이후 원이둬(聞一多), 라오멍칸(饒孟侃), 후스, 쉬즈모 등이 차례로 베이징을 떠나면서 신월사도 종적을 감추었다. 1927년에 신월서점과 『신월』 월간을 준비할 때 신월사는 사실상 이미 존재하지 않았다. 왜냐하면 북벌전쟁이 일어나서 북양정부가 붕괴되고 베이징이 혼란해지자 신월사의 많은 성원들이 상하이로 왔기 때문이다. 이들은 변화무쌍한 정치현실 속에서 자신의 정치적 입장과 문학적 주장을 견지할 수 있는 진지가 필요했고, 그래서 이들은 유한공사 "신월서점"을 설립하고 후스가 사장을 위상위안(余上沅)이 전무를 맡았고 이외에 쉬즈모, 판광단(潘光旦), 원이둬, 량스추(梁實秋) 등이 이사를 역임했다. 이어서 『신월』 월간을 출판했다. 쉬즈모, 원이둬, 예궁차오(葉公超), 량스추, 판광단, 라오멍칸, 뤄룽지(羅隆基) 등이 차례로 잡지의 편집을 맡았다. "신월서점"과 『신월』 월간은 5년간 활동을 전개했고, 신월서점은 약 백 종의 책을 출판하고, 『신월』 월간은 4권 7기를 발행했는데, 그 가운데 쉬즈모와 사오쉰메이(邵洵美) 등이 4기의 시간(詩刊)

을 냈다. 이러한 서적과 잡지는 비교적 큰 영향을 끼쳤는데, 이들은 구미파 자산계급 지식인들의 정치, 사상과 문예사조를 대표하고, '인권', '자유'의 가치를 외치면서 국민당의 전제통치를 반대하고 동시에 공산당의 무장혁명을 반대했으며 이 시기에 하나의 정치역량을 형성하였다. 1931년 5월 3일 상하이에서 『민보(民报)』가 간행되면서 당시 중국에서는 3가지 사상이 정립(鼎立)되었다고 일컬어졌는데, 하나는 공산당, 다른 하나는 『신월』, 마지막으로 삼민주의라고 했다.

이상의 정리로 당시 지식계의 동향에 대해서 알 수 있는데, 루쉰도 이와 관련해 「나의 '본적'과 '계파'」라는 글에서 당시 학술계의 동당벌이(同黨伐異)가 일반적이었다고 언급하고, 루쉰 스스로도 『망원주간』이라는 잡지를 발간하여 이에 대응하기도 했다. 1920년대 중반 당시 『노력주보』는 정치평론을 위주로 한 반면, 『현대평론』은 학술문화를 위주로 한 간행물이었다. 그런데 이 『현대평론』이 루쉰의 비판을 받게 된 것은 바로 천시잉이 『현대평론』 1권 25기에 「한담(闲话)」을 발표한 뒤부터다. 루쉰이 현대평론파(천시잉)를 대상으로 처음 발표한 글의 제목이 「한담이 아니다」였다는 점에서 알 수 있듯이, 천시잉의 바로 이 글이 루쉰과의 논전의 시발점이었다. 1924년부터 28년까지 중국에는 역사적으로 선후회의(善后會議), 국고운동(國故運動), "5 · 30" 사건, "베이징여사대" 사건, "3 · 18" 참안(慘案)과 "4 · 12" 쿠데타 등 일련의 중대한 사건이 발생했다. 천시잉 등은 1925년 베이징여자사범대학에서 일어난 소요사태에서 북양(北洋)정부와 장스자오(章士釗)를 옹호하면서, 루쉰과 진보적인 교사 및 학생들을 공격했다. '한담'이란 제목의 글에서 천시잉은 여사대 사건에 대해 학생들보다는 교수(교장)의 입장을 지지했는데, 여기에는 그 나름의 생각이 있었다. 여사대 학생들의 교장에 대한 반대가 서로 의견도 통일되어 있지 않고 단지 소수만이 주장할 뿐이기 때문에, 이는 천시잉의 관점에서 정돈이 되어야 하는 일로 비쳤고, 또 자신의 교수라는 시각에서 학생들이 군중전제로 소수(교장)을 탄압하는 것으로 보았던 것이다. 이에 대해 루쉰은 천시잉의 윗사람, 연장자, 소수영웅 중심의 입장에서 기존의 질서를 유지하려는 자세를 비판하고 오히려 아랫사람, 연소자, 약자 중심의 입장에서 교장이 학생들을 탄압한다고 지적하였다. 이와 같이 해외 유학 경험을 지닌 현대평론파의 정인군자들이 '한담'이란 이름으로 근거 없는 소문을 퍼뜨리고, '공리'라는 이름으로 다른 사람을 단죄하는 일에 대해 직접적인 당사자였던 루쉰은 가만있지 않았다. 루쉰은 「결코 한담이 아니다」라는 제목의 연속된 글 외에도 「나의 '본적'과 '계파'」, 「공리의 속임수」, 「이번은 다수의 속임수」, 「참견과 학문」, 「회색 등을 같이 논함」, 「편지가 아니다」, 「나는 아직 그만둘 수 없다」, 「꽃없는 장미」 등 많은 글에서 이들을 비판했다. 루쉰의 비판 대상이 되었던 이들 특히 천시잉, 쉬즈모 등은 '한담'이란 이름으로 소문을 퍼뜨리지만 한담이기 때문에 책임에서 배제되는 수단을 사용하여 마치 자신들은 공리를 숭상하는 합리적인 인사인 체하지만, 실제로는 이러한 행위 모두 자신의 개인적인 이익을 얻기 위한 것임을 간파하고, 루쉰은 그 감추고 있는 속셈을 낱낱이 해부해서 세상에 까발려 놓았다. 루쉰은 1925년 창간 1주년을 기념하여 발간한 『현대평론 증간호』를 보고 다음과 같이 말했다.

> 글을 계속 쓸 흥이 더 이상 나지 않는다. 아쉽지만 여기에서 마무리 지을 수밖에 없다. 어쨌건 『현대평론 증간호』을 한번 훑어보면 휘황찬란하다는 느낌이 든다. 마치 광고에 나열된 작가의 명단을 보는 것 같다. 예를 들어 리중쿠이(李仲揆) 교수의 「생명에 대한 연구」니,

후스(胡適) 교수의 「번역시 세 편」이니, 쉬즈모(徐志摩) 선생의 번역시 한 수니, 시린 씨의 「탄압」이니, 타오멍허 교수가 2025년에 발표할 예정이어서 우리 현손 때나 되어서 전작을 배독할 수 있는 대저작의 일부분 등등. 그런데 읽다 보니 어떻게 된 영문인지 모르겠지만 나의 눈에 보이는 것은 오히려 회색빛이어서 결국은 내던져 버렸다.[5)]

현대평론파들의 글과 행위는 사실 휘황찬란해서 무지한 사람들을 현혹시키기에 족할지는 몰라도 루쉰의 눈에는 아무런 색깔도 없고 특징도 없는 그저 그런 글들에 불과한 것으로 비쳤던 듯하다. 밖으로는 구미 유학의 경험을 바탕으로 '공리'와 '다수'라는 서구의 근대적 가치를 신봉하여 마치 진보적인 인사인 양 비치지만, 사실 그 '공리'와 '다수'라는 근대적 가치도 이들에 의해서는 자신들의 이익을 위해 사용한 수단에 불과하였을 뿐만 아니라, 심지어 그것을 위해 젊은 학생들을 사지에 모는 일에 동조하는 것조차 서슴지 않은 이들의 행태에서 루쉰은 크게 실망했다. 이것은 중국의 미래를 위해 작은 희망이라도 발견하기를 바랐던 루쉰에게 큰 절망을 안겨주었을 뿐만 아니라, 더 개탄스러웠던 것은 이들이 당시 중국 사회의 스승(선구자)인 양 받들어지는 일이었다. 이는 서구의 근대적 학문으로 무장하고 이것을 중국에 소개하는 이들의 작업이 과연 중국의 젊은 학생들에게 어떻게 받아들여지고 있는지 혹시 곡학아세(曲學阿世)는 아닐지 그리고 서구적 가치만을 강조하여 중국과 겉도는 것은 아닐지 게다가 반대로 서구적 문물마저도 정확히 중국 사회에 수용되어 뿌리내리지 못하고 중국의 전통적 문화 구조 속에서 변질되는 것은 아닌지 하는 우려와 함께였다. 그래서 루쉰은 청년들에

5) 「참견과 학문, 회색 등을 같이 논함」, 『전집』 4권, 262-263쪽

게 이렇게 말했던 것이다.

> 젊은이가 황금 글자의 간판을 내걸고 있는 스승을 꼭 구해야 할 필요가 있을까? 차라리 벗을 구해 힘을 합쳐, 생존할 수 있을 만한 방향을 향하여 함께 나아가는 게 나을 것이다. 그대들은 생명력이 충만하니, 깊은 숲을 만나면 평평한 땅으로 일굴 수 있고, 넓은 들판을 만나면 나무를 심을 수 있으며, 사막을 만나면 우물을 팔 수 있다. 가시덤불로 길이 막힌 낡은 길을 물어 무엇하며, 탁하고 독한 기운으로 가득 찬 똥 같은 스승을 구해 무엇하랴![6]

그리고 위선적인 지식인들에게는 이렇게 경고했다.

> 다시는 무게를 잡지 말고 교수라는 당신들의 직함도 잊고 청년을 지도하는 선배 역할도 하지 말며 '공리'라는 당신들의 깃발도 '똥차'에 꽂아 버리고 당신들의 신사 의상도 '똥구린내 나는 측간'으로 던져 버리고 가면을 벗는 것이다. 그리고 실오라기 하나 걸치지 않고 선 채 진심에서 우러나온 말 몇 마디를 하면 된다![7]

물론 천시잉의 베이징 여사대와 관련한 이러한 입장이 당시 현대평론파 전체를 대표하는 것은 아니다. 사실 현대평론파로 불리는 그들은 이와 같은 정치적 문제에 대해 복잡한 정치적 경향과 문화적 심리를 드러냈는데, 구미의 민주와 법의 정신으로 선후회의를 비판하기도 하고, 또 자산계급 자유주의의 입장을 갖고 "일찍이 오

---

6) 「스승」, 『전집』 4권, 88쪽
7) 「나는 아직 '그만둘' 수 없다」, 『전집』 4권, 312쪽

랜 쟁우(曾爲老段諍友)"로서 군벌정부(軍閥政府)를 변호하기도 하고, 제국주의에 의해 피를 부른 "5 · 30" 참안과 군벌정부의 유약무능을 비판하는 한편, 또 인민군중의 제국주의에 대한 선전태도를 반대하기도 했으며, 여사대사건과 "3 · 18" 참안과 관련해서도 학생을 대신해 불만을 제기하고 반동군벌정부의 잔혹한 폭력행위를 비판한 이(예를 들어, 왕스제의 「論三月十八日慘劇」, 천한성의 「三月十八日目擊記」 및 "3 · 18"를 소재로 삼은 양전성, 링수화 등의 『陳蘭的母親』, 『等』 등)가 있는 반면, 천시잉의 '한담'처럼 몰래 학생들의 소요를 선동하는 이가 있다고 지적한 이가 있는 등 서로 대립되는 견해가 공존하고 있었다.

루쉰의 현대평론파 특히 천시잉에 대한 비판을 보면서 우리는 이 시기 즉 『화개집』, 『화개집속편』의 글을 통해 「파악성론」을 비롯하여 일본유학시절에 썼던 글을 자연스럽게 떠올리게 된다. '공리'와 '다수'는 루쉰이 이미 「문화편지론」에서 '정신'과 '물질', '개인'과 '다수'라는 틀로 분석한 바가 있고, 또 그것의 폐단 역시 지적하였다. 그리고 「파악성론」에서 6가지(크게는 2가지)의 악성(惡聲)을 제시하고, 차례로 그 악성의 문제를 비판하였다. 그 결과 앞에서도 말했듯이 결국 관건은 소리(聲)을 부르짖는 사람(人)의 문제 즉 그 사람의 백심(白心)이라는 인식을 루쉰은 얻었다. 시대가 변하고 중국 역시 근대화가 진행되는 1920년대 중반에도 20여 년 전에 획득한 그의 식견이 그대로 통용되고 있음에 루쉰 역시 놀랍고 당황스러웠을 듯하다. 이것이 바로 중국의 변화를 방해하는 궁극적인 요인임을 루쉰은 다시 한 번 절감했다. 그리고 그 반대의 논리가 좀 더 정교해지고 있음도 깨달았다. 그것은 남방으로 내려간 뒤 다시 맞딱드린 신월파, 자유인, 제3종인 문인들과의 설전으로 드러났다.[8] 그리

8) 루쉰이 이러한 논쟁으로 인해 『현대평론』을 적대시했다고 파악해서는 안 된다.

고 루쉰이 현대평론파의 사정권에서 벗어나 도착한 남방은 그에게 새로운 숙제를 던져주었다. 그것은 바로 '혁명'이란 것이다.

7.2 1927년 이후 루쉰의 '악성 타파'

오사시기와 달리 1926년 이후 루쉰은 본격적으로 상대가 뚜렷한 논쟁을 시작한다. 이것은 오사시기 이후 중국이 사회 문화적으로 근대로 진입했음을 반영하는 것이기도 한데, 그가 논쟁을 벌인 대상은 근대라는 관점에서 본다면 두 가지 갈래 이른바 자유주의 외에 사회주의 지식인들이었다.

7.2.1 자유/민족주의 지식인들에 대한 비판

루쉰은 오사시기에 등장한 주요 논쟁에는 적극적으로 가담하지 않았다. 그가 당시 발표한 글은 루쉰의 말대로 자질구레한 사건들에 대한 비판에 지나지 않았고, 이와 같은 굵직한 논쟁에 대해서는 직접적이고 전면적으로 대응하지 않았다. 그렇다고 해서 자신의 생각을 밝히지 않은 것은 아니었다. 이에 대해서는 앞에서 살펴보았다. 그런데 1920년대 중반 이후 일명 '혁명문학논쟁' 그리고 30년대의 자유문인 또 사회주의자들과 논쟁을 펼치게 된다. 1926년부터 1936년 죽을 때까지 루쉰은 약 10년간 각종 논쟁에 참여하게 된다.

그것은 뒤에 『중국신문학대계(中国新文学大系)』를 편집하면서 『현대평론』에 실린 작품 예를 들어, 시가, 산문, 희극의 필자로 주쯔칭(朱自清), 위다푸, 저우쭤런(周作人), 훙선(洪深) 등을 뽑았던 데서 알 수 있다. 「도언(導言)」에서 "『現代評論』은 신문의 부간에 비해 문예에 좀 더 치중하여 진보적 의미를 담고 예술적 창신의 정신이 풍부한 작품을 발표했다"라고 긍정적으로 평가한 것을 보면 "현대평론파"의 문학적 성취를 인정하고 있었던 셈이다.

그 가운데 대표적인 것이 바로 앞에서 말한 논쟁들로서 '혁명문학 논쟁'을 시작으로 1930년대 사회주의 지식인들과의 논쟁 그리고 자유주의 지식인들과의 논쟁으로 구분할 수 있는데, 전자는 크게 문학과 혁명을 어떻게 볼 것인가라는 데 논쟁의 핵심이 놓여 있었다면, 후자는 현대평론파를 비롯하여 신월사, 제3종인으로 이어지는 일련의 지식인들이 보여주는 사회적 무책임에 대한 비판이 주를 이루고 있다.

루쉰은 1927년 상하이에 도착한 이후 죽을 때까지 이전에 썼던 것보다 훨씬 많은 양의 잡문을 발표하였다. 『삼한집』을 시작으로 『이심집』, 『남강북조집』, 『거짓자유서』, 『풍월이야기』, 『꽃테문학』, 『차개정잡문』 시리즈(3권) 등이 그것인데, 이처럼 1930년대 들어서 발표한 잡문의 양이 늘어난 것은 '자유담'과 같은 신문에 지속적으로 글을 연재하면서 비롯되었고, 이와 함께 글의 내용 역시 시사적인 것이 주를 이루었다. 루쉰의 후기 잡문은 대체로 1930년대 중국과 상하이의 정치 사회사적 상황과 시민 생활, 문단 및 지식인들의 언행과 관련 있거나 누군가의 평론, 글과 관련되어 있다. 그것들에 대한 루쉰의 생각들이고, 격려나 응원, 비판이거나 풍자다. 아니면 신랄한 냉소이거나 전면적 싸움걸기의 글이다.[9] 따라서 당시 중국의 현실을 이해하지 못하면 글에 대한 이해 역시 어려울 수밖에 없다. 또 이 시기 잡문의 새로운 특징은 자신의 글과 함께 문제가 되었던 상대방의 글을 같이 수록하여 독자들로 하여금 판단하게 했다는 점이다. 이것은 루쉰이 자신의 글이 역사의 기록이 될 수 있다는 생각을 했음을 짐작할 수 있게 한다. 우리는 여기서 그의 잡문이 문학의 영역만이 아니라 역사의 영역과 겹친다는 생각을 할 수 있

---

9) 유세종, 『루쉰전집 · 꽃테문학』 해설 참조

다. 루쉰의 글이 당시에 발생한 중국의 모든 문제를 신문 기사처럼 다루지는 않았지만, 약 10년간의 상하이 생활에서 루쉰은 자신이 목격하고 알았던 사건들에 대해서 문제가 되는 것은 나름대로 적시하여 글을 썼다고 할 수 있다. 상하이에서의 루쉰은 마치 전방위적인 투쟁가의 모습을 띠었고, 아울러 당시 검열 등 언론탄압과 체포라는 곤경하에서 전투적인 측면에서 본다면 게릴라전을 펼쳤다고 할 수 있다. 즉 주변의 동료들이 투옥되거나 죽임을 당하는 상황하에서 검열과 체포의 위험을 무릅쓰고 그는 자신의 투쟁을 멈추지 않았다. 그의 무기는 글이었고, 그런 점에서 후기 잡문은 '루쉰식 혁명'의 결과물인 셈이다. 1930년대에도 루쉰이 볼 때 중국의 암흑은 여전했을 뿐만 아니라, 그의 적 또한 대단히 많았다. 따라서 이 시대에도 루쉰은 필봉을 중국(인)의 변혁을 방해하는 암흑에 향해 있었고, 여기에는 자유주의, 사회주의 등의 진영에 대한 구분도 없었다. 그가 말년에 보조를 같이 했던 공산주의자들에 대해서도 예외는 없었다.

그런 루쉰이 보기에 신월사를 비롯한 1930년대 초에 활동했던 후추위안(胡秋原), 쑤원(蘇汶) 등의 소위 자유문인들의 주장은 한가한 음풍농월에 지나지 않았다. 하지만 이 역시 뒤에는 자신들의 계급적 이익을 보호한다는 뚜렷한 명분이 존재하고 있음을 간파해내었다. 루쉰이 시대적 조건으로 인해 개인적인 학습과 수양의 시간을 충분히 갖지 못했으나, 그것을 대신해준 것이 바로 루쉰의 적들이었다. 신월사 등의 문인들과 싸우면서 중국의 현실을 더 깊이 이해하게 되었을 뿐만 아니라, 향후의 미래 역시 이들과의 투쟁 속에서 전개될 수밖에 없음을 깨달았던 것이다. 이러한 과정을 통해 루쉰의 사상이 형성되었던 것이기도 하다. 사실 중국현대문학사의 측면에서 본다면 신월사는 영향력이 컸던 문학단체이다. 1923년에 베이징에서 설립되었고, 오사(五四) 이래 신시 이론과 창작의 모색을 위주로 한 최대의 문학단체였다. 이 단체는 1927년 봄 상하이로 활동의 배경을 바꾸고 1933년에 해체했는데, 주요 구성원은 후스, 쉬즈모, 원이둬, 량스추 등이었다. 초기에는 『신보부간(晨报副刊)』을 진지로 삼았고, 후기에는 『신월』 월간(1928년 3월 10일)을 창간하고, 『시간』 주간(1931년)을 발간했다. 일반적으로 신월사는 정치, 사상, 학술, 문예 각 분야를 섭렵한 단체로서 사상과 조직적인 면에서 자산계급 자유주의의 특징을 갖고 있다고 평가받는다.

신월사는 순문예 단체는 아니지만, 그 주요 활동과 영향력은 문예방면에 있었다. 문예사상과 문예운동중에 신월사는 점차 우로 방향을 틀면서 진보적인 문예운동과 대항하는 과정을 보여주었는데, 특히 5 · 30운동이나 여사대사건, "3 · 18" 참안 등에서 쉬즈모, 천시잉(陈西滢) 등의 현대평론파 성원들은 한편으로는 시작(詩作)을 통해 군벌들의 죄행을 비판했지만, 다른 한편으로는 혁명군중운동과 그 "영수"를 비판하는 문장을 발표했다. 이것은 앞에서 설명했듯이 루쉰를 대표로 한 진보적인 문예진영의 비판을 받았다. 그런데 1928년부터 1929년까지 신월사의 문예이론가 량스추는 또 자산계급 인성론으로 문학의 계급성을 반대하고, 무산계급 혁명문학운동을 비판하였다. 신월사는 점차 진보적 혁명문학진영과 대립하는 자산계급문예의 주요한 대표가 되었고, 이로 인해 루쉰, 펑나이차오(馮乃超) 등의 비판을 받았다. 1933년 6월 『신월』은 제4권 제7기를 낸 뒤 정간하고, 서점은 상무인서관(商務印書館)이 접수하여 신월사는 해산을 고했다.

한편 1931년부터 1932년까지 '좌련(左聯)'과 '자유인(自由人)', '제3종인(第三種人)' 사이에 논쟁이 전개되었다. 여기서 '자유인'은 『문화평론』의 후추위안, '제3종인'은 『현대』의 쑤원을 가리킨다. 이 논쟁 역시 문예의 계급성, 문예성과 정치의 관계를 중심으로 전개되었다. 먼저 후추위안이 「강아지문예론(阿狗文藝論)」을 발표하여 좌익문단이 "예술을 하나의 정치적 유성기로 타락시킨다"라고 비판하였다. 이후 그는 또 「문예를 침략하지 마라(勿侵略文藝)」 등의 문장을 발표하였는데, 그러자 '좌련'의 『문예신문(文藝新聞)』에 후추위안을 비판하는 문장이 실리고, 이에 쑤원이 곧장 문장을 발표하여 후추위안을 응원하였다. 루쉰은 취추바이(瞿秋白), 펑쉐펑(馮雪峰) 등과 함께 각각 「'제3종인'을 논함(論"第三種人")」, 「문예의 자유와 문학가의 부자유(文藝的自由與文学家的不自由)」, 「'제3종 문학'의 경향과 이론에 대해(關于'第三種文學'的傾向与理論)」를 발표하여 후추위안, 쑤원과 논쟁을 전개했다. 이들은 두 사람이 문예를 정치에서 분리시키고, 계급을 무시하고 자유를 추구한다는 점에서 착오가 있다고 비판했다. 루쉰의 필봉은 주로 쑤원을 향했는데, 그는 「'제3종인'을 논함(論"第三種人")」에서 "계급이 존재하는 사회에 살면서 초계급적인 작가가 되려 하거나, 전투의 시대에 살면서 전투를 벗어나 홀로 서려 하거나, 현재를 살면서 미래에 남길 작품을 쓰려 하는 이런 사람은 마음이 만들어낸 환영으로 현실세계에서는 존재하지 않는다. 이런 사람이 되겠다는 것은 흡사 제 손으로 머리카락을 뽑으며 지구를 떠나려고 하는 것과 같다. 떠날 수 없으니 초조할 테지만, 이는 누군가가 고개를 내저어서 감히 뽑지 못한 것은 아니다."[10] 또 「다시 '제3종인'을 논함(又論"第三種人")」에서 "'제3의 인간'이란 말은 원래 갑과 을이 대립하거나 서로 싸우고 있는 현장 바깥에 서 있는 사람을 의미할 뿐이다. 그런데 현실에서는 그런 자가 있을 수 없다. 인체도 뚱뚱한 사람과 야윈 사람이 있으니, 이론적으로는 뚱뚱

10) 「'제3종인'을 논함」, 『전집』 6권, 333쪽

하지도 야위지도 않는 사람이 있어야 한다. 하지만 현실에는 그런 사람이 없다. 비교를 해보면 뚱보에 가깝지 않으면 말라깽이에 가까우니 말이다. 문예에 있어서 '제3의 인간'도 마찬가지다. 어느 한 쪽으로 쏠리거나 치우치지 않은 듯 보여도 실제로는 상당히 편향되어 있기 마련이다. 평소에는 의식적, 무의식적으로 가리고 있지만 절박한 사고를 당하게 되면 금세 분명히 드러난다."[11]라고 말했다. 이처럼 루쉰은 제3종인의 존재를 부정하고, 또 제3종인이 붓을 접은 것은 당시 좌익문단의 비평이 가혹해서가 아니라, 이러한 제3종인은 있을 수 없기 때문이며, 그래서 제3종의 문학도 탄생될 수 없다고 지적했다. 그리고 제3종인을 자처한 이들은 결국 논쟁이 끝난 후 얼마 지나지 않아 "감찰관의 의자에 앉았는데"[12], 곧 후추위안이 장제스 정부에 투항하여 입법위원(立法委员)이 되어 파쇼문화를 이끄는 책임자가 되었던 것을 말한다.

그런데 '자유인', '제3종인' 문예관점의 내적 모순은 바로 그 정치적 입장과 문학적 입장이 일치하지 않는 내적 충돌에 있다고 한다면, 루쉰 역시 이러한 모순에 똑같이 직면했다고 할 수 있다. 루쉰은 이런 문제를 어떻게 돌파하려고 했던가. 이에 그가 주목했던 것은 러시아의 동반자 작가였다. 이들의 작품에 대한 번역과 소개를 통해 이 문제를 고민했다고 할 수 있겠다. 이 점에 관해서는 다른 장에서 살펴보도록 하자. 그래서 이 논쟁은 양자의 문예관이 마르크스주의 문예관과 자유주의 문예관의 대립과 충돌에 있다기보다는 혁명의 우선성과 문학 자체의 독립성 사이의 모순이라고 지적하는 것이 타당할 듯하다.

11) 「다시 '제3종인'을 논함」, 『전집』 6권, 438쪽
12) 「중국문단의 망령」, 『전집』 8권 참조

7.2.2 사회주의 문학가와의 논쟁

앞의 『화개집』, 『화개집속편』에 수록된 글이 주로 돤치루이 군벌정부가 지배하던 베이징이란 공간에서 쓰여진 것이고, 그런 점에서 군벌정부의 반민중적 폭압 그리고 여기에 부응하는 지식인들의 기만적 행위에 대한 비판이 주를 이루고 있었다. 그런데 루쉰 개인적인 사상의 변화라는 측면에서 본다면, 1920년대 중반 베이징에서 남방으로의 이동은 어떤 의미를 갖는 것인가. 이 과정에서 루쉰 나름의 사상적 정리가 진행되었을 것이라고 짐작할 수 있는데, 오사운동 이후 자신과 당시 중국 지식계의 상황에 대해 1932년 루쉰은 『자선집(自選集)』 자서(自序)에서 이렇게 말했다. "뒤에 『신청년(新青年)』 그룹이 해산되면서 어떤 사람은 지위가 올라갔고 어떤 사람은 떨어졌다. 어떤 사람은 계속 전진했다. 나는 전장에서 같이 싸웠던 전우들이 이렇게 변할 수 있음을 다시 한 번 경험하고서 어쩌다 붙여진 '작가'라는 직함을 갖고 여전히 사막 속을 걷게 되었다. '떠돌이 용사'가 된 것이다"라고 회고한 데서 당시의 상황과 자신의 처지를 이해할 수 있다. '작가'라는 직함은 사회적 책임감을 말하는 것이고, 그렇다면 중국 사회를 위해 무엇을 할 것인가라는 고민이 1920년대 초 즉 일명 "오사(五四)운동 퇴조기"라는 시대적 배경하에서 심화되었다고 하겠다. 중국의 재야 루쉰연구자 린셴즈(林賢治)가 말한 것처럼 "오사운동은 어떤 의미에서 하나의 시작이자 하나의 끝이었다." 그것은 중국근대지식인들의 자발적 운동 즉 계몽운동의 독립적 성격이 변화했기 때문이다. 다시 말해 지식인들의 계몽운동은 역사의 진부한 흔적이 되어버린 점에서 끝이었고, 쑨원(孫文)의 중국국민당 개조와 중국공산당의 창당 그리고 노동자 농민운동의 흥기 등 본격적인 정치활동의 전개와 그에 따른 몇 차례의 사상투쟁이 바로 그 시작이었다. 이런 상황하에서 이제까지 근대화의 지도적 존재였던 지식인들은 미묘한 입장에 서게 되었고 문화진영에서의 분화 또한 불가피했다. 민족자산가계급이나 프롤레타리아계급이 아직 완전하게 존재하지 않고 그 대신에 전국의 문화인과 학생들이 모여 있던 '문화성(文化城)' 베이징에는 혁명 제당파의 움직임이 예각화, 관념화하는 경향이 있었고, 관용의 여지란 없는 전체주의적 상황까지 나타났다. 게다가 혁명의 중심은 점차 남방으로 이동하고 있었고 이로 인해 오사운동의 발원지 베이징은 적막하고 황량한 옛 전쟁터의 풍경만 드러내고 있었다. 이를 루쉰은 『방황(彷徨)』 서문에서 "새 문단은 쓸쓸하기만 하고, 옛 전장은 평안하네. 천지간에 병졸 하나 남아, 창 메고 홀로 방황하고 있네"라고 노래했다. 루쉰의 두 번째 소설집 『방황』은 제목에서 드러나듯이 이런 분위기를 반영하고 있는데, 여기에 수록된 단편들은 전통에 대해서만이 아니라 그 전통비판을 통해서 중국인이 획득하고 있는 근대성에 대한 깊은 성찰이 이루어지고 있다. 1923년의 일시적인 절필을 계기로 24년부터 다시 왕성한 글쓰기를 보여주는 것을 보면 루쉰 자신의 되돌아보기와 향후 행보에 대한 고민이 일정한 방향을 획득했다고 이해할 수 있다. 자발적이지 않은 도피성의 남방행이었지만, 오사운동의 열기가 사그라들고 황량한 분위기만 남은 베이징을 떠나 혁명의 진원지인 남방(광둥)으로 내려간 것은 그의 결심을 보여주는 행동으로 읽을 수 있다.

그 결심은 바로 국민혁명에 대한 일종의 기대와 함께 했을 듯하다. 물론 조심스러운 루쉰이 소문만을 듣고 전면적으로 광둥에서의 혁명 활동에 찬성을 보냈다고 이해하는 것은 잘못이다. 그에게는 두 번의 혁명운동과 사상계몽운동의 경험이 존재했다. 하지만 그 정치혁명과 계몽운동의 뒤에 남은 것은 군벌의 난립과 봉건성의 강화였다. 그 봉건성은 군벌의 힘을 빌려 근대성을 압살하고 있었고, 여기에 신지식인들조차 부화뇌동하고 있었다. 오사운동 퇴조기에 나타난 지식인들의 분화 그리고 일부 지식인들의 퇴폐가 이를 대변한다. 그리고 『방황』에 실린 작품들에 등장하는 웨이롄수(魏連殳)와 같은 인물이 바로 이런 지식인들을 묘사한 것임을 알 수 있다. 이러한 퇴조의 결과는 베이징여사대 사건과 러우스(柔石) 등 청년들의 죽음으로 나타났다. 루쉰의 남방행 역시 이에 따른 것이었다. 그렇다면 샤먼(夏門)을 거쳐 광둥에 도착한 루쉰이 직접 목격한 이곳의 혁명운동은 어떠했고, 또 광둥의 분위기는 어떠했는가.

처음 도착한 남방의 샤먼에서 광둥으로 건너온 루쉰은 말 그대로 혁명으로 들끓는 사회를 목격하게 된다. 샤먼의 생활 역시 베이징과는 크게 다르지 않았지만, 광둥은 사뭇 분위기가 달랐고, 이어서 옮겨간 상하이는 또 다른 곳이었다. 즉 1926년 이후 이른바 혁명의 분위기가 무르익고 있던 남방이란 공간으로의 이동은 루쉰에게 새로운 문제를 던져주었다. 이 시기에 루쉰과 논전을 벌였던 이들은 신월파, 자유인 제3종인 그룹 그리고 소위 프롤레타리아 혁명문학을 제창한 사회주의자들이었다. 전자에 대해서는 이미 설명했다. 그런데 일명 자유주의 계열 지식인들과 논전을 펼쳤던 루쉰은 이미 사회주의 문학가들의 오류 역시 그냥 넘기지 않았다. 이와 관련해서는 1920년대 후반 '혁명문학논쟁' 그리고 1930년대부터 좌련에 가담하면서 죽기 전까지 공산당원 문예가들과 펼친 논쟁을 검토해야 할 것이다. 하지만 이에 대해서는 중국현대문학사에서 이미 많은 연구가 진행되었던 관계로 '악성 타파'의 입장에서 루쉰이 좌익 문예가를 바라본 관점에 대해서 간략히 설명하고자 한다.

오사시기 문학혁명은 신문학 제창 다시 말해 새로운 문학에 대한 요구, 구문학의 변화를 요구한 운동이었던 것은 주지의 사실이다. 그리고 여기에 실질적인 역할을 담당한 이가 루쉰이었던 것도 잘 알려져 있다. 루쉰이 생각한 문학이 어떤 것인지에 대해서는 9장에서 구체적으로 다루기로 하겠지만, 그런 그에게 '혁명문학'이란 구호는 처음에 쉽게 다가오지 않는 구호였을 것으로 짐작된다. 문학의 효용성에 대해서 절대로 부정하지 않았던 루쉰이지만, 하나의 구호로서 어떤 특정한 문학을 내세우는 것에 대해서는 의구심이 들었을 법하다. 물론 루쉰 또한 신해혁명 이전부터 혁명과 관련해서는 자신만의 경험과 사유가 수반되고 있었으니, 혁명문학이 혁명을 위한 문학이라는 정도의 인식을 갖고 있었을 테지만, 1928년 이후 본격적으로 제기된 혁명문학은 그 혁명의 내용이 이전 신해혁명 이후 제기된 혁명과 성격이 달랐기 때문에 루쉰으로서는 이에 대한 정리가 우선적으로 필요했다. 하지만 그런 준비를 할 틈도 없이 사회주의 문예이론에 입각한 청년 문학가들이 루쉰에게 화살을 쏘기 시작했고, 그는 이들에 대해 자신의 문학관을 바탕으로 논쟁을 전개하기에 이르렀다. 그런데 루쉰이 이미 혁명문학과 관련하여 자신의 견해를 갖고 있었는데, 그것은 1927년 4월 8일 황푸(黃浦)군관학교에서의 강연에서 드러난다. 강연의 제목은 「혁명시대의 문학」이었다. 이 글에서 그는 다음과 같이 말했다.

> 그러나 이곳 혁명 지방의 문학가들은 문학이 혁명과 크게 관계가 있다고 말하기를 좋아하는 것 같습니다. 예컨대, 문학을 이용하여 선전하고 고무하고 선동하여 혁명을 촉진하고 혁명을 완성할 수 있다는 것입니다. 그렇지만 생각건대, 이러한 글은 무력합니다. 왜냐하면 좋은 문예작품은 여태껏 다른 사람의 명령을 받지 않았고, 이해(利害)를 고려하지 않았고, 자연스레 마음에서 흘러나온 것이기 때문입니

다. 만약 먼저 제목을 내걸고 글을 짓는다면 그것은 팔고문(八股文)과 무엇이 다르겠으며, 문학으로서 가치가 없는 바에야 사람을 감동시킬 수 있느냐 없느냐는 더욱 말할 수도 없습니다. 혁명을 위해서는 '혁명인'이 있어야 하며, '혁명문학'은 급하지 않습니다. 혁명인이 만들어내는 것이라야 비로소 혁명문학입니다.[13)]

그는 당시 광저우(廣州)를 비롯한 광둥 지방에서의 혁명이 진정하게 진행되고 있다고 보지 않았다. 따라서 혁명을 위한 전쟁을 펼칠 군사들 앞에서의 강연이라는 특징을 감안하면 무엇보다 중요한 것은 혁명이지 혁명문학이 아니라는 주장은 충분히 이해할 수 있다. 그리고 이 인용에서 놓쳐서는 안 되는 것은 문학을 혁명에 활용한다는 인식에 대해 반대를 표명한 점이다. 표현도 중요하지만 문학의 생명은 무엇보다도 자유로운 창작에 있다는 생각을 루쉰은 갖고 있었다. 중국의 근대문학이 혁명(정치)와 밀접하게 연관될 수밖에 없었던 역사적 상황에서 문학과 혁명에 대해 균형 잡힌 시각을 견지한다는 것은 쉽지 않음에도 불구하고 루쉰은 그것을 일관되게 유지하였다. 그리고 이 강연에서 확인해두어야 하는 것은 '평민문학'이란 개념이다.

현재 중국의 소설과 시는 도저히 다른 나라와 비교할 수 없는데, 하는 수 없어 문학이라 부르기는 하지만, 혁명시대의 문학이라고 말할 수 없을 뿐더러 평민문학이라고 말하기는 더욱 어렵습니다. 현재의 문학가는 모두 독서인(讀書人)입니다. 만약 노동자·농민이 해방되지 않아서 노동자·농민의 사상이 독서인의 사상 그대로라면, 반드

13) 「혁명시대의 문학」, 『전집』 5권, 36쪽

시 노동자 · 농민이 진정한 해방을 얻을 때를 기다려야 하며, 그런 다음에야 비로소 진정한 평민문학이 있습니다.[14]

루쉰은 혁명 뒤에 뒤따라와야 하는 것이 평민의 시대라고 보았다. 그리고 평민은 바로 노동자 농민이고, 이 노동자 농민이 진정으로 해방을 맞이했을 때 '평민문학'[15]이 탄생할 수 있다고 간주했다. 평민과 평민문학이란 개념은 이미 오사시기에 제출되었는데, 리다자오가 「평민주의」라는 글을 발표한 적이 있고, 후스나 저우쭤런은 '평민문학'이란 개념을 사용했다. 하지만 당시 '평민(문학)'이란 개념을 사용한 이들 각자의 평민에 대한 사고가 약간씩 차이가 있었는데, 가장 먼저 이 개념을 제기한 저우쭤런은 1919년 1월 「평민문학」이란 글에서 문언의 귀족문학과 대립하며 일반 인민들이 보편적으로 진솔하게 감정을 표현하는 문학 즉 평민정신이 깃든 문학이라고 정의했다. 그는 평민문학과 귀족문학의 주된 차이는 1) 평민문학은 보통의 문체로 보편적인 사상과 사실을 표현하고 2) 평민문학은 진솔한 문체로 진솔한 사상과 사실을 기록하며 아울러 문학에서 일률적으로 평등한 사람들의 도덕으로 우충우효(愚忠愚孝)의 봉건도덕을 대체하고, 사회 보통 남녀의 비환성패를 영웅호걸 재자가인의 일과 행복을 대체하는 데 있다고 했다. 한편 후스는 평민문학에 대해 예로부터 있었던 민간에서 기원한 문학을 지칭했다. 이에 반해 루쉰은 평민문학에 대해 혁명에 승리하여 노동자 농민이 해방

14) 「혁명시대의 문학」, 『전집』 5권, 43쪽

15) 오사 문학혁명 중에 제기된 신문학 건설을 위한 주장과 구호로서, 저우쭤런이 가장 먼저 1919년 1월에 「平民文学」이란 문장을 정식으로 제출하여 문언문을 쓰는 귀족문학과 대립하는 것으로 규정하고, 보통 사람들의 보편적이고 진실한 감정을 표현하는 문학이라고 지적했다.

된 뒤 노동자 농민의 사상이 체현된 문학이라고 말했다. 오사시기에 이미 루쉰은 평민(문학)에 대한 자신의 인식을 갖고 있었고, 위의 인용에서 말한 평민의 해방이 이루어져야 한다면, 그것이 곧 혁명이라면 어떤 혁명을 염두에 둔 것인지? 평민문학을 제창하고 문학 안으로 숨어버린 저우쭤런 및 후스과는 달리 문학을 하면서도 평민의 해방에 대해 고민했던 루쉰에게 「혁명시대의 문학」이란 강연은 혁명을 해야 할 시기에는 혁명을 해야지 문학을 붙들고 있어서는 안 된다는 것을 이야기하고 있으며, 1926년의 이러한 주장은 청말에 루쉰이 광복회에 가담했던 일과 연관지어서 생각해볼 수 있다. 분명하게 계급의식을 드러내지는 않았지만, 루쉰은 일반 대중의 각성과 그들에 의한 혁명의 완성이 중국에 긴요한 일이라는 사실을 인지하고 있었던 것이다. 따라서 진정한 혁명의 시기에 문학은 무용할 뿐이고, 오히려 이러한 시기에 문학을 제창하고 강조하는 이는 진정한 혁명문학가가 아니라고 판단하였다.

혁명과 문학의 관계에 대해서 이러한 사유를 갖고 있었던 루쉰에게 1928년 자칭 프롤레타리아 혁명문학을 제창한 젊은 청년들의 도전은 다른 차원의 고민을 던져주었다. 그것은 바로 혁명의 성격 그리고 그 혁명을 위해 문학이 무엇을 할 것인가 하는 문제였다. 다시 말해 프롤레타리아의 해방을 위한 사회주의 혁명과 그 혁명을 위한 문학(인)의 역할에 대한 질문인데, 이것에 대한 루쉰의 입장을 요구한 논쟁이었던 것이다. 물론 잘 알려져 있다시피 혁명문학논쟁의 전개과정을 보면 사회주의 이념으로 무장한 치기 어린 청년 작가들의 루쉰에 대한 비판은 표면적으로 신세대가 구세대를 비판한 것이다. 오사운동 이후에 신구대립만이 아니라 중국 사회에 신신대립이 등장한 것을 보고 자신의 위치를 역사적 중간물로 설정한 루쉰에게 이들의 공격은 새로운 도전이었다. 몇 년 사이에 구세대의 대표가 되어버린 루쉰이, 이들의 공격에 어떻게 대응해야 대승적인 측면에서 소모적인 논쟁이 아니라 생산적인 논쟁으로 될 것인지가 화두가 되었다. 사회주의 이론으로 무장한 젊은 문예가들의 인신 공격에 가까운 비판을 당하면서 루쉰은 사회주의 문예이론을 번역하고 학습했으며, 또 취추바이와 펑쉐펑 등의 혁명가와 교류하면서 루쉰은 프롤레타리아 혁명의 의미 그리고 문학의 역할에 대해 고민했다. 이 좌익문단 내부에서 펼쳐진 많은 논쟁에 직간접적으로 가담하는 동안, 루쉰이 버리지 않은 것은 '악성 타파'란 자세인데, 루쉰이 보기에 사회주의 혁명문예를 주창하는 당시의 좌익작가들이 지닌 문제점은 이론으로 실천을 견인하려는 것이었다. 이는 넓게 근대 중국에서 서구의 문화를 수용하는 자세와 연결되는데, 미래의 '황금사회'는 주어진 것이 아니며 이를 위해서 현재의 상황을 정확히 직시하고 바로 발밑에서 대안을 찾는 시도가 있어야 함을 말하는 것이다. 물론 여기에는 많은 이론적인 문제가 놓여 있었는데, 루쉰은 앞서 평민문학 나아가 프롤레타리아 혁명문학이 실제로 가능하기 위해서는 첫째, 평민 또는 프롤레타리아(곧 노동자 농민)이 문학을 할 수 있는지 여부, 여기에는 언어와 문자 개혁 또 독서와 여유로운 환경 그리고 교육 등의 세부적인 문제가 포함된다. 둘째, 이들의 문학이 탄생되기 전의 프티부르주아 계급 지식인들의 문학적 지향성 그리고 혁명대중과의 연대가 어떻게 가능할 것인지 하는 문제다. 이 시기 루쉰의 '악성 타파'는 바로 이러한 문제에 대한 악성을 파악해내고 이에 대해 자신의 견해를 제시하는 것이었다. 1928년 전후 청팡우(成仿吾) 등의 젊은 사회주의 혁명문학가들과의 논쟁은 말할 것 없고, 이후 좌련이 조직된 뒤 전개된 대중어 및 문예대중화논쟁이나 혁명문학 단체의 조직과 운영 및 노선에 관한 논쟁에서 그동안 유지해왔던 '파악성'의 자세를 유감없이 보여주었다. 단체의 조직과 관련해서 루쉰이 조직의 경직성과 교조주의에 대해 날카롭게 비판했던 것도 바로 청년시절부터 단련되었던 '악성 타파'의 감각이었다고 할 수 있다. 그리고 여기에는 소리치는 자의 백심(白心)을 헤아리는 혜안이 있었다. 그리고 그 혜안을 유지하기 위해 루쉰은 새로운 이론과 문화를 수용하는 일을 쉼없이 전개했다. 그것은 다음 장에서 다룰 '번역'이란 작업으로 이루어졌다.

8장 번역하는 루쉰

일반적으로 번역이란, 특정한 언어로 표현된 텍스트를, 다른 언어로 된 텍스트로 재현하는 과정과 행위를 의미한다. 그런 점에서 '번역'이 가능하려면 서로 다른 '두 개의 언어'가 전제되어야 한다. 서로 다른 '두 개의 언어'라는 말에는 두 가지 층위의 의미가 존재한다. 하나는 특정한 언어 공동체가 공유하지 않는 언어를, 공유하는 언어로 옮기는 번역이고, 다른 하나는 특정한 언어공동체 속에서 (현실로서 혹은 역사적 전통으로서) 공유되기는 하지만 서로 이질적인 언어 사이의 번역이다. 예컨대, 외국어를 자국어로 옮기는 것이 전자의 경우라면, 중국에서 전통 고문을 백화문으로 옮기거나 한국에서 한문을 국문으로 옮기는 경우가 후자의 경우에 해당한다.

이렇게 볼 때, 번역이란 단순히 규정하기 어려운 커다란 문제가 된다. 근대국가가 건설되면서 '자국어'가 확립되는 과정을 겪었지만, 중세 시대에는 전 세계적으로 공통의 문어를 문명 단위로 공유하고 있었다. 표면적으로 공동의 언어를 활용하면서도 이면적으로는 특정한 언어공동체 내부에 이질적인 언어가 다양하게 공존하는 형편이었다. 뿐만 아니라 동질적인 언어 내부에도 계층에 따라 지역에 따라 서로 다른 언어가 명확한 표준 없이 얽혀 있었고, 글쓰기 차원에서도 다양한 문체와 글쓰기 방식이 복잡하게 공존하고 있었다.

이러한 사정을 고려하면 '번역'이라는 주제는 중요한 연구과제로 삼을 만하다. 첫째, 번역은 외국어로 표현된 외부의 문화적 산물을 자국어로 전환하여 자기 내부의 문화로 수용하는 작업이라는 점에서, 문화의 수용과 교류를 이해하는 첩경이다. 둘째, 번역이 이루어지기 위해선 자신의 언어 공동체 내부에 존재하는 다양한 언어 형식 가운데 하나를 선택해야 한다. 따라서 번역이란 곧 현재의 자기 문화와 그 역사적 전통에 대한 해석을, 언어 형식의 선택을 통해 표출하는 일인 것이다.

근대 이후 우리의 역사적 경험과 현재의 상황을 십분 고려할 때, 우리와 서구의 문화적 관계는 어떻게 설정되어야 올바르며, 아울러 그러한 관계를 이루기 위해서 우리에게 필요한 역사적 전통이란 무엇인가를 묻는 작업은 근본적인 질문에 해당한다. 이러한 근본적인 성격이 언어와 문화의 영역에서 가장 전형적이면서도 집약적으로 발견되는 영역이 번역이다.

8.1 왜 '근대 초기'인가?

그렇기는 해도 '번역문제'가 일반론적으로 중요하다는 사실과 특정한 역사적 맥락에서 중요하다는 것은 다른 문제이다. 근대국가 체제가 정비된 이후로는 자국어가 확립됨으로써, 외국어를 번역하는 번역 언어를 선택한다는 문제가 그다지 심각하게 자각되지는 않는다. 그렇지만 동아시아의 경우 1900년 전후한 근대 초기에는 근대국가 체제와 결합된 자국어 체제가 아직 확정된 상태가 아니었다. 현재에는 당연하게 받아들여지는 사실이 그렇게 되기까지는 실로 무수한 고뇌와 고투를 거쳐야만 했고, 그런 점에서 그 속에는 복합적이고 역동적인 역사적 내력이 잠복해 있는 것이다. 아무래도 이러한 실상을 가장 잘 확인할 수 있는 시기가 바로 근대가 형성되기 시작하던 무렵이다.

그 당시에 근본적인 과제로 제기되었던 것은, 대외적으로는 서구의 선진문화를 생산적으로 받아들여 서둘러 자주적인 문명국으로 진입해야 한다는 과제와, 대내적으로는 근대국가의 체제를 확립하여 내부적 통일체를 구성해야 한다는 과제였다. 이러한 역사적 과제를 번역의 문제로 전환하면, 대외적으로 발전된 서구문물을 소개·전파하여 국민을 계몽하는 일이면서, 동시에 국민이 공유하는 '국민의 언어(자국어)'를 확립하는 일이라고 할 수 있다. 물론 이 두 과제는 분리되지 않고 서로 긴밀하게 결합된 형태로 제시되었고 인식되었다.

이 두 가지 영역은 다음과 같이 정리할 수 있다. 첫째는 무엇을 번역의 대상으로 선택했는가 하는 문제이다. 19세기 말에서 20세기 초에 걸친 근대 초기에, 서구문물을 소개·수용하는 과정에서 번역이 이루어졌으니만큼, 어떤 책이 번역되어 널리 전파되었는가를 확인하는 일은, 당시의 서구문물에 대한 인식을 가늠하는 척도가 된다. 둘째는 번역을 함에 있어서 어떤 언어형식 혹은 문체를 선택했는가 하는 문제이다. 자국어가 확립되지 않은 복잡한 상황 속에서 어떤 문체와 언어형식을 선택했는가는, 어떤 특정한 전통을 계승해야 올바른 사회(국가) 발전의 방향성을 찾을 수 있는가의 문제이다.

이처럼, 번역의 문제가 단순히 외국어를 자국어로 옮기는 차원이 아니라, 새로운 문명의 시대를 열고 새로운 질서를 구축하는 역사적 과제와 가장 긴밀하게 연계되었던 시기가 근대 초기였다. 근대 초기의 번역 문제를 통해서라면 번역의 역사적 의의가 가장 풍부하게 논의될 수 있을 것이다. 번역의 문제를 근대 초기라는 역사적 지평 속에서 집중적으로 검토할 필요가 있다고 믿는 이유가 여기에 있다.

8.2 루쉰에게 번역의 의미

이와 같이 근대 동아시아에서 번역이 대단히 중요한 문제였듯이, 루쉰 역시 자신의 활동 중에서 번역에 상당히 많은 시간을 들였다. 이미 발간된 『루쉰전집』을 보면 번역서 발문만을 모은 것이 있고, 또 번역서 발문과 함께 번역문 전체를 수록한 전집이 있는데, 후자를 보면 루쉰의 작업에서 가장 많은 분량을 차지하는 것이 바로 번역임을 알 수 있다. 그런데 루쉰의 번역 목록을 살펴보면, 우리에게도 익숙한 서구의 작가 예를 들어 세익스피어나 톨스토이 등 대표적인 작가의 작품은 거의 없다는 사실을 확인할 수 있다. 여기에는 루쉰 번역의 독특함이 담겨 있는데, 이 독특함은 루쉰 나름의 번역관에 기인한다고 할 수 있는 것으로, 무엇보다 당시 중국의 병폐를 치료하는 데 도움이 되는 것인가 하는 것에 번역 선정의 지표가 있었기 때문이다. 물론 앞의 작가들이 위대하며 또 중국의 독자들에게 유용한 것이라는 점을 부정하는 것은 아니었다. 하지만 루쉰은 이러한 작품들은 자신이 하지 않더라도 누군가가 할 것이라고 생각했고, 대신에 그는 일반적으로 널리 알려져 있지는 않지만 당시 중국의 독자들이 읽었으면 좋겠다고 생각한 작품들을 선정하여 번역해서 소개하는 일을 일생 전개했다. 물론 여기에는 외국어의 문제가 놓여 있었다. 루쉰이 사용할 수 있는 외국어는 독일어와 일본어 그리고 영어와 러시아 정도였다. 이 가운데서도 독일어와 일본어가 능통한 언어였다. 러시아어도 잘하지 못했지만, 러시아 작가의 작품을 많이 번역한 것은 바로 앞의 두 언어로 된 번역본을 토대로 한 중역이었다. 그는 이렇게 번역하면서 원어를 잘하는 사람이 나와서 그 원어에 입각해 다시 번역해줄 것을 여러 곳에서 당부하고 있다.

현재까지 루쉰의 번역과 관련해서는 연구가 많이 진행되지 않았다. 루쉰의 번역관에 대해서는 여러 논자들이 논문을 발표했지만, 그가 진행한 번역 전체에 대해서는 『루쉰번역집』에 실린 목차에 의거한 소개 정도에 그치고 있다. 루쉰의 번역에 대한 연구가 지난 50년간 제대로 진행하지 않았던 이유와 관련하여 중국의 루쉰연구자 쑨위(孫郁)는 첫째, 루쉰이 번역한 작품이 회색의 작품이 많고 또 사회의 주류문화와 거리가 있으며, 둘째 루쉰의 번역문이 너무 어려워서 읽기가 어려웠기 때문이라고 지적했다. 그렇지만 그는 이러한 문제점에도 불구하고 루쉰 스스로 자신은 첫째 번역가이고, 그 다음이 작가라고 규정한 데서 출발하여, 루쉰과 그의 작품에 대해 깊이 있는 이해를 위해서는 번역에 대해 심층적인 연구를 전개해야 한다고 주장한다. 왜냐하면 루쉰이 수용한 외국의 문학과 평론에 대한 이해가 선행되지 않으면, 루쉰의 글쓰기에 대한 보다 선명한 해석이 불가하다고 보기 때문이다.[1] 이러한 비판을 수용해서 이 장에서는 루쉰이 평생토록 작업한 번역을 시간순으로 정리하고, 각각의 번역이 지닌 의미에 대해서 살펴보면서 이와 동시에 그의 번역론에 대해서도 재고해보려고 한다.

우선 루쉰의 번역 전체상을 조망하는 것이 순서일 텐데, 이를 위한 방법으로 『루쉰전집』에 실린 『역문서발집』을 보는 것이 좋겠다. 서발은 루쉰 자신이 번역한 외국의 작품이나 평론 등에 붙인 서언과 후기를 말하고, 이것을 모은 것이 이른바 『루쉰전집』에 실린 『역문서발집』이다. 번역의 서발만 본다면, 다른 인물에 의한 번역에도 적지 않은 서발을 써주었고, 이것은 해당하는 각 시기의 문집에 수록되어 있으니 함께 비교해보는 것도 괜찮겠다. 그런데 『역문서

1) 孫郁, 『魯迅與現代中國』, 安徽大學出版社, 2013

발집』에 실린 서발은 1938년판 『루쉰전집』과 58년판 『루쉰역문집』에 각각의 번역문과 함께 수록되어 있었는데, 이렇게 서발만을 모아 전집에 수록한 것은 1981년판 『루쉰전집』에서 비롯되었다. 그리고 번역 분량은 38년판(20권) 『루쉰전집』의 절반가량이며, 58년판 『루쉰역문집』(10권)은 전집(10권)에서 분리된 것으로 이 역시 38년판과 동일하게 절반 분량이었다. 이후 81년판에는 저작 외에도 일기와 서신을 포함하여 58년판 전집보다 확대되었지만, 번역은 루쉰의 전체 작업 가운데 약 3분의 2를 점한다. 2008년에는 루쉰박물관에서 『루쉰역문전집』을 출판하였는데, 이것이 가장 최신의 역문집이라고 할 것이다. 번역은 신문이나 잡지에 발표된 뒤 혹은 처음부터 단행본으로 출판되었는데, 재판된 것을 제외하더라고 단행본 약 33권에 달한다.[2] 여기에는 『역문서발집』에 수록되지 못한 즉 처음부터 서발을 붙이지 않고 번역한 것 역시 상당한 분량에 이른다. 또 『역문서발집』에 수록되어야 할 것이지만 독립된 문장으로서 다른 문집에 실린 것도 있다. 예를 들어 『집외집』에 실린 「분류편교후기(奔流編校後記)」가 그러하다. 『분류(奔流)』는 잘 알다시피 루쉰이 위다푸와 함께 편집한 잡지로 번역을 위주로 한 것으로서, 전체 15호 가운데 12호에 루쉰이 장문의 '편교후기'를 썼다. 루쉰이 번역을 특별히 중시한 것은 『분류』처럼 번역 전문잡지를 편집한 것에서도, 또 일찍이 『미명총간』이란 총서를 출판했고, 『분류』 뒤에는 『역문(譯文)』이라는 번역 잡지도 발간한 적이 있는 데서도 알 수 있다. 그가 이처럼 번역을 중시한 것은 당시 청년 작가들을 양성하는 데 힘을 기울였던 루쉰이 젊은 작가들이 일천한 생활경험으로 인해 자신

2) 루쉰박물관장을 역임한 쑨위는 루쉰의 번역 단행본이 31권으로 300여만 자에 달한다고 했다. 앞의 책

의 영감에만 의지하여 창작하기보다는 외국의 우수한 작품을 정확하게 번역하는 것이 의미가 있다고 생각했기 때문이었다. 그가 신뢰한 청년 역시 이러한 청년들로서 웨이쑤위안(韋素園), 차오징화(曹靖華), 러우스(柔石) 등이 그런 이들이며, 펑쉐펑(馮雪峰)이나 취추바이(瞿秋白) 등 마르크스주의자나 중국공산당원인 그들에 대한 신뢰 앞에는 역시 실력 있는 양심적인 번역가라는 신뢰가 있었다고 할 수 있다.[3] 루쉰의 번역에 대한 강조는 심지어 1930년대 그와 길을 달리하던 린위탕(林語堂)에게 영국 고전문학의 번역에 힘써달라고 권유했던 데서도 드러난다. 물론 린위탕은 불쾌하게 느껴 그런 일은 나이가 들어서 해도 된다고 대답했다고 하는데, 루쉰이 이렇게 말한 것은 린위탕이 『논어(論語)』 식의 문장을 쓰는 것이 너무 안타까워 좀 더 생산적인 일을 했으면 하는 바람에서였다고 한다.[4] 이처럼 루쉰은 서투른 창작보다 차라리 성실한 번역이 더 가치가 있다고 생각했을 만큼 번역을 대단히 중시했는데, 그가 이토록 번역을 중시한 이유는 자신이 직접 밝힌 바대로, 번역은 바로 다른 사람의 불로 자신의 살을 태우는 일이었기 때문이다. 여기서 자신의 살을 태운다는 것은 바로 과거의 자신을 되돌아보고 새로운 자신으로 탈바꿈하는 작업이며, 이 작업을 하는 데 가장 좋은 일이 바로 번역이라고 인식했던 것이다.

그런데 앞으로 살펴보겠지만, 그의 번역 목록을 보면 앞에서 잠깐 언급했듯이 그와 동시대 사람들의 번역 이력과 상당히 다른 면모를 볼 수 있다. 곧 그들의 번역 대다수가 세익스피어, 톨스토이, 괴테와 같은 유명인들의 작품을 대상으로 선택했던 반면 루쉰이 번

3) 이런 해석은 마루야마 노보루, 일본판 『루쉰전집 · 역문서발집』 해제, 1985
4) 바진(巴金)의 전언

역한 작품은 모두 그다지 유명하지 않은, 즉 예로센코, 아르치바세프, 아리시마 다케오(有島武郎), 가타가미 노부루(片上伸), 리딘과 같은 인물들의 작품으로, 이들은 문학사에서의 위치 또한 제한적이었다. 이런 특징을 보인 이유는, 루쉰에게 번역은 독자 대중을 위한 소개라는 측면보다는 쑨위의 지적처럼 루쉰 자신을 위한 것이라는 점에 있었다. 그는 스스로 이러한 작품에 흥미를 느끼고 일종의 내면의 분토를 환기했던 것이다. 게다가 이러한 작품은 대체로 한 가지 목표에 대한 갈망이 아니라, 자아갱신의 가능성에 대한 사색이었다. 이러한 외래의 작품은 다소 자민족의 병근에 대한 반성으로, 일본이든 러시아든 대부분 그가 좋아한 작가이자 모두 사상계의 전사였다. 정신의 고도와 예술의 수준에서 확실히 범상치 않은 필력을 갖고 있었다. 대체로 루쉰이 번역한 작품은 다음의 몇 가지 부류로 나눌 수 있다. 첫째, 단편소설(동화와 공상과학 작품을 포함해서), 둘째, 수필, 셋째, 미술사저작, 넷째, 미학 전문서적, 다섯째, 장편소설, 여섯째, 극본이다.

루쉰의 입장에서 본다면 서양인의 책을 번역하는 것은 많은 함의를 지닌 일이다. 이에 대해 쑨위는 첫째, 사상을 가져와서 국민들에게 세상에는 이렇게 문제를 사고하고 표현하는 사람이 있다는 것을 보여주려고 했다. 둘째, 신식문법을 수용하여 표현상에서 외국의 지혜를 빌려서 중국어로 표현함에 있어서 주밀하지 못한 결함을 보완하려고 했다. 셋째, 현실의 도전에 직면하여 그와 같은 사람들을 현혹시키는 이론의 본질이 무엇인지를 보고 오용자의 사고를 교정하려고 했다. 넷째, 역시 중요한 요소인데, 자기 몸안의 피를 바꾸고 잡다한 것을 뽑아내고 신선한 것을 끌어들이는 것이다. 이 후자는 오늘날의 우리들이 대단히 획득하기 어려운 점이다. 쑨위는 단지 옌푸(嚴復), 린수(林紓), 저우쭤런, 린위탕, 량스추(梁實秋) 등의 번역사고와 대비해보더라도 루쉰의 특별한 점을 알 수 있다고 지적한 바 있다.

8.3 루쉰 번역의 줄기: 러시아 문예의 수용

8.3.1 일본유학시절

평생에 걸친 루쉰의 번역을 조망해보면, 대체로 세 시기로 분류할 수 있다. 첫째, 일본유학시절, 둘째, 오사 전후, 셋째, 1927년 이후가 그것이다. 각 시기마다 약간의 특징이 드러나는데, 첫 번째 시기는 과학 관련 그리고 러시아 및 피압박민족 작가의 작품이 번역의 대상이 되고 있다. 둘째 시기는 일본을 비롯하여 외국 작가의 작품 및 문예론과 관련된 번역이 대다수를 점하고 있다. 마지막 시기는 시대적 요청에 의해 마르크스 문예이론과 관련 작품이 번역되고 있다. 이것은 루쉰의 생애와도 밀접한 관련을 맺는 것으로서 그의 번역 상황을 검토만 해보더라도 루쉰의 사유와 활동의 흐름을 짐작할 수 있을 것이다.

그렇다면 먼저 각 시기별로 번역의 특징에 대해 살펴보도록 하자. 루쉰에게 번역은 남의 불을 가져와서 자신의 살을 삶는 것이기 때문에 불(즉 번역할 대상)의 선정 그리고 그 이전에 자신의 살에 대한 점검이 긴요하다 할 것인데, 그런 그에게 초기의 번역은 앞서 말한 것처럼 주로 '계몽'과 관련된 것이었다. 루쉰이 처음 번역한 것은 『달나라 여행(月界旅行)』과 『지저(地底)여행』이다. 그리고 이어서 동생 저우쭤런과 함께 『역외소설집(域外小說集)』을 번역해서 출판했다. 일본유학시절 외국 소설을 번역한 것은 다분히 당시 유행하던 량치차오(梁啓超)류의 '소설과 정치의 견해' 즉 계몽의 수단으로서 소설을 염두에 둔 것이겠지만, 단지 이런 식으로만 해석할 수 없는 부분이 많다. 그것은 소설의 정치적 효용성을 넘어서 소설이라는 문학 또는 예술적 가치에 대한 것이다. 그것은 같은 시기에 발표한 「과학사교편」에서도 근대 과학의 탄생을 상상력과 연결시킨 바 있는 루쉰에게 소설 『달나라 여행』은 과학과 상상력의 결합을 보여주는 동시에 단순히 계몽이란 목적을 위해 소설을 통해 과학을 알리는 것을 넘어 문학적 작품으로서 그 자체가 담고 있는 의미를 파악한 듯하다. 이 소설은 지구에서 쏘아올린 포탄을 타고 우주로 날아간 주인공들이 달의 신비로운 이모저모를 탐사하고 밝혀내는 내용을 담고 있는데, 『달나라 여행』의 등장인물들의 로켓의 행로에는 유성의 충돌, 산소의 부족, 궤도 수정 같은 불의의 사태가 기다리고 있었다. 하지만 바비케인의 과학적 본능, 부지런한 캡틴 니콜의 역량, 미셸 아르당의 창의적이고 대담한 기질이 한데 합쳐져 아슬아슬하고 흥미진진한 '달나라 탐험'을 이끌어간다. 여기서 루쉰이 이 소설을 번역하면서 주목한 것은 바로 이 바비케인, 캡틴 니콜, 미셸 아르당 세 인물의 독특한 캐릭터들이다. 다시 말해 당시 과학과 천문학이란 근대 학문의 지식을 알려주는 것 외에 이 세 인물의 인간적 특성이다. 이와 관련해 쑨위는 『달나라 여행』이 루쉰에 준 최대의 계발은 아마도 천마행공(天馬行空)식의 독백과 과학가의 지혜라고 지적한 바 있다. 아울러 이 소설이 지닌 내면의 인생철학과 사회이념이 루쉰을 깊이 끌어당겼고, 또 소설 속의 많은 서술이 이야기 성격이 강한 것일 뿐만 아니라, 사색가의 독백이 중국인들에게 대단히 신선하게 느껴질 거라고 당시 루쉰이 생각했을 것임을 지적한다.

한편 이보다 조금 늦게 동생 저우쭤런과 함께 번역한 『역외소설집』은 『달나라 여행』과는 또 다른 차원에서 루쉰의 번역과 창작을 이해하는 실마리를 던져준다. 『역외소설집』은 외국단편소설을 번역해서 엮은 것인데, 모두 2권으로 1909년 3월과 7월 일본 도쿄에서 출판되었고, '콰이지(會稽) 저우(周)씨 형제 찬역(纂譯)'이라고 표기되어 있다. 발행인은 저우수런(周樹人 곧 루쉰), 위탁판매는 상하이 광창룽주장(廣昌隆綢莊)으로, 제1권에는 원래 소설 7편이 수록되어 있었는데, 이 중에 안드레예프의 「거짓말(謾)」과 「침묵(默)」은 수런이 번역했다고 기록되어 있다. 제2권에는 소설 9편이 수록되었는데, 가르신의 「4일간」 한 편만 수런이 번역한 것으로 되어 있다. 1921년에 증보 개정하여 1권으로 묶었고 상하이 췬이서사(群益書社)에서 출판했다. 여기에 수록된 작가는 폴란드의 센케비치 등과 같이 주로 러시아와 동유럽의 약소민족국가 출신들이다. 뒤에 루쉰은 「나는 어떻게 소설을 쓰게 되었는가」라는 글에서 "그나마 창작은 생각도 못했고 관심을 둔 건 소개와 번역이었다. 더욱이 단편, 특히 피억압민족 출신 작가의 작품을 중시했다. 당시 배만론(排滿論)이 한창 성행하던 터라 일부 청년들이 절규하고 반항하는 그 작가들에 쉽게 동조할 수 있었던 것이다."[5]라고 밝혔다. 그런데 이러한 소설들은 대체로 고난의 의식을 갖고 작품 깊은 곳에 통감(痛感)과 서늘한 정신을 드러낸다. 이러한 작품 경향은 이후 루쉰 자신의 창작에도 영향을 미쳤는데, 특히 루쉰이 번역한 안드레예프의 작품이 지닌 음냉(陰冷)이 자신의 소설에도 드러난다고 말한 바 있다.

희곡도 많이 발표했던 안드레예프[6]가 희곡에서 등장인물들의 긴장감이 극도로 고조되었을 때 그들 마음속에 일어나는 내적 투쟁이나 내적 대화를 관객들에게 전달해주기 위해서 사용한 지문 '침

5) 『전집』 6권, 411쪽

6) 루쉰은 1921년에 출판한 『현대소설역총』에 안드레예프의 소설 두 편(「서적」, 「안개 속에서」)을 더 번역했다.

묵'을 소설의 제목으로 한 단편소설 「침묵」(1900)은 언제부턴가 말을 잃어버리게 된 가족의 유일한 소통 방법으로서 '침묵'을 그리고 있다. 소설 「침묵」의 내용은 한 가정의 딸이 러시아의 수도에 왔는데, 그녀의 아버지는 신부로서 설교만 할 뿐 자기의 딸을 이해하려고 하지 않았고, 어머니와도 소통이 이루어지지 않자, 수도원에서 돌아온 딸은 자살을 하고 만다. 자살한 뒤 그녀의 아버지는 그제서야 딸의 무덤에 와서 용서를 구한다. 이 소설의 마지막 장면은 루쉰의 소설 「약」의 한 장면을 연상시키는데, 가족 간의 소통 및 소외의 문제를 드러내고 있다. 루쉰은 이 작품의 번역을 통해 사람들 사이의 관계에 대한 문제를 제기하고 널리 중국 사회의 세대 및 계층 간의 단절에 대한 것도 염두에 두었다고 해석할 수 있다.

한편 「거짓말」은 황언(荒言)이다. 소설 속의 여자가 남자에게 얼마나 사랑하는지 고백한다. 하지만 사실은 그녀에게 따로 애인이 있었다. 마지막에 남자는 참지 못하고 그녀의 말이 모두 거짓말인 것을 알고 그녀를 살해한다. 이 소설을 통해 작가는 인간의 언행일치, 표리일치를 주장한다. 「거짓말」은 결국 진실되지 못함이 초래하는 결말을 드러내고 사람들에게 경각심을 불러일으켰다. 이 두 작품의 번역을 통해 우리는 루쉰이 청년 시절에 주장했던 중국 국민성의 두 가지 부족한 점 즉 성(誠)과 애(愛)를 호소한 것과 맥이 닿아 있음을 확인할 수 있다. 한편 가르신의 작품은 『역외소설집』에 2편(「邂逅」는 저우쭤런이 번역)이 실렸는데, 루쉰이 번역한 가르신의 첫 소설 「4일간(Chetyre dnya)」(1877)은 부상당한 한 군인의 곤경을 묘사했다. '4일간'은 부상당한 주인공이 전쟁터에 버려져 있던 기간을 말하는데, 이 소설에서 작가는 무의미한 전쟁에 참전하게 된 개인의 고뇌를 묘사함으로써 전쟁에 대한 반대를 표시하며 인도주의를 고취하고 있다. 이렇게 가르신은 전쟁 피해자를 주제로 삼은 '아주 짧은 소설'을 써서 어느 부상당한 군인이 고향에 돌아와서도 육체적 상처의 후유증으로 정신적 위기에 빠진다는 내용을 다루고 있다. 그리고 그의 가장 유명한 작품 「붉은 꽃(Krasny tsvetok)」(1883)은 한 미친 사람이 세상의 모든 악이 담겼다고 믿는 꽃 한 송이를 망가뜨린 뒤 자신도 죽는다는 내용인데, 그는 실제로 그 비슷한 망상에 사로잡혀 계단에서 뛰어내려 자살했다. 「붉은 꽃」은 사실 루쉰이 번역한 것은 아니지만, 『역외소설집 · 잡』에서 언급한 적이 있으며 그리고 1921년 11월 「짧은 전기 한편(一篇很短的傳奇)」 부기(附记)에서 루쉰은 「붉은 꽃」를 언급했고, 또 1929년에 이 단편이 근대세계단편소설집 『북두성과 기타(奇剑及其他)』에 수록되었을 때도 그는 가르신을 가리켜 "러시아 짜르 알렉산드 3세의 압박하에서 가장 먼저 절규하고 인간의 고통을 한 몸에 담고 있는 소설가"라고 칭했다.

이와 같이 「붉은 꽃」이 중국에 번역되기까지 루쉰이 관심을 가졌던 데서 알 수 있듯이, 지속적으로 가르신에 대해 관심을 표명했다. 1925년 8월 『베이징민국일보(北京民国日報)』 부간(副刊)에 발표한 루쉰의 「장명등(長明灯)」은 「붉은 꽃」의 영향을 받았다고 할 수 있는데, 그것은 두 작품 모두 주인공이 편집광적인 정신병자이고 그들은 모두 광념(狂念) 중에 인류에게 재해를 가져올 사악한 사물을 소멸시키고자 하는 내용을 담기 때문이다. 이처럼 가르신의 사회악에 대한 반항과 절망적인 번민을 루쉰은 수용했다고 볼 수 있다. 한편 이 시기 『역외소설집』 번역과 관련하여 언급하지 않을 수 없는 점은 해외 문학과 사상을 통해 얻은 감성을 중국어로 번역할 때 루쉰은 의식적으로 고어(古語)를 많이 사용했다는 것이다. 이것은 번역어를 통해서 근대어가 성립되었던 동아시아적 맥락과도 밀접한 관련이 있는데, 이와 관련해 중국연구자 장신잉(張新颖)은 번역어로 고어를 사용한 루쉰의 의도를 당시 발표한 문장에서 언급한 '백심(白心)'과 관련지어 설명한다. 그에 따르면 이 '백심'은 중국 지식인의 문화전통과 상반되는 것으로, 전통으로 오염되기 전 내부의 생명이 진실한 상태를 가리키는 것이며, 『역외소설집』에서 가능한 고어를 선택한 것은 중국의 문화전통을 초월하여 이 전통 이전의 백심 상태의 언어를 추구하려는 의도였다는 것이다. 물론 이 시도는 외재적인 효과면에서 실패했지만, 루쉰 개인적으로 또는 중국현대문학의 언어를 배양한다는 측면에서 본다면 무의미한 것은 아니라고 평가한다. 중국 근대어의 형성이라는 시각에서 『역외소설집』을 검토할 필요는 분명히 있다고 할 수 있지만, 이 점과 관련해서는 능력 밖의 일이기 때문에 이 정도로 언급해둔다.[7)]

8.3.2 1920년대 중반

평생에 걸친 루쉰의 번역작업은 "이국에서 새로운 소리를 추구하는" 일이고, 통계상 루쉰의 전체 번역은 14개국, 백여 명의 작가, 200여 종의 작품이라고 한다. 그 가운데 러시아 작가의 작품이 가장 많은데, 전체 번역의 2/3를 차지한다. 1905년 러시아 혁명 뒤 곧 루쉰은 가장 먼저 중국에 러시아문학의 "프로메테우스의 불"을 끌고 온 인물이다. 이미 『마라시력설(摩羅詩力說)』에서 19세기 몇 명의 위대한 혁명낭만시인의 시(詩)를 논할 때 중점적으로 푸시킨과 레몬토프를 소개한 적이 있다. 또 이미 언급한 바 있는 『역외소설집』의 안드레예프와 가르신을 거쳐 오사기인 1921년에도 그는 러시아 작가 아르치바셰프의 중편소설 『노동자 셰빌로프(工人绥惠略夫)』를

7) 张新颖,「现代困境中的语言经验」,『上海文学』2002 第8期

번역한다. 그는 자신뿐만 아니라 러시아문학에 관심이 많은 웨이쑤위안, 리지예(李霽野) 등의 번역출판을 적극적으로 지지했으며, 그들이 미명사(未名社)를 설립하는 데 도움을 주기도 했다. 고골, 톨스토이, 도스토예프스키, 고리키 등 일련의 러시아의 주요한 작가들의 작품이 모두 루쉰을 통해 중국에 수입되었다고 할 수 있다. 이처럼 러시아문학에 관심을 가졌던 이유는 당연히 중국과 비슷한 러시아의 상황 때문이었다.

그런데 아르치바셰프(M. Artsybashev)는 누구인가. 『사닌』(1907)으로 유명한 작가로서 사니니즘(saninism)을 불러일으킨 작가로 잘 알려져 있다. 이 소설의 주인공인 허무주의자 사닌은 육체적 쾌락만이 인생의 유일한 목적으로, 이를 위해 원칙을 부정하며 철저한 자기중심주의자로서 성의 해방과 육욕의 신성화를 주장하는 인물로 나온다. 루쉰은 사회운동이 배양되어 1905년 러시아의 혁명을 출현시킨 19세기 말 러시아에 일어난 사조 가운데 특히 개인주의 사조에서 이 작품의 의미를 찾는다. 러시아 혁명 당시의 시대적 시련과 해결할 수 없는 사회문제들을 극복하는 방법으로 택한 이러한 쾌락주의적 방법이 문제가 많음을 인지하는 동시에 이를 퇴폐라고 규정하여 사닌을 현대인의 한 측면으로 해석한다. 곧 사닌으로부터 퇴폐한 강자의 모습을 읽어내고, 이것이 지닌 현대적 의미를 인지하는 것으로 보면 초기에 읽었던 니체의 초인을 연상할 수 있다. 사닌과 관련하여 루쉰이 번역하기도 한 「행복」이 동아시아적 시각에서 한국의 현진건과 최서해에 의해 번역되었다는 점을 상기해보면 아르치바셰프가 톨스토이나 도스토예프스키 등과 같이 유명한 러시아의 다른 작가 못지않게 동아시아에 널리 수용되었음을 알 수 있는데, 그 수용의 중심은 바로 성(性)을 소재로 한 이와 같은 개인적 무정부주의였음을 이해할 수 있다. 다시 말해 동아시아에서 아르치바셰프의 수용이 갖는 의미를 얘기할 수 있을 터인데, 루쉰은 사닌이 아닌 현대인의 또 하나의 상(像)인 셰빌로프에 주목했다. 아르치바셰프의 중편소설 『노동자 셰빌로프』에 대해 저자는 친구에게 "이 이야기는 나의 세계관의 요소와 나의 가장 중요한 관념을 나타낸다"고 말했다. 이것은 "피로 암흑을 묘사한 작품"으로, 한 대학생 혁명가의 비극적 운명에 헌사한 것이다. 소설의 주인공 셰빌로프는 혁명가로서 본래 노동자 대중과 불행한 자들의 행복을 추구하다 희생을 했지만, 불행하게도 체포를 당하고 마지막에는 경찰에 의해 법정에서 감옥으로 이송되는 도중에 다행히 탈출하게 된다. 소설의 이야기는 바로 그가 탈출한 뒤 또 붙잡히는 이 사건에 집중된다. 여기서 셰빌로프는 인생의 황당함과 어이없음을 경험하게 되고, 또 모욕과 백안시 그리고 불행한 자의 비웃음을 목도하며, 그러면서 굴욕 속에서 구차하게 자신의 생명을 유지하는 일체를 확인한 뒤 사상에 커다란 전변을 겪게 된다는 얘기다. 결국 그의 인류에 대한 애정은 인류에 대한 원한으로 바뀌고 만다. 마지막에 그는 과격한 방식으로 군중에 대해 창을 들고 궤멸성의 보복을 가한다. 이 소설에서 아르치바셰프는 한 구세자(救世者)의 운명을 그리고 있으며, 자신의 무정부주의자의 운명과도 대조를 보인다.

오사가 퇴조하는 무렵인 1920년 12월에 아르치바셰프의 이 소설을 번역한 것은 루쉰의 생애를 되돌아볼 때 시사하는 바가 크다. 그리고 아르치바셰프의 다른 소설 「행복」[8]을 번역한 것을 보면 이

8) 이 소설은 루쉰이 두 동생 저우쭤런, 저우젠런(周建人)과 함께 공역한 『現代小說譯叢』이란 외국 단편소설집에 실렸다. 이 소설집은 제1집만 나왔는데, 저우쭤런 역으로 서명되어 있으며, 상하이 상무인서관에서 『세계총서(世界叢書)』의 하나로 출판했다. 8개국 18명의 작가가 지은 소설 30편을 수록했으며, 그 가운데 루쉰은 3개국(러시아, 불가리아, 핀란드) 6명의 작가의 소설 9편을 번역했다.

시기에 루쉰은 아르치바셰프의 작품에 많은 공감을 했다고 할 수 있는데, 그가 말한 대로 "소위 행복한 자들만이 일생 소란을 피우는 것이 아니라, 불행한 자들 역시 다른 방면에서 각자 타락한 생활을 계속한다"[9]를 묘사하며, 결국 원저자가 물은 '행복'은 어떻게 얻어지는지를 루쉰은 당시 중국인들에게 던지고 있었다.

이와 같이 루쉰의 러시아 문학에 대한 관심과 수용은 오사시기에도 계속되는데, 아르치바셰프 외에 동아시아를 주유했던 맹인 시인 예로센코도 그중의 한 명이다. 아나키스트이자 세계주의자 예로센코의 탄생은 영국 유학 중 런던에서 거물 아나키스트 크로포트킨(1842~1921)의 제자가 돼 "진화란 상호 경쟁이 아닌 상호 사랑으로 인해서만 진행된다"는 것을 배운 뒤였다. 이후 그는 영국 경찰에 의해서 '불온 인물'로 분류돼 1914년에 일본으로 가 도쿄 맹(盲)학교의 청강생이 됐다. 세계가 제1차 세계대전의 살육으로 접어들었던 1914년에 전쟁을 무엇보다 혐오한 예로센코는 '세계를 살인자들의 손에서 탈환하려는 목적'으로 일본 동료들과 함께 사회주의 동맹을 조직한다. 예로센코는 이들과 함께 일본에서 데모하다가 경찰에게 붙잡혀 구타를 당한 뒤 1921년 6월 4일에 일본에서 강제 추방을 당한다. 세계 혁명가인 그에게 일본은 '너무나 협소한 공간'이었다. 일본제국주의에게 그는 일개의 '외국계 불온 분자'였고, 본국 '붉은 러시아'도 괘씸한 아나키스트에게 처음에 입국을 불허했다. 낙심한 그는 상하이에 체류했다가 1922년 2월부터 루쉰의 소개로 베이징대학교에서 에스페란토 교수 자리를 얻을 수 있었다. 루쉰의 집에서 기거했던 그는 아나키즘을 공부했던 정화암(鄭華巖, 1896~1981) 등의 조선 혁명가들과도 교류했으며, 그의 강의에는 수강자가 500

9) 「행복」 역자부기, 『전집』 12권

명씩이나 몰려와 학생들에게도 흠모의 대상이었다. 루쉰과의 교류는 바로 이때 시작되었다. 루쉰은 먼저 예로센코의 작품을 번역하여 중국에 소개하기 시작했다. 『예로센코 동화집(愛羅先珂童話集)』이 1922년 7월 상하이 상무인서관에서 '문학연구회총서'의 하나로 출판되었는데, 여기에 루쉰이 「좁은 바구니」, 「물고기의 비애」, 「연못가」, 「독수리의 마음」, 「봄밤의 꿈」, 「이상한 고양이」, 「두 작은 죽음」, 「인류를 위해」, 「세계의 화재」 9편의 작품을 번역했다. 그 밖에 일본어로 발표된 예로센코의 동화극 『연분홍 구름』도 번역했다. 루쉰의 예로센코 작품의 번역과정에는 앞에서 말한 것처럼 두 사람의 개인적인 교류도 포함되어 있었다. 예로센코가 꿈꾼 세계는 '공산이나 무정부 사회가 아니라 동화 같은 신비한 꿈의 세계'였다. 그의 작품은 '인류에 대한 사랑과 사회의 슬픔을 환기'시키는 글들로 가득하다. 예로센코의 작품을 중국어로 옮기면서 루쉰은 명예와 안정된 생활을 팽개치고 크로포트킨이 진화의 원천이라 여겼던 인류애의 길을 선택할 수 있었던 그의 용기, 그리고 세계 민중을 인종이나 민족별로 나누려 하지 않았던 세계 혁명가의 정신에 감명을 받았을 것으로 짐작할 수 있다. 이를 우리는 루쉰과 러시아와 일본에서 추방된 망명작가 예로센코와의 국제적 교류로도 해석할 수 있다. 외국작품의 번역이 외국의 불을 가져와 자신의 살을 태우는 것이지만, 그 반대로 번역하는 지역에서의 작품에 대한 재해석을 통해 그 작품의 국제성을 찾아내고 나아가 국제적인 민간 지식인 교류의 역할을 다하는 근대성의 한 특징을 루쉰과 예로센코는 보여주었던 것이다.

이 밖에 이 시기 번역의 특징은 일본작가의 작품을 많이 번역했다는 점이다. 일본의 무샤노코지 사네아쓰(武者小路實篤)가 지은 4막의 반전(反戰) 희곡 『한 청년의 꿈(一個青年的夢)』을 시작으로 저우쮜런과 공역한 현대일본단편소설집 『현대일본소설집(現代日本小說集)』을 번역했다. 이후 일본의 문예비평가 구리야가와 하쿠손(厨川白村)의 문예평론집 『고민의 상징(苦悶的象徵)』, 『상아탑을 나와서(出了象牙之塔)』를 번역하여 문예 창작의 근원에 대한 이론적 접근을 시도했다. 그 밖에도 네덜란드 작가 반 에덴의 장편 동화시 『작은 요하네스(小約翰)』 그리고 일본의 쓰루미 유스케(鶴見祐輔)의 수필집 『사상 · 산수 · 인물(思想 · 山水 · 人物)』을 번역했으며, 또 루쉰이 1924년부터 28년 사이에 번역한 문예논문과 수필 모음집 『벽하역총(壁下譯叢)』을 1929년 4월 상하이 베이신(北新)서국에서 출판했다.

8.3.3 1920년대 후반에서 30년대까지

지속적으로 전개된 루쉰의 번역은 상하이 시기부터 주로 소비에트 러시아의 작품과 문예이론을 번역하는 데 집중된다. 이를 위한 사전 작업의 성격을 지닌 것으로 가타가미 노부루의 『무산계급문학의 이론과 실황』(도쿄 신초샤, 1926년)을 번역한 『현대신흥문학의 제문제』를 들 수 있다. 1929년에 출판된 사정을 보면, 그 사이에 일련의 마르크스주의 문예론을 번역하는 것과 궤를 같이하고 있음을 알 수 있다. 이 책을 필두로 일본어로 번역된 다수의 소련 문예이론 서적을 번역하게 되는데, 그 대표적인 것이 바로 플레하노프와 루나차르스키의 논문집이다. 루나차르스키의 문예평론집 『예술론(藝術論)』과 『문예와 비평(文藝與批評)』 그리고 플레하노프의 『예술론』을 일역본에 근거하여 번역한다. 그 밖에도 『문예정책(文藝政策)』, 즉 『소련의 문예정책』을 루쉰이 구라하라 고레히토(藏原惟人)와 소토무라 시로(外村史郎)의 일본어 번역본에 기초하여 중역했다.

마르크스주의 문예이론과 관련된 논문을 번역한 것 외에도 루쉰은 소련 '동반자' 작가 야코블레프가 1923년에 발표한 10월 혁명 시기 모스크바봉기를 묘사한 중편소설 『10월(十月)』을 번역했으며, 또 파데예프가 쓴 소련의 국내전쟁을 소재로 한 장편소설 『훼멸(毁滅)』을 번역했다. 그리고 소련의 '동반자' 작가 단편소설집인 『하프(竪琴)』를 번역하여 출간했다. 이외에도 1932년에서 1933년 사이에 엮은 소련 단편소설집 『하루의 일(一天的工作)』[10]을 출판하였다. 또 소련의 작가 판텔레예프가 1928년에 유랑아 교육을 소재로 해서 쓴 『시계(表)』라는 소설도 번역했다. 그리고 고리키가 1921년과 1918년에 단행본으로 출판한 동화집 『러시아 동화(俄羅斯的童話)』를 1934~35년 사이에 번역했다. 아울러 러시아 소설가 체호프의 초기 단편소설집인 『나쁜 아이와 기타 이상한 이야기(壞孩子和別的奇聞)』를 같은 시기에 번역했다. 말년에는 고골이 1842년에 출판한 장편소설 『죽은 혼(死靈魂)』을 일역본을 참고하여 독역본에서 중역했다.

이상의 간단한 정리에서도 알 수 있듯이, 상하이 시기 곧 1928년부터 루쉰의 러시아 및 소련의 문예 작품에 대한 소개 및 관심이 집중되었음을 알 수 있다. 특히 주목해야 할 것은 소련의 마르크스주의 문예이론에 대한 소개와 동반자 작가의 작품을 번역한 점이다. 위다푸는 루쉰의 이 시기를 '정신적 과도기'라고 불렀는데, 이와 관련하여 취추바이는 진화론에서 계급론의 사상적 변화라고 설명했고, 이후의 많은 연구자들이 이에 동의하였다. 실제로 이 시기 루쉰은 그동안 지속적으로 관심을 가졌던 지식인의 문제를 일본판의 저작을 통해서 당시의 소련 지식인들에 대한 관찰로 전환하였다. 이에 트로츠키, 부하린, 루나찰스키 등의 소련문예비평에 관한 대

10) 이 소설집에는 「쑥」(苦蓬), 「비료」, 「철의 정적」, 「나는 살고 싶다」, 「노동자」, 「하루의 일」, 「전철수」, 「혁명의 영웅들」, 「아버지」, 「석탄과 사람, 내연벽돌」 등 작품 열 편이 실렸다.

화를 발표했는데, 이것은 그의 러시아 홍색(紅色)문학비평관에 대한 대규모의 접촉이었다. 이러한 주관적이고 결코 계통적이지 않은 이론은 루쉰에게 많은 놀라움을 주었고 또 그에게 더 많은 관련 저작을 찾아보게 했다. 이로 인해 그때부터 그의 사회비평과 문명비평의 문장이 취향상 이전과 달라지기 시작해, 초기의 허무적, 절망적 의상(意想)이 줄어들고 사회학적 요소가 문장 속에 상당한 비중을 차지하게 되었다.

중국의 루쉰연구자 쑨위는 루쉰이 마르크스주의 문학관과 접촉하기 시작하는 데 자극을 준 몇 가지 요소를 다음과 같이 설명했다. 첫째, 그는 반항문학의 발상지 러시아에 공산주의의 광휘가 비치는 것에 대해 세심하게 살펴볼 필요가 있었고 둘째, 자신을 공격함에 있어 가장 두렵고 살상력이 강한 것이 그와 같은 마르크스주의 깃발을 든 사람들이어서 루쉰은 거기에 담긴 비밀을 이해해야겠다고 생각했다. 셋째, 자신이 가장 혐오하는 정권이 러시아의 혁명을 두려워하여 그처럼 사랑스런 많은 청년들을 비밀리에 살육하는지에 대한 의문이 그에게 번역할 마음을 갖게 했고, 이러한 마르크스주의 저작에서 해답을 찾고자 했다. 넷째가 가장 중요한데 그는 자신의 모순과 곤란을 해결할 때 러시아에서 전래된 비평의 소리가 진실로 그를 자극했던 것이다.[11]

하지만 마르크스주의에 대한 루쉰의 이해는 당시의 좌익 문예이론가들에 비하면 깊지 않았다. 특히 경제학 등 사회과학 방면에서는 더욱 그러했다. 그가 마르크스주의 비평이론을 수용할 때 주로 기대고 있었던 것은 앞에서 소개한 플레하노프와 루나찰스키의 그것이었다. 이들의 관점은 모두 온화하지 금강노목(金剛怒目)의 존

11) 쑨위, 앞의 책, 106-107쪽

재가 아니었으며, 혁명의 정치이론과 달랐다. 이들과의 대화를 통해 형성된 루쉰의 사유는 취추바이나 천두슈(陳獨秀)와는 다를 수밖에 없었다. 플레하노프와 루나찰스키의 비평은 이론적으로 정확하지 않았고 대신 정신적, 예술적인 매력이 풍부했다. 이것은 후대의 비평가들에 대한 영향력에 비추어 다소 부정적인 측면이지만, 루쉰은 오히려 이들의 이러한 시의(詩意)가 풍부한 비평을 좋아했다. 이는 좌련의 문예가들 가운데 저우양(周揚)이나 샤옌(夏衍)보다 위다푸와 같은 결점이 많은 문인에게 이끌렸던 것과도 연결된다. 한편 루쉰은 혁명의 이론은 가설적이지 않고, 모색의 산물이라는 것, 게다가 현실의 변화에 따라 변화하는 것임을 파악했다. 이것은 트로츠키와 부하린 등이 신흥국가문학이념에 대해 어떤 특정한 사유를 갖고 있지 않았다는 데서 그리고 소련건국 초기의 사상에서 지식인은 마땅히 옛 유산을 어떻게 보아야 할지 마르크스 문헌에서는 모두 토론한 적이 없었다는 점을 깨달았다. 루쉰은 이로부터 마르크스주의자가 새로운 상황, 새로운 문제에 직면했을 때 결코 어떤 기성의 답안을 갖고 있지 않음을 파악했다. 따라서 그들은 마르크스 혹은 비(非)마르크스의 자원에 의거해 문제를 사고할 수밖에 없었다. 이로 인해 결론성의 개념은 하나의 과정을 거쳐야 성립될 수 있으며, 그러나 개념이 일단 성립되더라도 사상의 끝이 아니라 마땅히 다른 하나의 익숙지 않은 존재의 참조가 되고, 역사는 영원히 모두 진행되어가는 과정에 있는 것을 알았다. 우리는 루쉰이 1928년 이후 마르크스 문예이론이라는 낯선 서구 이론을 수용하는 과정에서도 여전히 그의 나래주의라는 일관된 자세를 엿볼 수 있으며, 이것이 루쉰 나름의 마르크스 문예이론에 대한 이해를 낳았다고 할 수 있다.

결국 루쉰이 러시아의 문학가 및 비평가의 작품과 논문을 많이 번역한 것은 역시 청년시절부터 그의 문제의식의 중심에 자리했던 인간(지식인)에 대한 관심 때문이었다. 잡지 『분류』가 처음 그러한 이론가와 소설가의 논쟁을 연재했을 때, 루쉰의 사상은 변화 중에 있었고, 그를 감흥케 한 것은 러시아혁명의 대오에 그처럼 많은 학자와 작가가 있고, 또 그들이 상당한 역량을 갖고 있다는 사실이었다. 중국의 혁명전선에서 지식인의 비율은 높지 않았다. 이것은 아마도 사회의 진보가 더딘 요소 가운데 하나일 것이다. 러시아의 다양한 정신의 배후에는 오히려 하나의 합력(合力)이 존재했다. 그것은 하나의 사상과 시의(詩意)가 통일된 존재이고, 논쟁할 수는 있어도 간단히 복종하지는 않았는데, 이것이 루쉰이 좌익의 사상자원에 대해 호감을 가진 이유의 하나였다.[12)]

마르크스 문예이론에 대한 학습과 번역은 절대적으로 루쉰이 번역에 대해 가졌던 이유 즉 자신의 사유를 개발하는 데 목적이 있었다. 그리고 이를 위해 루쉰은 여전히 서방의 예술거장이나 소련의 유명한 작가나 문예이론가가 아니라 보통의 무명의 개성이 가득한 작가나 이론가들로부터 그 암시를 얻었던 점에서 일관된다. 루쉰의 일생을 보면 그는 줄곧 세 종류의 세력과 대화를 해왔다고 할 수 있는데, 첫째, 옛 문명으로 한화상(漢畵像)과 향촌 문헌을 정리한 것이 그것이다. 둘째, 당시의 중국과 대화이다. 이는 그러한 잡문이 예이다. 셋째, 동시대 서양인과의 대화로써 3백만 자의 번역이 무언가를 설명할 것이다. 루쉰은 중국에서 번역을 통해 이루어야 할 것에 대해서 다음과 같이 말했다.

"나는 지금도 '숙달되지 않더라도 충실하기'를 주장하는 것입니다. (…) 그러한 번역서는 새로운 내용을 수입하는 것에 그치지 않고, 새

12) 쑨위, 앞의 책, 109쪽

로운 표현법을 수입하는 것입니다. 중국의 문장과 말은 사실 규칙이 아주 조잡합니다. (…) 이러한 문법의 조잡함은 사고의 조잡함을 드러내며, 다른 말로 하면 머리가 약간 멍청해지는 것입니다. (…) 이 병을 치료하기 위해서는 당분간 노력을 기울여 낡은 것 이웃집의 것 외국의 것 등 다른 구법을 채워 넣는 수밖에 없고, 이윽고 그것을 자신의 것으로 만든다면 좋다고 나는 생각합니다."[13]

---

13) 「번역에 관한 통신」, 『전집』 6권, 258-259쪽

9장 루쉰의 문론(文論): 문학과 정치

루쉰을 일반적인 의미에서 문학가(작가)로 정의하는 데 이의를 제기할 사람을 없을 것이다. 그러나 이미 이 책 1부에서 논의한 바 있는 후대인들 곧 마오쩌둥이나 다케우치 요시미 그리고 리영희 등의 루쉰에 대한 규정은 우리가 독자를 상정하고 문학적 작품을 생산하는 근대적인 작가로서의 루쉰이라는 정의에 비해서는 무겁고 복합적이다. 다시 말해 '삼위일체로서의 루쉰', '일의적인 문학가', '사회 비판적인 운동가'로서의 루쉰이란 규정은 루쉰의 '문학(관/론)'에 대해 논의할 경우 근대적인 문학 개념으로 모두 설명할 수 없는 여지가 있다고 하겠다. 이와 같은 루쉰에 대한 평가는 문학(가)에 대한 일반적인 논의에 또 다른 요소를 도입하게 하는데, 그것은 바로 일명 '정치'라는 항이다. 이와 관련해서는 일찍이 미국의 문학연구자인 프레드릭 제임슨이 '정치적 무의식'이란 개념을 제시하여 중국, 넓게는 동아시아 근대 문학가의 작품을 분석했었는데, 이것은 루쉰의 문학에 대한 분석에도 유효하다고 보인다. 역사적으로 보더라도 이미 19세기 말부터 계몽운동의 일환으로 문학을 정치 활동에 활용하기 위한 도구로 설정하고 이 과정에서 문학 자체의 변화를 추동한 움직임이 소위 '정치소설'이라는 형태로 제기되었고, 20세기 초 루쉰과 같은 소위 문학가들이 근대적 의미의 자립적인 문학을 수립해가는 과정에서 그들의 창작에 무의식적으로 당시의 시대정신이나 과제를 담을 수밖에 없었던 것은 분명한 사실이다. 그런 점에서 특히 중국의 경우 그 정치적 경향성의 과잉은 중국

근대사가 '혁명'의 역사라고 해도 과언이 아닌 상황에서 나온 산물임은 다시 말할 필요가 없다.

루쉰의 문학(관)을 논할 경우, 중국근대문학사의 이러한 중국적 특수성이 루쉰에게 어떻게 투영되고 표현되었는지 하는 점은 주목을 요하는데, 그것의 규명을 위해서는 비평가로서의 루쉰과 창작가로서의 루쉰이 밝히고 있는 문학론 그리고 중국의 근대문학사라는 큰 과정에서 루쉰의 역할이 어떠했는지를 '근대문학'이라는 제도의 관점에서 분석해볼 필요가 있다고 생각한다. 이를 위해 루쉰의 문학과 관련된 주장 그리고 그 주장이 제기된 배경에 대해서 살펴보고 또 구체적인 문학적 실천에서 그 주장이 어떻게 구현되는지에 대해 밝혀보도록 한다.

9.1 문학론: 용(用)과 무용(無用)

동아시아의 근대 문학가 가운데 루쉰은 '문학'과 관련하여 자신만의 견해를 논설의 형태로 밝혀놓지 않았다. 예를 들어, 나쓰메 소세키의 『문학론』이나 이광수의 「문학이란 하오」와 같은 형식의 문장이 없다는 말이다. 그렇지만 루쉰이 '문학' 일반에 관해서 언급하지 않은 것은 아니다. 자신의 창작에 대한 소회는 말할 것도 없고, 비평론이라고까지 할 수는 없으나 주변 동료 문인들의 창작에 대해서도 언급한 적이 있는데, 특히 『중국신문학대계』의 「소설2집」 편집을 담당하면서 쓴 서문(1935)은 대표적이다. 그 외에도 혁명문학논쟁을 비롯한 좌파 작가나 비평가들과의 논쟁 역시 루쉰의 문학관을 엿볼 수 있는 것으로서 이처럼 문학론에 해당하는 텍스트들은 적지 않다.

이 절에서 말하고자 하는 문학론은 근대 이후 하나의 분과학문으로, 그런 의미에서 다른 학문 또는 정치와 같은 분야와 공존할 수 있는 하나의 자기완결적인 것으로 존재 기반을 갖는 어떤 것으로서의 '문학'을 염두에 둔 것이다. 다른 표현으로 하자면, 문학이 이와 같이 다른 것과 상대적으로 존재할 수 있는 독립성과 자율성을 이론적으로 또 역사적으로 갖게 되었던 시대에 문학적 행위에 종사한 루쉰의 문학에 대한 사유를 검토해본다는 뜻이다. 루쉰 전집에 수록된 많은 글들 가운데 적어도 이러한 문학의 위상과 관련해 집중적으로 문장을 발표한 것은 1926년에서 1928년까지인 듯하다. 이 시기에 이런 성격의 글이 비교적 많이 보이는 것은 아무래도 문단에서 혁명문학과 관련된 논의가 활발하게 이루어졌던 것과 관련이 있다. 혁명의 시대 곧 정치의 시대에 문학은 어떠해야 하는지에 대한 토론이 전개되었던 것이다. '혁명문학'이란 용어가 유행하기 시작하던 1920년대 중반부터 이 논의는 지식계의 화두의 하나가 되었다.

루쉰 역시 이 시기에 '혁명과 문학'이란 주제의 글을 몇 편 발표하였다. 그렇지만 이런 글은 둘의 관계를 논리적이고 체계적으로 분석한 것이 아니다. 1927년 4월 12일 장제스의 4·12정변이 발발하기 이틀 전인 4월 8일 황푸군관학교에서 행한 강연 「혁명시대의 문학」에서 루쉰은 소위 '문학무력설'을 제기하는 듯 보인다. 물론 이것은 문학이 군벌 정권의 폭압에 대해 아무런 저항도 할 수 없음에도 불구하고 마치 문학이 독립된 존재로서 신성하고 대단한 힘을 가진 것으로 주장해온 오사 이후의 베이징 문단에 대한 거부감에서 나온 것이다. 곧 "문학, 문학하지만, 이것은 가장 쓸모없는 것이요, 힘없는 사람이 이야기하는 것이다."[1)]라고 말한 루쉰은 당시 문학이라는 새장 안에서 헛된 명성을 부여잡고 문학의 예술성만을 운위하

1) 「혁명 시대의 문학」, 『전집』 5권, 35쪽

는 소위 문학가들을 비판했다.

한편 루쉰은 광저우라는 혁명의 지방에서 문학을 이용하여 혁명을 촉진하려고 하는 이들에게도 똑같이 문학의 무력함을 지적한다. 그것은 먼저 제목을 내걸고 글을 짓는 것은 팔고문과 다를 바 없이 가치없는 문학이고 그래서 사람들에게 감동을 줄 수 없기 때문이다. 이것은 "좋은 문예작품은 다른 사람의 명령을 받지 않았고, 이해를 고려하지 않았고, 자연스레 마음에서 흘러나온 것이기 때문"이라고 지적한 것과 상통한다. 곧 진정으로 가치있는 문학은 바로 심성(心聲)에서 나와야 하고 이러한 문학이야말로 독자에게 감동을 줄 수 있다는 평범한 루쉰의 문학관을 엿볼 수 있다. 그렇다면 혁명의 시대에 제창되는 혁명문학은 어떠해야 하는가. 원칙적으로 루쉰은 혁명문학이나 계몽문학처럼 문학에 어떤 제한을 가하는 준명(遵命)문학 자체에 대해 거부감을 갖고 있었다. 이것은 순수한 문학을 주창했던 문학주의자의 입장과 다르지 않다고 할 수 있다. 하지만 루쉰이 이러한 문학가들과 또 완전히 달랐던 것은, 문학이란 울타리를 쳐놓고 마치 상아탑처럼 다른 영역과 섞이지 않고 자신들만의 성을 쌓는 것에 대해서는 완강히 거부했던 데 있다. 준명문학에 대한 거부감을 가진 루쉰이라고 할지라도 당시 중국의 '혁명문학'에 대한 호소는 그냥 무시할 수 없는 흐름이었다. 이것은 중국근대문학사에서 이미 청말민초 그리고 오사시기에 대두했던 '정치소설'과 '인생을 위한 문학'이란 주장의 연장선상에 있었다. 그렇다면 혁명문학은 어떻게 가능하며, 그리고 진정한 혁명문학은 어떤 모습이어야 했는가. 중국 근대문학사에서 이 두 차례 논쟁을 경험했던 루쉰에게 새로이 등장한 혁명문학 주장은 어떻게 받아들여졌는가.

광저우를 비롯한 남방에서 외치는 혁명이 문예계에도 침투하여 혁명문학가를 예로 제시하는 글이 발표된 것을 본 루쉰은 당시 혁명문학은 일방의 지휘도의 엄호 아래서 그의 적수를 욕하는 경우와 지면에 '부숴라, 부숴라', '죽여라, 죽여라', '피, 피'라는 말을 수두룩이 써놓은 두 종류가 있다고 하였다.[2] 앞의 경우는 승리자에 대한 혁명이 아니라 패배자에 대한 혁명이라는 점에서, 뒤의 경우는 용맹스럽게 보이지만 혼자 치는 북에 지나지 않는다는 점에서 진정한 '혁명문학'은 아니다. 그래서 루쉰은 결론적으로 근본 문제는 작자가 '혁명인'인가 하는 데 달려 있다고 밝혔다. 곧 샘에서 흘러나오는 것은 모두 물이요, 혈관에서 흘러나오는 것은 모두 피이다. '부득혁명(賦得革命), 오언팔운(五言八韻)'[3]이라는 것은 눈먼 시험관이나 속일 수 있을 뿐이라고 말했다.[4]

곧 혁명의 시대에 혁명구호만을 외치는 혁명문학가들이 폭풍처럼 거세게 일어나는 곳에서는 사실 결코 혁명이 없는 것이라고 당시 남방의 혁명문학 주장에 대해 비판한다. 그래서 '문예는 혁명의 선구다'라는 주장 역시 허구임을 까발리는데, 외국에서는 혁명군이 일어나기 직전에 국외로 추방당한 루소가 있고, 북극으로 유배당한 코롤렌코가 있지만, 중국의 경우에는 혁명군이나 인민대표보다 먼저 문학가들이 혁명문학, 민중문학, 동정(同情)문학, 비등(飛騰)문학 등을 제창하고 위대하고 밝은 명칭의 간행물들을 쏟아내며 청년들을 지도하지만, 이러한 곳에 진정한 문학도 실제적인 혁명도 일어나지 않고 있다고 비판하였다.[5] 이 역시 앞에서 말한 것처럼 진정한 혁명문학은 혁명인의 유무에 있고, 아울러 문학 역시 혁명에 따라 그 색깔을 바꾼다고 지적한다. 다시 말해 당시 혁명문학을 크게

2) 「혁명문학」, 『전집』 5권, 202쪽
3) 과거시험 시대의 시첩시(試帖詩) 형식이다.
4) 같은 글, 203쪽
5) 「문예와 혁명」, 『전집』 5권, 221쪽

외치는 사람들이 과연 혁명인인가 그리고 그들이 생각하는 문학은 과연 단순히 혁명구호만을 외치는 것에 지나지 않는 것은 아닌가를 루쉰은 질문한 것이다. 루쉰의 이러한 인식에 대해 우리가 의문을 갖는 것은 그렇다면 혁명인이 쓴 것이면 바로 혁명문학이 되는가 하는 것일 터이다. 그래서 루쉰은 이를 시기적으로 구분한다. 만약 진정한 혁명가가 쓴 문학이라면 당연히 혁명문학이지만, 진정 혁명이 진행되는 시기에는 혁명인들은 혁명을 하고 있기 때문에 문학을 하고 있을 여유가 없다. 대혁명시대에는 무척 바쁘고, 동시에 무척 곤궁하다. 이쪽 사람들과 저쪽 사람들이 투쟁하면서, 무엇보다 먼저 현대사회의 상태를 바꾸지 않으면 안 되므로 글을 쓸 시간도 마음도 없는 것이 당연하다. 혁명이 성공한 뒤에 사회적 상태가 안정되면 다시 문학이 나타나는데, 이때의 문학은 구제도에 대한 만가(輓歌)와 신제도에 대한 구가(謳歌)가 주를 이룬다. 그런데 중국에 이런 문학은 나타나지 않았으니, 혁명은 아직 성공하지 않았고, 더욱이 혁명 이전에 보통 등장하는 노호와 반항의 문학은커녕 괴로움을 호소하거나 불평을 털어놓은 문학도 없는 데서 중국 혁명의 취약성을 루쉰은 읽어냈다. 그래서 혁명문학의 제창보다 실제로 혁명이 진행되어야 하며, 이 혁명을 담당할 혁명인이 더욱 절실하게 느껴졌고, 그래서 혁명문학은 혁명인이 써내면 바로 혁명문학이라고 할 수 있다는 비약이 나왔던 것이다.

황푸군관학교의 강연에서 루쉰은 혁명이 성공한 뒤에 드러날 문학으로 평민문학을 제시한다. 당시 평민 곧 노동자, 농민을 소재로 삼아서 소설을 짓고 시를 짓는 사람이 있지만, 이것은 진정한 평민문학이 아니라고 루쉰은 주장한다. 아직 평민은 입을 열고 있지 않기 때문이다. 따라서 반드시 노동자 농민이 진정한 해방을 얻을 때를 기다려야 하며, 그런 다음에야 비로소 진정한 평민문학이 있다고 말한다. 이런 서술로 유추해본다면 루쉰은 역시 앞에서 정리한 것처럼 먼저 혁명을 하고 그래서 노동자 농민이 해방되게 하는 것이 무엇보다 중요하고 그다음에 문학은 탄생할 수 있으며 그 문학은 혁명문학 또는 평민문학이 될 수 있다고 생각했음을 알 수 있다. 이러한 루쉰의 인식은 당시 혁명과 문학의 관계에서 혁명에 대해 국민혁명에서 나아가 프롤레타리아 계급혁명까지를 염두에 두고 있음을 엿볼 수 있다. 황푸군관학교에서의 강연으로부터 꼭 1년 뒤에 발표한 글에서 루쉰은 프롤레타리아혁명문학을 제창하던 첸싱춘(錢杏村)의 주장 즉 시대를 초월해야 한다는 것에 반대한다. 이 시대를 초월한다는 것은 도피를 의미하고, 현실을 직시할 수 있는 용기가 없음을 자인하는 것으로, 겉으로는 투쟁을 부르짖으며 혁명을 해야 한다고 하지만 그럴 수 없기 때문에 하는 거짓의 주장에 불과하다고 비판한 것이다.

이렇게 보면 첸싱춘과 같은 당시 프롤레타리아 혁명문학가이든 그 이전의 국민혁명문학을 외치던 이들이든 모두 혁명문학을 외치지만, 실제로는 혁명을 하지도 않으면서 구호만을 가지고 와서 마치 스스로 혁명을 대변하는 사람인 양 자신을 드러내고, 또 이들이 주장하는 문학 역시 진정한 문학이 아님을 간파하고 있었다. 그래서 루쉰은 무엇보다도 먼저 내용을 충실히 하고 기교를 높여야지 간판을 내걸기에 급급할 필요가 없다고 말한다. 혁명이 구호, 표어, 포고문, 전보문, 교과서… 외에도 문예를 이용하는 것은 바로 그것이 문예이기 때문이라고 주장하는데 이는 바로 혁명을 위해 문학을 선전으로 활용하는 천박한 당시의 혁명문학가들에 대한 비판이 담겨 있는 것이었다.

루쉰은 이보다 4개월 전에 상하이 지난대학에서 한 강연에서 문예와 정치의 관계에 대해서 역사적으로 검토하였는데, 현상을 유지하려는 정치와 현상에 안주하지 않는 문예는 서로 대립하며, 특히 현상에 만족하지 않는 문예는 역사적으로 19세기 이후에 흥기했다고 설명한다. 그리하여 사실 정치와 문예는 늘 대립해왔고, 또 혁명이 한창일 때는 문학은 활발하지 않은데 문학은 한가한 틈이 있어야 가능한, 즉 여유의 산물이기 때문이다. 그래서 혁명이 성공한 뒤에 조금은 한가해지면 이에 문학은 다시 활동을 하지만, 그것이 혁명을 치켜세우거나 찬양하는 것으로 등장하는 것은 혁명문학이 아니다. 예세닌과 소볼이라는 러시아 작가들처럼 혁명을 구가했지만 그들이 맞닥트린 러시아 혁명 뒤의 현실은 그들이 상상한 그런 모습이 아니었기에 자살하고 말았다. 19세기는 혁명의 시대였고, 혁명문학이라는 것도 등장했지만, 진정한 의미의 혁명문학은 결론적으로 존재하지 않는다고 보고 있다. 단순하게 말하면 루쉰은 혁명을 할 때는 혁명을 하고, 혁명이 성공한 뒤의 현실은 분명히 혁명을 추구할 때의 모습과 다를 것임을 인정한다. 하지만 그 속에서 오는 괴로움과 절망으로 인해 예세닌과 소볼처럼 자살하는 경우도 있겠지만, 오히려 현상에 만족하지 않고 늘 사회현상에 불만을 품고 이러쿵저러쿵 비판하는 운명을 타고난 것이 바로 문학(가)이기 때문에 문학은 어떤 의미에서는 혁명보다 더 혁명적인 것이라고 할 수 있다. 따라서 혁명문학을 자임하고 있는 사람은 반드시 혁명문학이 아니고, 현상에 만족하는 혁명문학은 세상에 없다고 규정한다. 이상에서 말한 루쉰의 혁명(정치)와 문학의 관계에 대한 논의를 보면, 혁명문학은 실제로는 구호에 불과하고, 본래적으로 혁명 또는 비판을 담고 있던 문학이 자신의 정수를 제대로 발휘하는 것이야말로 진정한 혁명 그리고 혁명문학이 될 수 있다고 보고 있음을 알 수 있다.

이러한 사유는 결국 문학과 관련된 활동에 종사하기로 마음먹었던 일본유학시절의 문학론의 연장선상에 서 있다. 「마라시력설」에서 논한 문학의 무용지용(無用之用)은 궁극적으로는 사회의 변화를 추동하는 방식에 대한 루쉰의 탐구이고, 그것을 문학에서 구한 결과 탄생한 문학론이다. 사회의 변화를 추동하는 원동력은 인간에게 있고, 그 인간의 변화는 바로 각성 곧 마음에서 일어나는 것이다. 그렇다면 인간의 변화를 추동하는 계기는 어디서 형성될 수 있을 것인가. 루쉰은 그것을 바로 마음의 동요에서 찾았고, 그 마음의 동요를 일으키는 데 가장 효과적인 것이 바로 문학이라고 인식했던 것이다. 그래서 무용지용이다. 현실적이고 실용적인 효용은 없지만, 근본적인 사회 변화를 추동하는 큰 효용을 갖고 있는 것이 문학이었다. 이러한 사유가 자연스럽게 혁명과 문학이란 관계에서도 발휘되었다. 기본적으로 루쉰은 문학을 제도나 형식으로 보지 않았고, 사람의 마음을 흔들어놓는 것으로 인식했으며, 그래서 사람의 마음을 흔들어놓는 것이 문학이라면 그것은 기본적으로 현실에 불만을 갖고 그것에 저항하는 사람들에게 나올 수밖에 없는 것이었다. 그렇기 때문에 루쉰에게 혁명은 원칙적으로 문학에 내재되어 있는 것이었다.

루쉰이 「마라시력설」과 「문화편지론」에서 거론한 인물들을 보더라도 문학에 대해 어떤 생각을 갖고 있었는지 잘 알 수 있다. 바이런을 비롯한 악마파 시인들, 니체 등의 서양철학자 그리고 구국의 과학자들은 모두 기본적으로 현실에 불만을 갖고 자신의 마음의 소리를 드러내어 표현한 사람들이라는 점에서 루쉰에게 같은 인물이었다. 그렇기 때문에 루쉰에게 문학은 본래적으로 하나의 틀에 박힌 제도로서의 무엇이 아니었다. 1927년에 홍콩청년회에서 행한 강연 제목 「소리없는 중국」에서 보이는 것처럼, 자신의 사상과 감정을 자연스럽게 표현할 수 있어야 하며, 그리고 그렇게 나온 소리는 우리 시대의 소리여야지 우리와 관계없는 시대의 소리(글)를 그대로 옮겨놓는 것은 안 된다고 주장한다. 그래서 루쉰은 "오로지 진실한 소리만이 비로소 중국 사람들과 세계 사람들을 감동시킬 수 있으며 진실한 소리가 있어야만 비로소 세계의 사람들과 이 세상에서 함께 살아갈 수 있다"[6]고 말했던 것이다.

결국 루쉰은 문학에 대한 이론적이고 체계적인 논점을 밝히지 않았다. 하지만 그가 말한 문학은 늘 사회와 길항하면서 존재했고, 그렇기 때문에 시대에 따라서 무력이라고도 유력이라고 말할 수 있었고, 또 문학의 유용과 무용을 같은 문장에서도 동시에 거론할 수 있었다. "어떤 문학이든 모두 환경에 대응하여 생기는 것이다. 문예지상주의자는 문예에는 세상의 풍파를 선동하는 힘이 있다고 말하고 싶겠지만, 사실은 정치가 선행하고, 그다음에 문예가 변합니다. 문예가 환경을 변화시킬 수 있다고 생각하는 것은 일종의 '관념론'으로서 문학가가 예상하는 대로 사태가 진행되는 일은 없습니다."[7]라고 당시 혁명문학을 비롯해 문학의 효용과 유력을 설파하는 논자들에게 일침을 가했다. 그런 점에서 다케우치 요시미가 『루쉰』이란 책에서 정치와 문학의 관계를 모순적 자기 동일의 관계로 표현한 것 역시 바로 루쉰의 이러한 사고에 대한 해석이라고 할 수 있다. 다케우치는 "정치에서 자기의 그림자를 보고, 그 그림자를 파괴함으로써, 바꿔 말하면 무력을 자각함으로써 문학은 문학이 되는 것이다. 정치는 행동이다. (…) 문학은 행동이다. 관념이 아니다. (…) 행동이 없다면 문학은 생겨나지 않지만, 행동 그 자체는 문학이 아니다. 문학은 '여유의 산물'이기 때문이다. (…) 소위 정치와 문학의 관계는 모순적 자기 동일의 관계다."[8]라고 적었다. 이러한 정리에서 다케우치는 문학이 탄생하는 근원적인 장소는 항상 정치에 둘러싸여 있지 않으면 안 되는데, 그렇

6) 「소리없는 중국」, 『전집』 5권, 266쪽
7) 같은 글, 417쪽
8) 다케우치 요시미, 『루쉰』, 문학과지성사, 2003, 165쪽

지 않으면 문학은 응고된 세계로서 자신 생성과 변화를 도모하지 않고 결국 소멸되기 때문이라고 보았다. 이와 같은 다케우치의 해석 역시 루쉰이 생각했던 문학, 곧 부정과 반항을 본래의 성격으로 삼는 문학에서 획득한 것이라고 할 수 있다.

루쉰의 문학과 관련한 사유는 같은 동아시아 문학가로서 '문학'에 대한 논의를 정리해보고자 마음먹었던 나쓰메 소세키와 대비를 이룬다. 나쓰메 소세키에 대해서는 근래 일본의 문예평론가이자 사상가로 유명한 가라카니 고진이 이미 그의 저서에서 나쓰메 소세키의 『문학론』에 대한 언급을 통해 일본근대문학사를 해석해낸 데서 시사점을 얻을 수 있다. 가라타니의 설명에 의하면 이미 작가로서 명성을 알리고 있던 시기에 발표된 나쓰메 소세키의 문학론은 영국 유학시절 동시대의 영국인들에게 문학은 그저 문학이듯이 너무 익숙한 것으로 받아들여지던 시기에 그리고 귀국한 뒤 일본에서도 이미 '문학'이 정착되어버린 메이지 40년대에 고립된 채 문학에 의구심을 갖고 발표되었다는 것이다. 나쓰메가 의문을 품었던 것은 19세기 확립된 관념에 지나지 않는 문학이 보편적인 것으로 받아들여지고, 또 이 보편성이 선험적인 것이 아니라 역사적인 것이라는 것, 뿐만 아니라 그 역사성(기원)을 은폐시키는 일에서부터 성립되었다는 점이었다. 여기서 가라타니는 결론적으로 소세키가 역사주의 속에 감추어진 서구 중심주의 또는 역사를 연속적 필연적으로 보는 관념에 이의를 제기했다고 지적한다. 나쓰메의 문학론은 바로 이와 같은 서구 근대에 만들어진 '문학'이란 제도와 관념에 대한 비판을 표방했던 것이다. 이것은 일본근대문학사가 나쓰메의 고민을 계승하지 못하고 하나의 정형화된 서구 근대문학에 대한 이해로 나아가버린 것에 대한 가라타니의 비판이 투사된 것이다. 나쓰메가 영국 유학시절에 문학론을 쓰기로 작심한 데는 서구 근대의 '문학'

에 대한 이질감을 느끼면서 비롯된 것이고, 이는 귀국한 뒤 영국인들이 당연시한 문학을 일본에서도 문제로 받아들여지지 않는 분위기에서 더욱 증폭되었던 것이다.

가라타니는 『일본근대문학의 기원』 그리고 『근대문학의 종언』이라는 두 책을 통해서 하나의 제도로서 문학이 어떻게 일본에서 형성되었으며, 그것이 이제 그 효력을 상실한 지금 (그래서 종언) 문학은 어떤 상황에 놓여 있는가에 대한 분석을 내놓았다. 그가 일본의 근대문학은 일본의 내셔널리즘을 위해 제도적으로 탄생된 것이고, 그 과정이 어떻게 이루어졌는지에 대해서 분석한 책이 바로 『일본근대문학의 기원』인데, 그것은 여러 역사적인 것 가운데 특정한 하나를 보편화하는 형태로 이루어졌다고 했다. 그 하나가 바로 '풍경'과 '내면'의 발견이라는 말로 표현했듯이 근대문학이 어떻게 해서 과잉된 평가를 받게 되었으며, 근대문학은 어떻게 근대문학이전의 문학을 배제해갔는가를 분석했고, 일본 근대문학이 정치와 종교와의 관련 속에서 논의되었던 배경을 탐문하면서 대중사회로 진입하면서 문학의 이러한 위상이 사라진 현상을 지적한다.

가라타니의 이 논의를 마주하면서 우리는 앞서 설명했던 당시 루쉰의 문학론은 오히려 일본처럼 문학의 제도화를 향해 나아가려던 한 흐름에 비판적 시선을 지녔던 것이라고 이해할 수 있다. 그것은 문학을 절대화하는 문예지상주의에 대한 그의 비판에서 잘 알 수 있으며, 또 진정 혁명을 할 때에는 문학을 강조하는 자세를 버릴 수도 있음을 유연하게 보여주었다. 그것은 문학의 공리성을 처음부터 부정하지 않았지만, 그 공리성을 무조건적으로 강조하기보다 문학이 진정 공리성을 드러낼 수 있는 그 힘은 결국 문학 안에 있음을 알고 있었기 때문이다. 이러한 문제를 다음 절에서 좀 더 구체적으로 살펴보자.

9.2 창작론: 소설과 잡문

루쉰은 「독서잡담」이라는 글에서 문학을 연구하는 것과 글을 쓰는 것은 각기 다른 일이라고 말했다. 글의 역사와 이론을 연구하는 사람이 문학가이며 학자라면, 시를 짓거나 희곡과 소설을 짓는 사람은 글을 짓는 사람으로서 예전에는 소위 문인이며 지금은 이른바 창작가라고 했다. 연구는 이지(理智)를 사용해야 하고 냉정해야 하는 것이지만 창작은 감정이 필요하고 언제나 열을 내야 하는 것이다. 그래서 '교수소설'이라는 것이 있지만, 훌륭한 것은 별로 없다고 루쉰은 설명했다. 루쉰은 이 두 가지를 같이 했던 사람이다. 그런 점에서 문학가이며 작가다. 루쉰은 후자와 관련해서 여러 편의 글을 남겼는데, 특히 작가로서 널리 이름을 떨치게 되었던 것은 바로 소설을 창작했기 때문이다. 「나는 어떻게 소설을 쓰게 되었는가」라는 글에서 '당시 베이징의 회관에 살고 있었기 때문에 논문을 쓰자니 참고서가 없고 번역을 하자니 저본이 없어 할 수 없이 소설 비슷한 걸 써서 책임을 무마하려던 것일 뿐이다. 이것이 바로 「광인일기」다.'라고 적었는데, 정확히 하면 「광인일기」가 루쉰이 처음 쓴 소설은 아니다. 그 이전에 「회구(懷舊)」라는 문언체의 소설이 있었다. 그렇기 때문에 일찍부터 소설 창작이라는 것을 의식하고 있었고, 또 같은 글에서 그저 소설의 힘을 이용해서 사회를 개량하고 싶었을 뿐이라고 적고 있는 것을 보면 소설이 지닌 사회적 효력 또한 분명하게 인지하고 있었음을 알 수 있다. 이러한 생각은 소설을 왜 쓰는가 라는 자문에 "십 몇 년 전부터 '계몽주의'를 품어왔던 까닭에 '인생을 위해서'여야 했고 게다가 인생을 개량하는 것이어야 했다. 예전에 소설을 '심심풀이 책'으로 부른 것을 나는 증오한다. 게다가 '예술을 위한 예술'을 '소일거리'의 신식 별칭에 불과한 것으로 간주한다"[9]고 말한 데서도 드러난다.

분명하게 루쉰은 량치차오식의 정치소설 또는 군치(群治)에서 소설의 효용성을 강조한 주장 즉 소설의 공리성을 인정하고 있다. 중국고대문학사에서 심심풀이 또는 오락의 대상이었던 소설, 곧 루쉰이 말한 문원(文苑)의 범주에 속하지 않는 소설이 근대에 들어와 주요한 장르가 된 것은 아무래도 루쉰이 말한 계몽주의 나아가 국민의 형성과 관련될 것이다. 루쉰을 중국근대문학의 기원으로 삼는다면 바로 이 문학(소설)의 공리성을 부정하고서는 중국근대문학사의 성립이 불가능하다고 할 수 있다. 그런데 문제는 중국에서 고대소설에서 근대 소설로의 변화는 어떻게 이루어지는가. 곧 내용뿐만 아니라 형식이 어떻게 탄생되어 나오는가 하는 것을 살펴보는 것이 필요하다. 중국의 근대문학가들은 '무엇을 쓸 것인가'와 함께 '어떻게 쓸 것인가' 하는 문제를 함께 고민하게 되었던 셈이다. 이 문제는 중국근대소설사에서 많은 연구가 이루어졌고, 그래서 여기서 다시 중국근대소설의 탄생에 대해 살펴보는 것은 무의하겠다.

그런데 루쉰의 소설 창작과 관련하여, 소설을 통해 사회를 개량하고 싶다는 생각에서 시작했다는 말에 대해 우리는 다시 한 번 가라타니의 '근대문학의 종언'이라는 주장을 떠올리게 된다. 「근대문학의 종언」[10]이란 글에서 "문학이 근대에 특별한 의미를 부여받았고, 그 때문에 특별한 중요성, 특별한 가치가 있었지만, 그런 것이 이젠 사라졌다는 것"이라고 종언의 의미를 설명한다. "'문학'이 윤리적 지적인 과제를 짊어지기 때문에 영향력을 갖는 시대", 다시 말해

9) 「나는 어떻게 소설을 쓰게 되었는가」, 『전집』 6권, 412쪽
10) 가라타니 고진, 조영일 옮김, 『근대문학의 종언』, 도서출판 b, 2006

"문학으로 사회를 움직일 수 있는 것처럼 보이는 시대"가 끝났다고 간주한다. 이 말을 거꾸로 기원론으로 돌려보면, 문학이 이런 능력을 가졌던 시대가 바로 동아시아 근대문학의 탄생을 낳았으며, 바로 그렇기 때문에 '정치와 문학' 그리고 '종교와 문학'이란 주제가 문학론에서 중요하게 되었다고 할 수 있다. 가라타니의 이 규정에서 본다면 루쉰의 소설 창작에 대한 사유는 소설이 사회의 개혁을 위해서 커다란 힘을 가진 것으로 이해했다고 할 수 있다.

가라타니는 이미 초기 저서인 『일본근대문학의 기원』[11)]에서 일본의 근대문학은 일본의 내셔널리즘을 위해 제도적으로 탄생된 것이고, 그 과정은 여러 역사적인 것 가운데 특정한 하나를 보편화하는 형태로 이루어졌다고 밝힌 바 있다. 이 책의 각 장을 이루고 있는 풍경과 내면의 발견, 언문일치 등이 네이션-스테이트의 장치였음을 드러내고, 여기에 리얼리즘 소설과 낭만주의 같은 사조가 주류를 이루었던 이유 역시 내셔널리즘과 무관하지 않았다고 주장했다. 그는 일본 근대문학의 이념을 확립했다고 하는 쓰보우치 쇼요의 「소설신수」는 메이지 10년대 자유민권운동과 밀접하게 연관되었던 정치소설의 경향을 드러내며, 정치에서 자립하는 것이었음을 지적하는 데서 출발한다. 이후 메이지 20년대에 본격화된 일본의 근대문학은 결국 자유민권운동의 내면적 과격성을 전환시켜 당시의 정치 체제를 인정하면서 정치에서 자립하는 것에서 비롯되었다. 이것은 결국 일본 근대문학의 자립 역시 결코 정치와 무관한 곳에서 성립하는 것이 아니었음을 지적하는 것이다. 근대 이후 어떠한 형태든 정치와의 관계 속에서 규정될 수밖에 없는 것이 문학의 운명이라고 가라타니는 설명하고 있다.

11) 가라타니 고진, 박유하 옮김, 『일본근대문학의 기원』, 민음사, 1997

이러한 가라타니의 지적과 관련하여 여기서 말하고 싶은 것은 루쉰의 소설 창작 그리고 소설에 대한 인식이 가라타니의 일본근대문학에 대한 해석과 다른 중국근대문학사만의 특징을 보유하고 있다는 것이다. 일본근대문학사처럼 문학이 대단히 협소한 분야로 축소되는 것이 아니라 정치적 문제뿐만 아니라 개인적 문제까지 떠안는다고 생각했던 시대를 적어도 중국은 오랫동안 하나의 문학사적 전통으로 갖고 있었던 것이 아닌가 하는 것이다. 그 정점에 루쉰이 있다고 할 수 있다고 보는 것이다. 물론 개혁개방 이후 21세기의 중국현대문학이 어떠한지에 대해서는 면밀한 검토가 필요하겠으나, 적어도 이러한 문학사의 성격이 강한 전통을 형성해왔다고 할 수 있다. 이런 점을 염두에 두고 루쉰 소설 창작의 공리성에 대해서 검토해보자.

두 가지 점을 생각해볼 수 있는데, 그것은 앞서 말한 것처럼 내용과 형식이다. 루쉰 소설 창작의 의도가 사회를 개량하는 것이라고 한다면, 병리적 사회의 불행한 사람들 속에서 그 제재를 찾고, 병의 원인을 드러내어 치료에 대한 생각을 불러일으키려고 했다고 말한 대로, 소설의 내용은 바로 사회의 부조리와 그 속에 살고 있는 사람들의 고단한 삶이 주를 이룬다. 자신의 소설 창작의 바탕이 된 것이 백여 편의 외국작품을 읽은 것이라고 말한 것처럼 주로 반항과 절규의 외국 작품을 찾아 읽었고, 그래서 자연스럽게 러시아나 동유럽의 작품에 쏠렸다. 그런데 이러한 소설의 창작 그리고 발표는 결국 독자를 상정하고 있다는 점에서 근대적인 작가가 된다. 루쉰이 발표를 결심했다면 자신의 소설을 통해 독자의 마음에 울림을 주고 그들의 변화를 통해 사회가 바뀌는 것을 염두에 두지 않았을 리가 없다. 그리고 바로 여기에 다른 문학장르보다 소설의 장점이 있다고 할 수 있었을 텐데, 그랬을 때 루쉰은 내용도 그러하지만 어떻게 써야 독자들의 마음을 움직일 수 있을 것이며, 또 보다 많은 독자들이 읽을 수 있게 할 것인가를 생각하지 않았던 것은 아닐 터이다.

이것은 대중성과 작품성 곧 속(俗)과 아(雅)에 대한 문제이기도 하다. 문인이 아니라 작가로서 루쉰의 탄생은 본인이 의도했든 그렇지 않든 속과 아에 대한 고민을 하지 않을 수 없다. 특히 소설이 근대문학의 대표적인 장르가 될 수 있었던 것도 바로 이 점과 관련된다. 이것은 루쉰의 소설에 대한 분석과 관련되고, 또 당시 출판을 포함한 매체의 발달 그리고 대중 교육의 정도와도 결부된다. 여기서 중요한 것은 소설이 주로 어떤 계층의 문학이고 또 어떤 성격을 갖는 문학인가 하는 것이다. 중국에서도 소설은 상인계층의 문학이었으며, 이것은 서구의 근대소설도 마찬가지다. 가라타니는 근대소설에 대한 분석에서 '감성(정)'을 강조한다. 서구 사상에서 인간적 능력으로 이성보다 감성은 늘 하위에 있었다. 이 감성이 지적 도덕적 능력(오성이나 이성)과 밀접하게 연결되어 있다는 것, 그리고 그들을 매개하는 것이 상상력이라는 사고가 칸트 등에 의해서 제기되었으며, 이것이 소설(문학)을 중요시하게 된 것과 밀접한 연관이 있다고 설명한다. 그리고 이 감성이나 감정을 긍정하는 태도는 상공업에 종사하는 시민계급의 우위에서 나온 것이라고 본다. 이것은 중국의 전통소설에 대한 설명으로도 유용하다. 그렇다면 가라타니가 지식인과 대중 또는 다양한 사회적 계층을 공감을 통해 하나로 만드는 이른바 소설은 공감의 공동체를 형성하는 데 기반이 된다고 말했던 것을 상기하여 루쉰의 소설 창작에 적용해볼 수 있겠다.[12)]

루쉰이 사회 개조를 위한 가장 유효한 수단으로 소설을 상정했을 때, 적어도 위에서 말한 서구 근대소설이 지닌 사회계층 전체를

12) 『근대문학의 종언』, 51-53쪽

아우를 수 있는 공감 그리고 계몽의 대상으로서 대중을 모르지 않았을 것이다. 그리고 가라타니가 지적한 것처럼 이러한 감정의 느낌을 표현하고 전달하는 데 한문과 같은 지적 언어로는 불가능했고, 그래서 속어에 기초한 문어를 만들어낼 수밖에 없었으며, 그것이 언어적 측면에서 「광인일기」를 볼 수밖에 없는 이유이기도 하다. 이를 일본식으로 표현하면 '언문일치'이고, 이것은 감성적 감정적 구체적인 것과 지적이고 추상적인 개념을 연결하는 것이라고 가라타니는 설명한다. 요약하면 루쉰이 「회구」에서 「광인일기」로 소설 창작을 전환할 때 사회의 개량을 위해서라는 소설 쓰기의 목적을 설정했다면, 그 개량을 위해서 독자들에게 어떤 메시지를 어떤 방식으로 써서 전달할 것인가를 고려치 않았을 리가 없다. 그런 점에서 내용은 말할 것도 없고 형식이라는 측면이 중요해진다.

여기서 다시 가라타니의 해석을 빌려오면, 원래 소설이라는 표현형식은 인쇄기술과 같은 테크놀로지와 관련이 있다. 에도의 소설에는 삽화가 들어 있었는데, 이것은 문자만으로 읽을 수 있는 사람이 적었기 때문이었다. 그래서 메이지 중반까지 소설은 한 사람이 소리를 내서 읽고 다른 사람들은 들었다. 이에 가라타니는 근대소설은 그림이나 음성을 없앴을 때 비로소 성립했다고 말한다. 이것은 중국의 전통소설에도 똑같이 적용된다. 송대 화본이 바로 이야기를 읽어주는 사람을 위해 쓰여진 것이라는 점도 그러하고 또 소설의 내용을 그린 삽화본이 있었던 것도 이를 반증한다. 그렇다면 이러한 중국의 전통소설이 루쉰 이후 중국의 근대소설에서 사라지고 가라타니가 지적한 것처럼 묵독으로 전환하면서 문장(체) 등이 더욱 중요해졌다. 루쉰이 비롯해 오사기에 백화문 주장이 대두한 것은 이러한 점과 무관하지 않을 터이다.

또 가라타니의 해석을 빌리면 일본근대문학의 경우 고골, 도스토예프스키 계열과 투르게네프와 같은 근대 리얼리즘 작가의 계열로 나뉘며, 후타바테이와 나쓰메 소세키의 소설은 전자 계열 '르네상적인 소설' 즉 들어야 재미있는 작품인 반면, 주류의 근대문학은 후자처럼 묵독에 의해 성립되고 리얼리즘적이며 낭만적인 것이었다. 따라서 근대소설은 음성이나 삽화에서 독립한 것이고, 글쓴이에게도 독자에게도 커다란 상상력을 요구하는 것이었다. 루쉰이 자신의 소설집을 간행하면서 삽화를 많이 넣으려고 했던 것도 이것과 관련되지 않을까. 물론 글자를 알지 못하는 사람이 많은 당시 독자층을 고려한 것이기도 했겠지만 말이다. 루쉰의 소설이 과연 르네상스적 또는 라블레적 소설에 가까운 것인지, 아니면 투르케네프적 경향에 가까운 것인지는 면밀한 검토가 필요한데, 루쉰이 거론한 인물들로 본다면 당연히 고골, 도스토예프스키적이었다. 이를 좀 더 확대해서 라블레적이라고 한다면, 카니발적인 측면을 담고 있을 것이고, 루쉰의 소설에서 이러한 경향이 있는지도 살펴볼 필요가 있겠다. 이것은 소설의 효용성을 인식하고 그래서 그 소설이 독자에게 어떻게 전달될 것인지를 고민할 수밖에 없었던, 즉 루쉰이 문학을 통한 계몽이란 과제를 늘 간직하고 있었던 점, 곧 계몽의 방식과도 연관된다. 모옌의 작품 경향을 루쉰과 연결시켜 설명한 쑨위의 해석도 이러한 점에 주목하고 있다.[13]

루쉰의 소설 창작은 1920년대 중반 이후 중단된다.(물론 『고사신편』의 몇 편은 예외지만) 왜 소설을 쓰지 않게 되었는지에 대해서는 자신이 분명하게 밝혀놓지 않아서 알 수 없다. 하지만 상하이로 이주한 이후 문예와 관련된 그의 작업은 목판화운동에 공을 들이고 있었고, 또 직접적으로 언급한 적은 없지만 위의 해석과 연결짓는다

13) 孫郁, 『魯迅與現代中國』, 安徽大學出版社, 2013, 마지막 장 참조

면 영화를 주목해볼 수 있겠다. 곧 상상력을 실제로 표현하는 문예 형식인 목판화의 회화와 영화가 소설의 자리를 대신한 것이지 않을까 하는 추측인데, 이것은 좀 더 세밀한 검토가 필요할 듯하다. 오히려 문학적 관점에서 본다면 소설 대신에 그의 글쓰기의 대부분을 이루었던 잡문을 주목할 필요가 있겠다. 사실 루쉰의 잡문을 어떻게 이해할 것인가는 루쉰 연구의 난제 가운데 하나다.

루쉰이 글을 써서 잡지에 기고하기 시작한 것은 일본유학시절부터다. 『신생』이란 잡지를 직접 출간하고자 했던 루쉰이 이후 잡감 또는 잡문이란 이름의 글을 본격적으로 쓰기 시작한 것은 오사기 신청년의 「수감록」이란 코너에서다. 루쉰이 말한 것처럼 사소한 사건이나 문제에 대응한 것이 글의 대부분을 이루었다. '작은 일을 보면 큰 일을 알 수 있다'는 루쉰 글의 제목처럼 이른바 굵직한 사건에 대해서 그리고 대규모의 논쟁에 직접적으로 참가하지 않은 루쉰이 이러한 자질구레한 일들에 대한 감상(곧 잡감)을 문장으로 써내어 당시 시대와 사회에 대한 자신의 견해를 피력했다. 그런 점에서 수감록에서 시작된 루쉰의 잡문은 그의 글쓰기의 가장 많은 부분을 점했고, 그래서 루쉰을 소설가라기보다 잡문가라고 부를 정도가 되었다.

그런데 왜 루쉰은 이렇게 잡문을 많이 쓰게 되었는가? 잡문이라는 이름에서 알 수 있듯이 문원이라는 고상한 문학의 범주에 들어가지 못한다는 인식을 갖고 있었음을 알 수 있다. "시대의 폐단을 공격한 모든 글은 반드시 시대의 폐단과 더불어 사멸해야 한다고 생각한다."[14]라고 했던 것도 이러한 의식의 표현이다. 루쉰은 시대의 폐단을 공격하는 성격을 지닌 글인 잡문은 취추바이가 『루신

14) 『전집』 1권, 425쪽

잡감선집』 서언에서 말한 바대로 사회비평적인 글로서 소위 영원한 인성을 표현한 고상한 글의 범주에 들지 못하는, 그래서 시대의 변화에 따라 사라질 운명의 글에 불과하다고 표현했다. 적어도 창작가라면 후세에 영원히 회자될 거작을 남기고 싶은 마음을 갖는 것이 인지상정이고, 그래서 이를 위해 절차탁마하는 것인데 루쉰은 적어도 이런 인식은 갖고 있지 않은 듯하다. 루쉰이 쉬마오융의 『타잡집』 서문에서 "우리는 시험 삼아 미국의 '문학개론' 혹은 중국 어느 대학의 강의록을 조사해보자. 분명하게 Tsa-wen이라고 불리는 것은 아무리 해도 발견할 수 없다. 이것은 정말로 위대한 문학가가 되기로 마음먹은 청년들을 잡문을 보고 실망하게 만든다. 원래 이것은 고상한 문학의 누각으로 기어 올라가는 사다리가 아니었던 것"[15]이라고 적은 뒤, "하지만 나는 중국의 이 몇 년간의 잡문작가들이 문장을 쓰는 데 있어 누구 한사람 '문학개론' 규정을 생각하지 않았고, 문학사상의 위치를 노리지 않았음을 알고 있다."[16]라고 적었다.

잡문집의 서문이기 때문에 이 책의 저자뿐만 아니라 당시의 잡문작가들을 격려하려는 성격이 강할지도 모르지만, 적어도 잡문을 쓰는 작가는 아무런 개인적인 욕심이나 야망 따위와는 관계없이 그렇게 쓰지 않으면 안 된다고 생각했고, 또 그렇게 쓰는 것이 다수의 사람들에게 유익하다고 생각했기 때문이라고 적었다. 여기서 우리는 이러한 생각이 곧 루쉰 자신의 잡문 창작에 대한 인식이라는 점을 알 수 있다. 루쉰은 같은 글에서 한층 더 잡문의 미덕을 강조했다. 소위 문예의 정원에 포함되는 문학개론 중의 시 항목을 예로 들

15) 「쉬마오융의 『타잡집』 서문」, 『전집』 8권, 386쪽
16) 같은 글, 387쪽

면서 "어떻게 이러한 시가 현재와 밀착해 있고, 게다가 생동적이며 가시를 내뿜고 있고, 유익하며 그리고 사람들의 감정을 변화시키게끔 하는 이런 잡문에 미칠 수 있겠는가. 사람의 감정을 변화시키는 것은 대단히 죄송하게도 문원을 교란시키는 것을 피할 수 없게 한다."[17]라고 말하고 있다. 우리는 루쉰이 당시 문단에서 발표되는 소위 문원에 속하는 시와 소설에 대해 만족하지 못하고 있음을 추측해볼 수 있다. 다소간 잡문에 대한 의도적인 강조가 없는 것은 아니지만, 다음과 같은 문장은 이 점을 그대로 보여준다고 할 수 있다. "나는 잡문을 애독하는 사람이다. (…) 그것은 '내용이 있는 것을 말하고' 있기 때문이다. 나는 잡문이 더욱 펼쳐져 날마다 그 찬란함을 드러낼 것이라고 낙관하고 있다. 첫째는 중국의 저술계를 떠들썩하게 하고, 활기차게 한다. 둘째는 밥벌레류의 머리를 움츠러들게 만든다. 셋째는 소위 '예술을 위한 예술'작품을 대비를 통해 바로 그 반생반사(半生半死)의 모습을 드러내게 한다." [18]

루쉰은 「소리없는 중국」에서 다양한 진실의 소리가 울리기를 바랐다. 그것은 근대 이후 제도화된 문학의 범주 또는 고대 중국에서 문원에 포함되었던 장르에 국한되지 않았다. 다양한 형식의 교향악이 울려퍼지기를 바랐다. 루쉰이 소설 창작을 그만두고 단평 위주의 잡문을 쓰게 된 것은 바로 당시의 중국 상황에 대한 직접적인 대응이 필요했기 때문이라고 생각한다. 여유의 산물인 소설의 창작보다 셀 수도 없이 등장하는 중국의 기괴한 사건들에 대해 빠르게 대응할 수 있는 무기가 무엇일까라고 생각했고, 그것이 오사 이후부터 쭉 써온 잡문이었다. 그는 잡문이 문원의 범주에 드는지

---

17) 같은 글, 389쪽
18) 같은 글, 389쪽

아닌지 하는 것은 중요하게 생각지 않았다. 특히 그의 잡문에서 표적이 되었던 이들은 앞의 '논쟁하는 루쉰'이라는 장에서도 언급한 적이 있는 당시의 사이비 지식인이었다. 그들의 엉터리 주장이 글이라는 형태로 발표되어 사람들을 현혹시키는 것에 대해 루쉰은 참을 수가 없었다. 루쉰의 잡문이 한편으로 논쟁의 기록일 수밖에 없었던 것은 바로 이러한 이유 때문이다.

후기 루쉰 즉 상하이 시절의 루쉰을 논할 때, 우리는 근대적인 의미의 작가(소설가)라기보다 문화기획자라고 하는 편이 더 타당하다는 생각을 갖는다. 그것은 잡지와 출판 등의 기획자이자 목판화 등의 미술활동가이며 또 소설사(문학사)를 집필하는 연구자까지 다양한 활동을 펼치고 있었기 때문이다. 그런데 이런 활동들은 모두 처음 문학에 뜻을 갖기 시작할 때부터 지녔던 사회의 개량이라는 목표를 실현하는 과정의 연장선상에 있다. 범박하게 말해 루쉰은 문학(심성)이 많은 사람들에게 울려져 감동을 전하게 되기를 바랐다. 여기서 많은 사람들을 대상으로 한다고 했을 때 매체와 형식이 중요하게 된다. 그래서 소설을 선택한 것인지도 모른다. 적어도 소설이 지닌 효용성은 고대 중국에서도 서구 근대에서도 확인했기 때문이다. 그리고 소설은 가라타니가 말한 것처럼 시민의 문학이고 대중성 즉 오락성을 갖고 있었기 때문이다. 즉 속(俗)에 해당하는 장르다. 하지만 문인 출신의 작가가 눈높이를 대중의 수준으로 바로 낮추는 것은 쉬운 일이 아니었다. 루쉰이 의도하지 않았지만 그의 작품이 어려운 것은 바로 이것과 관련된다.

대중성을 겸비하는 것이 중요한 일이지만, 당시 중국의 문단이나 독서계 상황에서 아직 원앙호접파류의 소설이 존재하고 있었고, 이것과 차별화하면서 새롭게 대중성을 겸비한 소설이 창작되어야 하는데, 루쉰이 살았던 시대에는 혁명과 변혁이 중국을 지배하던 시절이었고, 여기에 소설 역시 규정을 당하지 않을 수 없었다. 그래서 가라타니가 말한 대로 오락성을 본질로 하는 소설이 오히려 고상한 문원의 자리에 올라서 심지어 정치와 혁명을 주도할 수 있는 것처럼 오인되기도 했다. 그렇다고 하더라도 루쉰이 소설을 통해 대중의 마음을 흔들어놓으려고 했고, 그것이 보다 많은 사람들에게 전달되게 하기 위한 곧 어떻게 쓸 것인가에 대한 고민은 기본적으로 존재했다고 할 수 있다. 그것이 루쉰의 소설에서도 드러나고 또 이후 대중화논쟁 등 프롤레타리아 혁명문학논자들과의 논쟁에서도 나타났다고 할 수 있다.

반면에 잡문은 전투를 위해 쓰여진 글이다. 촌철살인이라는 표현처럼 루쉰의 잡문은 날카로운 칼로 상대의 심장을 찌르는 것이다. 그런 점에서 군더더기도 없이 간단명료하게 표현하기 위해 노력했고, 이것은 서구 근대문학의 한 장르인 에세이(수필)와도 또 다른 문체이다. 어떤 점에서는 루쉰이 창조한 근대 중국의 새로운 산문이라고 해야 할지도 모르겠다. 이것은 중국의 전통산문이 지닌 아(雅)적 특성을 가지면서도 여기에 비판성 또는 전투성을 가미한 문체라고 할 것이다. 앞에서 후기 루쉰을 문화기획자라고 불렀다. 루쉰은 상하이 시절 이전부터 문화기획자로서 자신의 위치를 상정하고 있었고, 이를 다양한 영역에서 드러내었다고 봐도 무방하다. 자신의 논적과의 싸움에서는 어떤 형식의 글을 구사하고, 또 대중의 계몽을 위해서는 어떤 형태의 문예가 적당할 것인지를 고민했고 또한 상하이에서 목도한 프롤레타리아혁명을 이해하기 위해 직접 사회주의 문예서적을 번역해서 소개하는 일, 게다가 이러한 사회주의문예이론가들과의 논쟁을 통해 중국사회 변혁의 구체적인 상을 고민했던 일 등은 모두 이 시기에 이루어졌다. 이러한 활동들은 모두 일반적인 의미의 문학 범주를 넘어서는 일이었다.

9.3 '사상'의 원점

이상에서 문학과 관련한 루쉰의 인식은 적어도 근대 이후의 일반적인 문학론으로 설명하는 것은 충분치 않다는 점을 알 수 있었다. 그것은 보통의 문학개론서 등에서 설명하는 근대적인 분과학문 즉 제도로서의 문학을 논하는 방식이 아니라, 그의 문학을 바로 사상 또는 루쉰 정신 및 그의 삶과 연결시킨 다케우치 요시미의 해석에서 분명하게 드러난다. 물론 다케우치의 문학가 루쉰에 대한 이와 같은 해석의 배경에는 사소설의 전통과 같이 개인과 내면으로 침잠했던 일본 근대문학의 전체적인 흐름에 대한 비판이 있었다는 점을 염두에 둘 필요가 있다.

반복하는 것이지만, 가라타니 고진은 메이지 40년대 일본에 이미 정착되어버린 '문학'에 대해 오히려 '문학이란 무엇인가' 하는 문제를 제기한 나쓰메 소세키를 『일본근대문학의 기원』의 서두에서 쓰면서, 푸코가 말한 것처럼 19세기 확립된 관념에 불과했던 '문학' 즉 역사적인 것이었던 문학이 어떻게 보편적인 것으로 되었는지를 밝히겠다고 선언했다. 결국 영문학을 보편적인 것으로 생각하는 사고방식이 어떻게 형성되었는지를 물었다. 다시 말해 이 보편성이 선험적인 것이 아니라 역사적인 것이라는 것, 뿐만 아니라 그 역사성(기원) 자체를 은폐시키는 일에서부터 시작되었다고 지적했다. 이미 영국 유학시절 서구인들이 너무나 자연스럽게 받아들이고 있던 문학에 대한 위화감은 결국 귀국하여 문학론을 구상하는 것으로 나아갔는데, 그가 가진 의문은 과연 '문학'이 앞에서 말한 그러한 능력을 갖고 있는 것이었던가 하는 데 있었다. 하지만 이러한 나쓰메의 의문이 일본에서도 정당하게 계승되지 못했고, 중국의 경우는 시대적 상황 속에서 보다 확고한 신념으로 변화했다.

가라타니에게 기원을 묻는 것은, 역사적인 것이 어떻게 보편적인 것으로 이해되고 그래서 자연스럽게 그것의 탄생에 대해서 질문하지 않게 된 기제에 대한 질문이다. 근대시기 문학이 독자적이며 자율성을 지닌 존재로 인식되고, 그래서 자명한 것이 되었으며, 심지어 국민국가를 형성하는 데 중요한 요소가 되는 것이 어떻게 가능했는지를 묻는다. 이것은 셰익스피어가 영국의 국민작가가 되었던 것처럼 문학가가 국민국가를 대표하는 인물이 되는 것이 어떻게 가능했는지에 대한 탐문이다. 일본의 근대문학이 시작된 것은 메이지 10년대인데, 이때 정치소설이 등장했던 것은 이런 맥락에서 중요하다. 근대문학의 최초의 형태가 정치소설이라고 하는 점, 그리고 가라타니가 분석한 것처럼 자유민권운동 이후 현실 정치운동의 실패에 의해 본격적으로 근대문학이 시작되는 점 등은 바로 이에 대한 설명이다.

곧 근대 시기에 동아시아에서 문학이 어떻게 해서 과잉된 평가를 받게 되었는가, 또 근대문학은 근대 이전의 '문'을 어떻게 구축해갔는가라는 문제를 '풍경'과 '내면'의 발견이라는 용어로 설명하고 있다. 그리고 이 과정에서 문학은 국민국가의 건설에 있어서 대단히 중요한 역할을 했으며, 동시에 하나의 자율적인 영역으로 인정받게 되었다는 것이다. 루쉰의 문학으로의 전환은 바로 메이지 40년대 일본 유학시절에 이루어졌다. 먼저 일본유학시절 센다이의전에서 의학을 공부하다 중간에 그만두고 도쿄로 돌아와 친구 쉬서우창에게 문예운동을 하겠다고 선언한 일이 루쉰과 문학론과 관련해 대단히 중요한 대목이라고 할 수 있다. 당시 동아시아 지식인들은 그들이 처한 국가적 상황 및 개인적 처지는 달랐지만, 모두 '변혁'이라는 과제에서 자유로울 수 없었다는 점에서 공통적이라고 하겠는데, 루쉰 역시 예외는 아니었다. 그런 점에서 이들이 해외에 나아가 외국문물 특히 서양문물을 학습하는 일은 곧 '변혁'을 위한 참조틀을 마련하는 일이었다. 그리고 이 변혁을 위해 자신은 어떤 역할을 할 것인가라는 문제는 당시 동아시아적 상황에서 변혁 주체로서 근대 지식인들의 자세와 결부된 일이었다. 이는 중국의 경우 사대부라는 계층이 담당했던 치(治)를 위한 행위와 관련되고 동시에 이를 위한 학문으로 경학(經學)을 학습해왔던 일을 서구의 방식과 학문으로 대신한다는 의미였다고 이해할 수 있다. 그런데 루쉰이 택한 것은 정치나 경제, 역사 또는 의학이 아닌 문학이라는 분야였고, 또 그것을 자신의 직업이자 활동으로 규정했다는 점이 놀랍다고 하겠다. 전통적으로 문학은 교양에 가까운 일이면서, 또 문학이 많은 사람들에게 영향을 주는 것이라고 인식되지 못했던 반면에 서구에서 문학은 새로운 민족과 국가의 탄생에 큰 역할을 하는 것이라는 인식을 얻었는데, 이를 당시의 다른 지식인들에 비해 뚜렷한 자각과 확신을 지녔다는 점에서 그렇다. 이는 장타이옌(章太炎)의 강연을 들으면서 장타이옌의 문론(文論)이 지닌 광범위함을 비판하고 자신만의 문학에 대한 인식을 견지하는 데서도 드러나고, 이를 특히 「마라시력설」이라는 글에서 뚜렷하게 제시하고 있다. 이와 더불어 중요한 일은 잡지라는 매체를 통해서 이와 같은 문학을 널리 알려서 읽게 하는 일이었다. 그런 점에서 발간을 기획했던 『신생』의 실패는 초기 그의 열정을 꺾는 일이었다.

하지만 루쉰은 동생 저우쭤런과 함께 외국소설을 번역하여 『역외소설집』이라는 책을 발행하였다. 센다이에서 돌아와 1908년 일본을 떠나기 전까지 그의 소위 문예운동은 「마라시력설」과 같은 몇 편의 문장(이것은 원래 『신생』이란 잡지에 발표할 것을 염두에 둔 것이었다.)과 『역외소설집』의 출간으로 나타났다. 구체적으로 『신생』이 어떤 잡지를 표방했는지는 자세히 알 수 없으나, 적어도 그의 문예운동을 전개하는 보루로서 상정했던 것이라고 짐작할 수 있다. 그렇다면 이 시기 루쉰이 주장한 문예운동은 그의 문학관에 어떻게 나타났는가. 이는 「마라시력설」이라는 글에서 잘 드러나고 있는데, 그는 문학무용설을 주장하면서도 문학의 진정한 힘을 의심하지 않고 있다. 그리고 이 시기에 발표된 다른 글에서도 루쉰은 문학이 지닌 힘에 대해서 언급하고 있는데, 그것은 「과학사교편」에서 애국을 위한 행동 즉 과학을 통한 애국적 행위를 설명하면서 과학이 문학과 결코 멀리 있는 것이 아님을 설명하는 데서도 드러난다. 즉 문학이 정신과 관련된 일이듯이 과학 또한 정신의 진작에 의해 탄생된 것이라는 루쉰의 과학에 대한 인식에서 비롯된다. 다시 말해 과학의 실현이 사회의 다양한 물질적 측면의 활동으로 전개되지만, 궁극적으로 그러한 물질적 풍요 역시 과학이라는 인간의 정신적 활동의 결과물임을 얘기하고 있는 것인데, 문학은 본래적으로 정신에 관련된 것이고, 그 정신적 활동의 결정체인 문학이 과학처럼 인간의 정신적 활동을 활성화시킨다면 애국이나 사회의 변화와 같은 결과를 도출할 것이라고 인식했던 셈이다.

이와 같은 정신의 진작이라는 측면에서 과학을 이해한 것처럼 문학 역시 이 방면에서 가장 효용이 있는 것임을 인정하고, 그것의 실제적인 전개로서 문예운동을 펼치고자 했다. 문학에 대해 품었던 청년시절 루쉰의 생각은 문학을 자신의 사유를 벼리는 장소로서 나아가 사상의 원점으로 파악해나갔다. 루쉰에게 문학은 혁명과 분리되는 것도 아니고, 또 하나의 근대적인 학문 분과로서 독립된 것도 아니었다. 문학은 바로 루쉰 사상의 원점이었고, 그래서 그에게 문학은 넓은 의미에서 회화와 같은 다른 문예와도 연결되고 있었다.

맺는 글　루쉰의 미래성: 동아시아 시민의 형성

1.1 다시 동아시아로

이 책의 마무리로 다케우치 요시미가 유언처럼 했던 말 곧 '루쉰의 미래성'에 대해서 생각해보려고 한다. 최근 동아시아를 둘러싼 정세는 자유와 민주와는 거리가 먼 정치적 지도자들로 둘러싸여 있다. 한국 역시 그러했지만, 최근 시민들의 '촛불혁명'으로 그 틈에서 빠져나왔다. 그런데 한반도 주변의 국가들은 이와 반대 길로 달려가고 있어 우려된다. 이 책에서 낡고 오래된 동아시아를 다시 소환하고 여기에 루쉰을 사상의 자원으로 삼고자 했던 이유는 바로 이러한 정세와도 무관하지 않다. 이에 우리의 경험 곧 촛불로 대변되는 시민(의식)을 동아시아에서 길러내는 일을 루쉰의 글과 사상을 통해서 실현하는 일이 소중하다는 생각이다.

원래 시민이란 국가의 주도에서 벗어나 사회 영역에서 스스로 주체적인 행동을 통해 삶을 영위하는 존재를 의미한다. 하지만 동아시아는 전통적으로 국가가 사회를 압도했으며, 사회 각 부문의 활동이 국가주도하에 놓여 있었다. 이것이 동아시아에서 근대화와 시민사회 형성을 더디게 한 원인이었다. 동아시아에서 근대화 백여 년이 넘는 기간 동안 국민국가의 수립이라는 근대의 정치적 의제가 중요시되면서 '국민'의 육성이 강조되었던 것, 그리고 사회주의 중국 역시 혁명의 주체로서 '인민'을 강조해왔던 것에서 알 수 있듯이 '국민'이든 '인민'이든 국가(정부)에 의해 양성되는 수동적인 개념이 중요시되었다면, 이제 21세기는 여기서 주체적인 개인이 자유롭게 소통하면서 집단적인 의견을 표시하는 시대가 되었다. 그런데 오늘날처럼 '시민'이라고 명명하지는 않았지만, 이미 근대 초기 동아시아의 여러 지식인들에 의해서 '주체적인 개인'은 궁극적인 목표로서 제기되었다. 이렇게 본다면 동아시아 시민학을 정립하는 일은 근대 초기로 거슬러 올라가서 시작할 수밖에 없다.

특히 동아시아의 경우는 미국식의 이러한 시민학이 지닌 시민권이라는 시민의 권리 찾기를 법학이나 정치학을 통해서 확보하는 것도 필요하지만, 그보다는 성숙한 시민을 양성하는 것이 더욱 긴요한 점에서 동아시아의 시민학은 그 성격을 달리할 수밖에 없다. 그것은 근대 동아시아의 역사에서 빚어진 역사인식, 영토분쟁, 정치논쟁 심지어 혐한, 혐중, 혐일과 같은 표현처럼 감정적 대립에 이르기까지 그 몰이해와 갈등이 극에 달하고 있는 상황을 마주한다면 더욱 그러하다. 한반도 분단, 역사해석과 영토 문제, 환경문제 등은 정치외교적 문제이지만, 그 실제적 해법은 결국 동아시아 시민들의 상호 이해와 공동의 노력에서 찾을 수밖에 없다. 그래서 동아시아의 성숙한 시민을 길러내는 것이 중요하다.

현재 한국을 비롯한 동아시아의 시민운동은 서구와는 달리 '주체적 개인'의 탄생과 같은 인간학 즉 인문학적 바탕에서 다시 재구성해 들어가야 한다. 그것은 주체적인 개인이란 과제는 아직 동아시아에서 실현되지 못했기 때문이다. 동아시아 시민학을 제창하는 이유는 시민과 시민사회의 성장에 대한 학문적 접근의 필요성 때문이기도 하지만, 무엇보다 시민으로서의 권리와 의무를 사회과학적으로 분석하기 이전에 인간학에 대한 이해가 선행되어야 하기 때문이다. 다시 말해 동아시아 지역은 근대화를 급속하게 진행해온 탓에 사회의 많은 분야에서 변화와 발전을 거듭하고 있지만, 여전히 사상적으로 아직 많은 혼란과 시행착오를 겪고 있다. 이것은 시민사회의 영역에서도 예외가 아니다. 동아시아 지역에서 정도의 차이는 있지만 시민사회가 성장하고 있는 것은 분명한 사실이며, 바로 이것이 동아시아의 상생과 협력에 대한 기대를 갖게 한다. 그런 점에서 앞으로 동아시아의 시민사회를 더욱 성장시키고 또 성숙된 동아시아 시민을 양성하는 일이 무엇보다 중요해진다. 따라서 미래의 성숙한 시민을 길러내기 위해서 어떻게 해야 할 것인지에 대한 인문학적 성찰이 더욱 절실하다. 이것은 결국 동아시아 근대성에 대한 탐문과 함께 전개되지 않으면 안 된다는 의미를 내포한다.

이렇게 보면 시민학의 정립을 위해서 다시 동아시아를 소환하는 것 역시 기존의 동아시아론과 멀지 않은데, 그것은 다음과 같은 두 가지 방면에서다. 첫째, 시민학 정립을 위한 인문학적 토대로서 동아시아다. 자유와 평등이란 서구 근대문명의 가치를 구현하는 진정한 민주주의 사회의 실현은 결국 성숙된 시민에 의해서 가능하다. 그래서 이러한 시민을 육성하는 일이 중요한데, 이를 위해서는 서구 근대의 인문학적 가치를 적극적으로 수용하면서 동시에 동아시아의 전통 속에 내장된 다양한 공동체 형성과 인간적인 유대의 경험을 복원하고 이를 민주적 가치와 융화시켜내는 이론적 작업이 필요하다. 둘째, 근대 이후 전쟁과 식민지 등 굴곡의 역사를 공유한 동아시아에서 상호 간의 오해를 불식하고 진정한 소통과 평화를 추구하는 실천적 과제로서 동아시아다. 다시 말해 역사인식을 비롯해 엄중한 동아시아 지역의 상호 오해와 차별은 결국 동아시아의 성숙된 시민과 시민운동을 통해서만 극복할 수 있다. 그런 점에서 이러한 질곡을 극복하기 위해 노력했던 근대 동아시아의 지식인들의 사상 및 교류 그리고 연대운동 등을 발굴해내고, 이를 적극적으로 사상적 자원으로 만드는 것이다. 이는 동아시아 시민학의 정립을 위해서도 중요한 자원이 될 것이다.

1.2 아Q와 시민

시민(학)을 논의함에 있어 루쉰이 어떤 점을 시사해줄 것인가? 사회학자 신진욱은 시민을 다음과 같이 정의하고 있다. 공동체의 관심사를 공유하고, 자유롭고 평등한 주체로 서로 관계 맺으며, 공동의 문제를 함께 숙의하고 해결하는 사람들이라고 할 수 있다. 그러므로 단지 한 개인으로서 자신의 이익만을 추구하거나 가족, 동창, 고향 친구 등 좁은 인연에만 갇혀 있거나 만인의 자유와 평등에 기초하지 않은 국가적 영광을 찬양하는 사람은 결코 시민이라는 이름에 어울리지 않는다. 시민은 자유를 사랑하고 타인의 존엄과 자유를 존중하며, 평등한 관계 속에서 타인과 연합하고 그들과 함께 '더불어 사는 삶'을 실현하기 위한 공동의 가치와 행동 방안을 만들어가는 사람이다.[1] 그리고 이 시민이란 개념은 자유로운 시민, 연대하는 시민, 참여하는 시민으로 규정된다. 여기서 자유, 연대, 참여는 바로 시민의 가치이자 행동 규범이다. 이러한 시민의 가치는 루쉰이 나름대로 서구 근대의 정수를 개인과 정신에서 찾고, 독립된 의지와 인식을 갖춘 개인의 출현을 중국에서 기대했던 것과 무관하지 않다. 물론 위의 정의는 대단히 긍정적인 시민에 대한 평가다.

한편 박명규는 시민의 속성을 속물성과 공공성으로 보았다. 서구 근대사회에서 시민이 탄생했던 과정을 보면 이해할 수 있는, 곧 자신의 이익을 철저하게 추구한다는 점에서 속물성이지만, 그 자신

1) 신진욱, 『시민』, 책세상, 2008, 15-16쪽

의 이익을 보호받는 만큼이나 다른 사람들의 이익도 같이 인정받아야 한다는 차원에서 공공성이다. 이러한 시민의 정신은 자유와 평등이라는 서구적 가치로 탄생되었다. 서구 시민의 탄생과 시민사회를 경험하지 못한 동아시아에서 시민이 바로 당시 지식인들의 목표가 될 수는 없었다. 다만 신진욱의 정의에 따른 시민 개념과 그 가치는 루쉰의 경우에는 중국인이 갖추지 못한 덕목으로서 이해되었고, 이에 그는 글쓰기를 통해 그 가치를 강조하기 시작했다. 그 시작과 바탕은 일본유학시절에서 비롯되었다.

20세기 초 루쉰은 청국 국비유학생의 한 명으로 뽑혀 일본에 유학을 하게 된다. 국비유학생 제도란 지금도 마찬가지지만 소위 후진국이 선진국에 인재를 보내서 그곳의 선진문물을 배우고 자국에 돌아와 자신이 배운 학문이나 기술을 활용하여 국가의 발전을 위해 기여하게 하는 제도이다. 루쉰 역시 국비유학생으로서 서구열강에 비해 낙후하고 심지어 자주국가로서의 위상도 갖지 못할 위기에 처한 청국을 구원하기 위한 책임을 갖고 일본땅을 찾았다. 일본유학 초기 그가 택한 것은 의학을 배우는 것이었는데, 이것으로 중국인들의 몸의 병을 치료하고 건강한 신체를 갖게 하고자 했다. 그런 그가 국비유학생의 신분도 걷어 차버리고 넓은 의미에서 글(문장)과 관련된 일을 시작한 것은 그가 『외침』 자서에 밝힌 바대로 중국인의 정신 개혁이라는 목표 때문이었다. 몸/정신이라는 대비에서 후자를 택한 그는 정신 개혁의 수단으로서 글(문장)의 힘을 인정한 셈이다. '지자(智者)-문장(文章)-독자(讀者)'로 이어지는 연결에서 루쉰이 일생 강조한 것은 지자와 문장이었다. 그리고 이 연결고리는 '백심(白心)-심성(心聲)-각성(覺醒)'이라는 방식으로 다시 정리할 수 있다. 루쉰의 글쓰기는 평생 이것을 염두에 두고 전개되었다고 해도 과언이 아니다. 지자(백심) 그리고 문장(심성)이 그의 글을 비롯한 모든 행위의 근간이다. 독자(각성)는 근대 국민국가론의 관점에서 보면, 피계몽자로서 소위 국민성 개조의 대상이다. 하지만 루쉰의 사유에서 본다면 국민이라기보다 개인에 가깝다. 각성한 개인 즉 개성과 자율을 지닌 사람이었다. 중국에서 이러한 개인을 만들어내는 것이 바로 루쉰인 말한 입인(立人)이고, 이러한 개인들이 모여 사는 공동체가 바로 그가 말한 인국(人國)이었다.

이 개인에게 당시 중국의 상황은 보다 강력한 성격을 부여했다. 유학시절 초창기에는 「스파르타의 혼」을 번역하면서 강한 무사도 정신을 겸비한 인물을 찾았던 것이나, 이후 일체의 부정 정신을 겸비하고 강한 의지를 지닌 초인을 요구하기도 한 것은 그런 맥락에서다. 결국 이러한 개인을 어떻게 길러낼 것인가가 루쉰의 모든 행위가 궁극적으로 추구한 목표였다. 이를 위한 루쉰의 방식은 글을 쓰는 것이지만, 이것을 뒷받침하는 것 즉 루쉰의 사유를 구성하는 것은 바로 철사(哲思), 민간, 문예였다. 철사는 철학적 사유로서 니체를 비롯한 서구 근대 사상가들의 사유가 근간을 이루었다면, 민간은 민간 전통으로서 축제와 같이 공동체 속에 남아 있는 구성원들 간의 합창을 얘기하는 것이고, 마지막 문예는 루쉰 자신의 내면을 이해하고 그것을 설명하기 위한 참조의 대상이다. 이 세 가지는 루쉰이 일본유학시절에 궁구했던 대상이다. 그리고 이것이 오사 이후의 본격적인 글쓰기에서도 드러나고 또 다른 활동에서도 지속적으로 그 모습을 나타낸다.

앞의 철사의 내용은 일본유학시절에 서구의 문화사와 과학사를 나름대로 정리하면서 획득한 것이다. 서구의 문화사를 정리하면서 파악한 핵심은 앞서 말한 대로 정신과 개인이었다. 이것은 서구의 시민을 대표하는 개념이기도 하다. 그렇지만 서구의 경우 이러한 시민이 탄생하여 시민사회가 형성되기까지 상당히 긴 역사가 필요했던 것에 비해 중국은 그렇지 못했다. 루쉰의 고민은 여기에 놓여 있었다고 할 수 있다. 시민은 구체적인 역사 과정을 통해, 오랜 관행과 전통을 뚫고, 시대적 환경과 생태학적 조건을 타고 형성되는 역사적 존재라고 박명규가 정의한 것처럼, 중국을 비롯한 동아시아에서 시민의 탄생은 근대 100여 년의 과정에서 전개될 수밖에 없고, 지금도 이것은 진행 중이다.

그렇다면 루쉰이 희망했던 주체적인 개인은 그가 일생 추구했던 과제인 셈인데, 이를 위해 그는 평생을 몸부림쳤다고 할 수 있다. 그것의 결과물이 바로 그의 문장이었다. 그는 기약 없는 이 과제를 실현하기 위해 다양한 시도를 끊임없이 보여주었다. 이를 위해 그의 행한 실천은 크게 두 가지로 정리할 수 있다. 하나는 시민(주체적 개인)의 탄생과 성장을 방해하는 제반 요소들을 파악해서 전면화시키는 것이고, 다른 하나는 지속적으로 외부의 피를 수혈하는 일이었다. 그리고 이러한 작업의 연장선상에서 과거를 재해석하면서 중국의 현실을 예리하게 관찰하는 것이었다. 이것은 첫 번째의 작업과 연장선상에 있었다.

「광인일기」와 『아Q정전』은 바로 주체적인 개인의 형성 또는 시민의 탄생을 방해하는 요소에 대한 보고서라고 할 수 있다. 주로 전통적인 예교(禮敎) 그리고 가짜 양놈으로 대변되는 신문물의 세례를 받은 지식인 등이 그 대상이었다. 루쉰의 글쓰기는 바로 이러한 요소를 까발려내는 데 있었다. 그런 점에서 일본유학시절 의학에서 문학으로의 방향 전환은 젊은 시절의 객기에서 나온 영웅심리가 아니라 입인을 향한 끊임없는 투쟁의 자기정립이라고 할 수 있다. 글쓰기를 이처럼 '아Q'에서 '시민'으로 전환하는 무기로 설정한 루쉰에게 문학은 당연히 문학개론이나 예술을 위한 예술과 같은 규정으로 설명될 수는 없는 것이다. 루쉰을 전반서화론자(全般西化論子)라고 불렀던 이전의 논의는 지금은 많이 퇴색되었는데, 이것은 물론 「광인일기」 등의 소설과 당시 청년필독서 앙케이트에 대한 대답으로 인해 나온 주장이다. 그렇지만 루쉰에게 소위 전통이라는 불리는 것은 이처럼 단순하게 전면부정이라는 방식으로 규정되지 않았다. 일본유학시절 이미 소위 미신이라고 불린 것을 포함한 민간 전통에 대한 긍정, 그리고 소설사를 비롯한 고대 문화사에 대한 분석, 더 나아가 한(漢)대 화상(畫像)이나 연환도화(連環圖畫) 그리고 목판화 등에 대한 애정에서 보이는 루쉰의 전통에 대한 해석은 전반서화론과 같은 이분법적 시각으로는 설명되지 않는다.

「광인일기」나 국수(國粹) 비판과 같은 글에서 보여준 신랄함에 비추어 이러한 민간 전통에 대해서는 인간의 자유로운 정신을 고양시킬 수 있는 것으로 적극적인 의미를 부여하고 있다. 이처럼 민간 문예에 대한 관심은 신해혁명 뒤 수립된 중화민국의 교육부 관리로서의 생활에서 구체적으로 드러난다. 미육(美育)에 대한 의견서를 만들고, 이를 준비하는 과정에서 그리고 틈나는 대로 유리창을 비롯해 중국의 고대 유물을 수집하고 해석하는 과정에서 보인다. 국민교육과 문화사업을 담당하는 교육부 관리로서의 경험은 앞에서 말한 독자(각성)의 정신을 발양시키는 요소를 파악하는 작업과 연관되고, 이것은 이후 자신의 고적 정리와 문학사 서술로 자연스럽게 연결되었다. 우리는 루쉰의 민간전통을 비롯한 중국 고대 해석에 대해서 보다 구체적인 연구를 진행할 필요성을 느낀다. 이것은 그가 유교와 같은 왕조나 지배층의 이데올로기에 대한 관심보다 오히려 덜 주목받았던 민간 전통에 대해서 심혈을 기울인 점에 기반하여, 중국의 전통문화를 재해석하는 실마리를 제공받을 수 있다는 기대에서 비롯된다.

사회학자인 박명규는 '21세기 주체 형성을 위한 신기획'이란 특집에서 시민학이 갖고 있는 과제에 대해서 다음과 같이 네 가지를 지적했다. 첫째는 개인의 자유와 국가권력의 관계를 어떻게 설정하고 평가할 것인가의 문제다. 둘째로는 민간 영역에 존재하는 소공동체와 결부되는 집단주의적 가치를 어떻게 평가할 것인가의 문제다. 셋째로는 시민의 자율성이 노동의 불평등 구조와 어떻게 연결되는가의 쟁점을 주목해야 한다. 마지막으로 시민성이라 불리는 품성, 덕성, 마음의 창출이 어떻게 가능할 것인가의 문제가 남아 있다.[2] 이 네 가지 가운데 루쉰 사상을 시민학 논의와 연결시킬 때 의미를 낳을 수 있는 것은 둘째와 넷째가 될 듯하다. 특히 넷째는 루쉰이 강조한 입인 정신과 결부되겠다. 그런데 이 시민성이라 불리는 품성, 덕성, 마음을 어떻게 창출할 것인가는 결국 시민 교육의 문제이다. 즉 루쉰이 교육부에서 미학 교육에 대한 관심을 표명했는데, 그것이 근대국민국가의 국민을 육성하는 교육의 일환으로서가 아니라, 자유로운 정신을 배양하고 그것에 바탕한 성숙한 시민의식을 갖춘 시민을 양성하는 것으로서 어떻게 전개될 것인가 하는 점을 고민했다고 보는 것이 루쉰의 입인 정신과도 잘 부합하는 해석이라고 본다. 그리고 둘째 문제는 미조구치 유조의 연구에서 일정하게 드러난 것인데, 중국 향촌사회의 구성과 그것의 지배원리를 파악하는 문제와도 연관된다. 사회학자가 아닌 루쉰이 이 향촌 사회의 공동체에 대해서 연구한 바는 없지만—물론 루쉰은 소설에서 루전이나 웨이좡이란 향촌 사회를 등장시켜 그곳의 사회 구성과 인물에 대해서 언급하고 있지만—, 명청대 이후 향촌을 비롯한 공동체의 민간 전통이 어떻게 형성되고 전파되었는지에 대해서도 루쉰

2) 박명규, 「21세기 주체 형성을 위한 신기획 : 시민 되기와 시민 만들기」, 『지식의 지평』 20호, 2016

의 글을 실마리로 풀어나가야 한다. 결국 루쉰학이란 관점에서 루쉰이 파악한 중국의 전통문화 그리고 루쉰을 통해 수입된 서구근대문화에 대한 이해를 통해 다시 중국과 서구를 종합적으로 바라보는 시각이 필요한 시점이다.

1.3 지식인과 시민

루쉰의 글쓰기에서 가장 많은 분량을 차지하는 것은 가짜 지식인에 대한 비판이다. 다시 말해 지자(白心)과 심성(心聲)에 대한 파악이다. 이것이 입인을 방해하는 가장 무서운 존재라고 파악했기 때문이다. 일본유학시절 미완성의 글인「파악성론」은 그런 점에서 루쉰 글쓰기의 성격을 규정한 최초의 글인 셈이다. 루쉰의 글이 중국뿐만 아니라 동아시아 그리고 서구에 이르기까지 번역되고, 또 그 글에 감동한 이가 나오고 이를 따라 하려는 지식인들이 등장하는 것은 바로 그의 글이 지닌 비판성에 있다고 할 수 있다. 1970년대 한국의 진보적인 지식인의 한 사람이었던 리영희가 루쉰을 자신의 스승이라고 한 것이라든지, 타이완과 홍콩 그리고 오키나와에 루쉰이 받아들여진 것은 중국현대문학사라는 범주가 아니라 동아시아 근대 사상사라는 맥락이었다고 할 수 있다.

송호근이 말한 것처럼 시민의 탄생은 고대 희랍의 아고라와 같은 공론장의 형성이 전제되어야 한다고 했을 때, 그 공론장은 다양한 의견이 제기되고 또 토론이 이루어지는 공간이다. 그것이 강연에서부터 점차 매체가 다양화되면서 공론장은 점차 확대되어갔다. 루쉰 역시 이 공론장의 형성에 많은 노력을 기울인 인물이다. 그의 잡지 편집과 발행 그리고 자비 출판 등은 모두 이와 관련된다. 특히 우리가 주목해야 할 것은 바로 소위 '현대평론파' 등과 같은 자유주의 지식인들에 대한 비판이다. 일본의 재일교포 작가인 서경식은 최근에 발표한 책에서 일본의 우경화에 대해 일본의 리버럴 지식인들의 탓이 크다고 하였다. 우익의 힘이 너무 세져서가 아니라 우익을 견제하던 리버럴이 타락했기 때문이라고 진단한 서경식은 리버럴이 타락한 이유가 냉전구도의 붕괴로 인한 일본 리버럴의 사상적 기반이 무너졌기 때문이라고 했다. 즉 민주주의를 연합국에서 전해 받았고 또 천황제라는 구체제가 그대로 남아 있는 일본에서 진보라는 게 무엇인지, 어떤 힘으로 관철해나가야 하는지를 깊이 성찰하지 못한 채 반동기에 접어들었고, 뿌리가 나약한 리버럴은 우익의 총공세 앞에 버티기가 어려웠다는 설명이다.

우리는 서경식의 일본 리버럴의 퇴락에 대한 평가에서도 이 글의 주제의식인 시민의 탄생과 성장에 대한 문제를 엿볼 수 있다. 민주주의는 결국 각성한 시민의 성장 없이는 불가능하다는 인식 말이다. 어떤 이념이나 이론에 의해 지지받을 수도 있지만, 결국에는 그 이론이나 이념에 의해서가 아니라 자신의 깊은 성찰에 의하지 않고서는 수입한 어떤 이론도 결국은 루쉰이 말한 주체적 개인을 바로 정립시킬 수 없다는 인식이다. 루쉰이 1920~30년대에 당시 중국의 지식인들과 벌인 대립과 논쟁은 바로 여기에 초점이 놓여 있었다. 특히 가짜 서구 유학파 지식인에 대한 비판은 1920년대 중반 이후 루쉰의 논쟁 대상에서 중요한 대목이었다.

1.4 동아시아 시민과 루쉰

박명규는 자신의 글에서, "시민은 인류나 국민과 달리 우리의 일상생활 현장에서 만나는 구체적인 사람들이다. 각자 부지런히 자기 일에 몰두하는 개별자들이고 함께 투덜대고 대화하며 술잔을 기울이는 동시대의 이웃이다. 열광하기도 하고 비판하기도 하며 싸우고 결별하기도 하는 격정적인 사람이어서 인류와 국민의 내부에 균열을 내는 자들이다. 개별자로서의 특성, 대립하는 견해로 인해 비판과 성찰을 가능케 하면서 동시에 시끄러운 소리와 부딪치는 갈등을 만들어내는 존재가 시민이다."라고 적었다. 동아시아 시민 역시 이런 사람들이다. 시민의 특징은 개성과 자율에 있다. 시민은 특별할 것이 없는 평범한 존재이지만 자신의 고유한 인격, 결정권, 희망과 판단을 중시한다. 보통사람들이어서 돈과 권력에 약한 속물적 욕망을 숨기지 않지만 고상함을 바라는 교양도 있고 계기가 주어지면 남을 위해 자신의 이익을 선뜻 희생하기도 한다. 탐욕에 충실한 이기적 속성과 함께 공공의 문제에 참여하고 비용을 치를 용의도 있다.

이처럼 평범하게 만날 수 있는 사람들이 시민이지만, 이들은 일상을 살아가면서도 늘 자신과 자신의 주위를 돌아보고 건강한 공동체를 만들기 위해 토론하고 행동하는 사람들이다. 루쉰이 바랐던 인국(人國) 역시 이러한 사람들이 건강하게 자신의 개성과 자율을 펼치는 사회였을 것이다. 그렇지만 이것은 동아시아에서 그렇게 간단히 형성되는 것이 아님을 루쉰의 전 생애가 보여준다. 그의 잡문(雜文)은 바로 이것을 반대하는 모든 사회악(지식인을 포함해)에 대한 신랄한 비판이다. 시민(학)의 관점에서 보면 루쉰의 입인 사상은 아직도 유효하다. 그것은 작금의 동아시아 상황을 보면 더욱 그러하다. 현재 동아시아는 탈국가화라는 세계적 추세와 맞지 않게 더욱 국가주의를 강화하고 있다. 국가주의는 자연스럽게 국민과 인민 개념을 강화할 것이고, 이는 국경을 강화하는 방향으로 전개될 것이다. 이에 각성한 동아시아 시민의 성장과 그 시민들 간 연대의 필요성은 더욱 높아지고 있다. 이를 위해 동아시아 시민과 시민활동을 점검하고 나아가 진정 각성한 시민의 양성을 위해 루쉰 정신을 다시 조망할 필요는 충분히 제기된다. 자유와 연대와 참여를 시민 개념의 핵심으로 삼을 때, 루쉰이 보여준 행위는 바로 각성한 시민의 전형이기 때문이다. 루쉰은 지식인으로서의 사회적 책임감도 있었지만, 그보다 하나의 각성한 시민으로서 중국과 중국인의 진정한 변화를 희망했다.

저자 후기

루쉰을 공부한 지 꽤 오랜 시간이 흘렀다. 우연히 석사논문 주제를 루쉰으로 잡게 된 이후 지금까지 한 우물을 파왔다고 할 수 있는데, 이 정도의 시원찮은 책을 내게 되어서 부끄럽기 그지없다. 특히 국내의 독서시장에서 루쉰에 대한 지식이 넓어지고 있고 또 많은 곳에서 심심찮게 루쉰과 그의 문장을 접하게 되는 요즘에 루쉰에 관한 단행본을 낸다는 것은 솔직히 두려운 일이다. 원래 책을 출판하는 것에 대해서는 엄두를 내지 않았었는데, 많은 인문학 연구자들이 그렇듯이 입에 풀칠하기 위해 한국연구재단에 학술지원을 신청했고, 그것이 덜컥 선정되는 바람에 이렇게 어줍잖은 책으로 나오게 되었다.

이 책을 쓰기 전부터 쭉 생각해왔던 동아시아의 근대라는 문제는 개인이 감당할 수 없는 커다란 주제다. 그렇기 때문에 루쉰과 만나는 동안 다양하게 변주하는 이와 관련된 이론과 논의들을 보지 않을 수 없었고, 그러면서 자신의 아둔함을 책망하기도 했다. 다케우치 요시미를 만난 것 역시 이러한 과정의 결과였다. 국내에 아주 빨리 다케우치를 소개하고 쑨거를 읽었지만, 그것을 개인적으로 소화해내기는 꽤 어려운 부분이 있었다. 그러던 중에 동아시아에서 다케우치가 소환되었고, 국내의 여러 논객들도 그에 대해서 주목하게 되었으며, 동시에 쑨거도 국내의 지식계에서 일정한 반향을 일으켰다. 이 책은 이러한 과정을 겪으면서 쓰여졌다. 이러한 논의들을 따라 읽는 데 많은 시간을 보내고 그 결과 개인적인 연구 작업은 계속 연기되었다.

2018년 루쉰과 관련해서 동아시아론과 같이 어쩌면 철 지난 담론을 갖고 논의를 전개한 책을 내는 것은 너무도 늦은 감이 있지 않을까 하는 생각이 드는 것은 역시 이러한 사정으로 연기된 개인적인 연구의 한계에서 비롯된 것임을 인정하지 않을 수 없다. 그것은 각 장을 쓰면서 참고한 수많은 선행 논문들에서도 잘 드러난다. 혼자 감당할 수 없는 주제를 용감하게 집어 들었지만, 막상 시작해보니 맞닥뜨리게 되었던 많은 막막한 문제들 가운데에는 이 책을 쓰는 동안 이미 연구가 되었던 것도 있었고 동시적으로 진행된 연구도 있어서 많은 도움을 받았다. 각주 등을 통해서 밝힌다고 했는데도 혹시 누락된 것이 있다면 이 자리를 빌려 죄송한 말씀을 드려야겠다. 이 책은 나의 개인적인 역량으로 만들어진 것이 아니라, 주위의 많은 연구자들의 도움으로 가능했음을 다시 밝혀두어야겠다.

이 책을 만들면서 루쉰과 그의 문장에 대한 체계적인 독서가 필요함을 절실하게 느꼈다. 좀 더 루쉰을 꼼꼼하게 읽었더라면 더 나은 책이 되지 않았을까 하는 아쉬움이 남는다. 루쉰의 문장을 해석하면서 성글게 표현된 것은 이런 부족한 독서의 결과다. 혹시나 이 책을 읽게 될 독자들에게 심히 죄송한 마음을 갖는다. 『루쉰전집』 한글판 20권(그린비 출판) 작업에 참여한 번역자의 한 사람으로서 이 책을 발판으로 삼아 앞으로 루쉰을 더 깊이 읽어나가 다른 형태의 더 나은 책을 낼 수 있기를 다짐해본다.

부산의 황령산을 바라보며

저자 씀

참고문헌

1. 국내논문 및 단행본

D. M. 라스무센, 장석만 역, 『상징과 해석』, 서광사, 1991

『루쉰전집』 20권, 그린비, 2018

가라타니 고진, 조영일 역, 『근대문학의 종언』, 도서출판 b, 2006

__________, 박유하 역, 『일본근대문학의 기원』, 민음사, 1997

강상중, 『오리엔탈리즘을 넘어서』, 이산, 1997

강중기, 『양수명의 현대신유학』, 서울대 박사학위논문, 2000

고병권, 『니체의 위험한 책, 차라투스트라는 이렇게 말했다』, 그린비, 2003

고야스 노부쿠니, 이승연 역, 『동아 대동아 동아시아-근대일본의 오리엔탈리즘』, 역사비평사, 2005

高澤浩史 외, 『전공투: 일본학생운동사』, 백산서당, 1985

궈모러(郭沫若), 이용철 역, 『사람냄새가 그립다』, 역사넷, 2000

金鍾潤, 「淸末 國民性改造論에 대한 考察」, 『中國學論叢』 28집, 2009

김경용, 『기호학이란 무엇인가-기호의 우리, 우리의 기호』, 민음사, 1994

김명인, 「민족문학론과 동아시아론의 비판적 검토-해방의 서사를 기다리며」, 『민족문학사연구』 50호, 2012

김선자, 『중국 변형신화의 세계』, 범우사, 2001

김시준, 「魯迅이 만난 韓國人」, 『중국현대문학』 13호, 1997

김영진, 『장태염불학에서 개체와 윤리의 문제』, 동국대 박사학위논문, 2005

김용옥, 『동양학 어떻게 할 것인가』, 민음사, 1985

김월회, 「장태염 국가론의 문화적 기원」, 『중국현대문학』 22호, 2002

김정현, 『니체의 몸철학』, 지성의 샘, 1995

김제란, 「현대신유학 형성에 불교가 미친 영향-장태염 제물철학을 중심으로」, 『동양철학연구』 제50집, 2007
김충렬 · 공기두, 『마오쩌둥사상론』, 일월서각, 1985
김하림, 「魯迅 「광인일기」의 해석과 수용에 관한 연구」, 『중국현대문학』 16호, 1999
김하림, 「文化大革命 時期 魯迅 評價에 관한 硏究」, 『中國語文論叢』 제15집, 1998
_____, 「한국에서의 魯迅문학 수용양상」, 『중국인문과학』 11호, 1992
남경희, 『말의 질서와 국가-근대 서구 정치철학의 비판과 재해석』, 이화여대 출판부, 1997
니시카와 나가오, 한경구 · 이목 역, 『국경을 넘는 방법』, 일조각, 2006
____________, 윤대석 역, 『국민이라는 괴물』, 소명출판, 2002
____________, 윤해동 · 방기헌 역, 『국민을 그만두는 방법-국가이데올로기로서의 민족과 문화』, 역사비평사, 2009
니체, 황문수 역, 『짜라투스트라는 이렇게 말했다』, 문예출판사, 1993
다케우치 요시미, 서광덕 역, 『루쉰』, 문학과지성사, 2003
____________, 서광덕 · 백지운 역, 『일본과 아시아』, 소명출판, 2004
루쉰, 김시준 역, 『루쉰소설전집』, 서울대출판부, 1991
루쉰, 루쉰읽기모임 역, 『페어플레이는 아직 이르다』, 케이시, 2003
류창교, 『美國의 中國文學硏究』, 현학사, 2003
린시엔즈, 김진공 역, 『인간 루쉰』 상 · 하, 사회평론, 2007
마루야마 게이자부로(丸山圭三郞), 고동호 역, 『존재와 언어』, 민음사, 2002
마루야마 마사오, 김석근 역, 『일본정치사상사연구』, 통나무, 1995
______________________, 『현대정치의 사상과 행동』, 한길사, 1997
마루야마 마츠유키, 『중국 근대의 혁명사상』, 예전사, 1989
마이스게르버, 허발 역, 『모국어와 정신형성』, 문예출판사, 1993
마크 레너드, 장영희 역, 『중국은 무엇을 생각하는가』, 돌베개, 2011

마틴 자크, 안세민 역, 『중국이 세계를 지배하면』, 부키, 2010
무라타 유지로, 류준필 역, 「'文言 · 白話'를 넘어서-근대 중국에서 '국어' 문제」, 『중국현대문학』 36호, 2006
문정진, 「문명과 미신」, 『중국현대문학』 21호, 2001
미르치아 엘리아데, 이재실 역, 『이미지와 상징』, 까치, 1998
미우라 노부타카 · 가스야 게이스케 엮음, 고영진 외 역, 『언어제국주의란 무엇인가』, 돌베개, 2005
미조구치 유조 외, 김석근 외 역, 『중국사상문화사전』, 민족문화문고, 2003
미조구치 유조, 정태섭 역, 『중국의 공과 사』, 신서원, 2004
____________, 서광덕 · 최정섭 역, 『방법으로서의 중국』, 산지니, 2016
____________, 서광덕 외 역, 『중국의 충격』, 소명출판, 2009
미하일 바흐찐, 전승희 역, 『장편소설과 민중언어』, 창작과비평사, 1988
민두기, 『중국의 공화혁명』, 지식산업사, 1999
박노자, 『우승열패의 신화』, 한겨레신문사, 2005
박동환, 『동양의 논리는 어디에 있는가』, 고려원, 1993
박영순 · 황정혜, 「신세기 루쉰(魯迅) 논쟁 연구-이데올로기 정전에서 문화 컨텍스트로」, 『중국어문학논집』 84호, 2004
박자영, 「동아시아에서 사회주의 인민의 표상정치」, 『중국어문학논집』 제47호, 중국어문학연구회, 2007
박재우, 「七,八十年代韓國的變革運動與魯迅: 以李泳禧 · 任軒永兩位運動家爲中心」, 『중국현대문학』 17호, 1999
_______, 「解放後魯迅研究在韓國(1945－1996)」, 『중국현대문학』 11호, 1996
박재주, 『주역의 생성논리와 과정철학』, 청계, 1999
박지향, 『일그러진 근대』, 푸른역사, 2003
_______, 『제국주의: 신화와 현실』, 서울대출판부, 2002
박진영, 「한국문학의 언어횡단적 실천과 동아시아: 중국 근대문학 번역의 계보와 역사적 성격」, 『민족문학사연구』 55호, 2014

박진태 엮음, 『동양 고전극의 재발견』, 박이정, 2000
백승욱, 「한국 1960~1970년대 사유의 돌파구로서의 중국 문화대혁명 이해」, 『사이間SAI』 제14호, 2013
백영서, 『동아시아의 귀환』, 창작과비평사, 2000
베네딕트 앤더슨, 윤형숙 역, 『민족주의의 기원과 전파』, 나남, 1991
사이토 마레시, 황호덕 외 역, 『근대어의 탄생과 한문-한문맥과 근대 일본』, 현실문화연구, 2010
서광덕, 「전기 루쉰의 중국전통문화관념에 대한 연구」, 연세대 석사학위논문, 1993
서광덕, 『동아시아의 근대성과 노신: 일본의 노신 연구를 중심으로』, 연세대 박사학위논문, 2003
손승회, 『근대 중국의 토비세계』, 창비, 2008
송태현, 『상상력의 위대한 모험가들』, 살림, 2005
스즈키 사다미, 김채수 역, 『일본의 문학개념』, 보고사, 2001
스테판 다나카, 박영재 외 역, 『일본 동양학의 구조』, 문학과지성사, 2004
시라 밀즈, 김부용 역, 『담론』, 인간사랑, 2001
쑨거(孫歌), 김월회 · 최정옥 역, 『아시아라는 사유공간』, 창비, 2003
________, 윤여일 역, 『다케우치 요시미라는 물음-동아시아의 사상은 가능한가』, 그린비, 2007
________, 윤여일 역, 『사상이 살아가는 법-다문화 공생의 동아시아를 위하여』, 돌베개, 2013
쑨위, 박재우 · 서광덕 역, 『루쉰과 현대중국』, 소명출판, 2018
쓰루미 슌스케, 강정중 역, 『일본제국주의 정신사』, 한벗, 1982
아더 스미스, 민경삼 역, 『중국인의 특성』, 경향미디어, 2003
阿英, 전인초 역, 『중국근대소설사』, 정음사, 1987
야나부 아키라, 서혜영 역, 『번역어성립사정』, 일빛, 2003
野村浩一 외, 오상훈 역, 『중국현대사』, 한길사, 1988

에릭 홉스봄, 최석영 역, 『전통의 날조와 창조』, 서경문화사, 1995
옌안성, 한영혜 역, 『신산을 찾아 동쪽으로 향하네-근대 중국 지식인의 일본 유학』, 일조각, 2005
오문의, 「중한 번역의 양상과 그 규칙의 분석-魯迅「傷逝」의 번역문에 대한 분석」, 『중국언어연구』 제4집, 1996
오상무, 「근대 중국의 국가주의와 세계주의-양계초와 강유위를 중심으로」, 『철학』 80호, 2004
올리비에 르불, 홍재성 · 권오룡 공역, 『언어와 이데올로기』, 역사비평사, 1994
와다 하루키, 이원덕 역, 『동북아시아 공동의 집』, 일조각, 2004
__________, 서동만 역, 『한국전쟁』, 창작과비평사, 1999
왕부인, 김현정 역, 『중국의 노신연구』, 세종출판사, 1997
왕후이, 송인재 역, 『아시아는 세계다』, 글항아리, 2011
________________, 『절망에 반항하라-왕후이의 루쉰 읽기』, 글항아리, 2014
요코미쓰 리이치, 김옥희 옮김, 『상하이』, 小花, 1999
우카이 사토시 · 천꽝싱 · 쑨거 · 권혁태 외, 연구공간 수유+너머 번역네트워크 역, 『반일과 동아시아』, 소명출판, 2005
움베르토 에코, 서우석 · 전지호 역, 『기호학과 언어철학』 청하, 1992
袁珂, 정석원 역, 『중국의 고대신화』, 문예출판사, 1992
위르겐 링크, 고규진 외 역, 『기호와 문학』, 민음사, 1994
유중하, 「아이들에게 魯迅을 어떻게 가르칠 것인가-「狂人日記」를 위한 독법(1)」, 『중국현대문학』 35호, 2005
______, 「혁명의 다이나미즘 혹은 이미지즘(김수영과 노신-마주 비추어보는 거울 6)」, 『중국현대문학』 27호, 2003
윤건차, 『일본 그 국가, 민족, 국민』, 일월서각, 1997
_____, 『한일근대사상의 교착』, 문화과학사, 2003
윤대석, 「가라시마 다케시(辛島驍)의 중국 현대문학 연구와 조선」, 『구보학보』 13호, 2015

이병혁 편저, 『언어사회학서설-이데올로기와 언어』, 까치, 1993
이보경, 『근대어의 탄생: 중국의 백화문운동』, 연세대학교출판부, 2003
이승환, 『유교담론의 지형학』, 푸른숲, 2004
이시활, 「일제강점기 한국 작가들의 중국 현대문학 바라보기와 수용 양상」, 『중국학』 33호, 대한중국학회, 2009
이연숙, 「일본에서의 언문일치」, 『역사비평』 70집, 2005
이원석, 『근대중국의 국학과 혁명사상』, 국학자료원, 2002
이종민, 「양계초의 소설적 길찾기-'公'의식과 소설의 힘 비판」, 『중국소설논총』 4, 1995
이향, 『번역이란 무엇인가』, 살림, 2008
이혜경, 『량치차오(梁啓超): 문명과 유학에 얽힌 애증의 서사』, 태학사, 2007
임명신, 「한국 근대정신사 속의 魯迅-이광수, 김사량 그리고 魯迅」, 『중국현대문학』 30호, 2004
임현치, 『노신의 마지막 10년』, 한얼미디어, 2004
장기근, 「中共의 아Q」, 『世代』 제1권 6호, 세대사, 1963
전인초 · 유중하 외 저, 『민족혼으로 살다』, 학고재, 1999
전중제 · 손창희, 『인물로 보는 중국현대소설의 이해』, 역락, 2002
전형준 엮음, 『루쉰』, 문학과지성사, 1997
전형준, 「한중문학과 동아시아문학」, 『중어중문학』, 한국중어중문학회, 1999
______, 「세 개의 「고향」: 치리코프, 노신, 현진건」, 『중국문학』 34호, 2000
전희진, 「상상된 중국인 그리고 식민지 조선 지식인의 딜레마」, 『사회와 역사』 97호, 2013
정동호, 「위버멘쉬는 누구인가」, 『니체 철학의 현대적 조명』, 청람, 1984
정문상, 「김준엽의 근현대 중국론과 동아시아 냉전」, 『역사비평』 87호, 2007
정용화, 『문명의 정치사상: 유길준과 근대한국』, 문학과지성사, 2004
정재서, 『불사의 신화와 사상』, 민음사, 1994
______, 『도교와 문학 그리고 상상력』, 푸른숲, 2000

정종현, 「루쉰(魯迅)의 초상-1960~1970년대 냉전문화의 중국 심상지리」, 『사이』 14호, 2013
정진배, 『'탈'현대와 동양적 사유논리』, 차이나하우스, 2008
______, 『중국현대문학과 현대성 이데올로기』, 문학과지성사, 2001
정해용, 「번역비평 규범으로서의 가독성과 충실성 개념」, 『프랑스문화예술연구』 제20집, 2007
조광수, 『중국의 아나키즘』, 신지서원, 1998
조셉 폰타나, 김원중 역, 『거울에 비친 유럽』, 새물결, 1999
죽내호, 『노신문집』 전6권, 일월서각, 1985
진관타오 · 류칭펑, 양일모 외 역, 『관념사란 무엇인가』, 푸른역사, 2010
陳廣宏, 「曾毅『中國文學史』與兒島獻吉郎『支那文學史綱』之比較硏究」, 『중국어문학』 제42집, 2003
천성림, 「국학과 혁명」, 『진단학보』 88호, 1999
천성림, 『신해혁명시기 국수학파에 관한 연구』, 이화여대 박사학위논문, 1995
천진, 「식민지 조선의 支那文學科의 운명: 경성제국대학의 支那文學科를 중심으로」, 『중국현대문학』 54호, 2010
첸리췬, 김영문 역, 『내 정신의 자서전-나에게 묻는다, 지식인이란 무엇인가』, 글항아리, 2012
최원식, 『제국이후의 동아시아』, 창비, 2001
최진호, 「냉전기 중국 이해와 루쉰 수용 연구」, 『한국학연구』 39호, 2015
코모리 요이치, 정선태 역, 『일본어의 근대』, 소명출판, 2003
페데리코 마시니, 이정재 역, 『근대 중국의 언어와 역사』, 소명출판, 2005
프랑스와 쥴리앙, 유병태 역, 『운행과 창조』, 케이시 아카데미, 2003
필립 리처드슨, 강진아 · 구범진 역, 『쟁점으로 읽는 중국 근대 경제사 1800-1950』, 푸른역사, 2007
필립 큔, 윤성주 역, 『중국 현대국가의 기원』, 동북아역사재단, 2009
하루오 시라네, 왕숙영 역, 『창조된 고전』, 소명출판, 2002

하버마스, 이진우 역, 『현대성의 철학적 담론』, 문예출판사, 1994
한기형 외, 『근대어 · 근대매체 · 근대문학-근대 매체와 근대 언어질서의 상관성』, 성균관대학교 출판부, 2006
허자오톈, 「중국의 '포스트사회주의'의 역사경험과 문학비평관의 변모 양상」, 『진보평론』 18호, 2003
허자오티엔(賀照田), 「중국혁명과 동아시아 담론」, 『아세아연구』 52권 1호, 2009
홍석표, 「루쉰(魯迅)과 그 제자들 그리고 "조선" 인식」, 『중국어문학지』 47호, 2014
______, 「류수인(柳樹人)과 루쉰(魯迅): 「광인일기」 번역과 사상적 연대」, 『중국문학』 77호, 2013
______, 「루쉰(魯迅)과 신언준(申彦俊) 그리고 카라시마 타케시(辛島驍)」, 『중국문학』 69호, 2011
홍윤희, 『중국근대 신화담론 연구』, 연세대 박사학위논문, 2006
홍인표, 『중국의 언어정책』, 고려원, 1994
丸尾常喜, 「飜譯與讀解-魯迅文學在日本學者」, 『중국현대문학』 8호, 1994
환산승, 한무희 역, 『노신평전』, 일월서각, 1982
황갑연 외, 『동양철학과 문자학』, 아카넷, 2003
후지 쇼조, 김양수 역, 『100년간의 중국문학』, 토마토, 1995
후쿠자와 유키치, 남상역 역, 『학문의 권장』, 소화, 2003
____________, 임종원 역, 『문명론의 개략』, 제이앤씨, 2012
히로마쓰 와타루, 김항 역, 『근대초극론』, 민음사, 2003
히야마 히사오, 정선태 역, 『동양적 근대의 창출』, 소명출판, 2000

2. 외국문헌

중문

『魯迅全集』 全16卷, 人民文學出版社, 1991

『明治, 大正, 昭和の名著總解說』, 自由國民社, 1981

柯文(Paul A. Cohen), 「以人類學觀點看義和團」, 『二十一世紀』, 1998, 2

甘阳, 「毛泽东时代是"创造性破坏"的过程」, 『讀書』, 2007年 6期

姜玢 編選, 『革故鼎新的哲理: 章太炎文選』, 上海遠東出版社, 1996

高力克, 「新青年經濟倫理變革及其限度」, 『二十一世紀』, 1995, 4

郭紹虞(主編), 『中國歷代文論選』(第四册), 上海: 上海古籍出版社, 1990

郭紹虞 · 羅根澤 主編, 『中國近代文論選』, 木鐸出版社, 1981

郭松民, 「让子弹飞: 辛亥革命的尷尬」, 『三農中國』, 2011年

裘廷梁, 「論白話爲維新之本」, 『中國近代文論選』, 木鐸出版社, 1981

羅志田, 『國家與學術: 清季民初關于"國學"的思想論爭』, 三聯書店, 2003

檀明山 主便, 『象徵學全書』, 台海出版社, 2001

杜維明, 『現代精神與儒家傳統』, 三聯書店, 1997

______, 曹幼華 · 單丁 譯, 『儒家思想新論-創造性轉換的自我』, 江蘇人民出版社, 1992

鄧偉, 「試論晚清白話報刊及其語言体式」, 『蘭州學刊』, 2009年 第7期

____________, 「晚淸白話與白話文學的實現程度-重讀『安徽俗話報』」, 『江淮論壇』, 2006年 第6期

羅崗, 「歷史中的『學衡』」, 『二十一世紀』, 1995, 4

羅厚立, 「"東方主義"與"東方學"」, 『讀書』, 2004, 4

樂黛雲, 「尼采與中國現代文學」, 『北京大學學報』 第3期, 1981

刘刚 · 但国干, 『鲁迅语言修改艺术』, 中央民族学院出版社, 1993

刘宓庆, 『翻译与语言哲学』, 中国对外翻译出版公司, 2001

馬西尼 著, 黃河淸 譯,『現代漢語詞彙的形成-十九世紀漢語外來詞硏究』, 漢語大詞典出版社, 1997
馬祖毅,『中國翻譯簡史: “五四”運動以前部分』, 中國對外翻譯出版, 1984
木山英雄,『文學復古與文學革命-木山英雄中國現代文學思想論集』, 北京大學, 2004
方光華,『劉師培評傳』, 百花洲文藝出版社, 1996
西順藏,『中國思想論集』, 筑摩書房, 1969
西順藏 · 近藤邦康 譯,『章炳麟集』, 岩波文庫, 1990
孫歌,「竹內好的悖論」,『亞洲意味著什麽: 文化間的「日本」』, 巨流圖書公司, 2001
孫歌,『亞洲意味著什麽-文化間的‘日本’』, 巨流圖書公司, 2001
梁漱溟,『梁漱溟全集』, 山東人民出版社, 1992
楊玉華,『文化轉型與中國古代文論的嬗變』, 巴蜀書社, 2000
余英时,「辛亥后许多人还在等真命天子」,『愛思想』, 2011. 10. 26
王作新,『漢字結構系統與傳統思維方式』 武漢出版社, 2000
王中江, 苑淑姬 選編,『新青年』, 中州古籍出版社, 1999
王晴佳,「五四运动在西方中国研究中的式微？——浅析中外学术兴趣之异同」,『北京大学学报: 哲学社会科学版』, 2009年 6期
王平,「語言重構的兩種向度-日本言文一致運動與晚淸白話文運動之比較」,『蘭州大學學報』第37卷 第2期, 2009
汪暉,「聲之善惡: 什麽是啓蒙?-重讀魯迅的『破惡聲論』」,『開放時代』, 2010
_________,「什么是“五四”文化运动的政治-关于“五四”的答问」,『現代中文學刊』, 2009年 第4期
_________,「关于“早期现代性”及其他」,『中华读书报』, 2011
_________,「承認的政治, 萬民法與自由主義的困境」,『二十一世紀』, 1997, 8
_________,「梁啓超的科學觀及其與道德, 宗教之關係」,『學人』 第2輯
_________,「文化与政治的变奏-战争, 革命与1910年代的“思想战”」,『中国社会科学』, 2009年 第4期

汪暉,「阿Q時代的‘死去’與‘活來’」,『語文建設』, 2011, 4
汪暉,『現代中國思想的興起』 全4卷, 三聯書店, 2004
______,『汪暉自選集』, 廣西師範大學出版社, 1997
袁進,「重新審視歐化白話文的起源-試論近代西方傳教士對中國文學的影響」,『文學評論』, 2007年 第1期
李澤厚,『中國近代思想史論』, 人民出版社, 1979
林毓生,『中國傳統的創造性轉化』, 三聯書店, 1988
張岱年-鄭宜山,『中國文化與文化論爭』, 中國人民大學出版社, 1997
張岱年-湯一介 等著,『文化的衝突與融合』, 北京大學出版社, 1997
張立文,『新人學導論』, 廣東人民出版社, 2000
章立凡,「辛亥百年: 还在走向共和」,『中國改革』, 2001年 1-2合刊
张新颖,「现代困境中的语言经验」,『上海文学』, 2002年 第8期
蔣俊 · 李興芝,『中國近代的無政府主義思潮』, 山東人民出版社, 1991
章太炎 著,『章太炎講國學』, 中國傳媒大學出版社, 2008
錢理群,『心靈的探尋』, 上海文藝出版社, 1988
鄭家建,『歷史向自由的詩意敞開:『故事新編』詩學硏究』, 上海三聯書店, 2005
鄭大華,『梁漱溟與胡適』, 中華書局, 1994
趙德志,『現代新儒家與西方哲學』, 遼寧大學出版社, 1994
曹錫仁,『中西文化比較導論-關于中國文化選擇的再檢討』, 中國青年出版社, 1996
左藤一郎, 趙善嘉 譯,『中國文章論』, 上海: 上海古籍出版社, 1996
周有光,『漢字和文化問題』, 遼寧人民出版社, 2000
朱維錚 · 姜義華 編注,『章太炎選集』, 上海人民出版社, 1981
陳丹青,『笑談大先生』, 廣西師範大學出版社, 2011
陳伯海, 袁進 編,『上海近代文學史』, 上海人民出版社, 1993
陳少明,『儒學的現代轉折』, 遼寧人民出版社, 1992
陳漱渝 編,『魯迅論爭集(上,下)』, 中國社會科學出版社, 1998

陳崧,『五四前後東西文化問題論戰文選』(上,下), 中國社會科學出版社, 1989
湯文輝 · 黃斌,「印刷術與文, 白之爭-白話文運動的媒介學分析」,『浙江學刊』, 2007年 第4期
何九盈,『漢字文化學』, 遼寧人民出版社, 2000
何兆武,「也談對『學衡』派的認識與評價」,『讀書』, 1999, 5
夏曉虹,「晩清白話文運動的官方資源」,『北京社會科學』, 2010年 第2期
______,「晩淸白話文運動」,『文史知識』, 1996, 9
许纪霖,「辛亥的另一张面孔」,『同舟共进』, 2011年 第9期
許紀霖 · 羅岡 等,『啓蒙的自我瓦解: 1990年代以來中國思想文化界重大論爭研究』, 吉林出版集團, 2007
『毛澤東選集』 全5卷, 民族出版社, 1991
『文學運動史料選』(第2册), 北京大學 等 中國現代文學教研室(主編), 上海: 上海教育出版社, 1979

일문

『魯迅全集』 全20卷, 學硏社, 1984
『新潮日本人名辭典』, 新潮社, 1991
『竹內好全集』 全17卷, 筑摩書房, 1981
『横浜と上海-近代都市形成史比較硏究』 共同編輯委員會 編,『横浜と上海-近代都市形成史比較硏究』, 横浜開港資料館, 1995
江上波夫 編著,『東洋學の系譜』(1, 2, 3), 大修館書店, 1992
岡田武彦,『江戶期の儒學: 朱王學の日本的展開』, 東京, 木耳社, 1982
岡田英弘,「東アジア大陸における民族」,『民族の世界史5: 漢民族と中國社會』, 山川出版社, 1983
岡田英弘,「東アジア大陸における民族」,『民族の世界史5: 漢民族と中國社會』, 山川出版社, 1983
古廐忠夫,「二十世紀中國における人民 · 國民 · 公民」,『現代中國の構造變動3-

ナショナリズム-歴史からの接近』, 東京大學出版會, 2000
高田淳,『辛亥革命と章炳麟の斉物哲学』, 東京: 研文出版, 1984
______,『章炳麟・章士釗・魯迅：辛亥の死と生と』, 東京: 龍渓書舎, 1974
絓秀實,『日本近代文學の「誕生」: 言文一致運動とナショナリズム』, 太田出版, 1995
橋川文三,「竹內好の魯迅新譯について」,『思想の科學』91號, 1978, 5
溝口雄三・濱下武志 外 編,『アジアから考える』(全七卷), 東京大學出版會, 1997
近藤邦康,『毛澤東-實踐と思想』, 岩波書店, 2003
________,『中国近代思想史研究』, 勁草書房, 1981
吉川幸次郎 編,『東洋学の創始者たち: 白鳥庫吉內藤湖南服部宇之吉狩野直喜桑原隲蔵池內宏 』, 講談社, 1976
內田慶市・沈國威,『19世紀中國語の諸相-周邊資料(歐美・日本・琉球・朝鮮)からのアプローチ』, 雄松堂出版, 2007
魯迅論集編輯委員會 編,『魯迅と同時代人』, 汲古書院, 1992
_____________,『魯迅研究の現在』, 汲古書院, 1992
大木英夫 外 編,『日本は変わるか?』, 教文館, 1996
大原信一,「清末における白話の提唱と實踐」,『東洋研究』101號, 1991
________,『近代中國のことばと文字』, 東方書店, 1994
大月明,『近世日本の儒學と洋學』, 京都, 思文閣出版, 1988, 9
島田虔次,『中國革命の先驅者たち』, 東京, 筑摩書房, 1965
_______,『新儒家哲學について』, 同朋舍, 1987
東京大學東洋文化研究所 編,『アジア學の將來像』, 東京大學出版會, 2003
藤田雄二,『アジアにおける文明の對抗: 攘夷論と守舊論に關する日本, 朝鮮, 中國の比較研究』, 御茶の水書房, 2001
藤井省三,『ロシアの影: 夏目漱石と魯迅』, 平凡社, 1985
________,『中國文學この百年』, 新潮社, 1991

________, 『魯迅「故鄕」の讀書史-近代中國の文學空間』, 創文社, 1997
________, 『魯迅事典』, 三省堂, 2002
賴祺一, 『儒學 · 國學 · 洋學』, 東京, 中央公論社, 1993
梶村秀樹, 「亞洲和親會をめぐって」(上 · 下), 『アジアの胎動』 (1, 2), 1974
白川靜, 『中國の神話』, 中央公論社, 1975
_______, 『中國の古代文學』(1, 2), 中央公論社, 1981
柄谷行人, 『近代日本の批評』(全3卷), 講談社, 1997
山口守 · 藤井省三 外 編, 『講座 臺灣文學』, 國書刊行會, 2003
山室信一, 『思想課題としてのアジア』, 岩波書店, 2001
山田敬三, 「魯迅の留學時代(下)」, 『野草』 第2號, 1982
________, 「戰後日本の魯迅論」, 『魯迅の世界』, 大修館書店, 1977
________, 『魯迅の世界』, 大修館書店, 1977
山田利明, 『中國學の步み-20世紀のシノロジー』, 大修館書店, 1999
三好行雄, 『日本文學の近代と反近代』, 東京大學出版會, 1972
石曉軍, 『『点石齋畵報』にみる明治日本』, 東方書店, 2004
小島晋治, 「中國人最初の日本帝國主義批判-劉師培「亞洲現勢論」」, 『アジアから見た近代日本』, 亞紀書房, 1978
孫歌, 『アジアを語ることのジレンマ-知の共同空間を求めて』, 岩波書店, 2002
孫歌+白永瑞+陳光興 編, 『ポスト〈東アジア〉』, 作品社, 2006
新田義弘, 現代思想 15卷, 『脫西歐の思想』, 岩波書店, 1994
沈國威 · 內田慶市, 『近代東アジアにおける文体の變遷とのをえて』, 白帝社, 2010
若林正丈, 『もっと知りたい臺灣』, 弘文堂, 1998
熊野義孝, 『終末論と歷史哲學』, 新敎出版社, 1933
尹建次, 『日本國民論』, 筑摩書房, 1997
伊藤虎丸 外 編, 『近代文學における中國と日本』, 汲古書院, 1986
伊藤虎丸, 「『故事新編』の哲學-序說及び「補天」論」, 『東洋文化硏究所紀要』 第68

冊, 1976
_____________, 「『魯迅と終末論』再說」, 『東京女子大學比較文化硏究所紀要』 62號, 2001, 2
伊藤虎丸, 『魯迅と日本人: アジアの近代と「個」の思想』, 朝日新聞社, 1983
________, 『魯迅と終末論』, 龍溪書舍, 1975
________, 『魯迅, 創造社與日本文學』, 北京大學出版社, 1995
伊藤虎丸 · 松永正義, 「明治三十年代文學と魯迅-ナショナリズムをめぐって」, 『日本文學』 第29巻 6號, 1980
林少陽, 『'修辭'という思想: 章炳麟と漢字圈の言語論的批評理論』, 白澤社, 2009
_______, 『"文"與日本的現代性』, 中央編譯出版社, 2004
林田愼之助, 『魯迅のなかの古典』, 創文社, 1981
紫崎信三, 『魯迅の日本, 漱石のイギリス』, 日本經濟新聞社, 1999
子安宣邦, 『'アジア'はどう語られてきたか-近代日本のオリエンタリズム』, 藤原書店, 2003
________, 『日本近代思想批判-一國知の成立』, 岩波書店, 2003
________, 『方法としての江戸-日本思想史と批判的視座』, ぺりかん社, 2000
張競, 『近代中國と'戀愛'の發見』, 岩波書店, 1995
前田愛, 「國民文學論の行方」, 『思想の科學』 91號, 1978, 5
田村德治 著, 『東洋文化と西洋文化 : 新文化への構想』, 東京, 同文館出版部, 1942
佐藤愼一, 「近代中國の體制構想」, 『アジアから考える 5: 近代化像』, 東大出版會, 1994
________, 『近代中國の知識人と文明』, 東大出版會, 1996
________, 『近代中國の思索者たち』, 大修館書店 "あじあぶっくす" シリーズ, 1998
佐佐木基一, 竹內實 編, 『魯迅と現代』, 勁草書房, 1968

佐佐木毅 · 山脇直司 · 村田雄二郎 編, 『東アジアにおける公共知の創出』, 東京大學出版會, 2003

酒井直樹, 「飜譯としての近代」, 『思想』 2000, 8

________, 『死産される日本語 · 日本人-「日本」の歴史-地政的配置』, 新曜社, 1996

竹內好, 『竹內好評論集』 3卷, 筑摩書房, 1966

_______, 『內なる中國』, 筑摩書房, 1987

_______外, 『文藝讀本, 魯迅』, 河出書房新社, 1980

增田涉, 『魯迅の印象』, 講談社, 大日本雄辯會講談社, 1956

嵯峨隆, 『近代中國アナキズムの研究』, 研文出版, 1994

村山吉廣, 『漢学者はいかに生きたか: 近代日本と漢学』, 大修館書店, 1999

村田雄二郎 外, 『漢字圈の近代』, 東京大出版部, 2005

村田雄二郎, 「國語教科書という名の裝置-藤井省三, 『魯迅 「故鄕」의 讀書史』」 (書評), 『創文』 1998, 6

__________, 「近代中國における'國民'の誕生」, 『グローバル化した中國はどうなるか』, 新書館, 2000

湯志鈞 · 近藤邦康 著, 『中国近代の思想家』, 東京, 岩波書店, 1985

湯淺泰雄, 『東洋文化の深層: 心理學と倫理學の間』, 名著刊行會, 1982

湯淺勳, 『思想革命: 儒學 · 道學 · ゲーテ · 天台 · 日蓮』, 海鳥社, 2003

坂元ひろ子, 『中國民族主義の神話』, 岩波書店, 2004

坂井洋史, 「竹內好と'文學'の斷層」, 『中國-社會と文化』 第11號, 中國社會文化學會, 1996

下村作次郎 外 編, 『よみがえる臺灣文學-日本統治期の作家と作品』, 東方書店, 1995

鶴見俊輔, 『竹內好: ある方法の傳記』, リブロポート, 1995

韓錦春 · 李毅夫, 辻田智子 譯, 「中國語の'民族'ということばの出現と初期の使用例」, 『立命館大學言語文化研究』 7卷 4號, 1996

狹間直樹 編,『梁啓超-西洋近代思想受容と明治日本』, みすず書房, 1999
花田清輝,「『故事新編』をめぐって」, (佐佐木基一, 竹內實 編,『魯迅と現代』, 勁草書房, 1968)
丸尾常喜,『魯迅「人」「鬼」の葛藤』, 岩波書店, 1993
_______,『魯迅『野草』の硏究』, 汲古書院, 1997
丸山昇,「魯迅と日本」,『しにか』, 大修館書店, 1991, 9
______,「日本における魯迅」, 伊藤虎丸 外 編,『近代文學における中國と日本』, 汲古書院, 1986
______,「回想-中國, 魯迅 50年」,『中國-社會と文化』第16號, 中國社會文化學會, 2001, 6
______,『魯迅と革命文學』, 紀伊國屋書店, 1971
______,『ある中國特派員-山上正意と魯迅』, 中央公論社, 1976
丸山眞男,『日本の思想』, 岩波書店, 1961
丸山哲史,『竹內好: アジアとの出會い』, 河出書房新社, 2010
_______,『ポスト「改革開放」の中國』, 作品社, 2010
_______,『日中100年史-二つの近代を問い直す』, 光文社, 2006
荒このみ, 谷川道子 編著,『境界の「言語」: 地球化/地域化のダイナミクス』, 新曜社, 2000

영문

Anthony C. Yu, "History, Fiction and the Reading of Chinese Narrative", *Chinese Literature: Essays, Articles, Reviews*, Vol.10, No.1/2, 1988. 7.
Carolyn T. Brown, "The Paradigm of the Iron House: Shouting and Silence in Lu Hsun's Short Stories", *Chinese Literature: Essays, Articles, Reviews*, Vol.6, No.1/2, 1984. 7.
Charles Taylor, *Sources of the Self : The Making of the Modern Identity*, Cambridge, Harvard University Press, 1989.

Chen Xiaomei, "Rediscovering Ezra Pound: a Post-postcolonical 'Misleading' of a Western Legacy." *Paideuma,* Orono: University of Maine at Orono, vol. 23, fall&winter, 1994.

Dirlik, Arif. *Anarchism in the Chinese Revolution,* Berkeley: California Univ. Press, 1991.

Edward Gunn, *Rewriting Chinese : style and innovation in twentieth-century Chinese prose*, Stanford, Calif. : Stanford University Press. 1991.

Elman B.A., "'Universal Science' Versus 'Chinese Science': The Changing Identity of Natural Studies in China", 1850-1930, *Historiography East and West,* vol.1, no.1.

Ezra Pound, "A Few Don'ts by a Imagistie", J.P.Sullivan(ed), *Ezra Pound,* Baltimore: Penguin Books, 1970.

F.S. Frint and Ezra Pound, "On Imagism", William J. Hanry & May Westbrook(ed), *Twentieth Century Criticism,* Light and Life Publishers, 1974.

Gloria Davies, "The Problematic Modernity of Ah Q" *Chinese Literature: Essays, Articles, Reviews*, Vol. 13, 1991. 12.

Herbert N.Schneidau, Ezra pound: *The Image and the Real*, Baton Rouge: Louisiana Univ. Press, 1969.

Hon T-k., "National Essence, National Learning, and Culture: Historical Writings in Guocui xuebao, Xueheng, and Guoxue jikan", *Historiography East and West,* vol.1, no.2.

John J. Deeney, "Chinese Literature from Comparative Perspectives", *Chinese Literature: Essays, Articles, Reviews*, Vol.3, No.1, 1981. 1.

Kenneth J. Dewoskin, "On Narrative Revolutions", *Chinese Literature: Essays, Articles, Reviews*, Vol.5, No.1/2.

Leo Tak-hung Chan, What's Modern in Chinese Translation Theory? Lu Xun and the Debates on Literalism and Foreignization in the May Fourth Period (http://

www.erudit.org/revue/ttr/2001/v14/n2/000576ar.pdf)

Lothar von Falkenhausen, "The Concept of Wen in the Ancient Chinese Ancestral Cult", *Chinese Literature: Essays, Articles*, Reviews, Vol.18, 1996. 12.

LUNDBURG, Lennart, "Lu Xun as a Translator: Lu Xun's Translation and Introduction of Literature and Literary Theory, 1930- 1936." Stockholm University Ph. D. thesis. 1989.

Lydia H. Liu, *Translinggual Pratice: The Discourse of Individualism between China and the West*, Positions: East Asia Cultures Critique, Volume 1, Number 1, Spring 1993, Durhan, Duke University Press, 1993.

Michelle Yeh, "A New Orientation to Poetry: The Transition from Traditional to Modern", *Chinese Literature: Essays, Articles, Reviews*, Vol.12. 1990. 12.

PEREZ-BARREIRO NOLLA, Fernando. "Lu Xun's Ideas on 'Hard Translation': A Historically Justified Case of Literalism." *Babel*, vol. 38, no 2, 1992.

POLLARD, David. "Translation and Lu Xun: The Discipline and the Writer." *Chinese University Bulletin Supplement*, vol. 21, 1991.

Richard John Lynn, "This Culture of Ours" and Huang Zunxian's Literary Experiences in Japan (1877-82)" *Chinese Literature: Essays, Articles, Reviews*, Vol. 19, 1997. 12.

Schneider A., "Reconciling history with the nation? Historicity, national particularity, and the question of universals", *Historiography East and West*, vol.1, no.1.

Stanley K. Coffman, Jr., *Imagism*, Oklahoma: Univ. of Oklahoma, 1951.

T. S. Eliot(ed), *Literary Essays Of Ezra Pound*, London: faber And Faber 1960.

Victor H. Mair, "The Narrative Revolution in Chinese Literature: Ontological Presuppositions", *Chinese Literature: Essays, Articles, Reviews*, Vol.5, No.1/2.

Xianda, Chen, "The Modern Value of Chinese Traditional Culture", *Social sciences in China*, 1997, vol.18, no.2.

Yeh C., "Love Affair or a Nasty Game? The Chinese Tabloid Newspaper and the Rise of the Opera Singer as Star", *European Journal of East Asian Studies*, vol.2, no.1.

Zong-Qi Cai.(ed), *A chinese Literary Mind: Culture, Creativity, and Rhetoric in "Wenxin Diaolong"*, Stanford: Stanford UP. 2001.

찾아보기

ㅎ

루쉰과 동아시아 근대

초판 1쇄 발행 2018년 6월 28일

지은이 서광덕
펴낸이 강수걸
편집장 권경옥
편집 윤은미 정선재 김향남 이송이 이은주
디자인 권문경 조은비
펴낸곳 산지니
등록 2005년 2월 7일 제333-3370000251002005000001호
주소 부산시 해운대구 수영강변대로 140 BCC 613호
전화 051-504-7070 | 팩스 051-507-7543
홈페이지 www.sanzinibook.com
전자우편 sanzini@sanzinibook.com
블로그 http://sanzinibook.tistory.com

ISBN 978-89-6545-511-0 94150
978-89-92235-87-7(세트)

* 책값은 뒤표지에 있습니다.
* 이 도서의 국립중앙도서관 출판예정도서목록(CIP)은 서지정보유통지원시스템 홈페이지(http://seoji.nl.go.kr)와 국가자료공동목록시스템(http://www.nl.go.kr/kolisnet)에서 이용하실 수 있습니다. (CIP 제어번호: CIP2018018435)